# Der kleine Besserwisser

Grundwissen für Gestalter

gestalten

# 1.0 Vorwort

# Vorwort

Breit angelegt, übersichtlich aufgebaut und verständlich formuliert: Mit fundiertem Wissen und praxisnahen Tipps unterstützt *Der kleine Besserwisser* Gestalter in ihrem interdisziplinären Denken und Handeln – unerlässlich, um in der Kreativwirtschaft erfolgreich zu sein.

Kaum ein Designabsolvent verfügt über umfassende theoretische Grundlagen sowie Praxiserfahrungen außerhalb des – meist eng abgesteckten – eigenen Fachbereichs. Neueinsteiger wie versierte Gestalter stoßen mitunter an ihre Wissensgrenzen und wünschen sich einen seriösen Ratgeber, der unkompliziert die benötigten Informationen bietet. *Der kleine Besserwisser* füllt diese Lücke. Er führt auf direktem Weg zum Ziel. Hier finden Sie die essenziellen Fakten im praxisbezogenen und historischen Kontext gestalterischer Berufe.

Für die aktuelle Auflage haben wir das Buch um neue Stichworte und Illustrationen erweitert und umfassend aktualisiert. Zu den einzelnen Themen gibt es Querverweise, weiterführende Tipps und Links. Eine Indexstruktur mit rund 3.200 Schlagwörtern sorgt für den gewünschten Schnellzugriff. Nach jedem Kapitel ist Platz für Notizen.
So bietet dieses praktische Hand- und Lehrbuch hohen Nutzen im Gestalteralltag – ganz unabhängig davon, welchen Zugang man wählt: ob zum Durcharbeiten, Auffrischen oder zum neugierigen Schmökern, ob als Nachschlagewerk oder Inspirationsquelle.

Bereits kurz nach seinem ersten Erscheinen hatte *Der kleine Besserwisser* weltweit Erfolg. Wir freuen uns, nun bereits die dritte, überarbeitete Auflage präsentieren zu können – und wünschen allen Interessierten viel Spaß damit.

Die Herausgeber

# 2.0

# Inhalt

| | | |
|---|---|---|
| 1.0 | Vorwort | 2 |
| 2.0 | Inhalt | 4 |
| 3.0 | Gestaltung | 6 |
| 4.0 | Typografie | 70 |
| 5.0 | Digitale Medien | 126 |
| 6.0 | Produktion | 202 |
| 7.0 | Marketing | 274 |
| 8.0 | Recht | 332 |
| 9.0 | Organisation | 382 |
| 10.0 | Quellen | 416 |
| 11.0 | Index | 430 |
| 12.0 | Impressum | 478 |

# 3.0

Um einer Idee Gestalt zu verleihen und das selbstgesteckte Ziel zu erreichen, sind meist zahlreiche gekonnte Handgriffe notwendig. Wohl dem, der nicht nur einfallsreich ist, sondern auch die Werkzeuge kennt (ob analog oder digital) und die elementaren Regeln der Gestaltung zu beachten weiß – oder sie bewusst missachtet, wenn eine gute Idee das erfordert.

Das folgende Kapitel führt durch die Gesetze der visuellen Wahrnehmung und vermittelt wichtige Zeichen- und Maltechniken. Neben den Grundlagen zum Erstellen eines Layouts werden unterschiedliche Anwendungen vorgestellt.

Diese Grundlagen zu beherrschen und für sich zu verinnerlichen heißt nicht, sklavisch Konventionen zu befolgen. Vielmehr hilft es, die Wahrnehmung und den Blick für das nicht Alltägliche zu schulen und eigene, individuell sinnvolle gestalterische Entscheidungen zu treffen. Mit geschultem Auge kommt man letztlich schneller ans Ziel und schafft sich damit Freiräume für neue Ideen.

# Gestaltung

| | | |
|---|---|---|
| 3.1 | **Licht und Farbe** | 8 |
| | Farbtheorien | 10 |
| | Farbwirkung | 11 |
| | Farben im Web | 16 |
| 3.2 | **Perspektive und Raum** | 17 |
| | Räumliche Darstellung | 18 |
| | Geschichte der Perspektive | 19 |
| | Perspektivverfahren | 21 |
| 3.3 | **Illusionen** | 26 |
| 3.4 | **Gestaltungsgrundlagen** | 27 |
| | Grundelemente | 27 |
| | Kontraste | 30 |
| | Rhythmus, Symmetrie und Asymmetrie | 33 |
| | Gestaltungsgesetze | 33 |
| | Figur-Grund-Unterscheidung | 36 |
| 3.5 | **Zeichnen und Malen** | **37** |
| | Zeichnen | 37 |
| | Malen | 39 |
| | Arbeitsmittel zum Zeichnen und Malen | 41 |
| 3.6 | **Zeichen und Symbole** | 48 |
| | Das Logo | 51 |
| 3.7 | **Layout und Seitengestaltung** | 55 |
| | Der Goldene Schnitt und harmonische Seitenformate | 56 |
| | Der Gestaltungsraster | 57 |
| 3.8 | **Corporate Design** | 59 |
| 3.9 | **Kreativität** | 60 |
| | Kreativitätstechniken | 60 |
| 3.10 | **Goldene Regeln für die Gestaltung** | 65 |
| 3.11 | **Tipps und Links** | 66 |

## Licht und Farbe

„Das Sehen ist eine Täuschung", sagte schon Heraklit. Denn Licht an sich ist farblos. Die **Wahrnehmung** der **Farbe** beruht ausschließlich auf einer **Sinnesempfindung** des Menschen. Die Ursache dafür ist in der Regel ein physikalischer Reiz. Dieser von außen kommende Farbreiz wird durch die Hornhaut, die Pupille, die Linse und schließlich durch den Glaskörper auf die **Netzhaut** (Retina), eine kompliziert gebaute Schicht, die im Wesentlichen aus Nervenzellen besteht, im Inneren des Auges projiziert (→ S. 17, Abb. 17, Aufbau des menschlichen Auges). Dort werden die Nervenzellen gereizt. Der **Farbreiz** kann entweder direkt von einer Lichtquelle oder indirekt über die Oberfläche eines Gegenstandes ins Auge fallen.

Physikalisch gesehen ist **Licht** elektromagnetische Strahlung. Diese Energiestrahlen sind **elektromagnetische Wellen,** die sich durch ihre Wellenlängen unterscheiden. Das menschliche Auge ist nur für einen eingeschränkten Teil des elektromagnetischen Spektrums empfindlich. Je nach Wellenlänge und Intensität der elektromagnetischen Strahlung im sichtbaren Bereich, ändert sich die **Farbempfindung.** Das Auge kann Wellenlängen von ungefähr 400 bis etwa 700 Nanometer wahrnehmen. Ein durchschnittlicher Betrachter kann zwischen 100.000 und 1.000.000 Farbnuancen unterscheiden. Wird weißes Licht durch einen schmalen Spalt auf ein Glasprisma geworfen, wird dieses unterschiedlich gebrochen und die so genannten **Spektralfarben** (Abb. 1) werden sichtbar: Rot, Orange, Gelb, Grün, Blau, Indigo und Violett. Sie decken den Bereich des sichtbaren Lichts ab. Unterhalb von 380 nm befindet sich die ultraviolette Strahlung (UV-Strahlung), oberhalb von 780 **nm** die Infrarotstrahlung (IR-Strahlung), die der Mensch als Wärmestrahlung wahrnehmen kann. Kurze Wellen sind beispielsweise Röntgen- oder **Gammastrahlen.**

[1]

| Ultraviolett | Visuelle Strahlung (Licht) | Infrarot |

Wellenlänge →

## Gestaltung / **Licht und Farbe**

Betrachten wir noch einmal die Netzhaut des Auges. An ihrer vorderen Oberfläche befinden sich **lichtempfindliche Rezeptorzellen** oder auch **Sinneszellen,** die aussehen wie **Stäbchen** und **Zapfen.** Wie in einer kleinen Schachtel aneinander liegend, sind sie für verschiedene Spektralbereiche des Lichts empfindlich.

Laut Küppers[1] ist jeder „Empfängertyp" einer bestimmten „Empfindungskraft" zugeordnet: Während die Stäbchen für das Dämmerungssehen (Hell-Dunkel-Unterschiede) zuständig sind, ermöglichen die Zapfen das Sehen bei Tageslicht sowie die Farbwahrnehmung. Das einfallende Licht löst im Auge chemische Signale aus, die in elektrische Erregungen umgewandelt werden. Im Gehirn werden diese elektrischen Reize als Informationen verarbeitet. Aus den vielfältigen Detailinformationen setzt dann das Gehirn das wahrgenommene Bild zusammen.

Von den Zapfen sind drei verschiedene Rezeptoren für Rot, Grün und Blau zuständig. Aus der Überlagerung dieser Grundfarben resultiert das farbige Sehen. Treffen zum Beispiel rote und grüne Lichtstrahlen auf die entsprechenden Rezeptorzellen des Auges, so ergibt dies die Mischfarbe Gelb; das begrenzte Auflösungsvermögen des menschlichen Auges lässt die Farben zu einem Farbeindruck zusammenfließen. Werden alle drei Farbempfänger (Rot, Grün, Blau) erregt, dann sieht das Auge ein weißes Bild – das Prinzip der **additiven Farbmischung.**

**Additive Farben** (Lichtfarben) entstehen durch die Addition von Licht. Mit den additiven Primärfarben (→ S. 10, 11) **Rot, Grün** und **Blau** (RGB) lassen sich in der Theorie alle sichtbaren Farben bilden, wobei alle drei Farben zu gleichen Teilen, übereinander projiziert, Weiß ergeben. Fehlen alle drei Farben, so entsteht Schwarz. Die additive Farbmischung kommt z. B. bei Farbmonitoren zum Einsatz (→ Kap. Produktion, S. 222, RGB). Durch Mischen der je zwei dieser Farben zu gleichen Anteilen entstehen als **Sekundärfarben** (→ S. 11) **Cyan** (C), **Magenta** (M) und **Yellow** (Y), die ihrerseits die Grundfarben des **subtraktiven Farbsystems** bilden (→ Kap. Produktion, S. 222, CMYK). Dieses Farbsystem beschreibt das Verhalten von **Körperfarben.** Das subtraktive Verfahren basiert auf der **Absorption** der Farbanteile des sichtbaren Lichtspektrums des weißen Lichts.

---
[1] Küppers, Harald: Das Grundgesetz der Farbenlehre (2004)

# Gestaltung/**Licht und Farbe**

**Additive Farbmischung:**
Rot+Grün=Gelb;
Grün+Blau=Cyan;
Blau+Rot=Magenta;
Rot+Grün+Blau=Weiß (Abb. 2).

**Subtraktive Farbmischung:**
Cyan+Magenta=Blau;
Magenta+Gelb=Rot;
Cyan+Gelb=Grün;
Cyan+Magenta+Gelb=Schwarz (Abb. 3).

Der Farbeindruck, den der Betrachter von einem Objekt erhält, entsteht durch den Teil des Lichts, der auf die Oberfläche des Objekts trifft und von diesem reflektiert wird, während der andere Teil beim Auftreffen absorbiert wird. Dabei bestimmt das reflektierte Licht die Farbe des Objekts. Ein Objekt, das keine Farbe des Lichts reflektiert, erscheint daher stets schwarz. Umgekehrt sieht man einen Gegenstand, der sämtliche Farben reflektiert, als weiß. **Körperfarben** werden wegen der Absorption auch als **Subtraktionsfarben** bezeichnet.
   Lichttemperatur. Ein glühender Metallkörper strahlt bei stetig erhöhter Temperatur in unterschiedlichen Lichtfarben. Daraus leiten sich die Temperaturen der Lichtfarben ab: **warmes Licht: 3500 K (Kelvin)**[2], **Tageslicht: 5500 K**, **kaltes Licht: 6500 K**.

## Farbtheorien

Bedeutende Persönlichkeiten aus Kultur, Kunst und Wissenschaft wie z. B. Isaac Newton, Johann Wolfgang von Goethe oder auch Paul Renner, Johannes Itten und Harald Küppers haben sich mit dem Phänomen der Farben eingängig beschäftigt. Bis heute gelten mehrere Theorien und Lehren. Zwei der wichtigsten Farbtheorien werden im Folgenden erläutert.
   Der Schweizer Maler und Kunsttheoretiker **Johannes Itten** (1888–1967) ging von **drei Grundfarben** aus, den **Primärfarben Blau, Gelb** und **Rot,** die durch Mischen den **zwölfteiligen Farbkreis** (1961) ergeben (Abb. 4). Die drei Grundfarben erster Ordnung befinden sich in der Mitte des

---

[2] Boltzmann-Konstante der mittleren Bewegungsenergie, Wert: $1{,}380658 \times 10^{-23}$ Joule pro Kelvin (Ludwig Boltzmann, Physiker, 1844–1906)

Farbkreises. Itten stützte seine Theorie zum größten Teil auf die Erkenntnisse des Dichters und Naturforschers Johann Wolfgang von Goethe (1749–1832).

Nach Itten sind **Komplementärfarben** zwei Farben, die sich in einem Farbkreis gegenüberliegen – also komplementär zueinander stehen wie z. B. **Rot** und **Grün** (Abb. 5). Die Mischung von zwei Komplementärfarben ergibt **Grau**. Nach Goethe und Itten wird die Farbkombination von zwei Komplementärfarben als „besonders harmonisch" empfunden.

Der in der Druckindustrie und im grafischen Gewerbe international anerkannte Farbexperte **Harald Küppers** geht in seiner Farbenlehre von **sechs Grundfarben** aus: **Gelb, Grün, Cyanblau, Violettblau, Magentarot** und **Orangerot**. Er ordnet die Grundfarben nicht in einem Kreis, sondern in einem Sechseck an (Abb. 6). Nachfolgend (→ S. 12 ff.) werden die **Urfarben (Violettblau, Grün, Orangerot)** sowie die **Grundfarben** nach Harald Küppers erklärt.

Nach Küppers sind **Primärfarben** die Ausgangsfarben eines Farbprozesses. In der **subtraktiven Mischung** sind das die **bunten Grundfarben** Gelb, Magentarot und Cyanblau, in ihrem Zusammenwirken mit der Hintergrundfarbe Weiß. In der **additiven Mischung** sind die Primärfarben die **bunten Grundfarben** Orangerot, Grün und Violettblau, in ihrem Zusammenwirken mit der Hintergrundfarbe Schwarz. Laut Küppers entstehen **Sekundärfarben** aus der Mischung von zwei Primärfarben und **Tertiärfarben** aus der Mischung von drei Primärfarben.

Der amerikanischer Maler **Albert Henry Munsell** veröffentlichte 1915 das „Munsell Book of Color", ein weiteres Referenzwerk zu Farbtheorien. Auch der französische Chemiker **Eugène Chevreul** gehört mit seiner Schrift „De la Loi du Contraste Simultané des Couleurs" zu den bedeutenden Vertretern der modernen Farbtheorie.

### Farbwirkung

Farben wirken auf vielfältige Weise. In der **Farbpsychologie** und **Farbsymbolik** gibt es verschiedene Interpretationen der einzelnen Farben, denn Farben und ihre Bedeutungsinhalte (Empfindungen) sind nicht nur abhängig von individuellen

Erfahrungen, sondern sind auch durch in Jahrhunderten entstandene Vereinbarungen geprägt. So können Farben oder Farbkombinationen auch verschiedene Bedeutungen in den unterschiedlichen Kulturkreisen haben. Die folgende Auflistung der Farben sollte daher keineswegs als dogmatisch verstanden werden.

**Weiß** (Abb. 7) ist bei der additiven Farbmischung (→ S. 9) die Summe aller Farben. Weiß ist auch die hellste aller Farben; in der Gestaltung gilt sie jedoch als unbunt. Im europäischen und angelsächsischen Kulturkreis steht die Farbe Weiß für Licht, Glauben, das Ideal, das Gute, den Anfang, das Neue, Sauberkeit, Reinheit, Klarheit, Unschuld, Bescheidenheit, Wahrheit, Neutralität, Klugheit, Wissenschaft und Genauigkeit. Sie kann aber auch für Leere und das Unbekannte stehen. Was hygienisch sein soll, ist meistens weiß. Eine „weiße Weste" zu haben, zeugt von einem untadeligen Verhalten. Das Wort „Kandidat" kommt vom lateinischen „Candidus" und bedeutet „glänzend weiß, fleckenlos, ungekünstelt, einfach, aufrichtig". In China steht Weiß hingegen für Trauer und Tod.

**Gelb** (Abb. 8) steht im europäischen und angelsächsischen Kulturkreis für Sonne und Licht, für Reife, Wärme, Klarheit, Planung, für Gesetz, Optimismus, Vorwärtsstreben, Empfindsamkeit, Luxus, Lebensfreude, Frische, Heiterkeit, Freundlichkeit, Veränderung, Extrovertiertheit, aber auch für Einbildung, Anmaßung, Arroganz, Neid, Eifersucht, Geiz, Egoismus, Lüge, Unsicherheit, Gefühllosigkeit und zudem für Bitterkeit und Gift. Im Englischen bedeutet „Yellow" auch „feige". In der Geschichte war Gelb stets die Farbe der Geächteten, Verfolgten und Ausgestoßenen. Bei den Asiaten ist Gelb die wichtigste Farbe. In arabischen Kulturen steht Gelb im Allgemeinen für Glück und Wohlstand.

**Orange** (Abb. 9) versinnbildlicht im europäischen und angelsächsischen Raum Freude, Effizienz, Lebhaftigkeit, Spaß, Extrovertiertheit, Aufregung, Lebensbejahung, Ausgelassenheit, Energie, Aktivität, kann aber auch fanatisch wirken und Rohheit und Aufdringlichkeit symbolisieren.

## 3.1 Gestaltung/**Licht und Farbe**

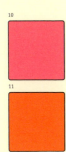

**Magenta** (Abb. 10) steht in europäischen und angelsächsischen Kulturen für Idealismus, Dankbarkeit, Engagement, Ordnung und Mitgefühl, jedoch auch für Snobismus, Arroganz und Dominanz.

Von Anbeginn der Geschichte der Menschheit wird **Rot** (Abb. 11) mit der Symbolik des Feuers in Verbindung gebracht. Es ist Sinnbild des Göttlichen und Heiligen, aber auch des Blutes und des Krieges. In einigen Sprachen bedeutet „Rot" gleichzeitig „Blut", wie z. B. bei den Babyloniern und deb Eskimos. Wieder in anderen Sprachen ist Rot auch gleichbedeutend mit dem Wort für Farbe, beispielsweise in Spanien „colorado". Im europäischen und angelsächsischen Raum steht die Farbe Rot auch für Vitalität, Freude, Aktivität, Aktivierung, Energie, Dynamik, Temperament, Impulsivität, Wärme, Leidenschaft, Verführung, Erregung, Eroberungswillen, Tatendrang, Exzentrik und maximalen Lebensausdruck, und daneben auch für Anspannung, Gefahr, Gewalt, Chaos, Zorn und Hass. Die Kenntlichmachung eines Fehlers bzw. eine Fehlerkorrektur wird stets in Rot durchgeführt. Generell gilt: Wo die Hitze das Leben bedroht, ist Rot das Symbol des Bösen und der Zerstörung. So bedeutet in Ägypten „rotmachen" „töten". In China ist Rot eine Glücksfarbe. Inderinnen tragen bei ihrer Hochzeit Rot, da dies die heilige Farbe der Göttin Lakshmi ist, der Göttin der Schönheit und des Reichtums. In Italien steht Rot für die Abwehr gegen das Böse und den Neid. In Russland ist Rot grundsätzlich eine positive Farbe. Dort ist „krasnij" (= „rot") mit „krasiwyj" (= „schön, herrlich") sprachlich verwandt. Der Rote Platz in Moskau ist auch der „schöne Platz".

**Violett** (Abb. 12) steht in europäischen und angelsächsischen Kulturen für Rätselhaftigkeit, Magie, Eitelkeit, Extravaganz, doch auch für Zwiespältigkeit und Aufdringlichkeit.

**Blau** (Abb. 13) ist die kälteste Farbe des Farbspektrums und die Komplementärfarbe (→ S. 11) zu Orange. Zudem ist es auch die Farbe der Ferne. Eine Farbe wirkt umso näher, je wärmer sie ist, und umso ferner, je kälter sie ist (→ S. 22, Farbperspektive). Die Farbe Blau versinnbildlicht im europäischen und angelsächsischen Raum Entspannung, ein Ergebnis oder Resultat, Sympathie, Vertrauen, Freundlichkeit, Zuverlässigkeit, Ausdehnung, Erholung, Harmonie, Zufriedenheit, Ruhe, Stille, Passivität, Unendlichkeit, Sauberkeit,

Hoffnung, Verfestigung, Klugheit, Wissenschaft, Bewahrung, Sehnsucht, Fantasie, Mut, Sportlichkeit, sie kann aber auch Kälte, Kühle, Traumtänzerei, Nachlässigkeit, Starrheit, Naivität, Sattheit oder Melancholie vermitteln.

**Grün** (Abb. 14) verheißt in europäischen und angelsächsischen Kulturen Durchsetzungsvermögen, aber auch Frische, Beharrlichkeit, Entspannung, Natur, Vegetation, Natürlichkeit, Ruhe, Großzügigkeit, Gesundheit, Zuversicht; Grün wirkt darüber hinaus repräsentierend, lebensfroh, regenerierend, ganzheitlich und neutral, zeugt aber auch von Unentschlossenheit, Faulheit und Charakterlosigkeit.

**Schwarz** (Abb. 15) ist in der Gestaltung keine Farbe, es ist ebenso unbunt wie Weiß. Schwarz kann im europäischen und angelsächsischen Raum unter anderem für Auflehnung, Undurchdringlichkeit, Dunkelheit, Funktionalität stehen; es ist aber auch dramatisch, geheimnisvoll und reserviert. Ferner versinnbildlicht Schwarz Schwere, Tiefsinnigkeit, das Düstere und Negative, Abgeschlossenheit, Einengung, Pessimismus und Hoffnungslosigkeit.

**Grau** (Abb. 16) steht in europäischen und angelsächsischen Kulturkreisen für Neutralität, Nachdenklichkeit, Seriosität, Sachlichkeit, Funktionalität, Schlichtheit, Kompromissbereitschaft, aber auch für Negativität, Unsicherheit, Nüchternheit, Trostlosigkeit und Elend.

## Checkliste für die Wahl eines Farbklimas

- Welche Botschaft oder Grundstimmung soll vermittelt werden?
- Welche Zielgruppen sollen angesprochen werden? (Beachte kulturelle und altersspezifische Unterschiede)
- Welche Kontrastwirkung und Harmonien sollen entstehen?
- Welche Grundfarben sollen verwendet werden?

**Beachte:** In der Regel sollten nicht mehr als vier Grundfarben verwendet werden. Wenige, aufeinander abgestimmte Farben sind vorteilhafter als eine Vielzahl unterschiedlicher Farben.

Um dem Betrachter die Orientierung zu erleichtern, sollten gleiche Sachverhalte oder Inhalte durchgehend in der gleichen Farbe dargestellt werden. Innerhalb einer Sachlage kann mit Nuancen von nur einer Farbe gearbeitet werden. Inhaltliche Verschiedenheiten sollten durch klar unterscheidbare Farben differenziert werden. Hervorzuhebende Passagen (wie Merksätze, Hinweise, Namen etc.) können mit einem Farbkontrast (→ S. 30 ff.) in Form einer **Auszeichnung** (→ Kap. Typografie, S. 99) kenntlich gemacht werden.

### Farben im Web

Farben werden am Monitor im RGB-Farbmodus dargestellt, daher kommen bei Webseiten ausschließlich RGB-Farben zum Einsatz. Die Angabe des **RGB-Farbwerts** erfolgt in der Regel hexadezimal.[3]

Zur Verfügung stehen dafür die Ziffern 0–9 und die Buchstaben A–F. Ein Beispiel für die RGB-Farbe „Weiß", die je 255 Anteile Rot, Grün und Blau enthält: Der RGB-Wert ist in dezimalen Werten 255, 255, 255. In hexadezimaler Form sieht er wie folgt aus: #FFFFFF. Das **Raute-Zeichen** # gibt an, dass es sich um eine hexadezimale Zahl handelt.

**Webstandards** stellen sicher, dass Anwender auf die gleichen **websicheren Farben** zurückgreifen können. Die ersten Webstandards wurden zu einer Zeit entwickelt, als der Computer oft nur 256 verschiedene Farben **(8-Bit)** anzeigen konnte. Daraus wurde, abzüglich der Farben, die auf verschiedenen Betriebssystemen unterschiedlich dargestellt wurden, die websichere Farbpalette mit **216 Farben** entwickelt.

Kamen Bilder mit größerer Farbtiefe zum Einsatz, mussten nicht darstellbare Farben simuliert werden, z. B. durch **Dithering**, eine Technik, die fehlende Farben durch eine bestimmte Pixelanordnung aus verfügbaren Farben nachbildet. Dieser Effekt ließ sich durch das Benutzen der **Standardpalette** mit **216 Farben** vermeiden.

Zeitweise wurden 22 der 216 websicheren Farben zu so genannten „wirklich sicheren Webstandards" erhoben, die bei einer 16-Bit-Farbtiefe ohne Neuberechnung richtig wiedergeben werden konnten.[4] Mit der Verbreitung von Grafikkarten und Monitoren, die **24 Bit** oder mehr Farbtiefe darstellen konnten, verlor auch diese Palette an Bedeutung. Heute sind alle Farben des hexadezimalen Systems einsetzbar. Noch immer ist jedoch die Farbdarstellung von den physikalischen Eigenschaften der verwendeten Anzeigegeräte und von den Benutzereinstellungen, wie Helligkeit und Kontrast, abhängig (vgl. Kap. Digitale Medien, S. 175 f., CSS, Farben).

---

[3] Hexadezimalsystem (Griech: hex = 6; Lat.: decem = 10; decimus = zehnte; Sedezimalsystem = 16): Zahlensystem zur Basis 16
[4] Stern, Hadley; Lehn, David: Death of the Web-Safe Color Palette (2000)

## Perspektive und Raum

„Drei sind die Naturen der Perspektive. Die erste erfasst die Ursache, warum die Dinge, die sich entfernen, kleiner erscheinen, die zweite enthält die Kenntnis, warum sich die Farben verändern, und die dritte und letzte erfasst die Erklärung, dass die Konturen der Dinge weniger genau darzustellen sind", sagte das Universalgenie Leonardo da Vinci (1452–1519) über die Perspektive. Und der holländische Grafiker Maurits Cornelis Escher (1898–1972), der sich eingängig mit der eigentümlichen Spannung beschäftigte, die jeder Wiedergabe einer räumlichen Situation auf einer Fläche zu eigen ist, widersprach einem Betrachter mit folgenden Worten: „Zeichnen ist Täuschung; es suggeriert drei Dimensionen, obwohl nur zwei da sind. Und mag ich mich noch so bemühen, Sie zu überzeugen, dass es eine Täuschung ist, Sie werden weiterhin dreidimensionale Objekte sehen."[5]

**Perspektive** ist die **konstruierte,** auch **bildnerische Darstellung** eines Gegenstands oder Raums auf einer **zweidimensionalen Fläche** mit Mitteln, die den Eindruck von **räumlicher Tiefe** oder Körperhaftigkeit erzeugen. Perspektive lässt sich z. B. mit Perspektivlinien und Raumlinien darstellen. Mit **„prospektiva"** (Durchblick) bezeichneten die italienischen Künstler der Renaissance die Wiedergabe des optischen Eindrucks von Räumlichkeit auf der Basis eines geometrischen Systems.

**Räumliches Sehen** entsteht durch **Binokularität,** das Sehen mit zwei Augen (Abb. 17, Aufbau des menschlichen Auges). Wir können räumlich sehen, weil beide Augen ein Bild aus unterschiedlichen Blickwinkeln wahrnehmen. Erst im Gehirn entsteht aus den beiden Einzelbildern ein räumliches Ganzes, das Bild.

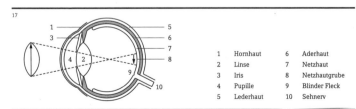

17

| 1 | Hornhaut | 6 | Aderhaut |
| 2 | Linse | 7 | Netzhaut |
| 3 | Iris | 8 | Netzhautgrube |
| 4 | Pupille | 9 | Blinder Fleck |
| 5 | Lederhaut | 10 | Sehnerv |

[5] Ernst, Bruno: Der Zauberspiegel des Maurits Cornelis Escher (1986)

## Räumliche Darstellung

In der grafischen Gestaltung können räumliche Darstellungen mithilfe verschiedener Gestaltungsmittel erreicht werden. In der Regel werden mehrere dieser Gestaltungsmittel miteinander kombiniert.

**Licht und Schatten.** Der räumliche, plastische Eindruck eines Objekts oder Körpers wird mithilfe von Licht und Schatten erzeugt. Schatten entstehen dort, wo eine **Lichtquelle**, ein **Objekt** und eine **Projektionsfläche** vorhanden sind. Dabei sind die Art der Lichtquelle (z. B. Punktlicht, Flächenlicht) und die Position zum Objekt entscheidend für die räumliche Situation.

Eine besondere Aufgabe des Schattens in der Gestaltung ist, die Realität wirklichkeitsnah nachzuahmen (vgl. Abb. 18 und Abb. 19). Die Tatsache, dass ein Schatten aber nicht immer der Realität entsprechen muss, zeigen beispielsweise **Comic-Darstellungen** oder auch **Illustrationen.**

**Schattenarten.** Der **Körperschatten** (Abb. 20) ist der Schatten, welcher auf dem Objekt selbst auf der lichtabgewandten Seite hervorgerufen wird. Der **Kernschatten**, auch harter Schatten (engl.: umbra, hard shadows), ist der dunkelste Bereich eines Schattens. Der **Schlagschatten**, auch weicher Schatten (engl.: penumbra, soft shadows), ist die Bezeichnung für die Schattenfläche, die nicht das gesamte Licht der Umgebung enthält (Abb. 21).

*Tipp: Bei der Gestaltung sollte darauf geachtet werden, dass die Beleuchtung in einem dargestellten Raum für alle Objekte einheitlich ist, um Räumlichkeit realistisch wiederzugeben. Sobald die eigentliche Höhe und Richtung des Lichts bestimmt ist, ist es einfach, die Lage, Form und Größe der Schlagschatten auf einer Grundfläche zu bestimmen. Wer ein geübtes Auge hat und die Gesetzmäßigkeiten kennt, kann den Schlagschatten freihändig zeichnen.*

## 3.2 Gestaltung/**Perspektive und Raum**

In der **bildnerischen Gestaltung** kann die räumliche Wirkung durch Größenunterschiede (Abb. 22), **Überschneidungen,** Helldunkelnuancen, Farbnuancen oder Schärfenunterschiede in der Regel mit allen Werkzeugen und **Gestaltungstechniken** durchgeführt werden, wie mit Bleistift, Kohle, Pinsel, Spray, Drucktechniken und dem Computer.

An dieser Stelle auch die **Collage** als Gestaltungstechnik erwähnt. Mit der Montage können Bilder nicht nur zerlegt und deren Teile nach einem bestimmten Ordnungsprinzip zu einem neuen Bild zusammengesetzt werden. Vorgegebene Bildausschnitte können zudem ergänzt werden. Bei dieser Technik wird durch die Neuordnung ein neues Ganzes geschaffen, was die ursprüngliche Bildaussage sogar verändern kann. Ein Foto kann durch Zeichnen oder Malen einen neuen Ausdruck bekommen, und komplette Bildmotive können verfremdet und in einen neuen Zusammenhang gestellt werden.

**Größenunterschiede.** Sofern räumliche Situationen in einer Zeichnung naturgetreu abgebildet werden, verkleinern sich die Maße mit zunehmender Distanz vom Betrachter: Objekte, die weiter entfernt liegen, erscheinen entsprechend kleiner (Abb. 23, 24).

### Geschichte der Perspektive

Die **Antike** kannte die **Abbildung der Größe** einzelner Objekte durch Verkürzung der Tiefenlinien und erzeugte erste illusionistische Wirkungen bei Bühnenbildern. Die Antike kannte aber keinen Horizont, und es fehlte die ganzheitliche Betrachtung der Perspektive. Die frühchristliche und mittelalterliche Malerei bediente sich fast ausschließlich der Bedeutungsperspektive (→ S. 25).

Zu Beginn der **Renaissance** in Italien wurden in den biblischen Gemälden erstmals naturalistische Räume und Landschaften dargestellt. Ab der Mitte des 14. Jh. wurden die Gesetze der Perspektive von Architekten und Malern konsequent beachtet und angewandt. Die **Entwicklung der Perspektive** in der Renaissance stand im engen Zusammenhang mit bedeutenden naturwissenschaftlichen Entdeckungen und Forschungen. Mithilfe der Geometrie ließen

## Gestaltung / **Perspektive und Raum**

sich die Erscheinungen der Natur auf anschauliche Regeln zurückführen. Auf der Suche nach dem **Regelmaß**, nach **Symmetrie, Harmonie** und **Rhythmus** entstanden die ersten theoretischen Grundlagen zur Perspektive.

Die ersten **schriftlichen Aufzeichnungen** machte im Jahre 1435 der in Genua geborene **Leon Battista Alberti**[6], Humanist, Theoretiker und Universalgelehrter. In seinen drei „Büchern über die Malerei" vergleicht er das Bild mit einem Fenster, das uns einen scheinbar wirklichen Raum wiedergibt. Das Auge ist dabei ein Punkt und die Bildfläche wird zu einem planen Schnitt durch die Sehpyramide. Alberti entwickelte ferner das **Quadratnetzverfahren:** ein mit einem Fadennetz versehener Rahmen, der das Übertragen einer beim Durchblicken erfassten räumlichen Situation auf ein Zeichenbrett ermöglicht.

Als der eigentliche Begründer der modernen Perspektive gilt der florentinische Baumeister und Bildhauer **Filippo Brunelleschi**[7]. Er versuchte zu beweisen, dass auch das Bild als Kunstwerk in der Lage sei, die Vollkommenheit der angewandten Mathematik zu erreichen. Dazu soll er bereits den so genannten Grund- und Aufriss (→ S. 22) verwendet haben. Der zu den vielseitigsten Persönlichkeiten der Kunstgeschichte gehörende deutsche Maler und Kupferstecher **Albrecht Dürer** erklärte das Verfahren der **Perspektivkonstruktion** leicht und verständlich mithilfe einer mechanischen Zeichenvorrichtung. Das alles führte zur Zentralperspektive mit **einem Horizont** und **einem Fluchtpunkt** für alle orthogonalen, senkrecht zur Bildebene verlaufenden Linien. **Leonardo da Vinci** beschrieb als Erster das Verfahren der **Flucht-** oder **Zentralpunktperspektive.** Bereits in seinem Traktat über die Malerei setzte er das Sehen dem Erkennen gleich und forderte vom Künstler, dass dieser nicht nur eine realistische oder dekorative Wiedergabe der Natur darstellen solle, sondern verlangte von ihm auch das tatsächliche Verständnis der naturwissenschaftlichen Formen und Gesetze. Der Künstler solle diese anhand optischer Kenntnisse und mittels geometrischer Verfahren in Bildern umsetzen. Den mathematischen Berechnungen da Vincis lagen seine eingehenden Untersuchungen der Anatomie des Auges zugrunde.

---

[6] Erster bedeutender Architekturtheoretiker der Renaissance (1404–1472)
[7] U. a. Erbauer der Domkuppel in Florenz, der Kirche San Lorenzo, der Pazzi-Kapelle im Kloster Santa Croce (1377–1446)

## Gestaltung / **Perspektive und Raum**

### Perspektivverfahren

Die Linearperspektive stellt Objekte durch das Zeichnen der Umrisse, Konturen und Grenzen mit rein linearen zeichnerischen Mitteln dar – ohne Helldunkelwerte, Schraffuren oder Farben (Abb. 25). Technische Skizzen (→ S. 38), Entwürfe oder Pläne werden in der Regel als lineare Zeichnungen angefertigt.

In der **Zentralperspektive** werden raumparallele Kanten nicht abbildungsparallel dargestellt, sondern treffen sich an einem imaginären Punkt – dem so genannten **Fluchtpunkt**. Die Zentralperspektive ist ein Projektionsverfahren mit nur **einem Fluchtpunkt**.

### Goldene Regeln der Zentralperspektive

1. Die Vorderansicht eines Objekts, also die dem Betrachter zugewandte Fläche, wird mit den wahren Maßen und Winkeln abgebildet.
2. Das Objekt liegt parallel zur Bildebene.
3. Alle senkrecht zur Bildebene liegenden Linien, die die Tiefe des Objekts darstellen, treffen sich in einem Fluchtpunkt.
4. Alle zur Bildebene liegenden Linien verkürzen sich.
5. Die parallel zur Bildebene liegenden Linien bleiben in Höhe und Breite parallel.
6. Alle Winkel, die von den senkrecht zur Bildebene liegenden Linien gebildet werden, verändern sich.
7. Die Winkel der Vorderseite des Objekts bleiben gleich (Abb. 26).

Da bei unterschiedlicher Augenhöhe die Horizontlinie notwendigerweise nach oben bzw. nach unten wandert, nennt man die jeweiligen extremen Darstellungen der Zentralperspektive auch **Froschperspektive** (Untersicht) oder **Vogelperspektive** (Aufsicht). Die Abbildungen 27 (Froschperspektive) und 28 (Vogelperspektive) geben die unterschiedlichen Augenhöhen und ihre Wirkungen in einem zentralperspektivisch dargestellten Raum wieder (vgl. mit Abb. 29 „normalperspektivischer" Ansicht).

## 3.2 Gestaltung/**Perspektive und Raum**

Weitere Projektionsverfahren sind die Darstellung mit **zwei Fluchtpunkten**, auch **Zweifluchtpunktperspektive** (Übereckperspektive), und die Darstellung mit **drei Fluchtpunkten**, auch **Dreifluchtpunktperspektive**. Im Gegensatz zur Zentralperspektive liegt das Objekt bei der Zweifluchtpunktperspektive schräg zur Bildebene (Abb. 30).

**Farbperspektive.** „Durch die Linearperspektive allein wird das Auge, da ohne Bewegung, niemals Kenntnis von der Entfernung eines Objekts bekommen, die zwischen ihm und einem anderen Gegenstand liegt, sondern nur mittels der Farbperspektive", sagte Leonardo da Vinci[8]. Bei normalen Licht- und Wetterverhältnissen erscheinen weit entfernte Objekte und Landschaften heller als nahe gelegene. Durch die dazwischen liegenden Luftschichten, Staubpartikel etc. wird das Licht gestreut.

Mithilfe der **Farbperspektive** kann ein Tiefeneindruck erzeugt werden, indem man im Vordergrund, Mittelteil und Hintergrund verschiedene Farbtöne einsetzt.

Dieser Effekt wird möglich, da so genannte **kalte** und **warme Farben** verschiedene Raumwirkungen wiedergeben: Warme Farben drängen nach vorne, kalte Farben hingegen erscheinen zurückweichend. So dominieren im Vordergrund meist Farben wie Gelb, Orange oder Braun, im Hintergrund Blautöne.

Bei der **Luftperspektive** wird ein Tiefeneindruck erzeugt, indem die Kontraste von vorn nach hinten abnehmen sowie die Helligkeit von vorn nach hinten zunimmt. Die Luftperspektive ist eng mit dem Begriff der Farbperspektive verknüpft, da ihre Wirkung auf der gleichen Ursache beruht.

**Tipp:** *Zur Aufhellung weit entfernter Gegenstände werden Blau und Violett eingesetzt, da die kürzeren Lichtwellen im Ultraviolettbereich, im Gegensatz zu den längeren im Rotbereich, weniger abgelenkt werden.*

Ein Raum wird in der Regel als **Grundriss** (Abb. 31), als **Aufriss** (Abb. 32) sowie perspektivisch dargestellt.

---

[8] Kaiser, Michael; Liess, Charlotte; Schulz-Neumann, Jörg: Perspektive als Mittel der Kunst (1986)

## Gestaltung / **Perspektive und Raum**

**Augenhöhe.** Entsprechend der unterschiedlichen Augenhöhe eines Betrachters verschiebt sich der Horizont nach unten oder nach oben (→ S. 21, Froschperspektive und Vogelperspektive). Der **Augenpunkt** ist ein Punkt in Augenhöhe des Betrachters. Er befindet sich senkrecht über dem **Standpunkt** und liegt in der Regel bei 1,60 m (Abb. 33). Zwischen dem Augenpunkt und dem Objekt treffen die Sehstrahlen auf die **Bildebene**. Hier entsteht die Abbildung des Objekts. Die Tiefenabstände werden durch die Diagonale ermittelt, deren **Distanzpunkt** damit festgelegt ist.

Die **Distanz** ist dabei der angenommene Abstand des Auges von der Bildebene. Die in die Tiefe gehenden Kanten eines Objekts oder die Ecken eines Raumes werden durch die **Fluchtlinien** festgelegt. In der Zentralperspektive (→ S. 21) treffen sich alle Linien in einem **Fluchtpunkt**. Auf der **Grundlinie** steht die Bildebene rechtwinklig zur Grundfläche. Die **Horizontlinie** ist die Linie auf der Bildebene in Höhe des Augenpunktes. Die Sehstrahlen sind gedachte Linien zwischen Augenpunkt und den Punkten auf dem Objekt. Der **Standpunkt** ist der angenommene Punkt auf einer Grundfläche, auf der der Betrachter steht.

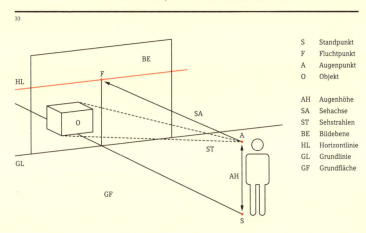

| | |
|---|---|
| S | Standpunkt |
| F | Fluchtpunkt |
| A | Augenpunkt |
| O | Objekt |
| | |
| AH | Augenhöhe |
| SA | Sehachse |
| ST | Sehstrahlen |
| BE | Bildebene |
| HL | Horizontlinie |
| GL | Grundlinie |
| GF | Grundfläche |

## Parallelperspektive – Parallelprojektionsverfahren

Die Parallelperspektive ist die perspektivische Ansicht eines Körpers oder Raumes ohne Fluchtpunkte. In einer parallelperspektivischen Zeichnung laufen alle parallelen Linien im Abbild ebenfalls parallel zueinander (Abb. 34). Eine Seite des Körpers wird in der Regel frontal und maßstabsgetreu gezeichnet. Die weiteren Seiten werden mit einem Winkel

| Verfahren | Merkmale | Vor- und Nachteile |
|---|---|---|
|  | **Militärperspektive**<br>– Der Grundriss bleibt unverzerrt.<br>– Der Winkel a ist beliebig.<br>– Die Höhenlinien können verkürzt werden. | – Starke Aufsicht<br>– Geeignet auch für Objekte mit einem nicht rechtwinkligen Grundriss<br>– Besonders geeignet für komplexe Objekte und Gebäude |
|  | **Isometrie**<br>– Alle Flächen sind verzerrt.<br>– Alle Kanten sind unverkürzt.<br>– Alle Winkel sind verändert. | – Starke Aufsicht<br>– Häufigste Form für technische Darstellungen<br>– Wenig Raumwirkung<br>– Gut ablesbare Maße<br>– Nicht geeignet für zentralsymmetrische Grundrisse (z. B. Würfel) |
|  | **Dimetrie**<br>– Alle Flächen sind verzerrt.<br>– Alle Winkel sind verändert.<br>– Die Tiefenlinien sind verkürzt.<br>– Weitere Kanten sind unverkürzt. | – Geeignet für ein Objekt mit geringer Tiefe<br>– Anschaulichkeit |
|  | **Kavaliersperspektive**<br>– Der Aufriss ist unverzerrt.<br>– Tiefenwinkel kann verschieden sein (z. B. 60 Grad).<br>– Tiefenlinien werden halbiert. | – Einfache Darstellungsmethode<br>– Gute Anschaulichkeit<br>– Geringe Tiefenwirkung |

von 45 oder 30 Grad abgewinkelt und um die Hälfte verkürzt gezeichnet. Da in der Parallelperspektive die Fluchtlinien parallel und nicht auf einen Punkt zulaufen, erscheinen alle Objekte gleich groß. Aus diesem Grund ist diese Perspektive nicht für das Darstellen von Landschaften oder natürlichen Räumen geeignet.

<u>Weitere Arten</u>

**Fischaugenprojektion.** Die Linien, die nicht durch das Zentrum gehen, werden gekrümmt; Flächen am Rand werden kleiner dargestellt als in der Bildmitte; der Blickwinkel beträgt 180 Grad und mehr. Die Fischaugenprojektion ist eine verzerrende Darstellungsform.

Wenn die Augen räumlich sehen (vgl. S. 17, Binokularität), können sie einen Bereich von etwa 120 Grad erfassen. Wirklich scharf sehen kann der Mensch aber nur in einem Winkel von etwa 1,5 Grad (Abb. 35, Sehfeld).

Bei der **Bedeutungsperspektive** hängt die Größe der dargestellten Figuren und Objekte von deren Bildbedeutung ab, nicht aber von den räumlich-geometrischen Gegebenheiten. Beispielsweise wurden Figuren im Altertum und Mittelalter auf einem Bild nach ihrer Bedeutung oder Stellung angeordnet: Heilige Figuren wurden in der Mitte groß gezeigt, während andere Personen oder Objekte verkleinert dargestellt wurden, ohne dass auf räumliche Bezüge oder Proportionen Rücksicht genommen wurde.

<u>Checkliste der perspektivischen Konstruktion</u>

Folgende Punkte sollten bei der perspektivischen Konstruktion berücksichtigt werden:

- Der Standpunkt des Betrachters
- Die Augenhöhe des Betrachters
- Die Position des Betrachters zum Horizont
- Die Stellung der Objekte im Raum
  **Beachte:** Je weiter weg sich ein Objekt befindet, umso kleiner erscheint es dem Betrachter.
- Das Perspektivverfahren

## Illusionen

Es gibt **geometrische Figuren,** die vom Betrachter anders wahrgenommen werden, als sie tatsächlich sind. Beispielsweise erscheinen gleich lange Linien oder Strecken unterschiedlich lang, wie die Figur von F. C. Mueller-Lyer zeigt (Abb. 36). Hier rufen die Pfeilspitzen an den Enden der Linien eine Täuschung hervor.

Seit Jahrhunderten bemühen sich Psychologen, die Ursachen der optischen Täuschung zu finden. Das „Wörterbuch der Psychologie" beschreibt eine **optische Täuschung** als die „mangelnde Übereinstimmung zwischen objektiv-physikalischen Reizgegebenheiten und Empfindungen bzw. Wahrnehmungsurteilen bei der Einschätzung von Beschaffenheit, (…) Größe, Raumlage und Richtung einer Reizvorlage oder bestimmter Abschnitte"[9]. Und Barbara Gillam, Professorin für Psychologie an der Universität von New South Wales, fasst die Täuschung in den drei folgenden Punkten zusammen: „Erstens: Die Täuschung betrifft nicht das Denken, sondern die Wahrnehmung. Selbst wenn man weiß, dass der Eindruck falsch ist, verschwindet die optische Täuschung nicht, doch kann sie schwächer werden, wenn man eine Täuschungsfigur innerhalb kurzer Zeit wiederholt betrachtet. Zweitens: Die Täuschung entsteht nicht durch Vorgänge in der Netzhaut. (…) Drittens: Die Augenbewegungen sind am Zustandekommen der Täuschung nicht beteiligt."[10]

Weitere Figuren, die optische Täuschungen hervorrufen, werden im Folgenden beschrieben. In den Figuren des amerikanischen Psychologen Edward Bradford Titchener (1867–1927) wirkt beispielsweise der linke innere Kreis kleiner als der rechte Innenkreis (Abb. 37). Die Figuren von Zöllner lassen parallele Linien gegeneinander geneigt erscheinen (Abb. 38). In der Abb. 39 und 40 sind alle vier Balken gleich lang. In Abb. 40 scheint jedoch der waagerechte Balken kürzer zu sein als der senkrechte. Die **unmögliche Figur** (Abb. 41), die oft als Beispiel in der Wahrnehmungspsychologie gezeigt wird, verführt das Sehzentrum, indem sie durch eine geschickte Kombination zweidimensionaler Elemente eine als eine Fläche auf dem Papier liegende Figur dreidimensional erscheinen lässt (→ S. 36, Kippfiguren).

---

[9] Fröhlich, W.D.: Wörterbuch Psychologie (2000)
[10] Gillam, Barbara: Geometrisch-optische Täuschungen. Wahrnehmung und visuelles System (1986)

# Gestaltungsgrundlagen

## Grundelemente

In der Regel besteht der Grundaufbau einer grafischen Gestaltung aus den Grundelementen **Punkt, Linie** und **Fläche.**

Der **Punkt** ist das kleinste Element in der grafischen Gestaltung. Geometrisch betrachtet ist der Punkt ein nulldimensionales Objekt ohne jegliche Ausdehnung. Geometrisch wird der Punkt in einem ebenen Vektormodell mit X-, Y-Koordinaten und in einem Rastermodell als einzelne Zelle (→ Kap. Produktion, S. 226, Dot) dargestellt. Je nach Distanz können verschiedene große Punkte wahrgenommen werden, oder mit der Aneinanderreihung von Punkten zu einer Fläche kann ein Raster (→ Kap. Produktion, S. 226) entstehen. Das bedeutet: Die Punkte werden nicht mehr isoliert, sondern als graue Fläche wahrgenommen (Abb. 42).

Die Gestaltung mit Punkten kann eine Vielzahl von Anmutungen erzeugen. Bereits mit Aussagen zu Ortsbezeichnungen wie oben, unten oder mittig verbindet der Mensch bedingte Assoziationen. So kann der einzelne Punkt im Zentrum auf einer Fläche Ruhe ausstrahlen (Abb. 43), mit der Verschiebung aber Spannung auslösen (Abb. 44), mit einer Wiederholung Struktur und Texturen erzeugen (Abb. 45) oder durch gezielte Variabilität in Größe oder Farbe reizvolle Inszenierungen zulassen (Abb. 46).

Die **Linie.** Die Aneinanderreihung von Punkten mit konstantem Abstand wird vom Auge als Linie wahrgenommen (→ S. 33 ff., Gestaltungsgesetze). Adrian Frutiger, der Entwickler der Schrift Univers, sagt dazu, „dass jeder lineare Ausdruck aus einem in Bewegung gesetzten Punkt entsteht."[11] Im Gegensatz zum Punkt, der an eine zentrale Mitte gebunden ist, kann die Linie einen dynamischen Charakter aufweisen. Die einfachste Form der Linie ist die **Gerade.** Als Senkrechte wirkt sie aktiv und leicht (Abb. 47),

als Waagerechte passiv und schwer (Abb. 48). Geraden können zudem diagonal verlaufen. Verläuft eine Gerade von links unten nach rechts oben, dann wird sie als aufsteigende Linie empfunden (Abb. 49, nächste Seite). Wenn eine Linie jedoch von rechts unten nach links oben führt, wird diese als eine von links nach rechts fallende Linie wahrgenommen.

[11] Frutiger, Adrian: Der Mensch und seine Zeichen (1978)

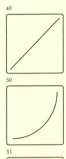

Das Auge tastet eine Fläche oder Form von links nach rechts ab (westliche Kulturen), da Lesegewohnheiten (→ Kap. Typografie, S. 79) auf das Sehen übertragen werden. Diese sind jedoch in einigen Kulturen wie z. B. China recht verschieden.

Linien können auch gebogen (Abb. 50) und gekrümmt sein. Sie sind vielfältig einsetzbar. Sie können verbinden (Abb. 51), in ihrem Verlauf Umrisse von Formen bestimmen (freie Linien), Flächen gliedern, sich zu Strukturen oder **Schraffuren** verdichten (Abb. 52), stützen und hervorheben, oder auch auf etwas hinweisen bzw. eine Richtung vorgeben. So kann der **Pfeil** verschiedene Aussagen machen. Er kann geradeaus, nach rechts oben oder nach rechts unten weisen, während der „Wendepfeil" sich krümmt und in die Ausgangsrichtung zurückzeigt.

Ein **Strich** ist in der Regel eine meist kurze unregelmäßige Linie, eher die künstlerische Eigenart des Umgangs mit dem Pinsel. Eine **Spirale** ist eine offene Linie, die Verbindung von außen nach innen oder von innen nach außen, mit der Tendenz zur starken Bewegung.

**Beachte:** Eine Schriftzeile oder Linie, die in der mathematischen Mitte einer Fläche steht, empfindet das Auge als zu tief (Abb. 53). Deshalb wird zwischen optischer und mathematischer Mitte unterschieden. Die optische Mitte ist in der Gestaltung das optische befriedigende Maß. Waagerecht gelagerte Balken wirken immer etwas schwerer als senkrechte, wie die Abb. 54 und Abb. 55 hier zeigen. Beide Balken haben die gleiche Länge und die gleiche Breite (→ Kap. Typografie, S. 107, Gleichmaß und Differenzierung).

Die **Fläche** ist eine geschlossene geometrische Figur mit zwei Dimensionen. Sie wird von einer homogenen Fläche eingeschlossen, die in der Regel zweidimensional dargestellt und von einem oder mehreren Liniensegmenten formal begrenzt wird. Geometrisch wird eine Fläche in der Regel durch eine Folge von Koordinatenpaaren beschrieben. Mit einfachen Gestaltungsmitteln können verschiedene Anmutungen auf einer Fläche erzeugt werden.

## Gestaltung/**Gestaltungsgrundlagen**

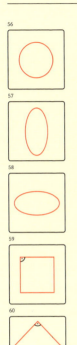

Der **Kreis** hat weder einen Anfangspunkt noch einen Endpunkt und ist daher ein Symbol der Unendlichkeit. Er ist eine zweidimensionale Figur. Geometrisch betrachtet ist der Kreis eine Linie, deren Punkte den gleichen Abstand vom Mittelpunkt haben. Wird eine gekrümmte Linie geschlossen, kann ein Kreis entstehen.

Der Kreis ist, neben der Geraden, die einzige ebene Kurve mit konstanter Krümmung. Er vermittelt weniger Spannung als ein Rechteck oder Dreieck, da keine Richtung angestrebt wird. Der Kreis wirkt harmonisch, in sich geschlossen, vollkommen und unendlich (Abb. 56).

Albert Kapr und Walter Schiller schreiben: „Der Kreis ist das Zeichen des In-sich-Ruhenden, das Auge wird angezogen von dem nicht bezeichneten und doch gewussten Mittelpunkt."[12] Um fehlende Einheiten in bestimmten Ordnungssystemen zu bezeichnen, benutzten z. B. die babylonischen Astronomen und Mathematiker Ende des 4. Jh. v. Chr. einen kleinen Kreis als Null. Später wurde dieser nur noch als großer Punkt geschrieben.

Die **Ellipse** ist geometrisch betrachtet eine spezielle, geschlossene Kurve mit ovaler Form. Sie wirkt dynamischer als z. B. der Kreis. Stehend wirkt sie aufstrebend, aber auch wacklig (Abb. 57), liegend zeigt sie sich eher ruhig (Abb. 58).

Das **Quadrat** ist in der Geometrie ein regelmäßiges zweidimensionales Viereck: Alle vier Seiten sind gleich lang und alle vier Innenwinkel sind rechtwinklig (90 Grad). Steht das Quadrat auf einer seiner Seiten, so wirkt es stabil, sachlich, statisch und ruhig (Abb. 59). Steht das Quadrat jedoch auf der Spitze, verändert sich seine Wirkung (Abb. 60).

Das **Rechteck** ist geometrisch betrachtet ein Viereck, dessen Innenwinkel alle rechte Winkel sind. Die gegenüberliegenden Seiten sind gleich lang und parallel. Es kann sowohl liegend als auch stehend verwendet werden. Fast alle Papierformate sind rechteckig.

Das Rechteck muss sich in den Seitenlängen deutlich unterscheiden, um nicht mit dem Quadrat verwechselt zu werden. Es wirkt aktiver als das Quadrat. Quergestellt wirkt es stabil, sicher, tragend, schwer, träge und breit (Abb. 61). Hochkant wirkt es aufstrebend, aktiv, leicht und schmal (Abb. 62).

---

[12] Kapr, Albert; Schiller, Walter: Gestalt und Funktion der Typografie (1977)

Das **Dreieck** hat eine starke Richtungskomponente (Abb. 63). „Ein Dreieck mit seinen spitzen Winkeln wirkt dynamisch, und das Auge wird am spitzesten Winkel haften bleiben und dann in dieser Richtung weiter suchen", heißt es bei Kapr und Schiller.[13] Mathematisch betrachtet, ist das Dreieck eine von den Verbindungsgeraden dreier Punkte (A, B, C) begrenzte und zweidimensionale geometrische Figur.

## Kontraste

**Kontraste** (lat.: contrastare = gegen, stehen) entstehen durch starke Gegensätze. Zu den künstlerischen Gestaltungsmitteln können Formkontraste, Vorder- und Hintergrundskontraste sowie Helligkeits- und Farbkontraste (→ S. 30) gehören. Ein Spannungsverhältnis wird bereits erreicht, wenn das „Unbedruckte" und das „Bedruckte" in Kontrast zueinander stehen. Folgende Kontraste können z. B. erzeugt werden: klein-groß, schwer-leicht, hell-dunkel, wenig-viel, geschlossen-offen, fein-grob, matt-glänzend, einfach-kompliziert, nah-fern, dynamisch-statisch, ruhig-bewegt, positiv-negativ, harmonisch-disharmonisch, lang-kurz, dick-dünn, leer-voll, weich-hart, gerade-krumm, geordnet-chaotisch, kalt-warm, passiv-aktiv oder rund-eckig.

## Farbkontraste

Johannes Itten formulierte es so: „Von Kontrast spricht man dann, wenn zwischen zwei zu vergleichenden Farbwirkungen deutliche Unterschiede oder Intervalle festzustellen sind."[14] Dazu stellt er die folgenden sieben Farbkontraste auf: Farbe-an-sich-Kontrast, Hell-Dunkel-Kontrast, Kalt-Warm-Kontrast, Komplementärkontrast, Simultankontrast, Qualitätskontrast und Quantitätskontrast. Alle diese Farbkontraste beruhen auf der menschlichen Wahrnehmung und Empfindungen.

---

[13] Kapr, Albert; Schiller, Walter: Gestalt und Funktion der Typografie (1977)
[14] Itten, Johannes: Kunst der Farbe (1961)

## Gestaltung / **Gestaltungsgrundlagen**

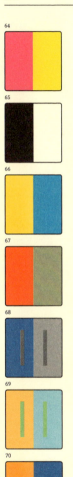

Der **Farbe-an-sich-Kontrast,** auch **Buntkontrast,** entsteht automatisch, sobald Farben verwendet werden (Abb. 64). Er bezeichnet auch den Kontrast zweier Farben zueinander.

Der **Hell-Dunkel-Kontrast.** Hier bilden Weiß und Schwarz (Abb. 65) den stärksten Hell-Dunkel-Kontrast, Violett und Schwarz dagegen den geringsten Kontrast.

Der **Warm-Kalt-Kontrast** (Abb. 66). Die Farben der linken Hälfte des Farbkreises, von Blauviolett bis Gelbgrün, sind so genannte **kalte Farben** (→ S. 22). Die Farben der rechten Hälfte, Gelb bis Rotviolett, sind so genannte **warme Farben.** In der Farbperspektive (→ S. 22) unterstützt der Kalt-Warm-Kontrast den räumlichen Eindruck.

Der **Qualitätskontrast** (Abb. 67) bezieht sich auf das Ausmaß der **Buntheit,** z. B. des Unbuntseins der Farben, also auf Unterschiede in der Farbqualität. Küppers nennt dieses ästhetische Unterscheidungsmerkmal auch **Buntgrad** bzw. **Unbuntgrad.** Beispiel dafür ist ein Kontrast, der zwischen gesättigten, leuchtenden Farben und stumpfen, trüben und gebrochenen Farben besteht.

Beim **Simultankontrast** verändern die Farben, abhängig von ihrer Umgebung, ihren Charakter. So wirkt z. B. dieselbe Farbe auf einem hellen Hintergrund dunkler und umgekehrt auf einem dunklen Hintergrund heller (Abb. 68). Oder es lässt ein so genannter warmer Hintergrund einen Farbton kühler wirken, während ein kühler Hintergrund den gleichen Farbton wärmer wirken lässt (Abb. 69).

Der **Komplementärkontrast** entsteht, wenn zwei Komplementärfarben aufeinandertreffen, z. B. Orange und Blau (Abb. 70). Komplementärfarben liegen sich im Farbkreis gegenüber. Zwei Komplementärfarben ergeben in der Mischung eine unbunte Farbe (→ S. 12 ff.). Sind zwei Farben komplementär zueinander, verstärken sie sich gegenseitig in ihrer Leuchtkraft.

Der **Quantitätskontrast** beruht auf der Gegenüberstellung verschieden großer Farbflächen, beispielsweise bei der Verwendung von großen Farbflächen und kleineren Farbelementen. Laut Johann Wolfgang von Goethe wirken folgende Mengenverhältnisse vor allem harmonisch; Gelb-Violett: 1:3, Orange-Blau: 1:2, Rot-Grün: 1:1 und Rot-Gelb-Blau: 6:3:8 (Abb. 71–74 auf Seite 32).

## Gestaltung/**Gestaltungsgrundlagen**

Kontrastbeispiele im Layout

**Formenkontraste**
- Geradestehende Schrift versus kursive Schrift
- Sans Serif versus Schrift mit Serifen

**Stärkenkontraste**
- Fetter Schriftschnitt versus normaler Schriftschnitt
- Weiße Papieroberfläche versus Grauwirkung des Satzspiegels
- Helles Bild versus dunkles Bild

**Größenkontraste**
- Großer Schriftgrad versus kleiner Schriftgrad
- Großflächige Abbildung versus kleinflächige Abbildung
- Breite Spalte versus schmale Spalte

**Farbkontraste**
- Schwarzer Grundtext versus rot ausgezeichneter Text
- Farbe versus Komplementärfarbe
- Weiße Papieroberfläche versus Grauwirkung des Textes

**Flächenkontraste**
- Kurze Seitenfläche versus lange Seitenfläche (Format)
- Große Textblöcke versus kleine Textblöcke
- Breiter Rand versus schmaler Satzspiegel

**Ordnungskontraste**
- Waagerechte Anordnung versus senkrechte Anordnung.

## Rhythmus, Symmetrie und Asymmetrie

**Symmetrie** ist die wechselseitige Entsprechung von Teilen eines Ganzen in Bezug auf Größe, Form, Farbe oder Anordnung. Objekte oder Elemente können z. B. spiegelsymmetrisch sein (Spiegelung entlang der Symmetrieachse) oder auch punktsymmetrisch.

**Rhythmus** entsteht durch eine gleichmäßig gegliederte Bewegung oder mit der zeitlichen Abfolge von Mustern oder Ereignissen (Wiederholungen). Strukturen oder Muster können z. B. rhythmisch sein (Abb. 75). Ferner sind auch auditive Muster in der Musik und motorische Muster im Tanz zu finden.

## Checkliste Gestaltungsmittel

- Formate und Flächen
- Räume und Proportionen auf einer Fläche
- Ordnung und Anordnung
- Farben, Formen und Kontraste
- Symmetrie oder Asymmetrie
- Struktur, Rhythmus und Bewegung
- Perspektive

## Gestaltungsgesetze

Ein **Ganzes** baut sich aus Teilen auf. Teile sind dabei jene Komponenten eines Ganzen, die an das Aufbauprinzip des Ganzen gebunden sind. Den Aufbau, die Anordnung der einzelnen Teile und ihre geordnete Gesamtheit (Zusammenhang) bezeichnet man als **Struktur** (Abb. 76).

Die **Gestaltgesetze**, die aus den Untersuchungen der **Gestaltpsychologie**[15] hervorgegangen sind, erklären, welche Gebilde und Formen auf welche Weise und aus welchem Grund als Gestalt erlebt werden. Sobald mehrere Formen und Elemente nebeneinander auf einer Fläche stehen, setzt das Auge sie zueinander in Beziehung.

„Grundlegend für die Gestalttheorie ist die Annahme, dass der Wahrnehmungsprozess nicht vollständig verstanden werden kann, wenn man ihn nur in immer kleinere Teilprozesse zerlegt. Wahrnehmung ist mehr als die Summe

---

[15] Begründet von Max Wertheimer, Wolfgang Köhler, Kurt Koffka

## Gestaltung/**Gestaltungsgrundlagen**

dieser Teilprozesse – gemäß der Maxime: Eine Gestalt ist mehr als die Summe der Einzelteile"[16], heißt es bei dem Psychologen Professor Philip Zimbardo. Insofern kann an dieser Stelle nur ein kleiner Einblick gewährt werden. Kein Objekt wird für sich allein oder isoliert wahrgenommen. Die Gestaltgesetze sind heute Grundregeln für jede Gestaltung.

**Gesetz der Prägnanz** – auch das Gesetz der guten Gestalt. Figuren werden immer so einfach wie möglich wahrgenommen.

*Tipp: Prägnanz bedeutet die kurze, klare und treffende inhaltliche Darstellung.*

Dem Gesetz der Prägnanz sind die folgenden Gestaltungsgesetze untergeordnet.

**Gesetz der Nähe.** Stehen gruppierte Elemente zusammen, werden die Teile mit dem kleinsten Abstand zueinander als zusammengehörig wahrgenommen. In der Abb. 77 sondern sich drei Punkte ab. Diese bilden eine eigenständige Einheit (Gruppe), da sie in einem größeren Abstand von den übrigen Punkten getrennt sind. In Abb. 78 dominiert die Nähe über die Ähnlichkeit der Form. Auch bei Texten wirkt das Gesetz der Nähe: Texte werden durch **Wortabstände** in Wörter zerlegt, deren einzelne Buchstaben durch ihre Nähe eine Einheit bilden, oder Sinnzusammenhänge werden durch Leerzeilen in Textabschnitte gegliedert.

**Gesetz der Ähnlichkeit,** auch der Gleichheit. Einander ähnliche oder gleichartige Objekte bzw. Elemente, die z. B. die gleiche Form oder Farbe aufweisen, werden vom Auge als eine Einheit wahrgenommen (Abb. 79).

*Tipp: Die Ähnlichkeit unterstützt die Forderung nach einem einheitlichen Gestaltungsprinzip. Als Ordnungsmittel dienen Farbe, Form, Größe und Umgebung. Aber: Je ähnlicher sich beispielsweise Buchstaben sind, je weniger sich diese voneinander unterscheiden, umso weniger lesbarer sind die Wortbilder (→ Kap. Typografie, S. 80).*

---

[16] Zimbardo, Philip G. & Gerrig, Richard J.; Hoppe-Graff, Siegfried (Bearb.): Psychologie (1999)

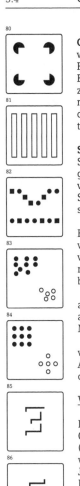

**Gesetz der Geschlossenheit.** Nicht vorhandene Teile werden in der Wahrnehmung ergänzt und unvollständige Figuren als zusammengehörend wahrgenommen (Abb. 80). Elemente, die eine geschlossene Figur bilden, erscheinen zusammenhängend und werden als eine Einheit wahrgenommen (Abb. 81). Bei Konkurrenz zwischen dem Gesetz der Nähe und dem Gesetz der Geschlossenheit ist das Letztere das stärkere Gesetz.

**Gesetz der guten Kurve** oder des **gemeinsamen Schicksals.** Diejenigen Elemente, die ein gemeinsames Schicksal oder eine gute Kurve bilden, also sich in eine gemeinsame Richtung bewegen oder sich gleichförmig verändern, werden als Einheit wahrgenommen (Abb. 82). So werden z. B. auch bewegte Objekte innerhalb eines statischen Umfelds als Einheit wahrgenommen.

**Gesetz der Kontinuität,** auch der **guten Fortsetzung.** Elemente, die räumlich oder zeitlich fortlaufend miteinander verbunden sind, erscheinen zusammengehörig und werden vom Auge als Einheit wahrgenommen. Wahrnehmung beruht hier auf Erfahrungen, und man nimmt hier eine scheinbare Fortsetzung an.

**Gesetz der Symmetrie.** Symmetrische Elemente werden als zusammengehörig wahrgenommen, im Gegensatz zu asymmetrischen Elementen. Die Symmetrie um die senkrechte Mittelachse hat eine stärkere Wirkung als eine andere Achse.

Je mehr Gestaltungsgesetze miteinander verbunden werden, umso deutlicher werden die Aussagen dazu. Die Abb. 83 zeigt das Gesetz der Nähe, die Abb. 84 das Gesetz der Nähe und Symmetrie.

<u>Weitere</u>

Das **Gesetz der Erfahrung.** Der Unterschied der beiden Objekte (Abb. 85, 86) besteht lediglich darin, dass das eine (Abb. 85) im Vergleich zum anderen auf den Kopf gestellt wurde (Abb. 86). Die Bedeutung dieses Gesetzes bringt Johann Wolfgang von Goethe mit folgenden Worten auf den Punkt: „Man weiß nur, was man sieht, und man sieht nur, von dem man weiß."

## Figur-Grund-Unterscheidung

**Figur-Grund.** In der Gestaltung wird das Objekt mit der einfacheren Form zur Figur, während das Objekt mit der komplexeren Form zum Grund wird (Abb. 87, 88). Die Entscheidung, ob etwas Figur oder Grund ist (und somit vernachlässigt wird), hängt nicht von der **Farbe**, sondern von der **Prägnanz** der Figuren ab.

In der Abb. 89 ist der Größenumfang für das Figur-Grund-Verhältnis ausschlaggebend: Die schwarzen Linien bilden die Figur, während in der Abb. 90 die Figur-Grund-Unterscheidung unentschieden ist.

Reizvoll kann aber auch die wechselnde Wahrnehmung der Figur-Grund-Beziehung sein. So genannte **Kippfiguren** sind zeichnerische Gebilde, welche bewusst so gestaltet sind, dass die optische Wahrnehmung zwei verschiedene Interpretationen zulässt **(Ambivalenz).** Victor Vasarely[17] nannte das den „kinetischen Effekt". Ein bekanntes Beispiel hierfür ist der **Necker-Würfel**[18] (Abb. 91). Die Zeichnung stellt das Gittermodell eines Würfels dar. Dennoch kann der Würfel, je nach Fokussierung, unterschiedlich wahrgenommen werden. Entweder ein links unten beginnender Würfel, auf den man von rechts oben schaut, oder ein rechts oben befindlicher Würfel, den man von links unten betrachtet. Die beiden sich überschneidenden Vierecke können dabei sowohl als Vorder- als auch Rückseite betrachtet werden.

Weitere bekannte Beispiele sind die Kippfigur von Edgar J. Rubin[19] (Abb. 92) und die Thiéry-Figur (Abb. 93). Nennenswert sind auch die Werke von Maurits Cornelis Escher. Kippfiguren sind verwandt mit **Vexierbildern,** die die Aufgabe haben, ein bestimmtes Objekt in einem Bild zu finden.

---

[17] Französischer Maler und Grafiker mit ungarischer Abstammung (1906–1997)
[18] Benannt nach dem Schweizer Geologen Luis Albert Necker
[19] Dänischer Psychologe (1886–1951)

# Zeichnen und Malen

Das Konstrukt **Bildende Kunst** ist ein Sammelbegriff für die visuell gestaltenden Künste. Zu dieser **Kunstform** gehören zum Beispiel Architektur, Bildhauerei, Grafik, **Kunstgewerbe** (auch **angewandte Kunst, Gebrauchskunst**), Malerei und Zeichnung. Im französischsprachigen Raum wird von den **„Beaux-Arts"** („schönen Künsten") gesprochen, im Englischen heißen sie **„fine arts"**.

## Zeichnen

Eine **Zeichnung** ist die grafische, bildnerische Darstellung eines Motivs auf einer Fläche. In der Bildenden Kunst ist sie zudem eine visuelle künstlerische Ausdrucksform. Charakteristische Gestaltungsmittel sind Punkt, Linie, Fläche sowie Hell-Dunkel-Kontraste (→ S. 30). Die Zeichnung ist die älteste visuelle Darstellung (Höhlenzeichnungen in der Eiszeit). **Entwurfszeichnungen,** auch **Risse,** verwendeten bis ins späte Mittelalter nur die Baumeister.

Der charakteristische Strich beim Zeichnen mit **Feder und Tusche** wird durch die Form der Federspitze und den Tintenfluss bestimmt (vgl. Kap. Typografie, S. 80, Duktus). **Fernöstliche Pinselzeichnungen,** ob **kalligrafisch** (schönschreibend) oder gestalterisch (schöpferisch), gehören zu einer Kunst, die in jahrhundertealter Lehre und Praxis verwurzelt ist.

### Technisches Zeichnen

Beim **technischen Zeichnen** wird ein Gegenstand normgerecht zeichnerisch dargestellt. Zu den großen Entwicklern der geometrischen Darstellung gehören Pythagoras und Euklid. Architektonisches technisches Zeichnen wurde bereits vor dem Mittelalter praktiziert, wie die Darstellung eines Perpetuum Mobile (lat.: „sich ständig Bewegendes") des französischen Baumeisters Villard de Honnecourt um das Jahr 1230 belegt. Verfeinert wurde die technische Darstellungskunst vom Universalgenie Leonardo da Vinci (→ S. 22).

Das **technische Zeichen** hat sich über die Jahrhunderte zu einer modernen Technik entwickelt: Von der rein

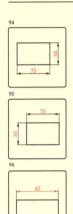

manuellen Darstellung bis hin zu heutigen computergestützten Konstruktionsverfahren (→ Kap. Produktion, S. 251, CAD). Geblieben sind die Anforderungen an eine technische Zeichnung als Dokument, das keiner Übersetzung bedarf und überall auf der Welt verstanden wird, da es international anerkannten Regeln und Normen unterliegt. Dazu gehören ein bestimmtes Format (von DIN A4 bis DIN A0, → Kap. Produktion, S. 206), darauf befinden sich Zeichnungsrand, Schriftfeld, Zeichenbereich (Zeichenfeld) mit dem dargestellten Objekt nebst Maßlinien und Maßzahlen sowie ggf. Stücklistenangaben am unteren rechten Rand. Eine technische Zeichnung muss alle Informationen zur Herstellung des abgebildeten Gegenstands aus verschiedenen Blickrichtungen beinhalten, und sie muss eindeutig lesbar sowie verständlich sein.

Die **technische Skizze** wird meist freihändig ausgeführt. Bei der Gestaltung eines derartigen Entwurfs gibt es eindeutige Vorgaben zum Eintragen der Maße und zur Ausführung der Linien. **Maßzahlen** (Abb. 94, Abb. 95) müssen von unten oder von rechts lesbar sein; sie stehen in der Mitte und etwa einen Millimeter über der Maßlinie (Abb. 96). Die Maßzahlen sind deutlich zu schreiben. Alle Maße werden in Millimeter angegeben und ohne Einheitenzeichen geschrieben. **Maßlinien** sind **schmale Volllinien,** deren Abstand zur Körperkante mindestens zehn Millimeter (Abb. 97) beträgt. Maßlinien, die untereinander stehen, haben einen Abstand von sieben Millimetern (Abb. 97). **Maßhilfslinien** sind schmale Volllinien, die zur besseren Übersichtlichkeit außerhalb der Körperkanten bzw. Umrisse angeordnet werden. Sie gehen etwa zwei Millimeter über die Maßlinien hinaus. **Maßpfeile** begrenzen die Maßlinien und sind rund drei Millimeter lang. **Breite Volllinien** werden zum Beispiel für Körperkanten verwendet, die in einer Darstellung sichtbar sind. (Abb. 98).

Beim **Anreißen** von Objekten ist es wichtig, von den **Maßbezugslinien** (Bezugskanten) auszugehen (Abb. 99). Ist in der technischen Skizze genügend Platz, stehen die Maßpfeile innen, während sich die Maßzahl über der Maßlinie befindet (Abb. 96). Ist weniger Platz, befinden sich die Maßpfeile außen, die Maßzahl selbst sitzt über der Maßlinie (Abb. 100). Ist sehr wenig Platz vorhanden, stehen die

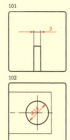

Maßpfeile außen, und die Maßzahl befindet sich über der Maßlinie, die dann verlängert wird (Abb. 101). Objekte mit einem kreisförmigen Querschnitt oder kreisförmigen Teilformen werden mit einem Durchmesserzeichen vor der Maßzahl gekennzeichnet (Abb. 102). Maßlinien, Maßhilfslinien, Maßpfeile und Maßzahlen können dabei unterschiedlich angeordnet werden (bei geringem Platz, Abb. 103; bei sehr geringem Platz, Abb. 104).

### Malen

Die **Malerei** zählt zu den klassischen Gattungen der Bildenden Kunst. Das Malen selbst ist das bildnerische, künstlerische Darstellen eines gedachten oder gesehenen Motivs auf einer Fläche mithilfe (meist) feuchter Farbe.

Bei der **Freskomalerei** werden in Wasser oder Leimwasser angeriebene Pigmente (→ S. 45, Anreiben) auf eine frisch verputzte Wand aufgetragen.

Die **Aquarellmalerei** verwendet Wasserfarben ohne die Farbkomponente Deckweiß (vgl. S. 46, Aquarellfarben, Gouachefarben). Die traditionelle transparente Aquarelltechnik basiert auf dem Auftragen dünner, durchsichtiger Farblagen. Das Weiß des durchscheinenden Papiers sorgt hier für die **Lichter** (Lichtreflexe). Bei der Malerei mit deckenden Farben sind die Lichter aufgesetzte, helle Farbtupfer, meist in Weiß oder Gelb. Je mehr Farbschichten oder Lasuren (Überzüge) bei der Aquarellmalerei übereinander gebracht werden, umso satter werden Farben und Töne. Die **Nass-in-Nass-Technik** ist die Grundmethode der Aquarellmalerei. Dabei wird nasse Farbe auf bereits aufgetragene, noch nasse Farben gemalt. Die Kunst der Aquarellmalerei beruht weitgehend auf der Fähigkeit des Malers, bewusst zu lavieren. Unter **Lavierung** ist das dünne Farbverwaschen zu verstehen, das auf unterschiedliche Weise hervorgerufen werden kann.

Die **Ölmalerei**, als Alternative zur Temperamalerei, (S. 46) erfordert eine besondere Maltechnik, ansonsten reißt die aufgetragene Farbe (→ S. 46, Ölfarben). Die älteste bekannte Anleitung (Handbuch) zu dieser Maltechnik in deutscher Sprache ist im **Straßburger Manuskript** beschrieben. Der flämische Maler und talentierte Diplomat **Jan van Eyck** (um 1390–1441) war bekannt für seine exzellente Maltechnik und seinen Sinn für eine naturgetreue Darstellung.

**Enkaustik (Wachsmalerei)** ist eine Maltechnik, bei der Pigmente mit heißem Wachs (zumeist Bienenwachs) vermischt und noch heiß auf eine Malfläche aufgetragen werden.

Bei der **Schabtechnik,** auch **Schwarzkunst,** wird ein heller Farbton über die gesamte Bildfläche verteilt. Darüber kommt ein dunkler Farbton, meist Schwarz, der dann für die gewünschte kontrastreiche Licht-Schatten-Wirkung mit einem Schabeisen oder Polierstahl herausgekratzt wird. **Impasto** (ital.: „Teig") ist eine Methode, bei der die Farben sehr dick, meist mit einem Malmesser oder Borstenpinsel, auf eine Fläche aufgetragen werden (siehe Vincent van Gogh). Das so erzielte plastische Ergebnis wird neben der farblichen Wirkung bewusst als kraftvolles und dynamisches Gestaltungselement verwendet.

Obwohl schwach gebundene Pigmente bereits im 15. und 16. Jahrhundert zum farbigen Zeichnen verwendet wurden, entstand die **Pastellmalerei** als Kunstgattung erst im 18. Jahrhundert. Die Oberfläche eines Pastellgemäldes ist von allen gemalten oder gezeichneten Flächen die empfindlichste. Obwohl das leicht „staubige Aussehen" dem Werk seinen besonderen Charakter verleiht, muss die Oberfläche, das heißt die Haftung der Pigmente auf dem Malgrund, mit einem **Fixativ** (Oberflächenfixierung) geschützt werden (vgl. S. 44, Pastellkreiden).

<u>Weitere Zeichen- und Maltechniken</u>

**Aufschnippen** ist ein Malverfahren, bei dem die Farbe mit den steifen Haaren eines Borstenpinsels (→ S. 45) oder einer Zahnbürste auf einen Malgrund aufgespritzt werden. Zahlreiche Farbpünktchen dienen hier als Gestaltungsmittel. Bei der **Tüpfel-Technik,** dem Auftragen kleiner Farbtupfer auf einen Malgrund, ist der eigentliche Malvorgang besser zu kontrollieren als beim Aufschnippen.

**Email** (afränk. für „Schmelz"), auch **Emaille** (franz. für „Schmelzglas"), ist eine Hochglanzbeschichtung, bei der die Farben entweder auf Metallplatten, Keramik oder Glas gemalt oder gedruckt und anschließend bei hoher Temperatur eingebrannt werden. Bei der **Glasmalerei** wird das bemalte Glas im Ofen gebrannt, sodass die Farben mit dem Glas verschmelzen. Bilder auf Glas können auch durch **Ätzen** der Glasfläche mit Säure hergestellt werden.

### Arbeitsmittel zum Zeichnen und Malen

#### Zeichen- und Malgründe

Der Untergrund bzw. das **Trägermaterial** (vgl. Kap. Marketing, S. 282 ff., Werbeträger), auf dem die Grundierung und die Farben eines Bildes haften, wird als **Malgrund** bezeichnet. Er kann aus Papier, Leinwand, Holz, Pappe, Glas oder Aluminium bestehen. Die **Grundierung** ist das Beschichten (Vorbereiten) des Malgrunds, auf welchem anschließend die Farbe aufgetragen wird. Der **Malfilm** hingegen ist die Farbschicht, die auf den Malgrund aufgebracht wird. Unterschiedliche Maltechniken und Farben bedürfen auch unterschiedlicher Grundierung. Eine Grundierung isoliert den Malgrund von den Farben und sorgt dafür, dass die Farbe angenommen wird und gleichmäßig haftet. Bei transparenten und halbtransparenten Maltechniken steigert eine gute Grundierung die Farbintensität des Gemäldes. Bei der Ölmalerei (→ S. 39) ist eine perfekte Grundierung besonders wichtig, da der Überschuss an Öl, der aus der Farbe in die Leinwand eindringt, das Gewebe durch chemische Prozesse zerstören kann. Eine **Rissbildung** auf einem Bild kann hingegen verschiedene Ursachen haben: eine unsachgemäße Grundierung, starke Temperatureinflüsse oder das Nichtbeachten der Fett-auf-Mager-Technik (→ S. 46, Ölfarben).

Während Papier als Malgrund für Aquarelle meist weiß ist und für Bleistiftzeichnungen oft weißes oder cremefarbenes Papier genutzt wird, sorgt ein Farbüberzug (z. B. mit Aquarellfarbe, Leim-, oder Zellulosepastenfarbe, Tempera, dünner Acrylfarbe oder lichtfester Tusche) für eine von den Pastellmalern bevorzugte Tönung. „**Leinwand**" ist eine gängige Bezeichnung für sämtliche Gewebe, die für die Malerei verwendet werden, auch wenn sie kein Leinen enthalten. Als

Leinwände werden somit auch Baumwolle, Jute oder synthetische Gewebe wie Nylon oder Polyester verwendet. **Leinen** wird aus den Fasern des Flachses hergestellt. **Flachs** ist eine einjährige, blau oder weiß blühende Pflanze mit bastreichen Stängeln und ölhaltigen Samen. **Textilflachs** hat einen langen, relativ wenig verzweigten Stiel, im Gegensatz zu Flachs, aus dem Leinöl gewonnen wird.

**Tipp:** *Leinwand aus Baumwolle ist nicht sehr elastisch. Es kann daher schwierig sein, Beulen (konvex = nach außen gewölbt) oder Dellen (konkav = nach innen gewölbt) auf einer derartigen Leinwand zu glätten. Kleine Beulen oder Dellen (auch von einem Transport) kann der Maler versuchen zu entfernen, indem er die Rückseite der Leinwand gleichmäßig leicht mit einer Blumenspritze besprüht oder mit einem feuchten Tuch betupft und dann ggf. vorsichtig mit Holzkeilen nachspannt.*

Der **Keilrahmen**, meist aus Holz, ist der Rahmen, auf dem die Leinwand aufgezogen und festgetackert ist. Ein straffer Malgrund wird dadurch geschaffen, dass die Leinwand gleichmäßig gespannt wird. Dabei sollten die Kett- und Schussfäden (Bindung) der Leinwand parallel zu den Leisten des Keilrahmens verlaufen. Das Besondere am Keilrahmen ist die Eckverbindung, die nicht fixiert, sondern auf Gehrung justiert ist. In diese Gehrung werden bei Bedarf von hinten Hartholzkeile geschlagen, um die Leinwand nachträglich zu spannen. Die Vorderseiten der Keilrahmenleisten sind abgeschrägt, damit die Innenseiten des Rahmens keine ungewollten Abdrücke im Gemälde verursachen. Der **Malstock** ist ein etwa 1,25 Meter langer Bambus- oder Aluminiumstab mit einem Kugelaufsatz aus Leder. Die Vorrichtung stützt die Hand des Künstlers während des Malens. So genannte Malpaletten werden seit dem 15. Jahrhundert genutzt.

**Tipp:** *Weiße Porzellanteller oder Keramikfliesen eignen sich gut, um auf ihnen Aquarell- oder Acrylfarben zu mischen. Sie sind ferner leicht zu reinigen, denn die angetrocknete Farbe blättert unter warmem Wasser leicht ab.*

Für **technische Skizzen** wird vorrangig unbedrucktes oder
kariertes Papier verwendet. Technische Zeichnungen sind
ideal darstellbar auf griffigem Zeichenkarton. **Reißbretter**
mit Anschlagschiene oder einem an einer Führung befestigten Lineal sind für das Anfertigen technischer Zeichnungen
zu verwenden. **Zeichenmaßstab** und **Stechzirkel** werden
dabei zum Abmessen und Übertragen von Strecken benötigt.

Zeichen- und Malstifte

Der **Bleistift** ist ein Schreib- und Zeichenstift mit einer
Grafitmine. Die Bezeichnung „Bleistift" stammt aus dem
16. Jahrhundert, als man in England eine Grafitfundstätte
zunächst für eine Bleigrube hielt. **Grafit** (griech.: „graphein"
= „schreiben") ist eine natürliche Form von Kohlenstoff (C).
Druck und Hitze (Rekristallisation) formen aus dem amorphen Kohlenstoff die charakteristischen schuppenförmigen
Kristalle des Grafits. Die Kristalle sind locker gebunden,
wodurch der Grafit seine Geschmeidigkeit erhält. Die gängige Form des natürlich gewonnenen Grafits ist die amorphe,
bei der die Atome keine geordnete Struktur besitzen. Sie ist
zwar kristallin, aber auch bröckelig, sodass dieser Stoff völlig
ungeeignet als Zeichenmaterial ist. 1795 entdeckte der Franzose **Nicolas-Jacques Conté** ein Verfahren, den amorphen
Grafit mit Ton zu mischen und bei hohen Temperaturen zu
brennen, um einen festen Grafit zu erhalten. Dieses Verfahren wird bis heute bei der Bleistiftherstellung genutzt. Die
Mine hat in der Regel Stärken zwischen 0,3 und 12 Millimeter. Es gibt 20 Härtegrade, von **10H** (ganz hart) bis **8B** (ganz
weich); die Gruppen sind: **B = Weich, HB = Mittel, H = Hart.**

Tipp: *Verwende für bleibende Zeichnungen auf weißem Papier
ein säurefreies, reines Hadernpapier (→ Kapitel Produktion,
S. 209).*

**Zeichenkohle** ist ein Zeichenmaterial, das durch Verkohlung
von Weiden- oder Rebenzweigen gewonnen wird. **Conté-Kreiden** bestehen aus Grafit, Ton, Wasser und Kleister: Die
Zeichenstifte werden in Form eines kleinen rechteckigen
Stäbchens und mit unterschiedlichen Härten hergestellt.
Die Farbpalette beschränkt sich hauptsächlich auf die so

genannten Erdfarben **Bister, Sepia** und **Rötel,** Schwarz und Weiß sowie auf verschiedene Grautöne. Conté-Stifte eignen sich, ähnlich wie Zeichenkohle, für kontraststarke Zeichnungen und sind leicht mit dem Finger zu verwischen.

Der **Allzweck-Wachsstift** besteht aus großen Anteilen Wachs, einer geringen Menge Füllstoff sowie Pigmenten. Das Wachs sorgt für eine weiche, fast klebrige Haftung auf dem Untergrund und kann beim Zeichnen für sanfte oder tiefe samtartige Farbnuancen eingesetzt werden. Der Allzweck-Wachsstift wurde ursprünglich zum Beschriften von Kunststoff-, Porzellan-, Metall- oder Glasflächen entwickelt und für Oberflächen, auf denen ein Bleistift nicht haftet. Der Allzweck-Wachsstift dient in der Fotografie auch zum Beschriften von Kontaktfolien. Die grafische Wirkung, die mit dem Allzweck-Wachsstift erzielt werden kann, ist der des Ölpastells sehr ähnlich; zudem findet der Stift auch Verwendung für Überlagerungs- und Kratztechniken. Der Allzweck-Wachsstift kann aufgrund seiner spitzen Form bei Abnutzung wieder leicht angespitzt werden und eignet sich zum präzisen Arbeiten. **Farbstifte** enthalten ein Farbpigment, einen Füllstoff (Kreide, Talkum oder Kaolin) und ein Bindemittel – meist einen Zellulosegummi (z. B. Hydroxypropylmethylcellulose, kurz: HPMC). Sie werden wie Grafitstifte hergestellt; allerdings werden die Minen nicht im Ofen gebrannt, um den Farbstoff nicht zu zerstören.

**Pastellkreiden** sind trockene Zeichenstifte aus pulverisierten Pigmenten, die mit einer Lösung aus Tragantgummi oder Methylcellulose schwach gebunden sind. Sie haben unterschiedliche Härtegrade (hart, mittel, weich) und werden in verschiedenen Formen angeboten. **Ölpastellkreiden** werden aus einem Farbpigment, aus Wachsen und tierischen Fetten hergestellt. Sie sind sehr fest und pastos (breiig). In Terpentinöl oder Terpentinersatz sind Ölpastellkreiden lösbar und leicht zu verdünnen, was vom Maler bewusst als Gestaltungsmittel eingesetzt werden kann und den so genannten verwaschenen Effekt hervorbringt.

Pinsel

Schon zu Urzeiten wurden Pinsel aus Tierborsten gefertigt. Im alten Ägypten stellte man Pinsel allerdings auch aus Schilfrohr her. **Malpinsel** werden in zwei wesentliche Kategorien unterteilt: In **weiche Haarpinsel** wie Marder-, Rinder- oder synthetische Weichhaarpinsel und in härtere **Borstenpinsel** aus **Schweinsborsten** oder synthetischen Fasern, die steif und federnd sind. **Künstlerpinsel** werden auch heute noch in Handarbeit hergestellt. Die **Zwinge** ist das Metallstück des Pinsels, das die Pinselhaare mit dem (meist) aus Holz gefertigten Pinselschaft verbindet.

**Tipp:** *Weichhaarpinsel eignen sich besonders gut zum Auftragen dünner Farbschichten wie in der Aquarellmalerei (→ S. 39). Sie eignen sich aber auch für die Acryl- und Ölmalerei, speziell zum Auftragen von Lasuren und zum akkuraten Arbeiten. Borstenpinsel sind ideal zum Auftragen stark pastoser Farben und unterstützen großflächiges Arbeiten.*

Farbmittel

**Farbmittel,** auch **Farbstoffe** (ugs.: „Farbe"), ist der Sammelbegriff für Mal- und Anstrichfarben und deren Komponenten. In der Malerei ist Farbe ein in Wasser oder Lösungsmitteln löslicher organischer Stoff zum Malen. Natürliche Farben wie Karmin und Indigo sind pflanzlichen oder tierischen Ursprungs. Seit der Antike werden sie auch zum Färben von Stoffen verwendet.
    **Pigmente** sind farbige Substanzen in Form kleiner, loser Partikel. Das Mischen eines Pigmentpulvers mit Wasser oder einem anderen Bindemittel wird in der Malerei als **Anreiben** bezeichnet. Die **Viskosität** (Zähflüssigkeit) gibt das Maß für die Fließeigenschaft der Farbe oder des Malmittels an (→ S. 47). Mit einem **Verdickungsmittel** kann die Viskosität gesteigert werden. Unter **Haftfestigkeit** ist die Intensität zu verstehen, mit der Farben auf einem Untergrund haften. Acrylfarben haften beispielsweise sehr gut auf einem fettfreien, angerauten Untergrund.

## Gestaltung / Zeichnen und Malen

**Aquarellfarben,** auch **Wasserfarben,** werden durch das Auflösen eines sehr fein geriebenen Farbpigments in wasserlöslichem Bindemittel, meist Gummi arabicum, hergestellt. Aquarellfarben waren bereits den alten Ägyptern im 2. Jahrhundert v. Chr. bekannt und wurden zum **Kolorieren** genutzt. Im gleichen Verfahren wie Aquarellfarben, unter Verwendung ähnlicher Zutaten, werden **Gouachefarben,** auch **Deckfarben,** hergestellt. Ihre Deckkraft wird durch das Mischen von Farbpigmenten mit Weiß (z. B. Bariumsulfat, Zinkweiß oder Kreide für preiswerte Farben) geschaffen. Gouachefarben lassen sich glatt und gleichmäßig auftragen.

Bei **Temperafarben** dient eine natürliche Emulsion wie Eidotter, eine künstliche wie Gummi arabicum oder Leimemulsion als Pigmentträger. Charakteristisch für diese Emulsion ist die stabile Mischung zweier Flüssigkeiten, die sich ansonsten nicht vermengen lassen, wie unter anderem Öl und Wasser. Das bekannteste wasserlösliche Malmittel ist **Eitempera.** Hier sorgt das Eigelb für eine natürliche Emulsion, die vermischt mit Pigmenten und destilliertem Wasser zu einem schnell trocknenden und ausgeprägten Farbmittel wird. Eitempera war bis zum 15. Jahrhundert die Standardtechnik der europäischen Tafelmalerei.

**Ölfarben** werden durch Mischen und anschließendes Anreiben eines Pigmentpulvers mit einem trockenen oder halbtrockenen Öl hergestellt. Das Öl als Bindemittel (→ S. 47) verleiht dieser Farbe ihr charakteristisches Aussehen und ihre Geschmeidigkeit beim Malen.

Grundregel bei der Ölmalerei **(Fett-auf-Mager-Technik):** Jede zusätzlich aufgetragene Farbschicht muss stets etwas mehr Öl im Malmittel (→ S. 47) enthalten als die zuvor aufgetragene Schicht. Damit wird die Haftung der beiden Farbschichten gewährleistet und eine Rissbildung des trockenen Malfilms verhindert. „Fett" steht bei dieser Technik für „bindemittelreich" und „mager" für „bindemittelarm".

**Acrylfarben** sind sehr vielseitig verwendbar und deshalb sehr beliebt. Man kann sie zudem sehr dünn lasieren (→ S. 39) oder als Impasto (→ S. 40) auftragen. Ferner unterliegen die Acrylemulsionen nicht dem chemischen Veränderungsprozess wie unter anderem Ölfarben (Vergilben, Verhärten).

## Weitere Arbeitsmittel

Ein **Bindemittel** ist eine Substanz, die die Pigmentpartikel in der jeweiligen Farbmischung zusammenhält und sie dadurch auf dem Malgrund haften lässt. Typische Bindemittel in der Malerei sind Leinöl, Eidotter oder Acrylharzemulsionen. Harze werden nicht nur in synthetischer Form in Bindemitteln verwendet, sondern auch in Firnissen. Der **Firnis** ist ein Schutzanstrich, der einem Bild zugleich eine glänzende oder auch matte Oberfläche gibt. **Harzfirnis** kann zum Beispiel mit einem organischen Lösungsmittel wie Terpentin gelöst werden. Nach dem Auftragen verdampft das Lösungsmittel und der Harzfirnis erhärtet. **Malmittel** sind Hilfsstoffe, die zur Verarbeitung von Öl- und Acrylfarben verwendet werden.

Unter einer **Emulsion** (lat.: „ex" und „mulgere" = „herausgemolken") ist eine stabile, feine Mischung zweier ansonsten nicht mischbarer Flüssigkeiten (Öl und Wasser) zu verstehen. **Kasein** (lat.: „caseus" = „Käse") ist ein Klebe- und Bindemittel, das aus geronnener Milch gewonnen wird.

# Zeichen und Symbole

Die **Semiotik,** auch Zeichentheorie, ist die Lehre von den Zeichen, Zeichensystemen und Zeichenprozessen. Sie bildet die Grundlage für die Kommunikationstheorie.

In der Sprachwissenschaft liegt dann ein semiotischer Vorgang vor, wenn eine Nachricht von einem Sender an einen Empfänger gesendet wird und der Empfänger die Nachricht dekodieren bzw. entschlüsseln kann (Abb. 105). Die Informationen werden durch den Empfänger klassifiziert und interpretiert. Mit diesem Prozess ist der Empfänger in der Lage, in Interaktion mit dem Sender zu treten. Das in einem bestimmten Code, z. B. **Sprache,** markierte Zeichen beschreibt sein Objekt und wird durch den Empfänger interpretiert.

105

Die Semiotik untersucht dabei die Syntaktik, Semantik und Pragmatik. Die **Syntaktik** beschäftigt sich als Verknüpfungslehre zwischen den einzelnen markierten Zeichen mit formalen Aspekten (Form) und deren Verkettung. Die **Pragmatik** hat die Beziehungen zwischen Sendern und Empfängern, den Zeichenbenutzern, zum Gegenstand. Die **Semantik** bezieht etwas Markiertes auf seine **Bedeutung.** Sie verweist auf etwas und erwartet damit eine Interpretation.

## 3.6 Gestaltung/**Zeichen und Symbole**

Das Zeichen

Nach dem Schweizer Sprachwissenschaftler **Ferdinand de Saussure**[20] ist ein Zeichen die Beziehung zwischen **Bezeichnetem** und **Bezeichnendem**. Dabei ist das Bezeichnete, auch Signifié oder Signifikat, die begriffliche Inhaltsseite des sprachlichen Zeichens und das Bezeichnende, auch Signifiant oder Signifikant, ist die Ausdrucksseite des sprachlichen Zeichens.

Für **Charles S. Peirce**[21], den Begründer der modernen Semiotik, war ein Zeichen etwas, das für jemanden in gewisser Hinsicht für etwas steht. **Umberto Eco**, italienischer Kunstphilosoph und Schriftsteller, empfiehlt, alles als Zeichen zu benennen, was aufgrund einer vorher vereinbarten, sozialen Konvention als etwas aufgefasst werden kann, das für etwas anderes steht. Er übernimmt damit weitgehend die Begriffsbestimmung von Charles W. Morris[22].

Charles S. Peirce unterteilte die Zeichen in drei Zeichenklassen, mit neun Subzeichenklassen und zehn Hauptzeichenklassen. In den Subzeichenklassen sind **Ikon, Index** und **Symbol** erörtert. Sie gehören zur zweiten Zeichenklasse, in der die Objektrelation des Zeichens thematisiert wird.

Arten von Zeichen

Zeichen sind wahrnehmbar, entweder visuell oder auditiv (Lautzeichen). Als Zeichen können Mimik, Gestik, Buchstabenreihen, Bilder, Licht und Marken interpretiert werden, aber auch Kleidung, Architektur oder Musik. Zeichen können mit Sprache (mündlich wie schriftlich), taktil (tastend) und olfaktorisch (riechend) transportiert werden. Paraverbale Symbole, die nicht-inhaltlichen, hörbaren Bestandteile des Sprechens wie Stimmlage und Tonalität, können ebenfalls als Zeichen interpretiert werden.

Zeichen können auf verschiedene Art und Weise visualisiert werden: realistisch oder schematisch, bildlich-illustrativ, malerisch-künstlerisch, symbolisch, wissenschaftlich, markierend (Signaturen, Unterschriften), abstrakt oder signalisierend (Verkehrszeichen).

Gestaltungsgrundlagen eines Zeichens können Form, Farbe, Größe, Anordnung, Textur, Räumlichkeit, Bewegung und Richtung sein.

---

[20] Saussure, Ferdinand de: Grundfragen der Allgemeinen Sprachwissenschaft (1967)
[21] Amerikanischer Philosoph und Physiker (1839–1914)
[22] Amerikanischer Philosoph (1901–1979); gehört zu den Wegbereitern der modernen Semiotik

**Hieroglyphen** sind im weitesten Sinne Schriftzeichen mit bildhaftem Charakter. Im engeren Sinne ist damit die altägyptische **Hieroglyphenschrift** gemeint. Erste Wortzeichen existierten bereits im alten Ägypten um 3000 v. Chr. In dieser Zeit entwickelte sich aus der reinen **Bilderschrift** die Hieroglyphenschrift, deren Bildzeichen nicht nur für dargestellte Dinge standen, sondern auch für gleichlautende Wörter **(Ideogramme oder Begriffszeichen).**

Ein Ideogramm ist ein Zeichen, das einen ganzen Begriff darstellt und dabei symbolische Zeichen für abstrakte Begriffe verwendet.

Das **Symbol,** ursprünglich als Synonym zum Wort „Zeichen" verwendet, steht stellvertretend für eine Sache, eine abstrakte Idee oder einen Vorgang. Oft lassen sich Symbole in ihrer Bedeutung nicht rational übersetzen oder interpretieren. Zwei Dinge, die auf den ersten Blick nichts miteinander zu tun haben, verbindet eine Assoziation, wie z. B. Rose und Liebe. Das Symbol ist ein Zeichen, das auf Vereinbarungen basiert. Auch gehören chemische, **physikalische** oder **mathematische Zeichen** zu den Symbolen.

Psychologisch betrachtet, besitzt ein Symbol einen tieferen Sinn, ein **Sinnbild.** Während die Bedeutung z. B. eines Verkehrszeichens feststeht oder genau definiert ist, übersteigt die Bedeutung eines religiösen oder mythologischen Symbols die rationale Ebene und hat darüber hinaus eine psychische Bedeutung, die oft nicht eindeutig interpretierbar ist. Auch die Notenzeichen in der Musik sind Symbole (Abb. 106: Violinschlüssel, Abb. 107: Bassschlüssel).

Ein **Piktogramm,** auch **Bilderzeichen,** ist ein Bildsymbol mit einer festgelegten Bedeutung (→ Kap. Typografie, S. 81). Piktogramme sind moderne Wegweiser. Sie haben die Aufgabe, Inhalte und Informationen eindeutig, schnell und sehr einprägsam wiederzugeben. Das Piktogramm hat viele Aspekte: Es kann verweisen, hinweisen, verbieten, warnen, Zustände wiedergeben, bezeichnen, benennen oder klassifizieren (Abb. 108).

**Gütezeichen,** oder **Gütesiegel,** werden als Garantiezeichen und Qualitätsmerkmal für Waren oder Dienstleistungen verwendet. **Embleme** sind Zeichen, die die Zugehörigkeit zu einer Gruppe, einem Staat oder einer Familie wiedergeben.

## Gestaltung/**Zeichen und Symbole**

Das **Signet** (lat.: Signum = Zeichen) wird heute dem Logo gleichgesetzt.

### Das Logo

Das **Logo** ist ein grafisches oder typografisches Zeichen, das ein Unternehmen oder eine Institution repräsentiert und der Unterscheidung von gleichartigen Waren und Dienstleistungen unterschiedlicher Hersteller dient. Das Logo, die **Marke,** ist Teil des visuellen Erscheinungsbildes eines Unternehmens (→ S. 59, Corporate Design). Ein Logo kann aus einem oder mehreren Buchstaben bestehen, der **Wortmarke.** Es kann sich ebenfalls aus einem Bild oder einer Kombination von Bild und Buchstaben zusammensetzen, der **Wort-Bildmarke** (→ Kap. Recht, S. 364). Grundsätzlich sollte ein Logo unverwechselbar, prägnant und merkfähig sein.

Adrian Frutiger meint dazu: „Das Geheimnis einer schönen Form liegt in ihrer Einfachheit. Das beste Signet ist dasjenige, welches von einem Kind mit einem Finger im Sand nachgezeichnet werden kann."[23]

Zudem muss ein professionelles Logo auch reproduzierbar sein. Folgenden **Gestaltungskriterien** sollte ein Logo folgen: Haltung, Präsenz, Durchgängigkeit, Prägnanz, Wiedererkennbarkeit, Beständigkeit und Wirtschaftlichkeit.

**Beachte:** Die Aufnahmefähigkeit beim Empfänger ist begrenzt. Reizüberflutungen reduzieren die Fähigkeit zur Wahrnehmung.

---

[23] Frutiger, Adrian: Eine Typografie (1981)

### Trends und Entwicklung

Die Rahmenbedingungen haben sich in den letzten Jahren radikal verändert. Damit erlebt die Markenwelt einen Strukturwandel; zudem erfordern die gesellschaftlichen, wirtschaftlichen und technischen Entwicklungen, dass Markenkonventionen überdacht und neue Wege eingeschlagen werden. Vorangetrieben wird dieser Wandel durch Globalisierung, Virtualisierung, das Angebot an ständig neuen Produkten und die rasante Entstehung weltweiter neuer Märkte. Kreative und deren Kunden stehen damit vor neuen Herausforderungen. Die Herausforderung ist künftig, Altbewährtes und Neues miteinander zu verknüpfen.

Die Ausprägungen sind unterschiedlich, so sind auch gegenläufige Tendenzen zur Globalisierung und zum Massenmarkt erkennbar. Deshalb ist die Aufgabe eines Logos, stärker denn je zu differenzieren und gleichermaßen die Zugehörigkeit zu einer Gemeinschaft zu demonstrieren. Begriffe wie **Fraktalisierung** und Social Marketing (→ Kap. Marketing, Social Media Marketing, S. 300) kennzeichnen die Markenwelt.

Die Freiheit in der Gestaltung wird in der Logowelt geradezu exzessiv ausgelebt: Strukturen von Logos zeigen sich flexibel, wandelbar, sind dynamisch und komplex. Die Bildsprache ist greifbarer, unvermittelt und die Botschaften eindringlicher und sehr emotional. Immaterielle symbolische Werte, das unvergessliche Erlebnis sowie Individualismus sind Bestandteile der so genannten neuen Kommunikation. Somit entstehen z. B. saisonale Aktionslogos. Die mächtigen „Global Brands" werden für lokale Lebenswelten oder homogene Räume passend gemacht und angewendet. Statt nüchterner Formen entstehen freie, überladene Ornamente und Collagen. Marken werden inszeniert und entführen in magische Welten.

### Gestaltung eines Logos

Bei der **Gestaltung eines Logos** können Form, Farbe, Proportionen und Schrift als Gestaltungselemente eingesetzt werden. Dabei ist die Form eines Logos in der Regel gleichzusetzen mit seiner materiellen Begrenzung. Für die Form können verschiedene Grundelemente (→ S. 27) verwendet

## Gestaltung / **Zeichen und Symbole**

werden. Dabei ist die Wahl der richtigen Schrift ein entscheidender Aspekt. Sie gibt dem Logo Charakter und wird somit selbst zum Logo. Bei der Gestaltung eines Logos sollten folgende Fragen berücksichtigt werden:

- Welcher Gesamteindruck soll mit dem Logo einer bestimmten Marke vermittelt werden?
- Welche Zielsetzung und Aussage (Imagepositionierung) sollen mit dem Logo verfolgt werden?
- Welche Zielgruppe soll angesprochen werden?
  **Beachte:** Damit die gewünschte Aussage eines Logos klar verständlich ist, ist es wichtig zu ermitteln, in welchem kulturellen Umfeld das Logo eingesetzt werden soll.
- Entsprechen Farben, Schriftart und Form dem Image des Unternehmens?
- Hebt sich das Erscheinungsbild des Logos eindeutig von den Mitwettbewerbern ab?
- Ist das Logo klar lesbar, verständlich und leicht merkfähig, hat es einen hohen Wiedererkennungswert?
- Lässt sich das Logo für alle Medien umsetzen, und kann das Logo mit allen gängigen Druckverfahren reproduziert werden?
- Ist das Logo auf allen nur erdenklichen Werbemitteln einsetzbar?

**Tipp:** *Das Logo sollte für die Übergabe an den Kunden in mehreren Varianten und verschiedenen Dateiformaten angelegt werden. Drucktechnische Sonderwege sind zu vermeiden.*

- Bleibt die vollständige Wirkung und Aussagekraft bei einer einfarbigen Reproduktion erhalten?
- Ist das Logo positiv und negativ umsetzbar?
- Lässt sich das Logo ohne Qualitätsverlust für Lesbarkeit und Aussagekraft verkleinern oder vergrößern?
  **Beachte:** Die Grundversion als Ganzes darf nicht einfach vergrößert oder verkleinert werden, da sich Proportionen verändern können. Besser ist es, mehrere Größenabstufungen anzulegen und zu optimieren.
- Ist das Logo langfristig einsetzbar und unabhängig von aktuellen Trends?

- Wird das Logo auch auf anderen Medien, wie Fax oder Bildschirm, angemessen wiedergegeben?
- Können die Farben des Logos auf das komplette Corporate Design übertragen werden?
- Wie ökonomisch ist das Logo?

**Tipp:** *Mehr als drei Farben bzw. mehrere Sonderfarben erhöhen die Produktionskosten.*

- Soll das Logo durch einen Slogan (Claim) bereichert werden, um die Kernaussage zu unterstützen?
- Ist das Logo bei Bedarf für weitere Geschäftsbereiche ausbaufähig?

<u>Konstruktion eines Logos</u>

Auch die Konstruktion eines Logos folgt den Prinzipien einer Gestaltungsökonomie und sollte im Sinne eines durchgängigen Erscheinungsbildes entwickelt werden. Damit ist jedes Teil des Corporate Designs auf gleichbleibende und wiederkehrende Merkmale gestützt. Jedes Zeichen muss in der Regel proportional diszipliniert werden – und zwar auf der Grundlage eines **Rasters.** Alle Elemente eines Logos und ihre Proportionen zueinander (z. B. Größen-, Breiten-, Längenverhältnisse, Abstände, Positionen) müssen genau definiert werden.

Das **Grundgerüst,** auch **Modul,** ist in der Regel ein Quadrat, das wiederum in quadratische Module zerlegt wird. Erweiterungen, die über die quadratische Form hinausgehen, müssen den Innenmodulen entsprechen (Abb. 109).

Wenn ein Logo angelegt wird, braucht es eine definierte **Schutzzone.** Die Schutzzone gewährleistet, dass keine weiteren gestalterischen Elemente (z. B. Bilder, Linien oder Farbflächen) im Logo oder im Anschnitt des Logos platziert werden. In der Regel wird die Schutzzone in digitaler Form mithilfe einer fest definierten weißen Zone im **CD-Manual** (→ S. 59) markiert (Abb. 110).

## Layout und Seitengestaltung

Der **Entwurf,** auch das **Layout,** vermittelt dem Gestalter und allen am Gestaltungsprozess beteiligten Personen (einschließlich des Auftraggebers) einen Eindruck über die Gestaltung sowie Art und Weise der späteren Ausführung und dient damit als verbindliche Entscheidungsgrundlage für das weitere Vorgehen.

Ein klares **Briefing** als Vorgabe (→ Kap. Organisation, S. 385 ff.) ist dabei die Grundlage für eine erfolgreiche Gestaltung. Die Layoutgestaltung wird in verschiedene gestalterische Phasen unterteilt, die im Folgenden erläutert werden.

Die **Skizze** (engl.: scribble) enthält die **konzeptionelle Idee** in Form einer groben, in der Regel freihändigen Zeichnung und gibt die grobe gestalterische Wirkung wieder (vgl. S. 38, technische Skizze).

**Tipp:** *Skizzen sollten Grundlagen jedes Entwurfs sein.*

Aus dem skizzierten Entwurf entwickelt sich das **Rohlayout,** auch **Groblayout.** Das Format entspricht bereits dem Endformat; alle Gestaltungselemente werden ausführlicher skizziert, um die Gesamtwirkung zu beurteilen. Das **Feinlayout,** auch **Reinlayout** oder **Reinzeichnung,** ist der letzte Schritt und bildet die Vorlage für die Druckvorstufe. Die Gestaltung wird ausgearbeitet und detailliert ausgeführt.

Ein **Dummy** ist ein wirklichkeitsgetreues oder wirklichkeitsnahes Muster, ein Aufmachungsmuster. Ein Buchdummy wird in der Druckindustrie auch als **Blindband** (→ Kap. Produktion, S. 213) bezeichnet.

Als **Umbruch** wird die technische Ausführung und Zusammenstellung einer Seite nach bestimmten Vorgaben bezeichnet.

# 3.7 Gestaltung/**Layout und Seitengestaltung**

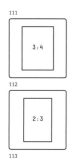

## Layout-Prozess

Erst wenn die inhaltliche Konzeption und Planung feststeht, die Texte geschrieben und die Bilder festgelegt sind, sollte mit der Umsetzung eines Layouts begonnen werden. Sind Bildvorlagen nicht vorhanden, können diese z. B. bei Bildagenturen in Auftrag gegeben (→ S. 66, Tipps und Links) und Lizenzen erworben werden (→ Kap. Recht, S. 360). Wird ein Dokument neu konzipiert, so ergeben sich daraus folgende sinnvolle Arbeitsschritte in der aufgeführten Reihenfolge:

1. Das Festlegen des Seitenformats
2. Das Anlegen des Dokuments
3. Definition des Satzspiegels
4. Festlegen des Gestaltungsrasters mit Text und Stilelementen
5. Umbruch und letzte Korrekturen

## Der Goldene Schnitt und harmonische Seitenformate

Für einige Gestaltungen eignen sich Formate außerhalb der **Normformate** der DIN-Reihen besser (→ Kap. Produktion, S. 204 ff., Papierformate). Nach Jan Tschichold gelten die nebenstehenden Seitenverhältnisse (Abb. 111 – 117) als besonders ausgewogen **(harmonische Seitenformate).** Das Formatverhältnis 5 : 8 (Abb. 113) entspricht dem so genannten Goldenen Schnitt; in der Praxis werden die Zahlenverhältnisse des Goldenen Schnitts vereinfacht. Der **Goldene Schnitt** beschreibt das Verhältnis 1 : 1,618. Er ist nicht nur in Kunst und Architektur der Inbegriff für die **ideale Proportion,** sondern lässt sich auch in der Natur nachweisen (→ Kap. Typografie, S. 103). Der **Goldene Schnitt** beruht auf der Teilung einer Linie in zwei ungleiche Teile (Abb. 117), von denen sich der kleinere Teil (A) zum größeren (B) so verhält, wie der größere Teil (B) zur Summe der beiden Teile.

Sofern das Format im Briefing (→ Kap. Organisation, S. 385 f.) nicht explizit festgelegt ist, lohnt es sich, mit Seitenformaten zu experimentieren. Aber beachte: Formate, deren Seiten nahezu gleich lang sind, wirken spannungslos.

Die mathematische Grundlage des Goldenen Schnitts ist die **Fibonacci-Reihe** 0, 1, 1, 2, 3, 5, 8, 13, 21, 34, 55, 89, 144, 233, ... [24] Die jeweils nächste Zahl in dieser Folge wird aus der Summe der beiden vorangehenden ermittelt.

### Der Gestaltungsraster

118

Der Gestaltungsraster, auch **Konstruktionsraster,** unterstützt die Organisation einer Gestaltungsfläche. Es unterstützt die Klarheit, Ordnung und Kontinuität von Gestaltungssachen und verkürzt den Umsetzungsaufwand. Die Aufgabe eines **Gestaltungsrasters** ist es, eine Gestaltungsfläche so aufzuteilen, dass der **Satzspiegel** (→ S. 103) aus einem Raster von Feldern (Rasterfelder) besteht, in die sich alle betreffenden Stilelemente wie Texte oder Bilder einordnen lassen (Abb. 118). Ein Gestaltungsraster kann beispielsweise mithilfe der mathematischen Fibonacci-Reihe aufgebaut werden.

Checkliste Gestaltungsraster

Folgende Gestaltungselemente sollten festgelegt werden, bevor mit dem Layout begonnen wird:

1. Format
2. Satzspiegel und Ränder
3. Spalten (Spaltenbreite, Spaltenabstand und Spaltenhöhe)
4. Grundschrift und Schriftgrößen (Zeichenmenge der Spalte)
5. Zeilenabstand (Zeilenmenge der Spalte)
6. Unterteilung der Spalte in Rasterfelder
7. Rahmenarten
8. Paginierung (→ Kap. Typografie, S. 104)
9. Farbklima

---

[24] Benannt nach Leonardus filius Bonacij, genannt Fibonacci (13. Jhd.); Rechenmeister und bedeutendster Mathematiker des Mittelalters

Lange Textzeilen sind für das Auge ermüdend und wirken sich negativ auf den Lesefluss aus. Um zu lange Textzeilen zu vermeiden (→ Kap. Typografie, S. 97, Satzausrichtung), wird der Satzspiegel in **Spalten** aufgeteilt (Abb. 119). Der Satzspiegel kann ein, zwei, drei, vier oder mehr Spalten beinhalten. Dabei spielen Schriftgröße der Grundschrift (→ Kap. Typografie, S. 78, Wahrnehmung und Leseverhalten) und die Laufweite eine wichtige Rolle.

*Tipp: Bedenke, je mehr Spalten ein Satzspiegel aufweist, umso weniger Text kann dieser aufnehmen.*

Der **Spaltenabstand** oder **Zwischenschlag** soll Textspalten voneinander abgrenzen.

*Tipp: Als grobes Maß wird empfohlen, den Spaltenabstand an der Breite des Buchstabenpaares „mi" der verwendeten Schrift zu orientieren.*

Mithilfe des **Grundlinienrasters** können alle Zeilen **registerhaltig** gesetzt werden; die Textzeilen aller Seiten stehen dann exakt auf einer Linie, auch als **Registerhaltigkeit** bezeichnet. Die Weite des Grundlinienrasters orientiert sich am Zeilenabstand (→ Kap. Typografie, S. 96) des Grundtextes. Der Grundlinienraster beginnt entweder an der oberen Seitenkante oder am Satzspiegelrand (Abb. 120). In der Regel wird nur der Grundtext am Grundlinienraster ausgerichtet.

*Tipp: Sofern der Satzspiegel Bilder enthält, wird das Grundlinienraster um den Leerraum, der zwischen Satzspiegeloberkante und den Oberlängen der Textzeilen besteht, nach oben versetzt (Abb. 121).*

## Corporate Design

Das **Corporate Design**, auch **visuelles Erscheinungsbild**, fasst die komplexen Eigenschaften und Leistungen einer Unternehmenspersönlichkeit zu einem merkfähigen, durchgängigen und glaubwürdigen visuellen Auftritt zusammen. Das Corporate Design ist ein Bestandteil einer umfassenden Unternehmensidentität (→ Kap. Marketing, S. 324).

Die **Basiselemente**, die zur unverwechselbaren Gesamtwirkung eines Corporate Designs beitragen, sind das **Logo** (→ S. 51), auch **Marke**, die **Hausfarben**, auch **Farbklima**, die **Hausschriften** bzw. die **Typografie**, die **Bildsprache** sowie die **Gestaltungsprinzipien.**

Mittels eines **Gestaltungsrasters** (→ S. 57) werden alle Gestaltungskomponenten eines Corporate Designs in ein einheitliches Ordnungssystem eingebunden. Diese Basiselemente werden in einem Handbuch, auch Markenhandbuch, CD-Handbuch (auch engl.: design manual, style guide, brand guidelines, brand book) schriftlich festgehalten und dienen als Richtschnur zur Gestaltung der visuellen Kommunikation.

Darüber hinaus werden in einem CD-Manual gängige **Anwendungen** aufgeführt. Zu den typischen Anwendungen zählt die **Geschäftsausstattung** wie **Briefbögen, Briefumschläge, Visitenkarten** oder **Broschüren** und **Anzeigen** (→ Kap. Marketing, S. 281).

# Kreativität

**Kreativität** (lat.: creatio = Schöpfung, creare = erzeugen, erschaffen) ist die Fähigkeit, Wissen und Erfahrungen aus verschiedenen Lebens- und Denkbereichen zu adaptieren, neuartig zu interpretieren und dabei bestehende Struktur- und Denkmuster zu überwinden. Kreativ ist, wer an neue Aufgaben immer wieder neu herangeht, wer auch über die Grenzen von Fachbereichen hinaus denkt und situativ neue Ideen entwickelt.

Kreativität ist eine schöpferische Handlung und gleichzeitig Synonym für die Begriffe Einfallsreichtum, Ideenreichtum, Besonderheit, Innovation, Originalität, Produktivität und Gestaltungskraft. Laut dem Kreativitätsforscher Joy Paul Guilford zeichnen sich kreative Persönlichkeiten durch eine erhöhte Sensitivität gegenüber Problemen aus, ihr Denken ist „sehr flüssig". Darüber hinaus verfügt deren Verstand über große Originalität und Flexibilität (divergentes Denken).

Kreative Menschen finden sich in allen Berufsgruppen. Auch ein Bäcker oder eine Politikerin können kreativ sein. Menschen, die in den so genannten Kreativberufen arbeiten – als Grafik-Designer, Texter, Conceptioner oder Web Developer zum Beispiel – müssen auf unterschiedlichen Ebenen kreativ sein: in ihrem handwerklichen Know-how (sie müssen einfach gut gestalten können), und weil sie immer wieder vor neuen Aufgaben stehen (für die sie sich Neues einfallen lassen müssen).

## Kreativitätstechniken

Das Ziel von Kreativitätstechniken ist es, zu einem vorgegebenen Thema Ideen oder Lösungsansätze zu finden. Dabei sollten die Methoden möglichst frei von Zwängen ablaufen; meist ist es Gruppenarbeit, die synergistische Effekte und freie Assoziation (laterales Denken) fördert. Einige Methoden werden im Folgenden aufgeführt.

In ein **Ideen-** oder **Skizzenbuch** gehört alles, was dem Gestalter einfällt oder ihm eindrucksvoll begegnet. Dazu gehören eigene Zeichnungen, Textentwürfe, gesammelte Zitate, collagierte Bilder, Fotos oder gesammelte

Materialproben. So können fixierte Ideen und Skizzen zu neuen Denkanstößen führen oder bereits selbst die Lösung für eine neue Aufgabe sein.

Brainstorming

**Brainstorming** (dt.: Ideenfindung) wurde als Methode 1953 von Alex F. Osborn in den USA entwickelt.

Grundsätzlich gilt, bei einem Brainstorming ist alles erlaubt. Wertungen, Kommentare, Korrekturen oder Kritik sind jedoch verboten, denn jeder Teilnehmer dieser Runde soll ungestört und frei seine Ideen und Ansichten äußern. Es gibt sogar Empfehlungen, den Biorhythmus des Menschen einzubeziehen; vorteilhaft für derartige Zusammenkünfte wird der Zeitraum zwischen 9 Uhr und 13 Uhr bzw. zwischen 16 Uhr und 20 Uhr betrachtet.

Ein Brainstorming beginnt mit dem Definieren der Aufgabenstellung und dem Festsetzen eines Zeitlimits, in der Regel 15 bis 20 Minuten. Ein **Moderator** oder Gesprächsleiter kann hierbei von Vorteil sein. Er kann die **Spielregeln** überwachen, das Thema bzw. das Problem erläutern und den Kommunikationsfluss steuern.

Alle Teilnehmer müssen ihr Wissen und ihre Ideen einbringen, auch wenn es ihnen nicht relevant erscheinen mag. Denn mit dem freien Assoziieren von Vorstellungen, Bildern oder Objekten kann die Gruppe gemeinsam zu neuen Konzepten für die Lösung des Problems gelangen. Die Orientierung auf das Problem steht somit hier auch im Vordergrund, denn frühzeitige Wertungen erschweren das Auffinden von Alternativen.

Ein geringer Konsens der Teilnehmer untereinander kann ebenso förderlich sein, da unterschiedliche Meinungen zu innovativen Ideen führen können. Quantität geht vor Qualität, denn entscheidend ist es zunächst, neue Ideen zu produzieren. Jeder Versuch einer Kritik oder Stellungnahme während der Sitzung soll vermieden werden.

**Tipp:** *Es besteht kein „individuelles" Urheberrecht an den Ideen solcher Runden. Brainstorming ist das Aufgreifen und so genannte Weiterspinnen von Ideen. Somit kann der Einzelne weder das Ergebnis noch Teile davon sein Eigen nennen (→ Kap. Recht, S. 361, Schutz von Ideen).*

# Gestaltung/**Kreativität**

Zur Dokumentation der Ergebnisse wird ein Protokoll geführt. Dazu werden eine oder zwei Personen abgestellt, die in der Sitzung nicht kreativ mitarbeiten. Alle Vorschläge sollten protokolliert werden. Rückfragen des **Protokollanten** sind unzulässig, da sie den Ideenfluss stören. Die geäußerten Vorschläge werden nummeriert und anonym festgehalten. Das Protokoll wird entweder auf Papier, eine Tafel oder ein **Flipchart** gebracht. Letzteres kann der Ermunterung dienen, da die Teilnehmer sich leichter auf bereits zuvor gemachte Meinungen und Vorschläge beziehen können. Kurz vor Beendigung des Brainstormings wird eine Zusammenfassung aller Stichworte vorgelesen, um dann zum so genannten Endspurt zu kommen.

Erst nach der Brainstormingphase werden die notierten Ideen und Ansätze strukturiert, diskutiert, sortiert und nicht realisierbare Vorschläge aussortiert. Diese Denkrunden können jedoch nur Rohmaterial für mögliche Konzepte liefern, fertige Lösungen sind hier kaum zu erwarten.

### Mindmapping

Das **menschliche Gehirn** besitzt eine linke und eine rechte **Hemisphäre.** Forschungen belegen, dass beide Gehirnhälften jeweils unterschiedliche Funktionen wahrnehmen. Sie werden beim Denken wechselseitig aktiviert. Die linke Gehirnhälfte ist bei Rechtshändern für das sequenzielle Denken zuständig, z. B. für die Logik, Sprache, Zahlenfolgen oder lineares und numerisches Denken. Der rechte Teil ist für das ganzheitliche Denken verantwortlich, z. B. für das Ausdrücken und Wahrnehmen von Emotionen, für das geometrische Denken, die Raumwahrnehmung oder das strukturelle Denken. So ist die rechte Hirnhälfte auch wichtig für musikalische Fähigkeiten und für die Leistung, komplexe Bilder zu erkennen.

Begriff und Methode des **Mindmappings** wurden 1974 von dem Engländer Tony Buzan geprägt. Er stützte sich auf die Erkenntnisse der Gehirnforschung. Daraus entwickelte er eine Arbeits- und Darstellungsmethode, die gleichermaßen die rechte und linke **Hirnhemisphäre** anspricht, indem das sprachlich-logische Denken mit dem intuitiv-bildhaften Denken verbunden wird.

## Gestaltung/**Kreativität**

Mindmapping ist eine grafische Variante des Brainstormings. Die typische Struktur eines **Mindmaps** entspricht einer **Baumstruktur** (Abb. 122). Das Thema, also die zentrale Fragestellung, wird in die Mitte eines Blattes (vorteilhaft ist ein Querformat) geschrieben. Wichtig ist dabei eine knappe, schlagwortartige Formulierung, die hinreichend und aussagekräftig ist. Dann wird das Thema eingekreist. Mindmaps basieren nicht auf ganzen Sätzen oder Teilsätzen, sondern nur auf **Stichworten** und **Schlüsselworten.** Diese sollen Assoziationen und Assoziationsketten erzeugen, indem Eindrücke, Gefühle und Ideen miteinander verknüpft werden. Die dem zexntralen Thema inhaltlich zugehörigen oder untergeordneten Schlüsselwörter werden auf Linien geschrieben, die Hauptäste, die sich für dann folgende Unterbegriffe auch weiter verästeln können.

Fallen zu diesen Ideen noch Abwandlungen ein, wird an dem jeweiligen Hauptast eine weitere Verzweigung angefügt. So entstehen auf den schon vorhandenen Hauptästen weitere kleine Verzweigungen. Die damit entstehende Mindmap kann später umorganisiert und neu sortiert werden, da zu Beginn nicht klar ist, wie und wohin sich die Übersicht entwickeln wird.

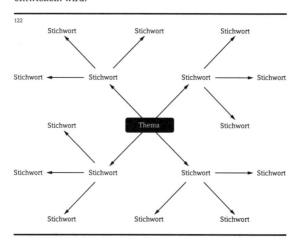

122

Weitere Kreativitätstechniken

**Vertikales Denken** folgt einem logischen, planmäßigen und streng rationalen Muster. Die Denkschritte werden kontinuierlich, folgerichtig, systematisch und analytisch nacheinander gesetzt. **Laterales Denken** hingegen ignoriert bewusst logische Muster und verliert die Lösung aus den Augen. Es fördert den kreativen Denkprozess, wobei sich der Denkende von Zufällen sowie Eingebungen leiten lässt und so Entdeckungen macht.

Eine weitere Methode der Ideenfindung ist die **Synektik** (griech.: „synechein" = Zusammenhalten, in Verbindung bringen). Die synektische Methode basiert auf dem Prinzip des Herstellens von **Analogien** (Entsprechungen, Ähnlichkeiten). Eine Variante des synektischen Denkens ist das Bilden von persönlichen Analogien durch die Identifikation mit dem Gegenstand der Ideenfindung („Wenn ich ein Auto wäre, dann..."). Eine weitere Variante ist die Bildung von Fantasie-Analogien. Die geordnete, vertraute Welt wird vom Denkenden verlassen („Wenn ein Auto Augen hätte und sehen könnte, dann...").

# Goldene Regeln für die Gestaltung

1. Die Gestaltung ist eine Dienstleistung. Arbeite kunden- und zielgruppenorientiert.
2. Sei kreativ, suche neue Denkansätze und Lösungen.
3. Finde eine klare und durchgängige Gestaltung, halte dich an optische Konstanten, damit der Wahrnehmungswert erhöht wird (Identität, Wiedererkennung, Vertrauen).
4. „Keep it short and simple": Reduziere und vereinfache, um eine effiziente Wirkung zu erzielen.
5. Gestalte verständlich, glaubwürdig und angemessen.

# Tipps und Links

**Bildagenturen**

Mehrsprachig

- Fotosearch Stock Fotografie und Stock Footage (internationale Bildagenturen zusammengefasst): www.fotosearch.de
- Corbis: www.corbisimages.com
- Getty Images: www.gettyimages.de

**Corporate Design**

Mehrsprachig

- Daimler Brand & Design Navigator: www.designnavigator.daimler.com

Deutschsprachig

- Herbst, Dieter Georg, Prof. Dr.: *Corporate Identity. Aufbau einer einzigartigen Unternehmensidentität,* Cornelsen Scriptor (2012)

**Farbe**

Deutschsprachig

- Homann, Jan-Peter: *Digitales Colormanagement,* Springer-Verlag, Berlin (2007)

- Itten, Johannes: *Kunst der Farbe,* Otto Maier Verlag, Ravensburg (1961)

Englischsprachig

- Color Calculator von Sessions College for Professional Design: www.sessions.edu/ilu

- Drew, John; Meyer, Sarah: *Color Management. A Comprehensive Guide for Graphic Designers,* RotoVision, East Sussex (2005)

- Homann, Jan-Peter: *Color Management,* Springer Publishing, New York (2005)

- Itten, Johannes: *The Art of Color. The Subjective Experience and Objective Rationale of Color,* Wiley, Hoboken (1997)

**Gestaltung**

Englischsprachig

- Norman, Donald A.: *The Design of Everyday Things,* Basic Books (2002)

**Magazine und Zeitschriften**

Mehrsprachig (Deutsch, Englisch)

- Form Magazin: www.form.de
- Novum World of Graphic Design: www.novumnet.de

Deutschsprachig

- design report: www.design-report.de
- Page: www.page-online.de
- R9005 Designportal: www.r9005.de

- *Step by Step Graphics Magazine,* Dynamic Graphics

## Gestaltung / Tipps und Links

Englischsprachig

- Communication Arts (Amerikanisches Design-Magazin): www.commarts.com
- HOW Magazine: www.howdesign.com
- i-D Magazine: www.i-d.vice.com
- Print America's Graphic Design Magazine: www.printmag.com
- Wallpaper* Magazine: www.wallpaper.com

**Perspektive und Illusionen**

Deutschsprachig

- Ernst, Bruno: *Der Zauberspiegel des M. C. Escher,* Taschen Verlag, Köln (1994)

Englischsprachig

- Ernst, Bruno: *The Magic Mirror of M. C. Escher,* Parkwest Publications, Miami (1987)

**Wahrnehmung und Psychologie**

Deutschsprachig

- Ritter, M. (Hrsg.): *Wahrnehmung und visuelles System,* Spektrum der Wissenschaft-Verlagsgesellschaft, Heidelberg (1986)

Englischsprachig

- Arnheim, Rudolf: *Art and Visual Perception. A Psychology of the Creative Eye,* University of California Press, Berkeley (2004)

**Zeichen**

Mehrsprachig

- Klanten, Robert et al.: *Los Logos,* Die Gestalten Verlag, Berlin (2002)

Deutschsprachig

- Frutiger, Adrian: *Der Mensch und seine Zeichen,* Fourier Verlag, Wiesbaden (1978)

- Trabant, Jürgen: *Zeichen des Menschen. Elemente der Semiotik,* fischer perspektiven Verlag, Frankfurt am Main (1988)

Englischsprachig

- Frutiger, Adrian: *Signs and Symbols: Their Design and Meaning,* Watson-Guptill Publications, New York (1998)

- Lionni, Pippo: *Facts of Life 2,* Verlag Hermann Schmidt Mainz (2001)

- Mutabor: *Lingua Grafica,* Die Gestalten Verlag, Berlin (2001)

**Zeichnen und Malen**

Deutschsprachig

- Smith, Ray: *Praxisbuch für Künstler. Geräte, Materialien, Techniken zum Malen, Zeichnen und Drucken,* Ars edition, München (1990)

- Englischsprachig

- Smith, Ray: *The Artist's Handbook,* Knopf, New York (1987)

# Gestaltung/**Notizen**

## Gestaltung / **Notizen**

# 4.0

## Typografie / Einführung

Das Medium Schrift spielt eine herausragende Rolle für die Menschheit. Die Art und Weise, wie Schrift verwendet wird, spiegelt kulturelle, politische und technische Veränderungen in der Gesellschaft wider – seit Jahrtausenden.

Für uns ist es selbstverständlich: Gesprochene Sprache genügt nicht, um Geschehenes vor dem Vergessen bewahren und künftigen Generationen berichten zu können. Im Lauf der Zeit hat sich die Schrift immer weiterentwickelt: von den Hieroglyphen auf Tontafeln bis zum heute alltäglichen Einsatz digitaler Schriften, Kommunikationsmedien und Satztechniken.

Allerdings lässt sich Schrift nicht auf die rein pragmatische Rolle der Informationsvermittlung reduzieren. Schrift kann viel mehr, wie dieses Kapitel demonstriert. Das galt zu Gutenbergs Zeiten ebenso wie heute, im Zeitalter der Digitalisierung. Nicht umsonst wurde die Tätigkeit von Druckern und Setzern, Buchstaben zu Wörtern und Wörter zu einem Gesamtkunstwerk zusammenzufügen, auch als „Schwarze Kunst" bezeichnet. Satztechnik war und ist alles andere als ein rein sachliches Aneinanderreihen von Schriftzeichen; Typografie erfordert gestalterisches Wissen und handwerkliches Können.

Und so beschäftigen wir uns mit der Entstehung von Schriftarten, betrachten die Gestaltungsregeln beim Entwerfen von Schriften und das elegante Gefüge eines Schriftsatzes, der immer wieder mit „Hurenkindern" und „Schusterjungen" zu kämpfen hat. Wir lernen Maßsysteme ebenso wie wichtige Schreib- und Layoutregeln kennen. Das Thema Schriften im digitalen Kontext rundet dieses Kapitel ab.

# Typografie

| | | |
|---|---|---|
| 4.1 | **Typografie** | 72 |
| 4.2 | **Maßsysteme** | 74 |
| 4.3 | **Schrift** | 78 |
| | Wahrnehmung und Leseverhalten | 78 |
| | Entstehung der Schrift | 81 |
| | Der Buchstabe | 86 |
| | Der Zeichenumfang | 88 |
| | Die Schriftfamilie | 90 |
| 4.4 | **Satz** | 96 |
| | Satzausrichtung | 97 |
| | Auszeichnungen | 99 |
| | Schreibregeln | 100 |
| | Der Satzspiegel | 103 |
| 4.5 | **Schriftgestaltung** | 106 |
| 4.6 | **Fonttechnologie** | 112 |
| | Font-Formate | 112 |
| | Schriftverwaltung | 116 |
| | Schriften am Bildschirm | 116 |
| 4.7 | **Tipps und Links** | 120 |

# Typografie

Typografie fixiert Sprache und macht diese sichtbar. Der Begriff **Typografie**[1] stammt aus der **Buchdruckkunst** und bezieht sich im engeren Sinne auf das Handwerk des Druckens. Ursprünglich hat der Drucker oder Setzer einzelne bewegliche Lettern (Typen) zu Wörtern, Zeilen und Texten zusammengesetzt. Die Lettern waren meist aus Blei (Bleisatz); bei großen Schriftgrößen, zum Beispiel für den Druck von Plakaten, verwendete man Holzlettern.

Heute bezeichnet Typografie die Gestaltung mit Schrift (nicht den Entwurf von Schriften). Der Begriff Typografie umfasst den Einsatz von Schrift im Grafik-Design, in der Gestaltung von Büchern, Magazinen, Websites und anderen Medien. Typografie bezieht sich auf den Schriftanteil im Layout oder den gesamten Gestaltungsprozess, bei dem die Designer Schrift in Kombination mit Bildern, Linien, Farben und Flächen einsetzen. Mittels Typografie gestalten wir logische visuelle Beziehungen der gegebenen Buchstaben, Wörter und Zeichen – der Textbausteine und Texthierarchien im Layout.

Die Hauptaufgabe der Typografie besteht darin, die Aufnahme eines Textes so ansprechend wie möglich und somit das Lesen zu einem gelungenen Erlebnis zu machen – also den Betrachter zu fesseln. Der typografische Gestalter setzt gewissermaßen Akzente, Signale und navigiert den **Rezipienten** (Lesenden) durch den Text. Der Gestalter und Typograf Otl Aicher sagte dazu:

„Die Typographie bemüht sich um die richtigen Größen und Mengen von Schrift, die dem anspruchsvollen Auge zugutekommen und es befriedigen." Und weiter: „Insofern ist Typografie nichts anderes als die Kunst, jeweils herauszufinden, was das Auge mag, und Informationen so reizvoll anzubieten, dass das Auge ihnen nicht widerstehen kann."[2]

So spielt zum einen die Auswahl der Buchstabenformen und deren gestalterische Organisation, das Zusammenfügen zu Wörtern, Zeilen und Absätzen eine entscheidende Rolle und wird **Mikrotypografie** genannt. Zum anderen ist das Format, die Gestaltung und Anordnung der Textgefüge auf einer Fläche ein weiterer wichtiger Aspekt und wird als **Makrotypografie** bezeichnet. Selbst die Farbe des Papiers

---

[1] Griech.: typos = Schlag; graphein = schreiben
[2] Aicher, Otl: Die Ökonomie des Auges (1989)

kann die Aufnahmebereitschaft des Lesenden verändern. Zudem zählt zur Typografie auch die gestalterische und technische Realisation der Schriftzeichen selbst (→ S. 106, Schriftgestaltung).

Der Begriff Typografie – die Gestaltung mit Schrift – ist abzugrenzen von der Schriftgestaltung, also dem Entwerfen von Schrift: Die gestalterische und technische Realisation der Schriftzeichen selbst (Type Design) und die Entwicklung von neuen Schriften (Type, Fonts, Font Families) bis zur Marktreife ist eine sehr aufwendige Angelegenheit. Diesem Spezialgebiet verschreiben sich meist Grafik-Designer, die ihre spezielle Liebe zur Schrift entdecken und sich entsprechend auf die langwierigen, detailversessenen Lern- und Arbeitsprozesse einlassen. Es gibt für Type Design Aufbaustudiengänge zum Beispiel an (Kunst-)Hochschulen in Den Haag (Niederlande) und in Reading (Großbritannien).

## Maßsysteme

Die Typografie verwendet eigene **Maßsysteme und Maßeinheiten.** Im Bleisatz (→ S. 81, Entstehung der Schrift) war die Druckform für die einzelnen Buchstabe erhaben und kleiner als der **Schriftkegel** (Abb. 1), dessen vertikale Ausmaße die **Schriftgröße**[3], auch **Schriftgrad,** einer Schrift bestimmten. Der nicht druckende Raum, der das Buchstabenbild umgab, wurde als **Fleisch** bezeichnet. Die Höhe des Kegels wurde in **Punkt** angegeben. Der **typografische Punkt** ist die kleinste Einheit eines **Maßsystems,** mit dem Größe und Zeilenhöhe eines Buchstabens bezeichnet werden. In der Geschichte der Typografie haben sich verschiedene typografische Maßsysteme herausgebildet. Obwohl der Schriftkegel in elektronischen Satzsystemen nur noch eine fiktive Größe ist, halten Schrifthersteller noch an traditionellen Regelmaßen fest. Die heute gängigsten typografischen Maßeinheiten sind der **DTP-Punkt** und **Didot-Punkt.** Der DTP-Punkt, auch **PostScript-Punkt,** leitet sich vom 72. Teil eines **Inches** ab (=25,4 mm). Ein DTP-Punkt entspricht damit etwa 0,352 mm. Die wichtigsten typografischen Maßeinheiten mit ihren Umrechnungswerten sind in der Tabelle auf der nächsten Seite aufgeführt.

*Tipp: InDesign kann diese Maßeinheiten umrechnen. Wenn man beispielsweise in das Eingabefeld der Punktgröße 1 cm eingibt, wird der Wert in 28,346 typografische Punkt umgerechnet.*

---

[3] Nicht identisch mit der optischen Größe eines Buchstabens

## Typografie / **Maßsysteme**

| Einheit | Abkürzung | Größenverhältnis |
| --- | --- | --- |
| Cicero | cc | 12 Didot-Punkte |
| | | 4,5 mm |
| Didot-Punkt | dd | 0,375 mm |
| Pica-Punkt | pp | 0,351 mm |
| | | 6 Pica |
| | | 1 Inch |
| DTP-Punkt | pt | 0,352 mm |
| | | 1/72 Inch |
| Inch (Zoll) | in | 25,4 mm |
| | | 72 DTP-Punkte |
| Millimeter | mm | 2,85 Pica-Punkte |
| | | 2,67 Didot-Punkte |

Um die Größe einer Schrift zu messen, stehen verschiedene Methoden zur Verfügung. Die geläufigsten Maßeinheiten sind der typografische Punkt sowie der Millimeter. In der Typografie der neuen Medien existiert zudem das **Pixel** (→ S. 117). Da heutige Computerprogramme zumeist mit amerikanischen Maßeinheiten arbeiten, enthalten aktuelle **Typometer,** auch **Zeilenzähler** (→ rechte Abbildung) genannt, neben dem Didot-Punkt-System auch das DTP-Punkt-System.

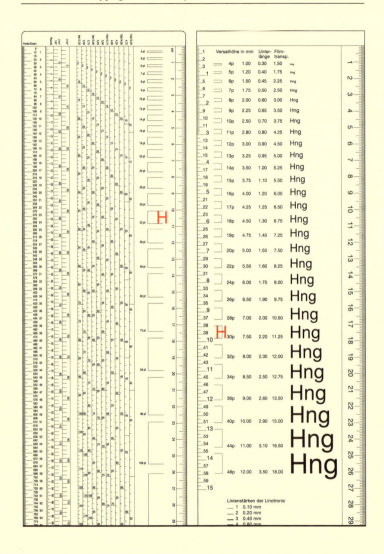

### Schriftgrößen

Entscheidend für die Wahl der Schriftgröße sind Art und Zweck der Verwendung, das Medium sowie die stilistischen Merkmale der Schrift. Im Satzbereich werden Schriftgrößen grundsätzlich in die drei folgenden Gruppen eingeteilt:

**Konsultationsgrößen** bezeichnen Schriftgrade von 5 bis 8 Punkt. Sie werden für Randbemerkungen (→ S. 103, Marginalien), Fußnoten, in Nachschlagewerken, Telefonbüchern, Lexika etc. verwendet.

**Lesegrößen** bezeichnen Schriftgrößen von 9 bis 12 Punkt. Sie werden für den Mengensatz (z. B. Bücher) eingesetzt (→ S. 79, Textschrift).

**Schaugrößen** bezeichnen Schriftgrade ab 14 Punkt (Abb. 2). Sie werden bei Überschriften (Titeln) oder für Textelemente, die auch auf größere Distanz lesbar sein sollen, verwendet (z. B. für Plakate).

2

Konsultationsgröße [5]

Konsultationsgröße [8]

Lesegröße [9]

## Lesegröße [12]

### Schaugröße [14]

# Schaugröße [24]

# Schrift

Die Schrift besteht aus einem Repertoire definierter Zeichen, deren Bedeutungsinhalte (→ Kap. Gestaltung, S. 48 ff.) auf in Jahrhunderten geprägten Übereinkünften basieren. Das Erkennen und Identifizieren der Zeichen ist dabei Voraussetzung für das Funktionieren des Leseprozesses.

## Wahrnehmung und Leseverhalten

Innerhalb eines Kulturkreises ist somit die **Anatomie** einer Schrift, also die **zugrunde liegende Struktur** eines Buchstabens, klar vorgegeben. So können bei unserem lateinischen Schriftalphabet Formänderungen einzelner Buchstaben nur innerhalb enger Grenzen stattfinden, um optimal entschlüsselt werden zu können. Der Abfolge von Buchstaben sind Bedeutungen zugeordnet **(Semantik).** Dabei erfolgt das reine Erkennen von Wörtern mehr oder weniger automatisch.

Während z. B. die Bedeutung eines bildhaften Zeichens oft nur unzureichend und langsam erkannt wird, erfolgt die Entschlüsselung der Bedeutung eines Wortbildes präzise und schnell. Wie beim gesprochenen Wort, ist dabei ein rein rationales Erfassen unmöglich.

**Lesen** heißt bewusstes **Wahrnehmen** und **Erkennen** eines Inhalts sowie unbewusstes Wahrnehmen der Schriftform, die diesen Inhalt transportiert. Wenn wir lesen, haben wir den Eindruck, dass sich unsere Augen kontinuierlich über den zu erfassenden Text bewegen und ihn nacheinander, wie ein Scanner, aufnehmen. Doch dieser Eindruck täuscht. Unsere Augen stehen entweder für einen Augenblick still, fixieren einen Punkt und dessen unmittelbare Umgebung, oder sie machen kurze sprunghafte Bewegungen, **Sakkaden**[4], die etwa 20 bis 35 Millisekunden dauern.[5] Die Weite der Sprünge hängt von der Schwierigkeit des Textes ab und beträgt etwa sieben bis neun Buchstaben (Abb. 5 auf S. 79).

Beim Lesen werden also nicht einzelne Buchstaben, sondern ganze Wörter und Wortgruppen wahrgenommen. Dabei wird die Hauptinformation aus dem oberen Bereich einer Schrift gezogen (Abb. 3, 4).

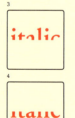

3

4

[4] Franz.: saccade = Ruck; saccader = heftig ziehen
[5] Durchschnittswert eines „normalen" Lesers beim Lesen eines „normalen" Textes

Sakkaden sind sprunghafte Augenbewegungen während des Lesens. Zwischen den Sakkaden-Sprüngen, die etwa sieben bis neun Buchstaben betragen, kommt es zur Fixation. Bei Verständnisproblemen macht das Auge Rücksprünge, die auch als Regressionen bezeichnet werden.

**Die Lesbarkeit** einer Schrift hängt weitgehend davon ab, wie sie formal-ästhetisch gestaltet ist und wie man mit Schrift gestalterisch-typografisch umgeht. Die Anforderungen an Schriften sind unterschiedlich, da Lesegewohnheiten, Lesearten und die Lesesituation berücksichtigt werden sollten. Bei einem längeren, zusammenhängenden Text, auch **Mengentext** oder **Fließtext,** geht es um das unbeschwerte und rasche Erfassen des Inhalts bzw. größerer Sinnzusammenhänge. Schon geringe Änderungen können die Lesbarkeit des Textes deutlich verändern. Bei Überschriften (→ S. 80, Headlineschrift), Werbeanzeigen (→ Kap. Marketing, S. 281) oder Plakaten geht es hingegen darum, die Aufmerksamkeit des Lesers erst einmal zu gewinnen. Für Schilder ist die eindeutige Unterscheidbarkeit der einzelnen Zeichen wichtiger für die Lesbarkeit. Auf Autobahnschildern müssen Eigennamen klar und schnell erkennbar sein.

Schrift und Ausdruck

Die **Wahrnehmung des Gelesenen** erfolgt durch visuelles Erfassen von Zeichen. **Visuelle Signale** lösen **Assoziationen** und Empfindungen aus, die sich gezielt durch die äußere Strukturierung der Buchstaben, wie beispielsweise den Ausdruck einer Schrift (Abb. 6 auf Seite 80), oder durch die typografische Gestaltung beeinflussen lassen.

# Frisch gestrichen!

Der **Rezeptionsgrad** einer Schrift, beeinflusst durch Ausmaß, Organisationsform und Akzentsetzung, wird von den Intentionen des **Schriftgestalters**, jedoch vor allem von der Zielrichtung und Funktion der Schrift bestimmt.

Die Auswahl der Schrift muss dem Inhalt, der Zielrichtung und Funktion entsprechen. So kann beispielsweise ein zu starkes Eigenleben der **Textschrift** den Lesefluss bremsen (→ S. 106 ff., Schriftgestaltung). Diese Wirkung wird hingegen ganz bewusst in der typografischen Gestaltung mit Headlineschriften eingesetzt.

Das Bild einer Schrift, der Charakter, wird vom **Duktus**[6], der Strichführung, bestimmt. Duktus, ein Begriff aus der Kalligrafie, bezichnete ursprünglich die individuelle Federführung des Schreibers (→ Kap. Gestaltung, S. 37, kalligrafisch).

Der Charakter einer **Headlineschrift,** auch Displayschrift oder Titelschrift, kann hervorhebend, plakativ, bildhaft, provokativ oder expressiv sein. Headlineschriften sind generell große Schriften, die in erster Linie für Überschriften, Titel und Schlagzeilen oder zur Hervorhebung (→ S. 99, Auszeichnungen) eingesetzt werden. Spezifische Aufgabe einer Headlineschrift ist es, Präsenz zu demonstrieren. Die Facetten reichen dabei von subtil-raffiniert bis radikal-wild. Headlineschriften können eigenständige Texteinheiten bilden oder den Grundtext unterstützen. Vor allem der unmittelbar wahrgenommene äußere Eindruck des **Schrift-** oder **Wortbildes** (Abb. 7) ist entscheidend. Typografie wird somit zum bewussten **Ausdrucksmittel.**

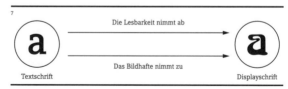

---

[6] Lat.: ductus = Zug, Führung; ducere = führen

**Displayschriften** eignen sich hervorragend, um Stimmungen zu visualisieren. Werden Expressivität oder auch Originalität in den Vordergrund gestellt, so geschieht dies in der Regel auf Kosten der Lesbarkeit, ohne aber die Eindeutigkeit der Aussage zu schmälern. Auch Verstöße gegen die Gesetze der Harmonie wirken prägend. Oftmals werden für eine Headline ein einziger Schriftzug oder auch einzelne Buchstaben entwickelt, wobei auf das übrige Alphabet verzichtet wird (→ S. 106 ff., Schriftgestaltung).

Werden sachlich-zurückhaltende Schriftformen als Titelschriften bevorzugt, so können dazu fettere Schriftschnitte (→ S. 90 f.) vorhandener Textschriften genutzt werden (→ S. 84, Auszeichnungen).

## Entstehung der Schrift

Die Schrift ist in ihrer Formsprache untrennbar mit der gesellschaftlichen Entwicklung des Menschen verbunden. In jeder historisch gewachsenen Schriftform spiegeln sich Architektur, technische und kulturelle Errungenschaften (auch Schreibwerkzeuge, Materialien) wider, die eng verknüpft mit dem menschlichen Geist des jeweiligen Zeitalters sind und einen sinnlich-ästhetischen Einblick in die Epoche vermitteln.

Bei der **Keilschrift** (etwa 3000 v. Chr.) kann erstmalig von Schrift gesprochen werden. Erste **numerische Darstellungen** und **Zahlzeichen** hingegen gab es bereits um 30.000 Jahre v. Chr. In den überlieferten Darstellungen der **Keilschrift** der **Sumerer** finden sich schriftliche Fixierungen von Gesetzen, Verträgen und geschäftlichen Mitteilungen.

Schrift entwickelte sich in den Jahrtausenden in verschiedenen Stufen: **Bilder, Bilderzeichen, Piktogramme, Begriffszeichen** (Ideogramme) und **Hieroglyphen** (→ Kap. Gestaltung, S. 50).

Das **erste** belegbare **Alphabet** der Welt, von dem auch unser **lateinisches Buchstabenalphabet** abstammt, führt auf die **Phönizier** um etwa 1200 v. Chr. zurück, angeregt durch das ägyptische Hieroglyphen-System.

Die **Griechen** übernahmen die 22 Konsonanten (Mitlaute) der **phönizischen Lautschrift** und ergänzten diese durch Vokale (Selbstlaute, deutlich klingende Laute).

Sie entwickelten ein **Alphabet,** das viele abendländische Schriftsysteme geprägt hat. Abb. 8 zeigt das phönizische Lautzeichen „A", etwa 1200 v. Chr.

Grundlage unserer bis heute im lateinischen Alphabet verwendeten Versalien (→ S. 86) bildet die von den Römern vollendete **Capitalis Monumentalis** bzw. die als Buchschrift abgewandelte **Capitalis Quadrata** (Abb. 9).

Die Kleinbuchstaben oder Gemeinen (→ S. 86) unseres lateinischen Alphabets haben andererseits ihren Ursprung in der **Karolingischen Minuskel** (etwa 800 n. Chr., Abb. 10), die unter Karl dem Großen zu einer verbindlichen, schnell schreib- und lesbaren **Verkehrsschrift** wurde. Aus der Karolingischen Minuskel bildete sich u. a. die **Gotische Minuskel** (13. Jh.), eine enge und schnell geschriebene Schrift aneinandergerückter Buchstabenformen mit gebrochener Linienführung und gitterartiger Struktur (Abb. 11), auch Vorläufer für die **Deutsche Fraktur** (16. Jh.).

Etwa um 1440 erfand der Goldschmied und Patrizier Johannes Gensfleisch zur Laden, bekannt unter dem Namen **Gutenberg,** das Gießen von **beweglichen Lettern.** Seiner Erfindung verdanken wir unter anderem das Verfahren, einzelne Lettern zu Wörtern, zur vollständigen Form einer Seite, zusammenzustellen und zu drucken. Gutenberg ebnete damit den Weg von der **geschriebenen Schrift** zur **Satzschrift (Bleisatz),** mit der Gedanken und Wissen maschinell kopiert werden konnten, anstatt sie von Hand abschreiben zu müssen.

Das eindrucksvollste Zeugnis aus dieser Zeit ist die Gutenberg-Bibel (1452–1454) in lateinischer Sprache. Der Buchdruck breitete sich nach 1470 rasant aus und förderte die schnelle Verbreitung von Informationen, zu denen bis dahin nur ein kleiner Teil der Gesellschaft Zugang hatte. Während Gutenberg in seinem Bibeldruck (um 1456) mit der Schrifttype **Textura** dem gotischen Prinzip verhaftet blieb, entwickelte sich zur selben Zeit in Venedig die so genannte **Antiqua** als neue Druckschriftform, die bis heute Grundlage unseres lateinischen Schriftalphabets ist.

Das Bestreben der **Humanisten** in der **Renaissance** (ab dem 15. Jh.), auf griechische und römische Vorbilder der Antike zurückzugreifen, schlug sich auch in der Ausformung der Antiqua nieder, die erstmalig Großbuchstaben und Kleinbuchstaben vereinte. Im Rückgriff auf antike Formen entstand die Antiqua aus der **Großbuchstabenschrift Capitalis Quadrata** sowie aus Kleinbuchstaben der Karolingischen Minuskel. Der **Formenkanon** unseres heutigen lateinischen Alphabets ist demnach auf zwei grundsätzlich verschiedene Alphabete zurückzuführen.

In die Epoche der Renaissance fällt auch die Einbeziehung der **arabischen Ziffern** in unser heutiges Alphabet. Mit der Einführung des Dezimalsystems lösten die heute internationalen Ziffern die römischen Zahlen ab. Der Ausdruck **Ziffer** (→ S. 88) kommt von dem arabischen „al seifre" (die Leere), lateinisiert als „cifra", und von „non nullus" und „nullus" (nicht einer, keiner). Der Begriff bezog sich ursprünglich auf eine Übersetzung der Zahl Null, welche die Inder als „kha" (das Loch) oder „sunya" (leer) bezeichneten. Auch das Wort „Chiffre" ist davon abgeleitet. Als die Zahl Null mit den übrigen arabischen Zahlen (→ S. 88) im 12. Jh. ins Abendland gebracht wurde, ging die Bezeichnung Ziffer auf alle Zahlen über.

Eine der bis heute eindrucksvollsten klassischen Antiqua-Schriften der **französischen Renaissance** (Mitte 16. Jh.) ist die **Garamond** des Schriftschneiders **Claude Garamond.** Charakteristisch für diesen Typus sind dabei die geringen Kontraste zwischen **Haarstrich** und **Grundstrich** (→ S. 87, Abb. 23), die weiche Linienführung (→ S. 80, Duktus) und die nach links geneigte Achse der runden Formen. Die Schriften des **Barocks** (Mitte 17. Jh.) weisen größere Kontraste zwischen Haar- und Grundstrichen auf, die Achsen der runden Buchstaben sind weniger schräg und die Serifen feiner (z. B. die Schriftart „Janson Text"). Sie bilden den Übergang von der **Renaissance-Antiqua** zur **Klassizistischen Antiqua**. In der Klassizistischen Antiqua zeigen sich deutliche Einflüsse des **Kupferstichs,** die den extrem starken und klaren Formenkontrast zwischen Haar- und Grundstrich möglich machen. Neue Formen werden konstruiert; die Schrift steht senkrecht, der handschriftliche Duktus ist verschwunden. Die Entwicklung dieser Schriften (17./18. Jh.) ist durch die Druckerfamilie **Didot** (→ S. 74), den Italiener **Giambattista Bodoni** sowie im 19. Jahrhundert durch den Deutschen **Erich Wahlbaum** gekennzeichnet. Normbestrebungen dieser Zeit führten auch in der Typografie zu neuen Standards (→ S. 74, Maßsysteme).

Mit der Industrialisierung im frühen 19. Jahrhundert entwickelten sich in England die **serifenbetonten Drucktypen (Egyptienne, engl. Slab Serif)** (→ S. 94, Abb. 5) mit fehlenden oder nur geringen Unterschieden in den Haar- und Grundstrichen sowie betont und monumental wirkenden Serifen.

Zu dieser Zeit entstanden in England auch die ersten Druckschriften ohne Serifen. Die technische Anmutung und ihre gleichförmig erscheinenden Linienstärken ohne Serifenansätze, siehe auch vereinfachte Form des „g" (Abb. 12), wurden von den damaligen Zeitgenossen als **„grotesque"** empfunden und ebenso bezeichnet. Der Gebrauch dieser neuen Schriften (z. B. **Akzidenz Grotesk**) war vorerst ausschließlich für den Satz von Titeln und Schlagzeilen (→ S. 80) für Plakate und Reklame bestimmt. Vor allem die Lithografie (→ Kap. Produktion, S. 245) als neue Wiedergabetechnik ermöglichte die buchstäbliche Befreiung der Schriftformen. Denn nun konnten handgemalte Schriftzüge und freie Buchstabenformen drucktechnisch reproduziert werden.

Das **20. Jahrhundert** veränderte das **Medium Schrift.** Zu Beginn entstanden unterschiedliche Stile, Tendenzen, **Darstellungs- und Wiedergabetechniken,** die miteinander rivalisierten und den Umgang mit Schrift neu definierten. Visionäre und radikal-ästhetische künstlerische Bewegungen und andere Gegenbewegungen (**Dadaismus, Konstruktivismus** etc.) einerseits sowie rein **kunstgewerblich** orientierte typografische Gestaltungen andererseits versuchten neben der klassischen Satztypografie zu bestehen. Die Schrift verließ zunehmend den Bereich des Gedruckten.

So experimentierte die **Elementare Typografie** der 1920er-Jahre beispielsweise mit der formalen Klarheit des Ausdrucks und den schnörkellosen und geometrisch konstruierten **Grotesk-Formen,** wie **Futura** (Abb. 13) oder **Gill** (Abb. 14).

Mitte des 20. Jahrhunderts erfuhr die Grotesk eine Neubelebung. Sie wurde Vorbild für neue, vom ursprünglich konstruierten Formprinzip abweichende, „modulierte" Alphabete. **Adrian Frutiger** veröffentlichte seine **Univers** (Abb. 15), und **Max Miedinger** schnitt, mit der **Akzidenz Grotesk** (Abb. 16) als Vorlage, seine **Helvetica** (Abb. 17).

In den 70er-Jahren des 20. Jahrhunderts begann eine neue **Ära** in der Typografie. Mit der Einführung des **optomechanischen Schriftsatzes (Fotosatz)** war der 500 Jahre alte Bleisatz innerhalb eines Jahrzehnts nahezu verschwunden. Die Massenmedien brachten Ende des 20. Jahrhunderts eine Vielfalt universeller Schriften und Schriftansätze hervor (→ S. 92, Schriftsysteme). Technische Neuerungen wie **Desktop Publishing** (kurz DTP, engl.: von „Publizieren vom Schreibtisch aus") und **World Wide Web** (→ Kap. Digitale Medien, S. 147, WWW) revolutionierten das Medium Schrift und ermöglichten Konventionen zu überdenken, aufzubrechen und andere Wege zu gehen.

Die Schrift verließ ihre traditionellen Trägermaterialien und eroberte den virtuellen Raum. Schriftzeichen waren nicht mehr nur **analog,** sondern nun vor allem **digital** (→ S. 112, Fonttechnologie sowie Kap. Digitale Medien, S. 116, 167). Die Schriftkultur erlebte einen bisher nicht da gewesenen Strukturwandel, der unsere **Lese- und Sehgewohnheiten** (→ S. 79, Wahrnehmung- und Leseverhalten) nachhaltig beeinflussen sollte.

Das beliebig reproduzierbare, entmaterialisierte Medium Schrift schien alles zu ermöglichen – und alles wurde ausprobiert. Eine neue Freiheit in der Gestaltung wurde entdeckt, Typografie und Schrift wurden **Allgemeingut.**

Die allseits verfügbare Hard- und Software (→ Kap. Digitale Medien, S. 141 ff.) ermöglichte es nahezu jedem, mit seiner eigenen Schrift zu arbeiten (→ S. 90–96, Schriftgestaltung), sie zu generieren oder Bekanntes zu modifizieren. Schriften waren plötzlich populär.

Mittels historischer Rückgriffe entstanden neue typografische Adaptionen und Impulse. Epochale Schriftstile wurden wie Fundstücke gesammelt und neu verwertet, **archaische Motive** entsprechend typografisch illustriert oder vorausgenommen.

Schriften, Schrifttechnologie (→ S. 97) und Schriftenmarkt zeigten schließlich deutlich inflationäre Züge. Dieser Vorgang provozierte aber auch neue Herausforderungen, Ansätze und Technologien (z. B. PostScript-Type 1) (→ S. 112, Fonttechnologie). Für das Lesen am Bildschirm (→ S. 116, Schriften am Bildschirm) entstanden bildschirmoptimierte Schriftformen (Abb. 18).

18

Schrifttypen für Mengentexte (→ S. 80) wurden aus ökonomischen und zeitästhetischen Gründen zunehmend schmaler, ihre x-Höhen (Mittellängen) (Abb. 23 auf Seite 87) höher und ihre Formen offener.

### Der Buchstabe

Der Buchstabe (engl.: character) ist ein grafisches Zeichen, das zur Wiedergabe von Sprachlauten verwendet wird. Ein Buchstabe kann einen Laut oder auch mehrere Laute bezeichnen. In digitaler Form wird das Zeichen auch **Glyphe** genannt. In der Typografie ist eine Glyphe die grafische Darstellung eines Schriftzeichens. Im Schriftformat OpenType wird die Bedeutung Character und die Form Glyph streng unterschieden.

Der Buchstabe ist das kleinste Element, um ein Wort zu bilden oder einen Text zu formen, deren Anordnung wiederum die typografische Form und Lesbarkeit eines Textes entscheidend bestimmt.

### Versalien und Gemeine

Großbuchstaben werden als **Versalien** oder Versalbuchstaben bezeichnet. Für Kleinbuchstaben wird der Fachbegriff **Gemeine** verwendet (→ S. 81, Entstehung der Schrift). Versalien orientieren sich an drei geometrischen Grundformen: Dreieck, Kreis und Quadrat (→ Kap. Gestaltung, S. 29 ff.). Die Formen- und Richtungskontraste sind dabei grundlegend für die Anmutung der Buchstabenform (Abb. 19–21).

Die Abb. 22 zeigt das konstruierte Prinzip Renaissance-Majuskel „M" nach Albrecht Dürer (1471–1528).

**Hinweis:** Siehe dazu auch Schriftgestaltung, S. 106 ff.

### Anatomie des Buchstabens

Die Summe aller Elemente eines Buchstabens vermittelt die wesentlichen Eigenschaften einer Schrift. Die einzelnen Buchstabenelemente werden mit fachspezifischen Begriffen bezeichnet:

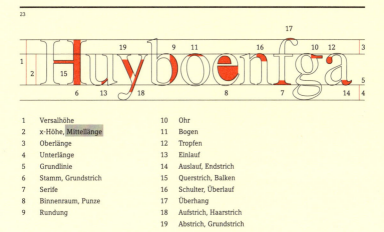

23

| 1 | Versalhöhe | 10 | Ohr |
|---|---|---|---|
| 2 | x-Höhe, Mittellänge | 11 | Bogen |
| 3 | Oberlänge | 12 | Tropfen |
| 4 | Unterlänge | 13 | Einlauf |
| 5 | Grundlinie | 14 | Auslauf, Endstrich |
| 6 | Stamm, Grundstrich | 15 | Querstrich, Balken |
| 7 | Serife | 16 | Schulter, Überlauf |
| 8 | Binnenraum, Punze | 17 | Überhang |
| 9 | Rundung | 18 | Aufstrich, Haarstrich |
|   |   | 19 | Abstrich, Grundstrich |

Neben den sichtbaren Räumen spielen auch die Weißräume zwischen den Buchstaben eine entscheidende Rolle. Der Innenraum eines Buchstabens wird als **Binnenraum**, auch **Punze**, bezeichnet. Für den Bereich zwischen zwei Worten gibt es neben dem normalen Leerzeichen eine Reihe fixierter Leerräume (→ S. 102, Satz). Das **Geviert** ist ein Leerraum, gleich breit wie hoch (d.h. bei einer 12-Punkt-Schrift 12 Punkt hoch und 12 Punkt breit). Das Wort Geviert ist eine Bezeichnung aus dem Bleisatz. Alle Leerräume mussten mit so genanntem Blindmaterial aufgefüllt werden. Dabei wurde für das Geviert ein Ausschlussstück mit quadratischem Grundriss verwendet, dessen Dicke mit der Höhe des Kegels übereinstimmte.

### Der Zeichenumfang

Der **Zeichenumfang,** auch Zeichenvorrat, einer Schrift besteht „aus verschiedenen Arten von Zeichen wie Buchstaben (Zeichen für Laute), Ziffern (Zeichen für Mengen) und einer ungenau definierten Anzahl von Zeichen für Regeln des Schreibspiels (zum Beispiel Punkte, Klammern und Anführungszeichen)"[7]. Der Zeichenvorrat wird auch als **alphanumerischer Code** bezeichnet.

#### Interpunktionen und Sonderzeichen

Interpunktionen, auch **Satzzeichen** oder **Punkturen,** und Sonderzeichen werden übergeordnet auch als Gliederungs-, Ordnungs- und Wertzeichen bezeichnet. Die Satzzeichen gliedern den Text in semantische Einheiten. Sie können Inhalte verstärken und Gedanken, Ziffern und Werte differenzieren oder zusammenfassen.

#### Arabische Ziffern

Das einzelne **Zahlzeichen** wird **Ziffer** genannt. Eine **Zahl** ergibt sich aus der Zusammensetzung verschiedener Ziffern (→ S. 81 ff., Entstehung der Schrift). In der Typografie unterscheidet man **Mediävalziffern,** auch Minuskelziffern oder gemeine Ziffern, und **Versalziffern,** auch Majuskelziffern (→ S. 101 ff., Tabellenziffern).

#### Ligaturen

Die Kombination mehrerer miteinander verschmolzener Buchstaben wird als Ligatur bezeichnet. Eine derartige „Vereinigung" ist das **Et-Zeichen.** Jan Tschichold[8] sagt dazu: „ ... &, gelesen ‚et', kommt aus dem Lateinischen, bedeutet ‚und' und ist aufgrund seiner vielen Erscheinungsformen eine Ligatur ganz eigener Art. Denn es hat stets eine besonders innige Buchstabenverschmelzung, in der ein Teil des einen Buchstabens entweder in den Teil des anderen übergeht oder diesen zugleich bildet."

---

[7] Flusser, Vilém: Die Schrift. Hat Schreiben Zukunft? (2002)
[8] Tschichold, Jan: Formenwandlung der ET-Zeichen (1953)

| | |
|---|---|
| Gemeine | abcdefghijklmnopqrstuvwxyzæœ |
| Versalien | ABCDEFGHIJKLMNOPQRSTUVWXYZ |
| Akzentzeichen | À È Ì Ò Ù à è ì ò ù Á É Í Ó Ú á é í ó ú |
| | Â Ê Î Ô Û â ê î ô û Ë Ï ë ï Ã Ñ Õ ã ñ õ |
| | Å å Ç ç |
| Umlaute | Ä Ö Ü ä ö ü |
| Ligaturen | Æ Œ æ œ ff fi fl ffi ffl |
| Satzzeichen | . : , ; ? ! - – — |
| Klammern | ( ) [ ] { } |
| Währungszeichen | $ £ ¥ € ¢ |
| Prozent-, Promille- & Gradzeichen | % ‰ ° |
| Et-Zeichen, Fußnotenzeichen | & * |
| E-Mail, Register-, Copyright-, Trademarkzeichen | @ ® © ™ |
| Apostroph | ' |
| Anführungs- und Schlusszeichen | „ " " " ' ' ‚ ' « » » « ‹ › › ‹ |
| Mediävalziffern | 1234567890 |
| Versalziffern | 1234567890 |

## Die Schriftfamilie

Eine **Schriftfamilie** umfasst die Gesamtheit aller zugehörigen Schriftschnitte. **Der Schriftschnitt,** früher auch **Schriftgarnitur,** bezeichnet den kompletten Zeichenumfang (→ S. 88) einer **Schriftart** (z. B. Neue Helvetica 23 Light Extended). Diese Schnitte (der Begriff stammt aus dem Bleisatz) können verschiedene Schriftstärken aufweisen. Die klassischen deutschen Bezeichnungen – wie mager, normal, halbfett, fett – werden heute im Zuge der Internationalisierung auch des (Schrift-)Designs meist durch englische ersetzt: thin, roman, bold usw. Außerdem haben Schriftschnitte diverse Breiten wie schmal, normal, breit (engl. condensed, regular, expanded oder extended) und die Schriftlagen normal oder kursiv (engl. regular, italic).

Diese Merkmale einer Schrift werden miteinander kombiniert; so gibt es fette Schriften, die schmal und kursiv sind. Manche Schriftgestalter haben diese Bezeichnungen der Schnitte durch ein Zahlensystem ergänzt oder ersetzt, z. B. Adrian Frutiger bei seinen Schriften Frutiger und Univers: Die Ziffern der Einer- und Zehnerstellen stehen für bestimmte Eigenschaften, je höher beispielsweise die Zehnerstelle, desto fetter die Schriftstärke; die 5 ist der Mittelwert (normal).

## Typografie/**Schrift**

|  | Deutsche Bezeichnung | Englische Bezeichnung |
|---|---|---|
| Schriftbreiten | Schmal<br>Normal<br>**Breit** | Condensed<br>Regular<br>Expanded |
| Schriftstärken | Ultraleicht<br>Extraleicht<br>Leicht<br>Normal<br>**Halbfett**<br>**Fett**<br>**Extrafett**<br>**Ultrafett** | Ultralight<br>Thin<br>Light<br>Roman<br>**Semibold**<br>**Bold**<br>**Heavy**<br>**Black** |
| Schriftlagen | Normal<br>*Kursiv* | Regular<br>*Italic* |

**Hinweis:** Siehe dazu auch unter Satz, S. 96 ff.

Heute stehen dem Designer unzählige Schriften und viele gut ausgebaute Schriftfamilien in digitaler Form (das heißt als Fonts) zur Verfügung. Die Schriftfamilien können aus mehreren Dutzend einzelnen Schriftschnitten bestehen; zu den bekanntesten gehören die Futura von Paul Renner (im Ursprung von 1927 und bis heute beliebt), die Helvetica oder Neue Helvetica (Linotype 1983) mit über 50 Schnitten, und die Thesis mit ihren über 500 Schnitten. Die Thesis (gestaltet von Lucas de Groot, erstmalig erschienen 1994) war die erste Großfamilie oder „Super Family". Es handelt sich dabei eigentlich um eine Schriftsippe, die aus vier sehr verwandten Schriftfamilien mit unterschiedlichen Klassifikationsmerkmalen besteht: TheSans, TheSerif, TheMix und TheAntiqua. Der Vorteil von gut ausgebauten Schriftfamilien ist, dass dem Designer viele Schnitte zur Verfügung stehen, die im Corporate Design oder Editorial Design sehr gut kombiniert werden können.

Schriftsippen oder **Schriftsysteme** sind also erweiterte bzw. zusammengefasste Schriftfamilien. Diese Schriftfamilien differenzieren sich nicht nur nach Stärke, Breite oder Lage, sondern auch anhand weiterer Klassifikationsmerkmale wie den Serifen. So können verschiedene Schriftarten (mit und ohne oder mit anderen Serifen) bei gleicher zugrunde liegender Gestaltungssystematik eine Großfamilie bilden.

Die folgende Übersicht zeigt unterschiedliche stilistische Merkmale bei gleichen Proportionen, beispielhaft an dem Schriftsystem Compatil (in der Compatil Letter ist auch dieses Buch gesetzt). (Abb. 24).

24

n n n n

### Nichtproportionale Schriften

25

**Monospace-Schriften,** auch **Fixed-Pitch Fonts,** sind nichtproportionale Schriften (dicktengleiche Schriften oder **Festbreitenschriften**), bei denen alle Zeichen und Wortabstände dieselbe Dickte (→ S. 96) aufweisen. Die Wortabstände werden bereits bei Blocksatz verändert. Man kann in InDesign die Spationierung auf „optisch" stellen und so die Lesbarkeit verbessern. Ein typisches Beispiel sind **Schreibmaschinenschriften** wie die Schriftart „Courier" (Abb. 25). Charakteristisch für die Courier sind die starken Serifen (→ S. 87, Abb. 23, Serife), mit denen beispielsweise der Weißraum (→ S. 72 f.) beim „i" optisch gefüllt wird.

## Schriften-Klassifikationen

Die ersten Bemühungen einer Klassifikation der Druckschriften enstanden um 1930, als durch die überbordende Vielfalt neuer Schriftarten der Überblick zu verschwinden drohte. Seit dem Einsatz digitaler Schriften ist eine eindeutige Klassifizierung jedoch schwierig.

**Tipp:** *Mittels einer iPhoneApp kann man durch Abfotografieren mit dem iPhone jede als Font erhältliche Schriftart gut identifizieren.*

Durch unterschiedliche Ansätze, die Vielfalt an Schrifttypen in Kategorien zusammenzufassen, sind einige Klassifikationsmodelle entstanden, die einer ganzheitlichen Betrachtung jedoch nicht oder nur teilweise genügen. Ein neuerer Ansatz für die Klassifizierung lateinischer Schriften ist das Panose-System. Es ordnet jedem Font eine zehnstellige Nummer zu. Dabei spiegelt der Wert jeder Stelle eine bestimmte Eigenschaft (Strichstärkenverhältnis, Serifenlänge etc.) des Fonts (→ S. 112, Fonttechnologie). Fonts sind sich umso ähnlicher, je weniger sich die Werte der Panose-Nummer unterscheiden.

Die DIN-Norm 16518 des Deutschen Instituts für Normung e.V. regelt in Deutschland das gebräuchliche Klassifizierungssystem für Schrifttypen und geht chronologisch vor. Sie ist allerdings ausschließlich für Bleisatz-Druckschriften bis in die 70er-Jahre des 20. Jahrhunderts anwendbar. Die Norm orientiert sich an dem Vorschlag der Association Typographique Internationale (ATypI).

26

**Fremdländische Schriften,** auch **Nichtlateinische Schriften,** sind Schriften, die nicht zur Gattung der Antiqua (→ S. 82) gehören. Kyrillische oder arabische Alphabete, aber auch Bilderschriften gehören in die Gattung der Nichtlateinischen Schriften (Abb. 26).

## Schrifteneinteilung nach Vox[9] (1954)

1. Humanes (Venezianische Renaissance-Antiqua)
2. Geraldes (Französische Renaissance-Antiqua)
3. Réales (Barock-Antiqua)
4. Didones (Klassizistische Antiqua)
5. Mécanes (Slab-Serif)
6. Linéales (Sans-Serif)
7. Incises (Antiqua Varianten)
8. Manuaires (Handschriftliche Antiqua)
9. Scriptes (Geschriebene Antiqua)
10. Fraktur

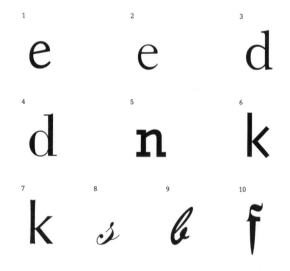

Weiterführende Informationen: British Standards for Type Classification (1967) der British Standard Institution und PANOSE System (1985) von Benjamin Bauermeister

---

[9] Maximilian Vox (1894–1974) war französischer Typograf. Seine Schrifteneinteilung ist 1962 von der ATypI übernommen worden.

## Schrifteneinteilung nach DIN 16518

1. Venezianische Renaissance-Antiqua
2. Französische Renaissance-Antiqua
3. Barock-Antiqua
4. Klassizistische Antiqua
5. Serifenbetonte Linear-Antiqua
6. Serifenlose Linear-Antiqua
7. Antiqua-Varianten
8. Schreibschriften
9. Handschriftliche Antiqua
10. Gebrochene Schriften
11. Fremde Schriften

## Satz

Um Inhalte verständlich zu formulieren, bedarf es weit mehr als einzelne Buchstaben anzuordnen. Erst die logische Verwendung von Zwischenräumen zwischen den Zeichen, die Abgrenzung der Worte zueinander sowie die Aneinanderreihung zu Satzgliedern machen Inhalte lesbar.

27

Der **Zeichenabstand** ergibt sich aus der **Dickte** eines Schriftzeichens. Die Dickte, auch Schriftweite, bezeichnet die **Buchstabenbreite** (Abb. 27) einschließlich der **Vor-** und **Nachbreite** (Abb. 28), also der Weißräume, die für den Satz bzw. für die Zusammenstellung der Wörter in einem Text gebraucht werden. Seit der Zeit des Bleisatzes bestimmt das Fleisch den Abstand der Zeichen zueinander (→ S. 74). Schriftzeichen haben verschiedene **Dicktenwerte,** auch Zeichenweiten. Die **Laufweite** wird durch die Zeichenbreite (→ S. 108 ff., Zurichtung) und den Abstand der Buchstaben zueinander bestimmt (→ S. 106 ff., Schriftgestaltung).

28

Der **Wortabstand** ergibt sich aus der Laufweite oder dem Buchstabenabstand. Die Erweiterung des Wortabstands (oder auch Buchstabenabstands) wird als **Spationieren** oder Sperren bezeichnet. Der Wort- und Zeichenabstand sollte im Mengensatz nicht verändert werden (→ S. 106 ff., Schriftgestaltung).

### Zeilenabstand

29

Der **Zeilenabstand** (Abb. 29) beschreibt die Distanz untereinander stehender Schriftzeichen. Er wird von Schriftlinie zu Schriftlinie gemessen. Zu Zeiten des Bleisatzes waren die Buchstaben auf einem Kegel (→ S. 74, Maßsysteme) platziert. Die veraltete Bezeichnung **Durchschuss** geht auf das Verfahren im Bleisatz zurück, bei dem Regletten und Stege als Blindmaterial (nichtdruckender Raum) zwischen die Satzzeilen geschoben wurden und das Maß des Durchschusses bestimmten.[10] Direkt aufeinenderstehende Zeilen im Bleisatz ohne Durchschuss wurden als kompress bezeichnet.

30

Von einem **kompressen Satz** spricht man, wenn der Zeilenabstand identisch mit dem Schriftgrad (Abb. 30: Schriftgröße 12 Punkt, Zeilenabstand 12 Punkt) ist. Ist der

---

[10] Durchschuss und Zeilenabstand beziehen sich auf unterschiedliche Parameter.

Zeilenabstand größer als der Schriftgrad, so spricht man von einem **durchschossenen Satz** (Abb. 31: Schriftgröße 12 Punkt, Zeilenabstand 16 Punkt).

*Tipp: Um ein ausgewogenes Satzbild zu erhalten, sollte der Weißraum zwischen den Zeilen in etwa dem Anderthalbfachen der Mittellängenhöhe (→ S. 88, x-Höhe, Abb. 23) der verwendeten Schrift entsprechen, bei Überschriften etwas weniger. Beispielsweise beträgt der automatische Zeilenabstand in InDesign 120 Prozent, also 12 Punkt bei einer 10-Punkt-Schrift.*

*Tipp: Bei Lesegrößen (etwa 8 bis 12 Punkt) (→ S. 77) gilt für einen gut lesbaren Zeilenabstand folgende Regel: Schriftgröße + 1,5 bis 2,5 Punkt.*

*Tipp: Der Versalsatz benötigt grundsätzlich mehr Zeilenabstand als ein normaler Satz. Schmale Spalten benötigen weniger und breite Spalten mehr optischen Zeilenabstand.*

## Satzausrichtung

Die Satzausrichtung ist die horizontale Positionierung eines Textes innerhalb einer Begrenzung. Für die Lesbarkeit eines Textes spielt die Länge einer Zeile eine entscheidende Rolle. Dabei stehen Schriftgröße und Satzbreite in einem unmittelbaren Zusammenhang. Zu lange Schriftzeilen empfindet das Auge ermüdend, zu kurze Zeilen wirken zu unruhig und anstrengend.

*Tipp: Die ideale Satzbreite im deutschsprachigen Satz liegt bei 60 bis 75 Zeichen je Zeile. Um große Löcher im Blocksatz zu vermeiden, sollte die Anzahl von 40 Zeichen nicht unterschritten werden. Beim erzwungenen Blocksatz werden nicht nur die Wortabstände, sondern auch die Abstände zwischen den Zeichen verringert bzw. erweitert. Deshalb ist diese elektronische Einstellung aus typografischer Sicht nicht zu empfehlen. Auch sollte der Zeichenabstand hier immer auf „0" eingestellt sein.*

### Satzarten

Das Gesamtbild eines Textes wird maßgeblich durch die **Ausrichtung** des Satzes bestimmt. Ein Textsatz kann auf verschiedene Arten ausgerichtet werden: **linksbündig** (Abb. 32),

**rechtsbündig** (Abb. 33) und **zentriert** sowie in **Blocksatzform** (Abb. 34). Zentrierter Satz wird auch als **symmetrischer Satz** oder **Mittelachsensatz** (Abb. 35) bezeichnet. In der Typografie existieren zudem weitere Untervarianten wie der linksbündige Flattersatz, der linksbündige Rausatz, der rechtsbündige Flattersatz oder der verschränkte Blocksatz.

Beim **Blocksatz** sind alle Zeilen gleich breit. Dadurch entstehen zwischen den Wörtern zwangsläufig unterschiedliche Abstände. Bei einem schlecht ausgeführten Blocksatz können die Wortzwischenräume (→ S. 102, Leerzeichen) zu störenden Löchern werden. Im Bleisatz wurden diese Löcher als **Gießbach** bezeichnet. Beim **Flattersatz** sind die Wortabstände aller Zeilen gleich groß. Dadurch wird eine ruhige

Binnenstruktur erzeugt. Charakteristisch ist zudem die unterschiedliche Länge der Zeilen. Es gibt verschiedene Arten des Flattersatzes. Ein Flattersatz mit einem kurzen Flatterbereich wird auch Rausatz genannt.

**Tipp:** *Ein guter Flattersatz ist eine große Herausforderung. Die Flatterzone sollte nach der automatisierten Umbrucherstellung durch das Layoutprogramm manuell nachgearbeitet werden, um sinnentstellende Trennungen sowie einen unrhythmischen Zeilenfall zu vermeiden (Bäuche, Treppen etc.).*

Der **Grauwert** entsteht durch die Trägheit des Auges: Nur einzelne Schriftzeichen erscheinen schwarz. Innerhalb eines Buchstaben-, Wort- und Zeilengefüges mischt sich das Weiß der Zwischenräume mit der schwarzen Bildfläche des Buchstabens und wird im optimalen Fall als graue Fläche wahrgenommen.

**Tipp:** *Augen leicht zusammenkneifen!*

### Auszeichnungen

Die Sprache betont ein Wort durch akustische Signale, wie eine hohe oder tiefe Tonlage, Läutstärke oder Sprechgeschwindigkeit. Schrift hingegen muss Betonungen optisch signalisieren. **Auszeichnungen** sind Hervorhebungen einzelner oder mehrerer Wörter oder ganzer Textpassagen. Die Typografie unterscheidet die in dem folgenden Absatz aufgeführten Auszeichnungsarten.

Auszeichnungen können *kursiv*, für Eigennamen in Kapitälchen, oder zur deutlichen Kennzeichnungen **fett** gesetzt werden. VERSALIEN stechen im Gegensatz zu Kapitälchen deutlicher aus dem Schriftbild hervor. Das S p e r r e n  v o n  W o r t e n wird oft als Zitat der Schreibmaschinenschrift verwendet. Ein größerer Schriftgrad, eine andere Schriftart, negative Schrift oder eine farbige Auszeichnung sind bereits deutliche Gestaltungselemente.

**Kursivschnitte** werden hauptsächlich als „dezente" Auszeichnungsvarianten zu einer geradestehenden Schrift verwendet. Der englische Ausdruck **Italic** bezeichnet einen echten Kursivschnitt (Abb. 36, oben). Ihr Buchstabenbild ist dem Schreibcharakter angenähert. Dagegen ist die so genannte **Oblique** lediglich eine rechnerisch schräg gestellte Version des gerade stehenden Schriftschnittes ohne den typischen handschriftlichen Charakter (Abb. 36, unten).

**Kapitälchen,** im Englischen **Small Caps,** sind kleinere Versalien (→ S. 86) auf optischer Höhe der Mittellängen (→ S. 87, Abb. 23, x-Höhe).

*Tipp: Es sollte immer darauf geachtet werden, dass echte Kapitälchen verwendet werden (Abb. 37, oben). Da die optische Strichstärke der elektronisch verkleinerten Versalien (Abb. 37, unten, unechte Kapitälchen) nicht mit der Stärke (optische Fette) der Großbuchstaben identisch ist, entsteht ansonsten ein unschönes Schriftbild.*

**Initialen**[11], auch Schmuckbuchstaben oder Ziermajuskeln, sind Buchstaben mit einem schmückenden Charakter. Die Initiale steht am Anfang eines Kapitels oder am Beginn eines Absatzes. Eine Initiale ist größer als die Grundschrift und kann über mehrere Zeilen laufen. Der Stand des Initialbuchstabens kann verschieden sein, sollte jedoch immer auf Schriftlinie mit der Grundschrift stehen (Abb. 38).

## <u>Schreibregeln</u>

Schreibregeln liegen Erfahrungen und Konventionen zugrunde. Die Regelungen sind teilweise in den einzelnen Sprachräumen unterschiedlich. So wird im deutschen Sprachraum das Komma innerhalb einer Zahlenkolonne zur Anzeige der Dezimalstellen verwendet, z. B. 2.000.000,00. Dagegen wird im angloamerikanischen Sprachraum der Punkt zur Kennzeichnung der Dezimalstellen genutzt, z. B. 1,000,000.00.

---

[11] Lat.: Initium = Anfang

39

**Auslassungspunkte,** auch Ellipsen, **Auslassungszeichen:**
Wird ein Wort nicht ausgeschrieben, so ersetzen drei Punkte ohne Abstand den Rest des Wortes. Werden ganze Wörter, größere Satzteile oder Sätze ausgelassen, so werden die Auslassungspunkte beidseitig mit einem Wortzwischenraum vom übrigen Text getrennt (Abb. 39).

**An- und Abführungszeichen** werden je nach Sprachraum unterschiedlich verwendet.

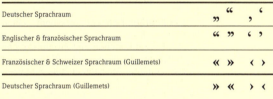

| | | |
|---|---|---|
| Deutscher Sprachraum | „ " | ‚ ' |
| Englischer & französischer Sprachraum | " " | ' ' |
| Französischer & Schweizer Sprachraum (Guillemets) | « » | ‹ › |
| Deutscher Sprachraum (Guillemets) | » « | › ‹ |

40

41

Das **Guillemet** wird mit einem kleinen Raum vom Wort getrennt.

Das **Apostroph** (Abb. 40) wird ohne Zwischenraum an das Wort gesetzt. Der folgende Wortabstand wird kleiner gehalten. **Achtung:** Falsche Anwendung mit Zollzeichen (Abb. 41).

42

Das **Divis-Zeichen,** auch Viertelgeviertstrich, wird nur bei Worttrennungen, bei Kuppelwörtern oder bei ausgelassenen Wortteilen verwendet.

Der **Gedankenstrich,** auch **Halbgeviertstrich,** wird mit Wortabstand verwendet (Abb. 42).

**Klammern** werden mit einem kleinen Raum vom übrigen Text getrennt.

43

**Mathematische Zeichen** (→ S. 88, Ziffer) sind mit einem kleinen Raum von der Ziffer zu trennen (Abb. 43).

44

**Tabellenziffern** haben eine einheitliche Schriftdickte (→ S. 81, Dickte) und werden dann verwendet, wenn Zahlenkolonnen untereinander ausgerichtet werden müssen, wie beispielsweise im Tabellensatz (Abb. 44). Im Bleisatz hatten die Tabellenziffern eine Breite von einem Halbgeviert. Das hatte zur Folge, dass die „1" zuviel Platz hatte. Das ist auch heute noch bei Schriften, die über keine proportionalen Ziffern verfügen, ein Problem. Im laufenden Text werden **Normalziffern, Mediävalziffern** (→ S. 88) oder auch

45

46

**Small-Caps-Ziffern** (vgl. S. 100, Small Caps) verwendet. Die Mediävalziffern haben Unter- und Oberlängen wie Kleinbuchstaben und fügen sich harmonischer in das Bild ein.

**Fußnotenzeichen,** im Satz durch hochgestellte Ziffern oder Sterne kenntlich gemacht, werden mit einem kleinen Abstand zum Text gesetzt. Im Fußnotentext steht dann das Fußnotenzeichen ebenfalls mit einem kleinen Abstand zum nachfolgenden Text (Abb. 45).

Das **Gradzeichen** steht mit einem kleinen Raum nach der Ziffer.

Der **Schrägstrich** wird mit einem kleinen Raum optisch zentriert (Abb. 46).

Das **Prozentzeichen** und **Promillezeichen** wird mit einem kleinen Abstand von der Ziffer getrennt.

**Satzzeichen, Ausrufezeichen, Fragezeichen, Doppelpunkt** und **Semikolon** werden nicht oder nur mit einem kleinen Raum vom vorangegangenen Text getrennt.

Das **Leerzeichen** wird für Wortzwischenräume innerhalb eines fortlaufenden Textes verwendet. Es gibt verschiedene Leerzeichen, beispielsweise das Halb- und das Viertelgeviert. (→ S. 87, Geviert).

### Der Satzspiegel

Über den **Satzspiegel** sagt Jan Tschichold: „Die richtige Stellung selbst eines wohlgeratenen Satzes auf dem Papier ist genauso wichtig wie die sorgfältige Ausführung des Satzes selber! Ungeschickte Stellung kann alles verderben."[12] Der Satzspiegel bezeichnet die Fläche, die von einem fortlaufenden Text auf einer Seite eingenommen wird.

Ein gelungener Satzspiegel garantiert neben rein rationellen Vorteilen in der Gestaltungsphase auch ökonomische Vorzüge während der Anwendung, insbesondere in der Druckvorstufe, Herstellung und Produktion (→ Kap. Produktion, S. 220, Satzherstellung).

Über die Konstruktion von Satzspiegeln existieren unterschiedliche Betrachtungsweisen bezüglich Aufbau, Ästhetik, Psychologie usw. Zur Bestimmung der einzelnen Parameter sind hier Art, Zweck und Umfang der Drucksache entscheidend. Der **lebende Kolumnentitel** (Abb. 52 auf S. 104) sowie die **Fußnoten** werden bei der Festlegung des Satzspiegels mit einbezogen. Dagegen werden **Seitenzahlen** und **Marginalien** (Abb. 54 auf S. 104) bei der traditionellen Festlegung des Satzspiegels nicht mit einbezogen. Bei der Konzeption eines Buches oder anderer **Akzidenzen**[13] (einmalige Gebrauchsdrucksache kleineren Umfangs im Gegensatz zu wiederholten Drucksachen, **Periodika**) betrachtet man die rechte und linke Seite stets als Seitenpaar, als eine Gestaltungseinheit.

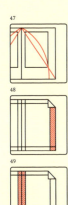

Der Satzspiegel wird in der Regel durchgängig gleich angelegt (→ Kap. Gestaltung, S. 57, Gestaltungsraster). Die unbedruckten Flächen erfüllen dabei eine ästhetische Funktion und sorgen für die nötige Ruhe des Auges (→ S. 78, Wahrnehmung und Leseverhalten). Im klassischen Sinne ist die vollkommenste Variante für das proportionale Verhältnis der **Goldene Schnitt** (Abb. 47: Flächenproportion im „Goldenen Schnitt", ermittelt von Jan Tschichold).

Bei einer Doppelseite sind die Außenränder (Abb. 48), auch **Außenstege**, in der Regel breiter als die Innenränder (Abb. 49), auch **Bundstege**, da der Bundsteg beim Aufschlagen einer Doppelseite im Buch optisch gespiegelt und somit verdoppelt wird.

---

[12] Tschichold, Jan: Meisterbuch der Schrift (1952)
[13] Die vermutlich älteste Akzidenzdrucksache und das älteste gedruckte Formular sind die Ablassbriefe der Römischen Kirche im 15. Jahrhundert.

**Tipp:** *Für das Maß gilt: Die Breite der Außenränder entspricht ungefähr der Summe der Innenränder.*

Der **Kolumnentitel** ist der typografische Begriff für die **Seitenzahl,** auch **Pagina,** und kann zusätzliche Angaben enthalten, wie z. B. zum Kapitel. Als **toter Kolumnentitel** wird eine allein stehende Seitenzahl bezeichnet. Der **lebende Kolumnentitel** ist eine Seiten- oder Kapitelzahl mit beigefügtem Text, der beispielsweise Angaben zu Buch- oder Kapiteltitel enthalten kann.

Der Satzspiegel wird mit folgenden **satztechnischen Fachbegriffen** beschrieben: Außensteg (Abb. 48 auf S. 103), Bundsteg (Abb. 49 auf S. 103), Fußsteg (Abb. 50), Kopfsteg (Abb. 51), Kolumnentitel (Abb. 52), Pagina (Abb. 53), Marginalie (Abb. 54).

**Überschriften,** auch Headlines, Titelzeilen, Kopfzeilen oder Rubrikzeilen (→ S. 80), informieren in knapper Form über den Inhalt und gliedern den Text. Sie sollen auffallen und sich vom übrigen Text abheben.

Die **Spitzmarke** ersetzt eine Überschrift und steht am Anfang einer Absatzzeile. Sie wird mit sichtbarem Abstand zum folgenden Text und ohne Satzzeichen gesetzt. Damit sie sich deutlich vom übrigen Text abhebt, wird die Spitzmarke oft **fett** oder *kursiv* hervorgehoben.

Längere Texte werden zur Erleichterung des Lesens und Verstehens in Absätze gegliedert. Der **Einzug** ist dabei ein wichtiges Instrument, um neue Absätze zu kennzeichnen und den Text zu gliedern. In den Frühdrucken wurde am Anfang des Absatzes Platz für das **Alinea-Zeichen** ¶ freigelassen, das vom Rubrikator von Hand in Rot eingefügt wurde. Später wurde das rote ¶ einfach ausgelassen.

**Tipp:** *Der Einzug sollte zwar deutlich wahrnehmbar, aber dennoch nicht zu groß sein.*

## 4.4 Typografie/**Satz**

55

56

Werden im Schriftsatz einzelne oder wenige Wörter, also nicht ganz gefüllte und/oder einzelne Zeilen eines Absatzes durch einen Spalten- oder Seitenwechsel abgetrennt, spricht man von einem **Hurenkind** (gelegentlich auch Hundesohn oder Witwe, engl. widow) oder von einem **Schusterjungen** (auch Waisenkind, engl. orphan) – je nachdem, ob es sich um die erste(n) oder letzte(n) Zeile(n) des Absatzes handelt (vgl. Abb. 55 und 56). Eine Eselsbrücke dazu lautet: „Ein Hurenkind weiß nicht, wo es herkommt, ein Schusterjunge nicht, wo er hingeht".

Diese so drastisch bezeichneten „verwaisten" Teile eines Textabsatzes gelten in der Typografie bzw. Satztechnik als sehr unschön, also als schwere handwerkliche Fehler – da sie die gesamte Ästhetik des Satzspiegels stark beeinträchtigen. Bis heute gilt die aus dem Buchdruck stammende Hurenkindregelung (erfahrene Designer kennen sie), nach der die letzte(n) Zeile(n) eines Absatzes nie am Anfang einer Seite stehen soll(en), damit Lesefluss und Erscheinungsbild nicht leiden. Analog gilt das für den Schusterjungen.

# Schriftgestaltung

Schrift wird nicht neu erfunden. Lediglich die äußere Form und das Grundgerüst können modifiziert werden (→ S. 78, Wahrnehmung und Leseverhalten).

In der **Gestaltung einer Textschrift** sind die Spielregeln klar definiert und geben dem Schriftgestalter wenig Raum für Exzentrik. Übersicht und Zurückhaltung sind dabei unerlässlich, oder wie Adrian Frutiger es formuliert: „Wenn du dich an die Form des Löffels erinnerst, mit welchem du die Suppe gegessen hast, dann war es eine schlechte Form. ... Die Schrift muss so sein, dass der Leser sie nicht bemerkt. ... Eine gute Textschrift ist beides: banal und schön zugleich."[14]

Hier geht es in erster Linie um Funktion. Denn wenn wir Texte lesen, werden große Mengen an Informationen aufgenommen und verarbeitet. Diese sollte der Leser möglichst optimal dekodieren können.

Um eine Textschrift zu entwickeln, genügt nicht nur Gestaltungswille. Das **Schriftdesign** (engl.: type design) muss einen klaren und übersichtlich geordneten Aufbau im Buchstaben-, Wort- und Satzbild aufweisen. Jan Tschichold sagt dazu: „Neben dem unentbehrlichen Rhythmus ist es vor allem die ausgeprägt klare, unverwechselbare Form, das höchst empfindsame richtige Verhältnis von Assimilation und Dissimilation im Einzelbuchstaben, das heißt die Ähnlichkeit aller Buchstaben und die simultane Differenzierung des Einzelbuchstabens, die eine vollkommene Lesbarkeit gewährleisten."[15]

Ein zu starkes Eigenleben einer Textschrift kann den Lesefluss bremsen. Damit der Leseprozess optimal ablaufen kann, sind bei der Entwicklung einer Textschrift sowohl technische Grundfertigkeiten gefragt, als auch Kenntnisse von den Wechselbeziehungen optischer **Wahrnehmungsphänomene** (→ Kap. Gestaltung, S. 26, Illusionen).

---

[14] Frutiger, Adrian: Eine Typografie (1981)
[15] Tschichold, Jan: Die Bedeutung der Tradition für die Typografie (1964)

Grundregeln der Schriftgestaltung

1. **Zielsetzung.** Zweck, Gestaltungsrichtung und technische Gegebenheiten klären.

2. **Gleichmaß und Differenzierung.** Eine Schrift ist eine homogene Einheit aus verschiedenen Zeichen; sie muss formal einem einheitlichen Bild entsprechen; dazu gehören rhythmische Details, gleiche Endstriche (→ S. 87, Abb. 23), optisch gleiche Grundstrichstärken, gleichartige Rundungen etc. Dabei dürfen sich die Grundformen, der besseren Unterscheidbarkeit wegen, nicht zu ähnlich sein: Es gilt, eine ausgewogene Balance zu finden.

3. **Grundgerüst der Buchstaben.** Die Buchstaben „H" und „n" vermitteln die wesentlichen Eigenschaften einer Schrift. Sie bestimmen Schrifthöhe und Grundproportionen, wie Strichstärke, Weite, Binnenräume, Ein- und Ausläufe, Überläufe, Rundungen etc. (→ S. 87, Abb. 23).

4. **Strichstärke der Buchstaben.** Die Strichstärke der Kleinbuchstaben ist im Verhältnis zu denen der Großbuchstaben geringer.

5. **Breite der Buchstaben.** Das „m" darf kein doppeltes „n" sein; der Innenraum des „o" muss der optischen Breite des „n" entsprechen; das „u" sollte immer etwas schmaler als das „n" sein.

57

6. **Runde Formen.** Buchstaben mit horizontalen Rundungen (z. B. „o" und „n") sollten die imaginären Schriftlinien über- bzw. unterschreiten (Abb. 57); sie wirken ansonsten im Gesamtbild zu klein.

7. **Ober- und Unterlängen.** Die Unterlängen einer Schrift sollten niemals kürzer als die Oberlängen sein. Die Oberlängen der Gemeinen (z. B. „f") sollten stets die Versalien etwas überragen.

8. **Höhe der Querbalken.** Der Querbalken eines „H" liegt in der optischen, jedoch nicht in der mathematischen Mitte. Dies gilt für alle horizontalen zweigeteilten Buchstaben wie „A", „B", „K", „S", „x" etc. (Abb. 58).

9. Die schrägen und fetten **Aufstriche.** Aufstriche wie z. B. bei „A" und „N" (Abb. 59) sind dünner als die **Abstriche,** um optisch gleich zu wirken. Frei endende diagonale Balken (z. B. „z") verjüngen sich zum Treffpunkt hin. Die Linien in der Kreuzung des „X" sind nicht als Gerade durchgezogen, sondern zueinander versetzt, und sie verlaufen leicht konisch zum Treffpunkt. Waagerechte Balken sind im Verhältnis zu den Stämmen immer etwas schmaler gezeichnet (Abb. 60), um optisch gleich zu wirken.

10. Der **Zeichensatz (Charakterset, Zeichenvorrat).** Eine Schrift hat mehr Zeichen als die 26 Buchstaben des Alphabets. Heutzutage gehören neben den lateinischen Schriftzeichen (Western) auch Schriftzeichen, Sonderzeichen und phonetische Zeichen anderer Sprachsysteme dazu (Central European, Baltic, Turkish, Romanian, Vietnamese …). Je mehr Schrift- und Ziffernsysteme, Alternativzeichen, Varianten und Symbole eine Schrift (ein ausgestalteter, technisch einwandfrei umgesetzter Font) umfasst, desto besser ihre Anwendbarkeit und desto größer der Gestaltungsspielraum für den Typografen und Designer. Ziffern und weitere Figurengruppen sind dem Gesamtbild anzupassen (→ S. 113 ff., Glyphen-Palette).

11. **Zurichtung (auch Spacing) einer Textschrift.** Einzelne Buchstaben formen noch keinen Satz. Auffällige Löcher oder zu enge Abstände zwischen den Buchstaben und Wörtern erschweren das Erkennen von Wort- und Satzbildern und hemmen so den Lesefluss. Zurichtung bedeutet, optisch gleiche Buchstabenabstände zu schaffen, abgestimmt auf Schriftgröße (→ S. 74 ff.), Zeichenbreite (→ S. 96, Abb. 27), Buchstabenbinnenräume und Grundstrichstärke (→ S. 87, Abb. 23). Die Grundzurichtung (→ S. 110) erfolgt an den Buchstaben H, n, o und O.

**12. Kerning einer Textschrift (Unterschneidung).** Je sorgfältiger die Zurichtung und das Konzept der Zeichenformen, desto geringer der Aufwand im Kerningprozess. Dennoch ist das Kerning unabdingbar, um bei bestimmten **Zeichenpaaren** optisch gleich wirkende **Weißräume** (→ S. 87, 96) zu erzeugen. Kerning sollte nur bei den wichtigsten Zeichenpaaren (z. B. AT, AV, AW, Av, Aw, AC, DY, FA) verwendet werden (Abb. 61).

<u>Zurichtung und Kerning</u>

Auffällige Weißräume, Löcher oder zu enge Abstände zwischen Buchstaben und Wörtern erschweren das Erkennen von Wort- und Satzbildern und hemmen den Lesefluss. Optisch gleichmäßige Buchstabenabstände, abgestimmt auf Schriftgröße, Zeichenweite und Grundstrichstärke, sind somit erforderlich, um aus einer bloßen Aneinanderreihung von Buchstaben einen lesbaren Text zu machen. Sie gewährleisten im Kontrast zu den größeren Wortabständen, dass ein Wort in seiner Struktur erfasst wird (→ S. 78, Wahrnehmung und Leseverhalten). Buchstaben und Zeichen werden deshalb „zugerichtet".

**Tipp:** *Bei einer normalen, serifenlosen Schrift entspricht der Zeichenabstand etwa der Stärke eines Grundstrichs. Zur Messung eignet sich hier das kleine „i". Bei zunehmendem Buchstabeninnenraum* (→ S. 87, Abb. 23) *sollte die Laufweite etwas weiter gehalten werden. Schriften in kleinen Schriftgraden* (→ S. 74 ff.) *brauchen proportional mehr Abstand zwischen den Zeichen, als Schriften in großen Schriftgraden* (Abb. 62: Bestimmung des Zeichenabstands).

**Tipp:** *Die Größe des Wortabstandes ist abhängig von Schriftschnitt, Schriftart und Schriftgröße. Minimal entspricht der Wortabstand der Dickte des kleinen „i" oder dem Buchstabeninnenraum des „n". Je größer der Buchstabeninnenraum, umso größer die Wortabstände. Breitere Schriften brauchen demnach wegen der breiteren Punzen größere Wortabstände* (Abb. 63, 64).

Die eigentliche Schwierigkeit einer Zurichtung liegt darin, dass die Buchstabenabstände nicht mathematisch gleich sein dürfen, sondern nur gleichmäßig wirken sollen. Hätten alle Buchstaben die gleichen Zurichtungswerte, so würde der Leser das Schriftbild als sehr unruhig empfinden, weil Buchstabenformen, Serifen und Balkenstärken optische Täuschungen hervorrufen.

<u>Grundzurichtung</u>

Entsprechend der Vereinfachung (→ S. 86, Grundformen) nach Grundformen und der optischen Wahrnehmung werden die linken und rechten Buchstabenhälften in Gruppen eingeteilt und entsprechend gleich zugerichtet. So gehört z. B. das versale „D" in Bezug auf die Vorbreite in die „H"-Gruppe, in Bezug auf die Nachbreite in die „O"-Gruppe (vgl. S. 96, Dickte).

| | | | |
|---|---|---|---|
| ■ | **BDEFH** | **HINM** | ■ |
| ● | **CGOQ** | **DGOQ** | ● |
| ▲ | **ATVWY** | **ALTVWY** | ▲ |
| ■ | **bghijklm** | **adfghim** | ■ |
| ● | **cdegoq** | **bceop** | ● |
| ▲ | **vwy** | **rvwy** | ▲ |

**Tipp:** *Zur Überprüfung der Zurichtung werden alle Zeichen zwischen die Versalien „H" und „O", die Gemeinen „n" und „o" sowie die Ziffer „0" gesetzt.*

HAHBHCHDHEHFHGHIHJHKHMHNH
OAOBOCODOEOFOGOHOIOJOKOLO
nAnBnCnDnEnFnGnHnInJnKnLnMnNn
oAoBoCoDoEoFoGoHoIoJoKoLoMoNoOo
nanbncndnenfngnhninınjnknlnmnnnon
oaobocodoeofogohoıoıojokolomonooopo
0A0B0C0D0E0F0G0H0H0I0J0K0L0M0N0

Da die Zurichtung von Buchstaben nicht ausreicht, um eine harmonische Schriftlaufweite zu erreichen, wird „gekernt". **Kerning,** auch **Unterschneidung,** bedeutet, dass für bestimmte Buchstabenpaare der Abstand, wie er durch die traditionelle Zurichtung gegeben ist, verändert wird. Weil die Unterschneidung jeweils zwei Buchstaben betrifft, die sich aneinander annähern, spricht man auch von Pair Kerning oder **Kerning Pairs.**

65

Der negative **Kerningwert,** z. B. für das Zeichenpaar „AW", wird der Dickte des „A" entzogen (Abb. 65). Beim Unterschneiden werden für die wichtigen Zeichen negative Unterschneidungswerte festgelegt. Dabei wird die Dickte des folgenden Zeichens in die Dickte des vorangehenden Zeichens geschoben.

Die **Unterschneidungswerte** werden in **Unterschneidungs-** bzw. **Ästhetiktabellen** fixiert und beim Satz dem Abstand der festgelegten Buchstaben abgezogen. Es gibt ausführliche und kurze **Unterschneidungstabellen** (Long Kerning und Short Kerning).

66

### Kursive Schnitte

Die durchschnittliche Schräglage von Kursivschriften beträgt 12 Grad. Neigungswinkel von weniger als 10 Grad (Abb. 66) bieten kaum eine Differenzierung zur aufrecht stehenden Variante. Bei über 16 Grad (Abb. 67) kippt die Schriftversion optisch um.

67

**Tipp:** *Wer professionelle Schriften entwickeln möchte, kann auf Systeme wie Fontlab oder Fontographer zurückgreifen (→ S. 120, Tipps und Links). Siehe dazu auch Kapitel Recht, S. 363, Schutz von Schriftzeichen.*

## Fonttechnologie

### Font-Formate

Technologien, Techniken und Programme (→ Kap. Digitale Medien, S. 141, Software) und Font-Formate bestimmen, inwieweit eine Schrift verfügbar ist. Schriften liegen heutzutage in digitaler Form vor (→ S. 81, Entstehung der Schrift). Zeichen werden anhand ihrer Konturen (Outlines) mathematisch beschrieben und mit zusätzlichen Informationen, Hinweisen (engl.: **Hints**) versehen, sodass sie auch bei niedriger Auflösung lesbar abgebildet werden können (→ S. 118, Hinting). Hints stellen sicher, dass im Falle einer geringen Auflösung ein möglichst guter optischer Eindruck des Buchstabens entsteht.

Allgemein verbreitet wurde diese Technologie durch die von Adobe Systems entwickelte Seitenbeschreibungssprache **PostScript®**.

Vor dieser Entwicklung standen auf Standard-Computern ausschließlich Bitmap-Fonts zur Verfügung. Jeder Buchstabe eines **Bitmap-Fonts** (Abb. 68) wurde als Ansammlung von Bildpunkten (→ S. 117, Pixel) in einer Matrix auf dem Bildschirm oder im Ausdruck dargestellt. Für jede Schriftgröße war ein eigener Font nötig.

Der **Font** (auch die Fontdatei) bezeichnet die digitale Implementierung eines bestimmten Zeichensatzes einer bestimmten Schriftvariante in einem bestimmten Datenformat.

Das Adobe **PostScript-Type-1-Format** (Standard für digitale Schriftarten; International Standards Organization, Konturschriftarten, ISO 9541, Abb. 69) beschreibt alle Zeichen eines Zeichensatzes mithilfe von **Bézierkurven** als abstrakte, mathematische Outline oder Kontur (Abb. 70).

**Ankerpunkte,** auch Stützpunkte, sind die Punkte, die **Bézierkurven** fixieren. Von ihnen gehen Vektoren aus, die Richtung und Ausprägungsstärke der Kurven bestimmen. Eine Bézierkurve benötigt mindestens zwei Ankerpunkte, den Start- und den Endpunkt.

Mit der Einführung des Type-1-Formats wurde es möglich, Schrift in jeder beliebigen Größe darzustellen und auszugeben.

Das **TrueType-Format** wurde 1991 von Apple als Alternative zu Adobes Type-1-Standard entwickelt und später an Microsoft lizenziert. In weiterer Folge war TrueType unter Windows weiter verbreitet als am Macintosh, wo PostScript Type-1-Schriften die Vorherrschaft behielten. PostScript-Type-1-Fonts und TrueType-Fonts verwenden unterschiedliche mathematische Kurvenbeschreibungen. Im Gegensatz zum PostScript-Type-1-Schriftformat, das sich aus einem Bitmap-Zeichensatz zur Darstellung auf dem Monitor und einem PostScript-Satz für den Druck zusammensetzt, verwendet TrueType für Bildschirmdarstellung und Druck nur eine Beschreibung. Zur Optimierung der Bildschirmdarstellung können dennoch Bitmaps ergänzend vorhanden sein. TrueType ist vor allem außerhalb der professionellen Druckvorstufe vertreten.

Das Font-Format **OpenType** ist das erste Schriftformat, das **systemübergreifend** (Macintosh und Windows) einsetzbar ist. OpenType wurde von Microsoft und Adobe gemeinsam entwickelt. Dieses Format wird von allen gängigen Betriebssystemen ohne jegliche Zusatzsoftware unterstützt, wodurch die Schriftartenverwaltung deutlich vereinfacht wird. Die folgende Abbildung zeigt die InDesign-Glyphen-Palette.

OpenType ist ein Containerformat (→ Kap. Digitale Medien, S. 128), das entweder PostScript-Type-1-Kurven (auch Compact Font Format, kurz **CFF**) oder TrueType-Kurven enthält. Die Endung .otf bezeichnet die CFF-Kurven, die Endung .ttf die TrueType-Kurven. Eine Schriftart mit der Endung .ttf kann entweder eine alte TrueType-Schrift sein oder eine OpenType-Schrift.

Die „PostScript-flavoured" .otf-Schriften sind der Standard für die Druckvorstufe, für Office-Anwendungen sind die „TrueType-flavoured OpenType" .ttf-Schriften nach wie vor weiter verbreitet.

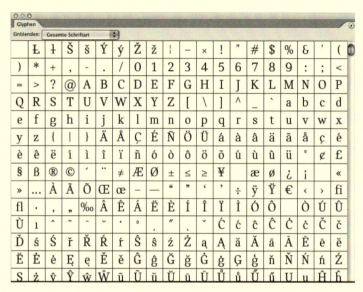

OpenType basiert auf der **Zeichenkodierung Unicode** (internationale 2-Byte-Zeichencodierung). Damit entfällt die übliche Belegungsbeschränkung, denn PostScript-Schriftarten waren auf 256 Glyphen begrenzt. OpenType-Schriftarten hingegen können 65.536 Glyphen enthalten. Allerdings enthalten nur wenige Systemschriften wirklich mehrere tausend Glyphen. OpenType-Schriften enthalten zudem alle vorhandenen Zeichen einer Schriftgarnitur (z. B. Kapitälchen, Mediävalziffern und Ligaturen) in nur einer Font-Datei. Nicht alle Schriftarten enthalten diese typografischen Feinheiten, meist wird in OT Standard und OT Professional unterteilt (Caslon Std, Caslon Pro).

Zeichen anderer Sprachen (z. B. slawische Sprachen) oder andere erweiterte Zeichensätze können ebenfalls in dieser einzelnen Fontdatei definiert werden. OpenType-Schriften unterstützen intelligente typografische Funktionen moderner Layoutprogramme wie z. B. die automatische Zeichensubstitution bei Ligaturen oder Schmuckbuchstaben.

**Tipp:** *OpenType ist inzwischen Standard und bietet dem Designer vielfältige Gestaltungsoptionen. Doch es gibt Anwendungen, die (noch nicht) OpenType-fähig sind bzw. nicht alle so genannten OpenType-Features unterstützen. Das heißt, in solchen Anwendungen (z. B. Programmen) können zwar OpenType-Schriftformate eingesetzt werden, doch stehen dann nicht alle OpenType-Optionen zur Verfügung.*

**Zeichencodierung** bezeichnet einen Vorgang, bei dem die generelle Darstellung eines Zeichens mithilfe eines **Codes** (z. B. ASCII oder Unicode) in eine einfache Darstellung übertragen wird. **Zeichensätze** basieren auf so genannten Zeichencodierungen.

    **ASCII** (American Standard Code for Information Interchange, Standardcode zum Informationsaustausch) ist ein **7-Bit-Binärcode** zur standardisierten Darstellung von bis zu 128 Buchstaben und Zeichen, später auch mit 8-Bit, welche die Darstellung von 256 Zeichen erlauben. In letzter Zeit setzte sich die Unicode-Darstellung mit 16-Bit durch. Am häufigsten trifft man heute die Zeichenkodierung UTF-8 (Unicode Transformation Format 8-bit) an, UTF-8 ist eine Teilmenge von Unicode und entspricht in den ersten 128 Codepoints ASCII.

    **Multiple-Master (MM) Fonts** basieren auf dem PostScript-Type-1-Format. Im Gegensatz zu der begrenzten Anzahl an Einzelschnitten einer Schriftfamilie erlaubt die Multiple-Master-Technologie, eine unbegrenzte Vielfalt von Schriftvarianten typografisch korrekt (ohne Verzerrungen) und stufenlos zu erstellen. MM wird seit 1999 nicht mehr weiterentwickelt, der Verkauf wurde 2004 eingestellt.

## Schriftverwaltung

Unter Mac OS X können ohne zusätzliche Programme PostScript-Type-1-Schriften, TrueType-Schriften und OpenType-Schriften eingesetzt werden. Selbst für Windows kodierte TrueType-Schriften kann Mac OS X verarbeiten. Umgekehrt ist es komplizierter. Windows kann keine der alten Mac-Schriften verarbeiten, OpenType hingegen ist plattformübergreifend. Die Schriften werden installiert, indem Schriftdateien in spezielle Schriftordner importiert werden. Es gibt einen Ordner Fonts für das System und für jeden angelegten Benutzer. Einige Programme z. B. die Adobe-Programme legen einen eigenen Font-Ordner an. Diese Schriften sind dann nur für die jeweiligen Programme verfügbar und müssen in den Benutzerordner verschoben werden, um für alle Programme verfügbar zu sein. Mac OS X verfügt über ein eigenes Schriftverwaltungstool (Schriftsammlung), dass für einfache Anforderungen ausreichend ist. Spezielle Schriftverwaltungsprogramme (z. B. FontExplorer, Suitcase) bieten erweiterte Funktionen.

## Schriften am Bildschirm

Die technischen Eigenschaften des Bildschirms (→ Kap. Digitale Medien, S. 142) schränken die Darstellungsqualität von Schriften stark ein. Sie verhindern vor allem, dass Informationen mühelos aufgenommen werden können (→ S. 79, Lesbarkeit). Zudem kann der für die Lesbarkeit so wichtige Grauwert (→ S. 98) empfindlich gestört werden.

Das Problem liegt in der niedrigen **Bildschirmauflösung** von etwa 100 Pixel pro Inch (ppi). Hinzu kommen der Überstrahlungseffekt des Monitors (→ Kap. Digitale Medien, S. 142) und der Umstand, dass Schrift auf dem Bildschirm von Bewegung bestimmt werden kann. Die Darstellungsqualität von Schriften auf dem Bildschirm hängt ferner von weiteren Faktoren ab, wie dem Format einer Schrift, der Qualität der Zeichnung einer Schrift, von der Software sowie vom jeweiligen Betriebssystem.

## 4.6 Typografie/**Fonttechnologie**

Am Bildschirm werden Buchstabenformen grundsätzlich in Pixeln dargestellt. Diese erlauben keine exakte Darstellung von definierten Kurven, den **Outlines.** Bei großen Formen fällt dieser Umstand weniger ins Gewicht als bei kleinen Schriftgraden: Hier stehen nicht genügend Bildpunkte zur Verfügung, um die Form korrekt wiederzugeben. Je kleiner der Schriftgrad, umso weniger bleibt von dem Charakter einer Schrift am Bildschirm übrig. Deshalb sollte beim Screendesign die Schriftgröße der Grundschrift bei einer hundertprozentigen Bildschirmdarstellung nicht kleiner als 12 pt sein (→ S. 74 ff., Schriftgröße).

Die Kantenglättung, engl. **Antialiasing,** kann die Darstellung einer Schrift am Bildschirm wesentlich verbessern. Antialiasing ist ein Verfahren, um bei niedrigaufgelöster Bildschirmdarstellung von Buchstaben oder Objekten unschöne, treppenartige Kanten zu glätten. Die Konturen der Buchstaben erscheinen deutlich glatter, aber auch etwas unschärfer (Abb. 71). Eine spezielle Art der Kantenglättung für LCD-Bildschirme ist das **Subpixel-Rendering** (ClearType-Technik). Da der LCD-Pixel in Rot, Grün und Blau dreigeteilt ist und diese Farbbereiche des Bildschirmpunktes getrennt ansteuerbar sind, kann die waagerechte Auflösung verdreifacht werden. Subpixel-Rendering soll speziell die Lesbarkeit von kleinen Schriften auf farbigen Flüssigkristallbildschirmen (LCD) verbessern, wie sie für Laptops und **E-Books** verwendet werden.

Um Inhalte am **Bildschirm** angemessen und lesefreundlich wiederzugeben, sind folgende formale **Eigenschaften einer Schrift** entscheidend: hohe x-Höhe, große Binnenräume und offene Formen sowie gleichmäßige Strichstärken, wie z. B. bei der Schrift Verdana (Abb. 72).

**Tipp:** *In der Regel sind serifenlose Schriften dafür am besten geeignet. Sofern Serifenschriften verwendet werden, sollten diese jedoch einfach und robust strukturiert sein (z. B. serifenbetonte Schriften) (→ S. 96, Slab Serif, Mécanes). Schrifttypen mit feinen Strichstärken, großen Strichstärkendifferenzen sowie kursive Schriften sind für die Anwendung auf dem Bildschirm nicht zu empfehlen.*

**Tipp:** *Die* **Laufweite** *(→ S. 96) am Bildschirm sollte nicht zu eng sein, da Wortbilder sonst verschwimmen können. Der Zeilenabstand (→ S. 81, 82) sollte zudem nicht zu gering gewählt werden. Auch in der* **Bildschirmtypografie** *sind die typografischen Schreibregeln zu beachten, z. B. sollten statt Zollzeichen die korrekten An- und Abführungszeichen verwendet werden (→ S. 101). Vermieden werden sollten auch die Darstellung im Blocksatz (→ S. 98) sowie Trennungen.*

Die mangelnde Fähigkeit der Bildschirmtechnik, bestehende Schriften mit ansprechender Darstellungsqualität wiederzugeben, hat dazu geführt, dass System- und auch Schrifthersteller begonnen haben, spezielle Schriften für den Bildschirm zu entwerfen (so genannte Screen-Fonts, auch Web-Fonts, S. 119) bzw. bestehende Schriften für die Bildschirmdarstellung zu optimieren (Hinting).

Mit dem Einsatz von **Hinting** können die Outlines von Schriften für die Darstellung auf Ausgabegeräten[16] mit geringer Auflösung optimiert werden, ohne dass das Schriftdesign geändert werden muss (Abb. 74, unten). Dafür werden in den Fonts mathematische Instruktionen (→ S. 112, Hints) hinterlegt, sodass die Outline eines Buchstabens besser in die Rastermatrix des Ausgabemediums passt (Abb. 73).

**Tipp:** *Nicht alle Hints sind gleich. Viele Tools beinhalten Algorithmen für automatische Hints. Diese sind in der Regel zwar besser als keine, können aber handgemachte Hints nicht ersetzen. Das Erstellen von manuellen Hints ist jedoch ein sehr aufwendiger Prozess.*

**Hinweis:** Siehe auch Kapitel Recht, S. 363, Schutz von Schriftzeichen.

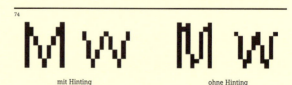

mit Hinting · ohne Hinting

---

[16] Aufgrund der in den letzten Jahren permanent steigenden Druckerauflösung sind Rasterprobleme bei der Papierausgabe in den Hintergrund getreten, am Bildschirm hat das Thema jedoch weiterhin Bestand.

## Webfonts

**Webfonts** sind digitale Schriften, die für den Einsatz im Web konzipiert sind und dort die gestalterischen Möglichkeiten erweitern. Diese Schriften müssen nicht mehr auf dem Computer des Betrachters im Betriebssystem als Standard- bzw. Systemschriften installiert sein. Webfonts liegen auf einem Webserver und werden beim Aufruf der Website im Webbrowser (→ Kap. Digitale Medien, S. 147) geladen. Dabei können die Web-Fontdateien entweder auf dem eigenen oder einem fremden Webserver liegen – je nach Lizenzbestimmung. Bei Webfonts bleibt der Text, im Gegensatz zu in Bildern (gif oder jpg) eingebetteten Schriftarten, erhalten und ist ohne zusätzlichen Aufwand für Suchmaschinen lesbar.

EOT (Embedded Open Type, .eot) und WOFF (Web OpenFont Format, .woff) sind die zwei wichtigsten Webfont-Dateiformate. Vorgängerversionen des Microsoft Internet Explorer 9 zeigen nur Webfonts im EOT-Format an. Inzwischen unterstützen alle aktuellen Webbrowser das WOFF-Format (vgl. S. 116, Schriften am Bildschirm). Das WOFF-Format ist ein Container-Format (→ Kap. Digitale Medien, S. 128), das Zeichensätze in komprimierter Form einbinden kann. Das Einbinden der Webfonts erfolgt in der Regel über CSS (→ Kap. Digitale Medien, S. 175 ff., @font-face). Einige Browserversionen können mittlerweile auch OpenType Fonts (→ S. 113) oder TrueType Fonts (→ S. 113) laden und darstellen.

# Tipps und Links

**Typografie**

Deutschsprachig

- Baines, Phil; Haslam, Peter: *Lust auf Schrift! Basiswissen Typografie*, Verlag Hermann Schmidt Mainz (2002)

- Forssman, Friedrich; de Jong, Ralf: *Detailtypografie, Nachschlagewerk für alle Fragen zu Schrift und Satz*, Verlag Hermann Schmidt, Mainz (2006)

- Friedl, Friedrich; Ott, Nicolaus; Stein, Bernard; Luidl, Philipp: *Typographie – wann wer wie*, Könemann Verlagsgesellschaft, Köln (1998)

- Herrmann, Ralf: *Zeichen setzen. Satzwissen und Typoregeln für Textgestalter*, Mitp-Verlag, Bonn (2005)

- Khazaeli, Cyrus Dominik: *Crashkurs Typo und Layout*, Rowohlt Verlag, Reinbek (1997)

- Neutzling, Ulli: *Typo und Layout im Web*, Rowohlt Verlag, Reinbek (2002)

- Sauthoff, Daniel; Wendt, Gilmar; Willberg, Hans Peter: *Schriften erkennen*, Verlag Hermann Schmidt Mainz (2005)

- Tschichold, Jan: *Ausgewählte Aufsätze über Fragen der Gestalt des Buches und der Typographie*, Birkhäuser, Basel (1987)

- Willberg, Hans Peter: *Wegweiser Schrift. Erste Hilfe im Umgang mit Schrift*, Verlag Hermann Schmidt Mainz (2001)

Englischsprachig

- Friedl, Friedrich: *Typography. An Encyclopedic Survey of Type Design and Techniques throughout History*, Black Dog & Leventhal Publishers, New York (1998)

- Highsmith, Cyrus: *Inside Paragraphs Typographic Fundamentals*, The Font Bureau, Boston (2012)

**Fonttechnologie und Webfonts**

International

- Adobe: www.adobe.com/type/topics
- Apple: developer.apple.com/fonts
- Decodeunicode: www.decodeunicode.org
- Extensis: www.extensis.com/suitcase
- Microsoft: www.microsoft.com/typography
- Monotype: www.monotype.com
- Unicode: www.unicode.org
- W3C: www.w3.org/TR/WOFF, www.w3.org/Submission/EOT

Englischsprachig

- Karow, Peter: *Font Technology. Methods and Tools*, Springer-Verlag, Berlin (1994)

**Schriftgestaltung**

Deutschsprachig

- Cheng, Karen: *Anatomie der Buchstaben*, Verlag Hermann Schmidt Mainz (2006)

- Flusser, Vilém: *Die Schrift. Hat Schreiben Zukunft?* European Photography, Göttingen (2002)

- Frutiger, Adrian: *Der Mensch und seine Zeichen*, Fourier Verlag, Wiesbaden (1978)

- Hochuli, Jost: *Das Detail in der Typografie*, Niggli Verlag, Sulgen (2005)

- Kapr, Albert: *Schriftkunst. Geschichte, Anatomie und Schönheit der lateinischen Buchstaben*, Verlag der Kunst, Dresden (1983)

- Kupferschmid, Indra: *Buchstaben kommen selten allein: Ein typografisches Handbuch*, Niggli Verlag, Sulgen (2004)

- Spiekermann, Erik: *ÜberSchrift*, Verlag Hermann Schmidt Mainz (2004)

- Tschichold, Jan: *Meisterbuch der Schrift*, Otto Maier Verlag, Ravensburg (1952)

Englischsprachig

- Cheng, Karen: *Designing Type*, Yale University Press, New Haven (2006)

- Frutiger, Adrian: *Signs and Symbols: Their Design and Meaning*, Watson-Guptill Publications, New York (1998)

- Kapr, Albert: *The Art of Lettering*, K. G. Saur, München (1983)

- Tschichold, Jan: *Treasury of Alphabets and Lettering. A Source Book of the Best Letter Forms of Past and Present for Sign Painters, Graphic Artists, Commercial Artists*, W. W. Norton & Company, New York (1995)

Fremdsprachig

- Noordzij, Gerrit: *The Stroke: Theory of Writing*, Hyphen Press, London (2006)

**Schriftverwaltung**

International

- Apple: www.developer.apple.com/fonts
- Linotype FontExplorer™ X: www.fontexplorerx.com
- Suitcase Fusion: www.extensis.com/font-management

**Schrifteditoren**

International

- FontForge: fontforge.github.io/en-US/
- Fontographer und FontLab: www.fontlab.com
- Glyphs: www.glyphsapp.com
- Robofont: doc.robofont.com

**Magazine und Foren**

Deutschsprachig

- Design made in Germany: www.designmadeingermany.de

- Designer in Action – InfoSite für Kreative. Design-Portal für Design, Gestaltung, Typografie, Papier, Fotografie, Technik, Kreativbranche und mehr: www.designerinaction.de/typografie
- Fontblog: www.fontblog.de
- Slanted: www.slanted.de
- Typografie.info. Die Grafikdesign-Community: www.typografie.info

Englischsprachig

- Fonts In Use: fontsinuse.com
- Typographica: typographica.org
- Typophile: www.typophile.com

**Fontlabels**

International

- Bitstream: www.myfonts.com
- Dutch Type Library: www.dutchtypelibrary.nl
- Emigre: www.emigre.com
- Dalton Maag: www.daltonmaag.com
- FDI Fonts: www.fonts.info
- Fontbureau: www.fontbureau.com
- Fontshop: www.fontshop.com
- Die Gestalten: fonts.gestalten.com
- Hoefler: www.typography.com
- House Industries: www.houseind.com
- LettError: www.letterror.com
- Lineto: www.lineto.com
- Linotype: www.linotype.com
- Luc(as) de Groot: www.lucasfonts.com
- Optimo: www.optimo.ch
- Porchez: www.typofonderie.com
- Primetype: www.primetype.com
- Rosetta Type: www.rosettatype.com
- Storm Type Foundry: www.stormtype.com
- TypeTogether: www.type-together.com
- Typotheque: www.typotheque.com
- Underware: www.underware.nl

**Organisationen und Veranstaltungen**

International

- Association Typographique Internationale (ATypI): www.atypi.org
- St Bride Foundation: www.stbride.org
- Type Directors Club: www.tdc.org
- TypeCon (Society of Typographic Aficionados – SOTA): www.typecon.com

Europa

- Type Directors Club Deutschland: www.tdc-ny.de
- Typo Berlin: www.typo-berlin.de

**Schriftidentifikation online**

International

- Identifont: www.identifont.com
- MyFonts: www.myfonts.com/WhatTheFont
- WhatFontiS: www.whatfontis.com

## Typografie/**Notizen**

# Typografie/**Notizen**

## 5.0 Inhalt

# Digitale Medien

| | | |
|---|---|---|
| 5.1 | **Dateiformate** | 128 |
| 5.2 | **Hard- und Software** | 141 |
| | Hardware | 142 |
| | Software | 143 |
| | Smartphones | 143 |
| | Tablets | 144 |
| 5.3 | **Internet, Netzwerk und Programmierung** | 146 |
| | Technische Grundlagen des Internets | 148 |
| 5.4 | **Bewegtbild** | 152 |
| | SD-TV-Standard | 152 |
| | HD-TV-Standard | 153 |
| | DVD | 157 |
| | Komprimierung | 157 |
| | Web und Computer | 158 |
| | Software | 158 |
| 5.5 | **Disziplinen und Workflow** | 159 |
| | Rastersysteme für digitale und dynamische Medien | 162 |
| 5.6 | **Gestaltung von digitalen Anwendungen** | 167 |
| | Webdesign | 167 |
| | Mobile Design | 179 |
| 5.7 | **Darstellung und Strukturen** | 182 |
| 5.8 | **Digitale Fotografie** | 184 |
| | Digitalkamera | 184 |
| | Belichtung | 188 |
| | Bildqualität | 190 |
| | Digitalbild und Bildbearbeitung | 192 |
| 5.9 | **Tipps und Links** | 196 |

# Dateiformate

Das **Dateiformat** (auch **Container,** „Hülle") und der **Codec** (auch **Kompressionsart**) bestimmen, wie Computerdaten abgespeichert werden. Das Dateiformat und der Codec legen auch fest, wie die Daten von Programmen kodiert, gespeichert und interpretiert werden.

Das Format einer Datei lässt sich anhand der **Dateiendung,** auch **Suffix** genannt, ablesen. Der Aufbau eines Dateinamens erfolgt in der Regel in folgender Form und Kennung: **Dateiname.suffix,** wobei das Suffix je nach Betriebssystem aus maximal drei Zeichen bestehen darf.

> **Tipp:** *Zur Speicherung unter Macintosh sind die Suffixe nicht relevant, denn der Mac erkennt Dateien anhand anderer Eigenschaften. Dennoch sind die Erweiterungen auch hier nicht unwichtig, vor allem für den plattformübergreifenden Austausch von Dateien.*

Nicht jedes Programm erkennt alle Dateiformate. So sind in den verschiedenen Anwendungen oft nur bestimmte Formate importierbar bzw. exportierbar. Formate, die nur von einem einzigen Programm gelesen werden können, sind nicht zum Austausch zwischen verschiedenen Programmarten oder -versionen geeignet.

Das **Austauschformat** ist in der Regel ein Dateiformat, welches in mehreren Programmen und auf mehreren Computerplattformen genutzt werden kann. Die ersten derartigen Formate waren eher einfach konzipiert. Das **.txt-Format,** bestehend aus so genannten reinen **ASCII-Zeichen** (vgl. Kap. Typografie, S. 115, ASCII), ist aber selbst heute noch ein wichtiges Austauschformat.

**Layout-Dateiformate** bieten sich in der Regel nicht als Austauschformate an, es sei denn, der Empfänger besitzt das jeweilige Programm in einer kompatiblen Version. Es gibt allerdings einige Formate, die plattformübergreifend einsetzbar sind (→ S. 130 ff., Tabelle).

**Tipp:** *Die in Layoutdateien eingebetteten Grafiken und Bilder werden in der Regel nicht in der Layoutdatei selbst gespeichert; es werden dort nur Verweise zu den eingebetteten Grafiken und Bildern abgelegt. Daher sollten die in den Originaldateien eingebetteten Grafiken und Bilder nicht gelöscht oder verschoben werden, da ansonsten eine Meldung darauf hinweist, dass Dateien fehlen. Einige Programme bieten die Möglichkeit, Bilddaten im Layout einzubetten. Beim Verwenden dieser Option sollte darauf geachtet werden, dass sich dadurch die Dateigröße der Layoutdatei um ein Vielfaches erhöht.*

**Beachte:** In der Regel lassen sich Dateien, die in neuen Programmversionen erstellt wurden, in älteren Versionen der Programme nicht öffnen. Umgekehrt können ältere Dateien von neuen Versionen des gleichen Programmes (in denen sie erstellt wurden) geöffnet, bearbeitet, neu abgespeichert und somit aktualisiert werden.

Die folgende Übersicht zeigt die gängigen Dateiformate und deren Dateiendungen mit ihren Merkmalen und Besonderheiten.

# Digitale Medien/**Dateiformate**

| Formatart | Dateiendung | Name |
|---|---|---|
| 3D-Dateiformat | .3ds | Autodesk 3ds Max 3D (3DS) |
| 3D-Dateiformat | .ac | AC3D |
| Layoutdateiformat, vektorbasiertes Grafikdateiformat | .ai | Adobe Illustrator (AI) |
| Audiodateiformat | .aif | Audio Interchange File Format (AIFF) |
| 3D-Dateiformat | .amf | Additive Manufacturing File Format (AMF) |
| Dateiformat | .aspx | Active Server Pages (ASP) |
| Multimedia-Dateiformat (Audio- und Video-dateiformat) | .avi | Audio Video Interleave (AVI) |
| Pixelorientiertes Bilddateiformat | .bmp | Windows Bitmap |
| Bild- und Grafikdateiformat | .cdr | Corel Draw |
| 3D-Dateiformat | .cob | COB |
| 3D-Dateiformat | .dae | Collada (COLLAborative Design Activity) |
| Grafikdateiformat | .dcs | Desktop Color Separation |
| Dateiformat | .dmg | Disc-Image-Datei |
| Textdateiformat | .doc | Microsoft Word (DOC) |
| Textdateiformat | .docx | Microsoft Word (DOCX) |
| Vektorbasiertes Dateiformat | .dwg | AutoCADdrawing |
| 3D-Dateiformat | .dxf | DXF |
| Webfont-Dateiformat | .eot | Embedded OpenType |
| E-Book-Dateiformat | EPUB | |
| Grafikdateiformat, Bilddateiformat | .eps | Encapsulated PostScript (EPS) |

| Austausch und Verwendung | Anmerkungen |
|---|---|
| Autodesk 3ds Max 3D | 3D-Modellierung, 3D-Druck |
| 3D-CAD-Programme | 3D-Modellierung, 3D-Druck, 3D-Geometrien, Farbe und Texturen |
| Für Printproduktion und Nonprintproduktion geeignet | Programmeigenes Format von Adobe Illustrator<br>Variante des EPS-Formats |
| Plattformübergreifend einsetzbar<br>Für Nonprintproduktion geeignet<br>Für Printproduktion ungeeignet | Der Standard für die Kodierung von Audiodateien ist eine Samplingfrequenz von 44,1 kHz sowie eine Datentiefe von 16-Bit und Stereoton (CD-Standard).<br>Nicht komprimiert, große Datenmenge |
| Standarddateiformat, XML-basiert, plattformunabhängig, 3D-CAD-Programme | 3D-Modellierung, 3D-Druck, 3D-Geometrien, Farbe und Texturen |
| XML-basiert | Programmiersprache für Internetseiten, Webanwendungen, Webservices |
| Plattformübergreifend einsetzbar | Audio- (Ton) und Videodaten (Bild) werden zusammen in einer Datei gespeichert. |
| Für Print- und Nonprintproduktion ungeeignet | Standard-Windows-Format<br>Das Format kann verlustfrei komprimiert werden<br>Große Datenmenge |
| programmabhängig | zur Verwendung in anderen Programmen in ein Austauschformat exportieren |
| 3D-CAD-Programme | 3D-Modellierung, 3D-Druck |
| XML-basiert, offener Standard, 3D-CAD-Programme | 3D-Modellierung, 3D-Druck, 3D-Geometrien, Farbe und Texturen |
| Für Printproduktion geeignet | Das Format ist eine Sonderform des EPS-Formats. Speicherung von CMYK- oder Sonderfarbauszügen in getrennten Dateien, ab Version 2.0 in einer Datei. |
| Mac OS | |
| Plattformübergreifend einsetzbar<br>Ob die Word-Formatierungen beim Import in ein Programm verstanden werden, hängt im Wesentlichen von den Importfunktionen des jeweiligen Programms ab. | Das Format speichert in der Regel die Formatierungen wie z. B. Zeichen, Absätze oder Tabellen mit. |
| XML basiert | Eingeführt mit Microsoft Office Word 2007 |
| Wird von den meisten namhaften CAD-Programmen unterstützt | Für die Software AutoCAD entwickeltes Format |
| 3D-CAD-Programme | 3D-Modellierung, 3D-Druck |
| Kompaktes Fontformat zur Einbettung in Webseiten | Webdesign |
| XML-basiertes, quelloffenes Format | |
| Crossmedial (programm- und plattformübergreifend) lesbar<br>Für Nonprintproduktion ungeeignet | Das Format kann Vektorgrafiken und Pixelbilder enthalten. EPS-Bilder können bis auf eingebettete Pixelgrafiken verlustfrei skaliert werden. |

# Digitale Medien/**Dateiformate**

| Formatart | Dateiendung | Name |
|---|---|---|
| Programmdateiformat | .exe | portable executable |
| Grafikdateiformat | .fh6 | Macromedia Freehand Version 6.x |
| Multimedia-Dateiformat | .fla | Flash |
| Video-Dateiformat | .flv | Flash Video |
| Pixelorientiertes Bilddateiformat | .gif | Graphics Interchange Format (GIF) |
| Datenformat | .gpx | GPS Exchange Format (GPX) |
| Kompressionsdateiformat | .hqx | Mit BinHex komprimierte Datei (Mac) |
| Textdateiformat | .htm .html | Hypertext Markup Language |
| Multimedia-Dateiformat | .iff | Interchangeable File-Format |
| 3D-Dateiformat | .igs | Initial Graphics Exchange Specification (IGES) |
| Layoutdateiformat | .indd | InDesign-Datei |
| Pixelorientiertes Bilddateiformat | .jpg .jpeg .jfif | Joint Photographic Experts Group File Interchanage Format |
| Dateiformat | .jsp | Java Server Pages (JSP) |
| Datenformat | .kml | Keyhole Markup Language (KML) |
| Datenformat | .kmz | Keyhole Markup Language (KML), zip-komprimiert ( |
| E-Book-Dateiformat | .LRF | |
| E-Book-Dateiformat | .LRX | |
| 3D-Dateiformat | .lwo | (LightWave 3D) LWO |

# Digitale Medien/**Dateiformate**

| Austausch und Verwendung | Anmerkungen |
|---|---|
| WIN 32 Systeme | Ausführbare Programmdatei (PC) |
| Programmabhängig | Programmeigenes Format von Macromedia Freehand, wird nach der Übernahme von Macromedia durch Adobe nicht mehr weiterentwickelt und durch das Illustrator-Format .ai ersetzt |
| Für Nonprintproduktion geeignet | Quelldatei von Adobe (Macromedia) Flash |
| Für Nonprintproduktion geeignet | Videoformat von Adobe (Macromedia) Flash |
| Für Printproduktion ungeeignet | Das Format kann verlustfrei mit Hilfe des LZW-Verfahrens komprimiert werden.<br>Geringer Farbumfang (256 Farben, 8-Bit Farbtiefe)<br>Interlacing: Das Bild baut sich nicht Zeile für Zeile (von oben nach unten) auf dem Monitor auf, sondern in Schärfestufen; somit ist es bereits nach der halben Übertragungszeit zu erkennen.<br>Animated GIF: In GIF-Animationsprogrammen werden mehrere einzelne GIFs hintereinander angeordnet. Eingesetzt wird dieses Format vor allem für Werbebanner und als Gimmicks auf Webseiten. Transparenzfähig |
| XML-basiert, offenes Format | Speichern von GEO-Daten |
| | Hexadezimal-Kompression für Absicherung bei Binärübertragungen (Modem) Zusatz zu .sit Kompression |
| Plattformübergreifend durch Interpreter (Browser)<br>Grundlage des World Wide Web | ASCII-Datei<br>Erst mit der Hilfe eines Browsers kann dieses Dateiformat gelesen und interpretiert werden. |
| | Amiga Austauschformat für BMP, Audio |
| 3D-CAD-Programme | Das Format speichert in der Regel die Formatierungen wie z. B. Zeichen, Absätze oder Tabellen mit. |
| Kann eingeschränkt XPress-Dateien (bis Version 4) öffnen. | Programmeigenes Format von Adobe InDesign |
| In der Regel ein reines Web-Format | In der Regel ein reines Web-Format<br>Voller Farbumfang<br>Die Bildqualität ist abhängig von der Komprimierung.<br>Das Format wird von allen aktuellen Webbrowsern gelesen. |
| JHTML-basiert | Programmiersprache für dynamische HTML- und XML-Ausgaben für Webserver |
| Google Earth, Google Maps | Beschreibung von Geodaten, Geodaten sowohl in Vektor- und Rasterform, Google |
| Google Earth, Google Maps | Datenkomprimierte KML-Datei im ZIP-Format, Beschreibung von Geodaten in Vektor- und Rasterform, Google |
| Herstellerabhängiges Format von Sony | |
| Herstellerabhängiges Format von Sony | |
| LightWave 3D | 3D-Modellierung, 3D-Druck, 3D-Geometrien, Farbe und Texturen |

# Digitale Medien/**Dateiformate**

| Formatart | Dateiendung | Name |
|---|---|---|
| Kompressionsdateiformat | .lzw | LZW-komprimierte Bilddatei |
| Audio-Dateiformat | .m4a | Apple Lossless Audio File |
| | .mid | Dateiformat für Musical Instrument Digital Interface (MIDI) |
| E-Book-Dateiformat | .MOBI | Mobipocket |
| Multimedia-Dateiformat | .mov | QuickTime Movie |
| Dateiformat | .mpv | Microsoft Project File |
| Audio-Dateiformat | .mp3 | MPEG Layer3 (MPEG Standard 3)<br>ISO MPEG I Audio Layer 3 (Motion Moving Picture Experts Group) |
| Multimediadateiformat | .mp4 | MPEG 4 (Moving Picture Experts Group) |
| 3D-Dateiformat | .obj | OBJ |
| Font-Dateiformat | .otf | OpenType-Font (PostScript) |
| Bilddateiformat | .pcd | Kodak PhotoCD |
| E-Book-Dateiformat | .PDB | |
| Dokumentenformat | .pdf | Portable Document Format |
| Dateiformat | .php | Hypertext Preprocessor (PHP) |
| Bilddateiformat | .pict (Mac), .pct (PC) | Macintosh Picture, Pict-Bild |
| 3D-Dateiformat | .ply | Polygon File Format, auch Standford Triangle Format |
| Pixelorientiertes Bilddateiformat | .png | Portable Network Graphics |
| Dateiformat | .ppt | Powerpoint Präsentation (Microsoft) |
| Dateiformat | .pptx | Powerpoint (Microsoft) |
| Dokumentenformat | .ps | PostScript |

# 5.1 Digitale Medien/**Dateiformate**

| Austausch und Verwendung | Anmerkungen |
|---|---|
| | Kompressionsverfahren nach Lempel-Ziv-Welch. Die LZW-Kompression ist verlustfrei. |
| | |
| | Protokoll zur Übertragung von musikalischen Steuerungsinformationen zwischen Instrumenten und/oder Computer |
| Standard-Reader, für fast jede Plattform erhältlich, auch für Smartphones und Mobiltelefone | |
| Zur Speicherung von Video, Animation, Grafik, 3D und Ton | Container aus mehreren Tracks je nach Umfang (Bild, Ton, Untertitel etc.) |
| Programmabhängig | Programmeigenes Format von Microsoft Project |
| Für Nonprintproduktion (besonders Web) geeignet. Plattformübergreifend mit weit verbreiteten, offenen Decodern. | Komprimierte Sounddatei mit Kompressionstechnik. Bei der Kodierung kann zwischen verschieden starken Kompressionsstufen gewählt werden. Je stärker komprimiert wird, umso schlechter ist die Qualität. |
| Kompressionsverfahren für mobiles Multimedia | |
| 3D-CAD-Programme | 3D-Modellierung, 3D-Druck, 3D-Geometrien, Farbe und Texturen; Wavefront Technologies |
| | Neuestes Schriftenformat (auch als TrueType, .ttf), welches durch Unicode-Zeichensatz bis zu 65536 verschiedene Glyphen enthalten kann (verschiedene Sprachen und deren Akzente, Ligaturen, Kapitälchen, etc.) |
| Archivierung von Fotomaterial | Quasi-Standard für professionelle Archivierung von Fotografien, auch Digitalisierung standardisiert |
| | Ursprünglich für Palm-Handheld-Organizer (PDA) entwickelt |
| Crossmedial (programm- und plattformübergreifend) lesbar | Seitenbeschreibungssprache, die unabhängig von Programm/Betriebssystem Schriften, Formate, Grafiken, etc. beibehält und exakt reproduzierbar macht. Quasi-Standard für elektronische Datenweitergabe (bes. Prepress). |
| Freie, lizenzierte Software | Programmiersprache für dynamische Internetseiten |
| Für Printproduktion ungeeignet | Standardformat für Bilder auf dem Mac bis OS9, jetzt PDF. Können sowohl Vektor- als auch Pixeldaten enthalten. |
| | 3D-Geometrien ohne Farbinformation (monochrom) und Texturbeschaffenheit |
| Für Printproduktion ungeeignet | Offener Ersatz für .gif Dateiformat, ohne Animationsfunktion |
| Programmabhängig | Programmeigenes Format von Microsoft PowerPoint |
| Programmunabhängig, XML-basiert | Programmeigenes Format |
| Sind in der Regel mit einem Texteditor lesbar und editierbar. Benötigt PostScript-fähiges Ausgabegerät (Hard-/Software), plattformunabhängig. | Seitenbeschreibungssprache, enthält PostScript-Daten für die Druckausgabe. |

# Digitale Medien/**Dateiformate**

| Formatart | Dateiendung | Name |
|---|---|---|
| Pixelorientiertes Bilddateiformat | .psd | Adobe Photoshop |
| Layoutdateiformat | .qxd | Quark Xpress |
| Kompressionsdateiformat | .rar | RAR, Roshal Archiver |
| Textdateiformat | .rtf | Rich Text Format (RTF) |
| Kompressionsdateiformat | .sit | StuffIt |
| 3D-Dateiformat | .skp | SketchUp |
| 3D-Dateiformat | .stl | StereoLithography (Stereolithografie), auch Standard Triangulation Language und Surface Tesselation Lan (STL) |
| Vektorbasiertes Bild- und Grafikformat | .svg | SVG (Scalable Vector Graphics) |
| Audiodateiformat | .swa | Shockwave Audio (SWA) |
| Multimedia-Dateiformat | .swf | Schockwave Flash, Small Web Format |
| Dateiformat | .tar | Tape archiver |
| Pixelorientiertes Bilddateiformat | .tiff<br>.tif | Tagged Image File Format |
| Font-Dateiformat | .ttf | True Type Font |
| Textdateiformat | .txt | Nur Text (TXT) |
| 3D-Dateiformat | .vrml | Virtual Reality Modeling Language (VRML) |
| Audiodateiformat | .wav | Waveform-Datei |
| Vektorbasiertes Dateiformat | .wmf | Windows Metafile |

# Digitale Medien/**Dateiformate**

| Austausch und Verwendung | Anmerkungen |
|---|---|
| In der Regel kein Austauschformat. .psd-Dateien können nicht ohne weiteres in andere Programme importiert werden. Um psd-Bilddaten in ein Layoutprogramm zu importieren, müssen die Inhalte aller Ebenen in Photoshop zunächst auf eine Hintergrundebene reduziert und dann in einem anderen Format (z. B. TIFF) abgespeichert werden. InDesign kann .psd-Bilddaten importieren. Allerdings gehen dabei alle Ebenen und evtl. Transparenzen verloren. Für Printproduktion geeignet | Programmeigenes Format von Adobe Photoshop, um Grafikdaten verlustfrei zu speichern. Ebenen, Objekte und Dokumenteinstellungen bleiben erhalten. Text auf Textebene bleibt ebenfalls editierbar. Große Dateigröße |
| InDesign kann Quark XPress-Dateien bis Version 4 öffnen. | Programmeigenes Format von Quark. Kein Austauschformat |
| Nur Dekompression offen, Kompression lizensiert (programmabhängig) | Dateiformat des Komprimierungsprogramms RAR |
| Jedes Textverarbeitungsprogramm kann RTF-Dateien importieren. Crossmedial (programm- und plattformübergreifend) lesbar. Für Print- und Nonprintproduktion geeignet. | Formatierte Textdatei Das Format speichert außer dem Text auch die entsprechenden Formatierungen. |
|  | Archiv-Datei von StuffIt (meist Mac) |
| CAD-Programme, 3D-CAD-Programme, Google Earth | 3D-Modellierung, 3D-Druck, 3D-Geometrien, Farbe und Texturen |
| Standarddateiformat, Stereolithografie-Schnittstelle, 3D-CAD-Programme | 3D-Modellierung, 3D-Druck, 3D-Geometrien ohne Farbinformation (monochrom) und Texturbeschaffenheit |
| XML-basiert, für Grafiken auf Webseiten | SVG-Viewer notwendig (Browser-Plug-in) |
| Zur Verwendung im Internet. Für Nonprintproduktion geeignet. Für Printproduktion ungeeignet. | Lassen sich im Streaming-Verfahren transportieren. Beim Streaming ist ein Abhören der Datei bereits möglich, während die Datei heruntergeladen wird. |
| Für Nonprintproduktion geeignet (Web) | Kompilierte Flash-Datei, für Web geeignet (mit Flash-Player) |
| Komprimiertes Format Unix | Datenarchivierung |
| Das Austauschformat von Pixelbilddaten. Für Non-Printproduktion ungeeignet. | Große Datenmenge Verlustfrei komprimierbar |
|  | Schrift durch Outlines beschrieben, ähnlich Vektorgrafiken Erst Ausgabegeräte ersetzen Konturen durch Pixel. |
| Programm- und plattformübergreifend lesbar Für Print- und Nonprintproduktion geeignet | Keine Formate, Farben, Pixel, etc. enthalten Nur reiner Zeichensatz (ASCII) |
| Offener Standard, CAD-Programme, 3D-CAD-Programme | 3D-Modellierung, 3D-Druck |
| Plattformübergreifend einsetzbar Für Nonprintproduktion geeignet Für Printproduktion ungeeignet | In der Regel nicht komprimiert Große Datenmenge ADPCM: WAV-Variante mit Kompression (25 Prozent) |
| Plattformabhängig (WIN) | Wird von Windowszwischenablage genutzt. |

| Formatart | Dateiendung | Name |
| --- | --- | --- |
| Webfont-Dateiformat | .woff | Web-Open Font-Format |
| 3D-Dateiformat | .wrl | Virtual Reality Modeling Language (VRML) |
| 3D-Dateiformat | .x3d | Extensible 3D (X3D) |
| 3D-Dateiformat | .x3dv | Polygon File Format, auch Stanford Triangle Format |
| Dateiformat | .xls<br>.xlsx | Excel Spreadsheet |
| Textdateiformat | .xml | XML (Extensible Markup Language) |
| Kompressionsdateiformat | .zip | ZIP-komprimierte Datei |

werden vor allem zwei Arten von Bildschirmen unterschieden: der **LCD-Bildschirm,** auch **Flachbildschirm,** und der **CRT-Bildschirm,** auch Röhrenbildschirm (vgl. Kap. Typografie, S. 117, Subpixel-Rendering bei LCD-Bildschirmen). Monitore stellen Farben mit der Mischung aus Rot, Grün und Blau (→ Kap. Gestaltung, S. 9 ff., additives Farbmodell) dar (Abb. 3).

Das Auflösungsvermögen hängt von den physikalischen Eigenschaften des darstellenden bzw. aufnehmenden Geräts ab. Die **Bildschirmgröße** wird in Zoll (inch) angegeben und bezieht sich immer auf die Diagonale des Bildschirms (Abb. 4). Die **Bildschirmauflösung** wird in Pixel **(px)** angegeben (vgl. S. 153, Pixelformen Bewegtbild).

### Software

Man bezeichnet Programme und Daten als Software. Dazu gehören das Betriebssystem, Systemerweiterungen, Treiber, Programme oder Programmerweiterungen. Die Basissoftware eines Computers ist das **Betriebssystem.** Es steuert und organisiert alle grundlegenden Funktionen wie Programmstarts, die Verwaltung und Verwendung von Speichern, die Organisation von Peripheriegeräten oder die Ausführung von Programmen, z. B. **Bildbearbeitungsprogrammen** (wie Adobe PhotoShop), **Textverarbeitungsprogrammen** (wie MS Word) oder Gestaltungsprogrammen (Layout-Programmen) wie InDesign und Illustrator. Sie sind die wichtigsten Werkzeuge des Designers.

### Smartphones

Ein **Smartphone** ist ein **Mobiltelefon** (umgangssprachlich auch **Handy**) mit dem erweiterten Funktionsumfang eines kompakten, tragbaren Computers. Der Vorläufer des Smartphones war der **Personal Digital Assistant (PDA),** der heute ebenso von **Tablet-Computern** (tablet, engl.: Notizblock, Schreibtafel) abgelöst wurde.

Betriebssysteme für Smartphones sind beispielsweise **Android, Bada, Firefox OS,** sowie **Windows Phone** oder

**Apple iOS** für das **iPhone.** Smartphones besitzen in der Regel einen hochauflösenden berührungsempfindlichen Bildschirm, auch **Touchscreen** (Sensorbildschirm) genannt, und verfügen über eine Internetzugriffs-, Mail- und GPS-Funktion. Das **Navigationssystem GPS** (Global Positioning System) dient zur Positionsbestimmung und Zeitmessung und basiert auf einem Satellitensystem.

## Tablets

**Tablet** ist die gebräuchliche Kurzform für kleine und flache tragbare Tablet-Computer mit berührungsempfindlichen Bildschirmen (touch screens). Tablets lassen sich durch verschiedene nahezu intuitiv ausgeführte Berührungen bedienen (multi touch). Das bekannteste Tablet ist das **iPad** von Apple, das es bereits in mehreren Generationen gibt. Das iPad läuft unter dem Betriebssystem Apple iOS, das auch beim iPhone zum Einsatz kommt. Der Name setzt sich zusammen aus dem seit 2001 für Apple-Produkte typischen „i" und „pad", dem englischen Wort für (Notiz-)Block.

Die Internetverbindung wird beispielsweise im Mobilfunknetz mit dem Datenübertragungsverfahren **HSDPA** (High Speed Downlink Packet Access) ermöglicht. Der Funktionsumfang von Smartphones kann mit der Installation von **Apps** (→ Kap. Marketing, S. 180) erweitert werden.

Häufig stellen Internet-Provider so genannte **Hotspots** zur Verfügung. Das sind lokale Areale mit einem drahtlosen Internetzugang (→ S. 146, WLAN-Technologie), auf die auch Smartphones zugreifen können.

**Augmented Reality** (erweiterte Realität, kurz: AR) bezeichnet die Wirklichkeit, die mittels computergenerierter Informationen angereichert wird. Derartige Informationen können beispielsweise Texte oder 3D-Grafiken sein, die im Sichtfeld des Betrachters auf einem mobilen Endgerät kontextsensitiv (im Bezug zur Information) in Echtzeit abrufbar sind.

Der **QR-Code** (Quick Response) ist ein zweidimensionaler Barcode, der kodierte Information (z. B. URL, Text, SMS) enthält. Er kann über ein mobiles Endgerät mit einer integrierten Kamera, einem mobilen Webzugang und einer QR-Reader-Software genutzt werden. Der QR-Code gehört zu den Mobile Tagging Codes.

**Mobile Tagging** bezeichnet die Markierung eines physischen Objekts und beschreibt zugleich den Prozess des Scannens, Decodierens und Auslesens eines Tags (→ S. 171 ff.) mit Hilfe eines mobilen Endgeräts. Der **Barcode Reader** bedient sich der geräteeigenen Kamera des mobilen Endgeräts, projiziert den Code auf das Display, während dieser von der Software erkannt und dekodiert wird.

## Internet, Netzwerk und Programmierung

Computernetzwerke gibt es in vielfältigen Formen, Strukturen und Größen. Bereits die Verbindung eines Laptops mit einem anderen Computer ist ein kleines Computernetzwerk. Ein Computernetzwerk ist eine Verbindung von Computern zum Zweck des Datenaustauschs bzw. des Informationsaustauschs. Die Kommunikation erfolgt über verschiedene **Protokolle**. In Abhängigkeit von der Größe eines Netzwerks werden folgende Netzwerkarten unterschieden:

Das **LAN (Local Area Network)** ist ein **lokales Netzwerk** (Abb. 5). Es steht für Netzwerke mit geringer räumlicher Ausdehnung. Ein Beispiel für ein LAN ist ein autarkes Firmen- oder Heimnetzwerk. Kabelgebundene LANs verwenden in den meisten Fällen **Ethernet**. Drahtlose lokale Netze nennt man **WLAN (Wireless Local Area Network)** oder **Wireless LAN**.

Durch die weite Verbreitung von WLANs ergeben sich aber auch gemeinsam genutzte Strukturen, die formell gesehen in dieser Nutzungsform kein reines LAN darstellen, sondern die Funktion eines gemeinsam genutzten Internetzugangs erfüllen.

Als **WAN (Wide Area Network)** wird ein großräumiges Computernetzwerk bezeichnet wie z. B. mehrere lokale Netzwerke, die über größere Entfernungen (Fernstrecken) miteinander verbunden sind. Der Datentransport innerhalb eines Netzwerks wird mithilfe von Netzwerkkabeln, Netzwerkkarten, speziellen Netzwerkprotokollen und Netzwerkkomponenten wie Router und Switch realisiert.

Das **Internet** ist die Bezeichnung für das weltweite elektronische Netzwerk. So gut wie alle Netzwerke, darunter auch das Internet, arbeiten mit den **Protokollen TCP/IP** (Transmission Control Protocol/Internet Protocol), welches die Adressierung und den Datenaustausch zwischen verschiedenen Computern und Netzwerken in Form von offenen Standards regelt. Das **Domain Name System (DNS)** ist ein wichtiger Teil der Internetinfrastruktur. Um einen bestimmten Computer ansprechen zu können, identifiziert das IP-Protokoll das DNS mit einer eindeutigen IP-Adresse. Somit kann eine Internetadresse in eine entsprechende IP-Adresse umgesetzt und die Datenpakete an den gewünschten Empfänger adressiert werden.

**E-Mails** sind elektronische Nachrichten oder Mitteilungen, die über das Internet verschickt und ausgetauscht werden.
**FTP (File Transfer Protocol)** ist ein Übertragungsprotokoll für den Transfer von Dateien zwischen Computern, z. B. über das Internet.

**Instant Message Systeme** ermöglichen Live-Chats und oftmals auch die gleichzeitige Übertragung von Bildern via Web-Cam und Daten über Netzwerke.

Als **Extranet** wird ein geschlossenes Computernetz auf Basis der Internettechnologie bezeichnet. Extranets sind im Gegensatz zu **Intranets** auch von außen erreichbar, erlauben aber, anders als beim so genannten öffentlichen Netz, nur registrierten Benutzern einen Zugang. Die meisten LANs sind als ein solches Extranet konfiguriert. Ein **Virtual Private Network (VPN)** basiert auf einer verschlüsselten Verbindung, bei der Daten über einen so genannten Tunnel innerhalb eines anderen Netzwerks transportiert werden.

Häufig wird der Begriff „Internet" gleichbedeutend mit **World Wide Web (WWW)** verwendet. Das WWW ist jedoch nur eine von vielen **Anwendungen** für das Internet. Es basiert auf einem hypertextgestützten Informations- und Quellensystem für das Internet, dem **Hypertext Transfer Protocol (HTTP).** HTTP wird hauptsächlich eingesetzt, um Webseiten und andere Daten aus dem World Wide Web in einen Webbrowser (Programm zur Darstellung von Webseiten) zu laden und anzuzeigen.

Das WWW basiert auf drei Kernstandards: HTTP als Protokoll, mit dem der Browser Informationen vom Webserver anfordern kann; HTML als Dokumentbeschreibungssprache, die festlegt, wie die Information gegliedert ist und wie die Dokumente verknüpft sind; und URLs als eindeutige Adresse bzw. Bezeichnung einer Ressource (z. B. einer Webseite), die in Hyperlinks verwendet wird.

Ein **Webbrowser** ermöglicht die Navigation im Web. **Bookmarks** (dt.: Lesezeichen) werden verwendet, um einmal aufgerufene Seiten oder Dateien im Internet wiederzufinden. Die Speicherung von WWW-Adressen ist mit allen Webbrowsern möglich. **Cookies** sind Informationsdateien, die von dem Webserver der aufgerufenen Seite gesendet werden. Sie erlauben einem Webserver, auf dem aufrufenden

Computer Informationen als Textdateien zu hinterlegen und beim nächsten Aufruf wieder zur Verfügung zu haben. Da ein Webserver keinen direkten Zugriff auf den Datenträger des Anwenders hat, muss er hierfür den Browser nutzen. Bei einem erneuten Aufrufen werden die für ihn gültigen Daten aus der Cookie-Datei (z. B. E-Mail-Adresse, Name, Auswahl, Daten) an den Webserver übertragen, die nicht wieder erneut eingegeben werden müssen. Cookies werden auch zum Erstellen von Nutzerprofilen (Surfgewohnheiten) verwendet („Der gläserne Mensch"). Bei einigen Webservern können deren Angebote nur dann genutzt werden, wenn man Cookies zulässt.

### Technische Grundlagen des Internets

Mit Web 2.0 begann ein neuer Abschnitt in der Verbreitung und Nutzung des Internets. Der Begriff **Web 2.0,** auch Web zweiter Generation, wurde im Jahr 2004 geprägt. Als Erfinder dieses „Leitwortes" gelten die Amerikaner **Dale Doherty** und **Craig Cline,** die eigentlich nur einen Claim für eine Konferenz über neue Trends und Techniken im Internet suchten. Besonders intensiv hat sich der amerikanische Verleger Tim O'Reilly mit Web 2.0 beschäftigt und umfangreiche Artikel und Aufsätze darüber veröffentlicht (→ S. 196 ff., Tipps und Links).

Web 2.0 heißt nicht, dass es eine neue Version (in Anlehnung an die Software-Nummerierung) des World Wide Web (→ S. 147, WWW) gibt. Web 2.0 beschreibt vielmehr eine neue Philosophie in dessen Wahrnehmung und Nutzung, denn an den grundlegenden Funktionsprinzipien des Internets selbst hat sich nichts geändert. Grundlage für das Web 2.0 sind neuartige Techniken und Anwendungen, von denen einige im Folgenden erläutert werden. Kennzeichnend für das Web 2.0 ist vor allem die Interaktion, bei der herkömmliche Grenzen zwischen Anbietern und Konsumenten von Inhalten verschwinden (vgl. S. 322, User Generated Content).

**Feeds,** so genannte **Abonnementdienste,** sorgen dafür, dass Anwendern neue Inhalte einer Webseite, z. B. von Nachrichtendiensten, automatisch angezeigt werden. Dabei muss der Anwender nicht selbst aktiv die Website auf neue

Inhalte prüfen. Feeds kehren das bisherige Informationsschema um: Statt sich die Informationen zu holen, bekommt der Anwender diese automatisch geliefert. Überwiegend werden dafür so genannte **RSS-Feeds (Really Simple Syndication)** eingesetzt. Diese sind **XML-basierte Dateien,** die sich automatisch erzeugen und in andere Anwendungen integrieren lassen.

**Permalinks** (von: permanent links) werden hauptsächlich in Weblog-Systemen (→ **Blog,** S. 150) und in Content-Management-Systemen (→ S. 167) benutzt und können einzelne Artikel oder Artikelversionen einer Webseite, z. B. **URI** (Uniform Resource Identifier) eines Artikels im Internet oder eines einzelnen Weblog-Eintrags, dauerhaft verlinken. Der Vorteil ist, dass ein Artikel dauerhaft unter einer sich nicht ändernden Adresse gefunden werden kann.

Permalinks ermöglichen stabile Verlinkungen von Ressourcen im Netz, umgekehrt liefern so genannte **Trackbacks** den Autoren Informationen darüber, wer ihre Artikel verlinkt hat.

Die Techniken funktionieren standortunabhängig und mit jedem internetfähigen Endgerät, also geräte- und medienunabhängig. Es existieren kaum durch Hardware oder Software bedingte Barrieren für die Nutzung. Grafische Überschwänglichkeiten sind größtenteils durch allgemeine, anerkannte Nutzungsschemata verdrängt worden (→ S. 177 ff., **Barrierefreiheit**).

Ein weiterer Aspekt der Web 2.0-Philosophie ist das **Open-Source-Modell.** Systeme werden durch die Verwendung von Techniken ohne Nutzungsbeschränkung geöffnet. Verschiedene Entwickler können diese weiterentwickeln, kopieren, verbreiten oder kombinieren. Ein Effekt ist, dass alle Bestandteile einer ständigen Weiterentwicklung unterliegen.

**APIs und Mashups.** Offene Programmierschnittstellen werden seit Langem in der Softwareentwicklung zur Verknüpfung unterschiedlicher Systeme verwendet. Große Dienstanbieter haben die Schnittstellen zu ihren Datenbanken offengelegt und bauen auf die Kreativität einer weltweiten Nutzergemeinde zur millionenfachen Verwendung und damit zur Bewerbung ihres Angebots. Für die entstehenden Kombinationen von existierenden Webinhalten und Webangeboten wurde der Begriff **Mashup** eingeführt. Ein

Beispiel dafür ist die Verknüpfung der Geodaten von Google-Maps mit anderen Inhalten wie z. B. Metainformationen.

**AJAX (Asynchronous Javascript and XML)** ist eine Programmiertechnik, die erstmals den traditionellen Wechsel zwischen Benutzeraktivität und Serververarbeitung im Web durchbricht. AJAX erlaubt es, Inhalte und Objekte im Browser neu aufzubauen, ohne dass nach jeder Aktion der gesamte Seiteninhalt neu geladen werden muss. Der Browser reagiert erheblich schneller, und somit entsteht der Eindruck, mit der Benutzeroberfläche eines herkömmlichen Computerprogramms zu arbeiten.

Die beschriebenen Komponenten sind in erster Linie darauf ausgerichtet, dass jeder Anwender von der „Weisheit der Menge" profitiert. Man spricht in diesem Zusammenhang auch häufig von **Social Software** oder **Social Web.**

Soziale Medien

**Soziale Medien,** auch Social Media, sind webbasierte Anwendungen, die den Nutzern Kommunikation und Interaktion, beziehungsweise den Umgang mit nutzergenerierten Inhalten, auch **User Generated Content,** ermöglichen. Von Nutzern erstellte Inhalte sind beispielsweise Fotos, Videos oder Kommentare. Zu Social Media gehören beispielsweise Video- und Fotoplattformen (YouTube, Flickr), Blogs, Mikroblogs, Foren, Wikis und Soziale Netzwerke (→ Kap. Marketing, S. 300 ff., Social-Media-Marketing).

**Wikis** (z. B. Wikipedia) unterstützen den webbasierten Austausch von Wissen und Informationen. Nutzer von Wikis können Inhalte nicht nur lesen, sondern auch direkt verändern.

Ein **Blog,** auch **Weblog** (Kunstwort aus Web und Logbook), ursprünglich eine Art Tagebuch im Web, ist eine dynamische Website (→ S. 167 ff.), auf der chronologisch Texte, auch Bilder oder Videos veröffentlicht, Inhalte kommentiert, verlinkt und auch abonniert werden. **Blogger** werden die Betreiber eines Weblogs genannt. **Microblogging** ermöglicht Anwendern, kurze, SMS-ähnliche Textnachrichten zu veröffentlichen. Bekanntester Vertreter ist der Kurznachrichten-Dienst (auch Micro-Blogging-Dienst) **Twitter.** Eine Nachricht bei Twitter wird **Tweet** genannt.

Heutzutage sind sowohl **Blogs** als auch **Twitter-Accounts** wichtige Kommunikationsplattformen von Unternehmen – und nicht nur der Medienbranche. Viele Firmen haben professionell geführte Twitter-Accounts und sind wichtige Stimmen in diesem schnellen, minutenaktuell getakteten Informationskanal.

So genannte **Corporate Blogs** sind – sofern gut und funktional gestaltet und gefüllt mit relevanten Inhalten – die wichtigste Selbstdarstellung eines Unternehmens. Hier können ganz direkt aktuelle und grundsätzliche Botschaften aus erster Hand (von den Mitarbeitern selbst) platziert werden, hier kann ein Unternehmen über seine Leute und seine Leistungen, Projekte und Produkte sprechen. Die dargebotenen Inhalte fasst man unter dem Begriff **Content** zusammen und meint damit alle bereitgestellten Texte, Bilder, Videos, Podcasts usw. **Content Creation** bezeichnet die Konzeption und Erstellung dieser Inhalte: passend zum Unternehmen bzw. zur Marke, die verkörpert wird. Dabei haben Conceptioner, Texter, Designer und dann vor allem die **Online-Redakteure**, die die Inhalte beisteuern, idealerweise immer den potenziellen Leser im Blick, sprich: den Besucher der Homepage und des Blogs.

**Podcasting** (Kunstwort aus Broadcasting und iPod) ist die Erstellung und Bereitstellung von Audio- bzw. Video-Dateien (Videopodcasting = **Web-TV**) im Web. Podcasts können in der Regel über ein Feed (→ S. 148) abonniert werden.

Ein soziales Netzwerk in der Soziologie ist das Beziehungsgeflecht von verschiedenen Akteuren, die miteinander verbunden sind, in der Regel mit gleichen Interessen oder Haltungen.

Im Web sind **Soziale Netzwerke** (Social Networks) Online-Gemeinschaften (Online Communities), die technisch durch Web-2.0-Anwendungen beziehungsweise Online-Plattformen getragen werden. Soziale Netzwerke sind beispielsweise die Internetdienste **Facebook, MySpace** oder **LinkedIn** und **XING.** Grundmotive für eine Mitgliedschaft sind die Kontaktpflege zu Freunden und Bekannten, der Austausch über gemeinsame Interessen und Erlebnisse, Werbung sowie die Möglichkeit, neue Freunde und Bekannte zu finden.

**Social Bookmarks** sind Internet-Lesezeichen, die von mehreren Nutzern auf einem Server im Web oder im Intranet abgelegt und gemeinsam genutzt werden.

## Bewegtbild

Eine schnelle Abfolge von Einzelbildern mit entsprechender Technik, die von einem Betrachter als kontinuierliche Bewegung wahrgenommen wird, wird Bewegtbild **(bewegte Bilder)** genannt. Für die menschliche Wahrnehmung genügen etwa **24 Bilder pro Sekunde** (engl.: frames per second), um die **Illusion** kontinuierlicher Bewegung harmonisch zu erzeugen, sofern sich die Einzelbilder nicht zu sehr voneinander unterscheiden.

Die **Bildwechselfrequenz** wieder, also die Anzahl der aufgenommenen und gesendeten Einzelbilder pro Sekunde, wird in **Frames per second (fps)** angegeben.

Traditionell wird zwischen Bewegtbildinhalten für **Fernsehen** (TV) und **Computer** unterschieden. Die Fernsehbilder werden aus **Halbbildern (interlaced)** zusammengesetzt, die einzelnen Bildpunkte (vgl. S. 117, Pixel) werden rechteckig dargestellt. Am Computer werden Bewegtbilder als **Vollbilder** wiedergegeben (progressiv), die Pixel werden quadratisch dargestellt (→ S. 153 ff.).

### SD-TV-Standard

Nach der Einführung des Farbfernsehens Ende der 1960er Jahre in Europa und den USA hat sich technisch über Jahrzehnte kaum etwas verändert: Bis zur Einführung des HD-Standards wurde das Fernsehbild in den PAL-Regionen, z.B. in Europa, Australien und Afrika, mit 720 Bildpunkten in 576 Zeilen bei 50 Hz übertragen. In NTSC-Regionen wie Nordamerika und Asien waren es 720 Bildpunkte in 480 Zeilen bei 60 Hz.

Dieses als **SD (Standard Definition)** bezeichnete Format wurde im so genannten **Zeilensprungverfahren** (interlaced) zu den Fernsehgeräten gesendet – in Abhängigkeit der länderspezifischen Stromversorgung (Hz) mit 50 (PAL) oder 60 (NTSC) **Halbbildern pro Sekunde.** Neben diesen beiden SD-TV-Varianten ist noch die französische Variante **SECAM** zu nennen, die aufgrund ihrer geringen internationalen Verbreitung aber zu vernachlässigen ist.

| Format | Auflösung | Bildrate | Verbreitung |
|---|---|---|---|
| PAL | 720×576 | 25 fps | Europa, Teile Asiens, Afrika u.a. |
| NTSC | 720×480 | 30 fps | USA, Japan u.a. |

Gängige **Aufzeichnungsformate** im SD-Bereich sind: **DigiBeta, Beta SP** (analog) und **DVCPro50**. Im so genannten Amateur- und semiprofessionellen Bereich kommen **mini-DV, DV Cam** und **DVCPro25** hinzu.

### HD-TV-Standard

**HD (High Definition)** hat sich inzwischen auch in **Europa** als **Broadcast-Standard** (TV) durchgesetzt. In den **USA** und insbesondere in **Japan** hat sich HD früher etabliert; dort haben gesetzliche Verordnungen die Einführung von **HDTV** erheblich beschleunigt. Es gibt im HD-Fernsehen zwei Bildformate: **720p** und **1080i**. Bei 720p beträgt die Auflösung 1280×720 Bildpunkte. Dabei wird immer das **Vollbild** übertragen. Alle Bildzeilen werden also zugleich angezeigt; das „p" nach der Zahl (720p) steht dabei für **progressiv**. Das Format **1080i** steigert die Bildauflösung auf 1920×1080 Bildpunkte. Allerdings arbeitet 1080i mit einem **Zeilensprungverfahren** wie das bisherige **SDTV**. Das heißt, das Bild entsteht mithilfe zweier aufeinander folgender Halbbilder, eine Technik, die interlaced heißt. Die folgende Übersicht zeigt die TV-Formate im Vergleich. Das HD-Format erhöht die Auflösung um das Vier- bis Fünffache im Vergleich zu SD (→ S.152). Im Gegensatz zu SD arbeitet HD, ebenso wie der Computer, mit Hilfe **quadratischer Pixel**.

| TV-Formate | Standard TV | Standard TV | HDTV | HDTV |
|---|---|---|---|---|
| Bezeichnung | PAL | NTSC | 720p | 1080i |
| Bildaufbau | interlaced/ progressive | interlaced/ progressive | progressiv | interlaced |
| Linien | 720 | 720 | 1280 | 1920 |
| Zeilen | 576 | 480 | 720 | 1080 |
| Pixel | 414.720 | 345.600 | 921.000 | 2.073.600 |

Tests haben ergeben, dass das Format 720p genauso detailgetreu empfunden wird wie 1080i, bei dem man letztlich immer nur 540 Zeilen pro Halbbild gleichzeitig sieht. Dabei kommt es allerdings auf den Bildinhalt an. Bei stehenden Bildern wirkt die höhere Auflösung des 1080i-Formats positiver auf den Betrachter; bei Bewegungen wirken in der Regel 720p-Bilder filmischer.

| Format | Auflösung | Bildrate | Verbreitung |
|---|---|---|---|
| 720p | 1280×720 | 25 fps | Europa, Australien |
| 720p | 1280×720 | 30 fps | USA, Japan, Asien |
| 1080i | 1920×1080 | 50i fps | Europa, Australien |
| 1080i | 1920×1080 | 60i fps | USA, Japan, Asien |

<u>Die Wahrnehmung von High Definition</u>

Unbestritten ist, dass ein mit HD-Technik aufgezeichnetes Bild mehr **Detailtiefe** und Brillanz liefert, selbst wenn es in SD konvertiert wurde. Darüber hinaus vermittelt das bei HD verwendete **16:9-Bildformat,** im Gegensatz zum alten PAL- und NTSC-typischen **4:3-Seitenverhältnis,** einen Bildeindruck, der eher dem menschlichen Sehfeld entspricht (Abb. 6).

Doch **1080i** wird vom Betrachter nicht immer als das bessere HD-Bild empfunden, obwohl es eine höhere Auflösung als **720p** erreicht. Stattdessen kann das Vollbildverfahren von 720p für einen „filmischeren" Gesamteindruck sorgen, da auch Filmkameras mit Vollbildern arbeiten. Daraus lässt sich die Schlussfolgerung ziehen, dass 1080p, also die höchste Auflösung in Verbindung mit dem Vollbildverfahren, die ideale Lösung wäre. Allerdings stellt dieses Format enorme Anforderungen an die Übertragungstechnik und die Bandbreite. Aus diesem Grund hat sich dieses HD-Format bisher nur im Internet, aber nicht im europäischen Fernsehen durchsetzen können.

Bei der Beurteilung der Bildqualität spielen viele Faktoren eine Rolle, u. a. das Ausgangsmaterial, die Art der Übertragung (Kompression, Geschwindigkeit, Bandbreite etc.) oder auch das Abspielgerät. Vor allem dann, wenn dieses Gerät (Fernseher, Projektor etc.) eine Größenskalierung des Signals vornehmen muss, was bei LCD- und

Plasma-Bildschirmen durchaus üblich ist. Wenn das Gerät nicht die exakte Auflösung des gesendeten Materials darstellen kann, stellen sich unter Umständen enorme Qualitätsverluste ein.

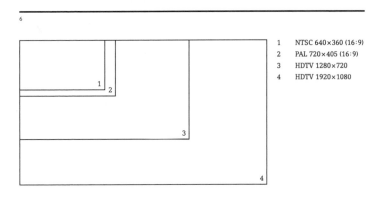

1 NTSC 640×360 (16:9)
2 PAL 720×405 (16:9)
3 HDTV 1280×720
4 HDTV 1920×1080

Die Vorteile von HD-Produktionen

- Bessere Qualität, detailreiches Bild, mehr Brillanz gegenüber digitalen SD-Produktionen (ca. vierfache Auflösung von SD)
- Gerüstet für zukünftige Ausstrahlungen in einer HD-Fernsehwelt
- Bessere Chancen für weitergehende Auswertungen (HD-DVD/Blu-ray, Web-HD-Portale).

Die Wiedergabe von HD-Material

Im Wesentlichen lassen sich aktuelle Flachbildschirme auf zwei Technologien begrenzen: **LCD** und **Plasma.** Mit der Einführung von HD hat sich das **„HD Ready"-Siegel** etabliert, das nur Geräte erhalten, die folgende Kriterien erfüllen:

- Auflösung: Das Gerät stellt eine Auflösung von mindestens 720 Zeilen und 1280 Spalten in einem Seitenverhältnis von 16:9 dar.
- Eingänge: Das Gerät verfügt über einen analogen Komponenteneingang und einen digitalen DVI- oder HDMI-Eingang.
- Formate: Das Gerät kann die Formate 720p (mit 25 und 30 Vollbildwechseln pro Sekunde) und 1080i (mit 50 und 60 Halbbildwechseln pro Sekunde) wiedergeben.
- Kopierschutz: Mindestens einer der beiden digitalen Eingänge unterstützt den Kopierschutz HDCP.

Ausgabegeräte sind in verschiedenen Größen und mit verschiedenen Auflösungen erhältlich. Das gesendete Signal wird dementsprechend vergrößert oder verkleinert. Die dafür verwendete Technik unterscheidet sich von Hersteller zu Hersteller und ist wesentlich für die Bildqualität verantwortlich.

**Tipp:** *Da sowohl LCD- als auch Plasmabildschirme in der Regel Vollbilder darstellen und gegebenenfalls* **interlaced-Material** *(→ S. 153 ff., Zeilensprungverfahren) umrechnen müssen, ist das Format 720p besser für die Darstellung geeignet. Deshalb setzen beispielsweise die öffentlich-rechtlichen Sender in Deutschland auf dieses Vollbildformat.*

Aufzeichnungssysteme im HD-Bereich

Die **Aufzeichnungssysteme** sind auch im **HD-Bereich** vielfältig. Im professionellen Segment sind es **HD Cam**, **XD Cam HD** und **DVCProHD,** im Amateur- und semiprofessionellen Bereich **MP4** und **AVC HD.** Diese Formate geben Aufschluss über die verwendeten Codecs (z. B. H.264, MPEG4, DNxHD, AppleProRes). xDer **Codec** bestimmt, wie die Bilddaten und Signale digital kodiert, komprimiert und gelesen werden.

## DVD

Ausgangsmaterial zur Erstellung einer **SD-Video-DVD** ist **MPEG2-encodiertes PAL-** oder **NTSC-Bildmaterial.** Der Ton kann entweder im **unkomprimierten PCM-Format** (Stereo), als **komprimiertes AC-3** (Stereo, Surround) oder als **DTS-File** (Surround) verarbeitet werden. Den Vorgang der Programmierung, auch **Multiplexing**, und der **Mastererstellung** in Form einer **DLT-Master-Cartridge,** wird als **Authoring** bezeichnet.

In den High Definition-DVD-Formaten **HD-DVD** und **Blu-Ray** werden **H.264** (MPEG4), **MPEG2** und **VC-1** (WMV) als Codecs eingesetzt. Für Audioanwendungen sind es **MPEG, Dolby Digital Plus, DTS-HD, MLP** und **LPCM.**

## Komprimierung

Die **Bitrate** definiert die pro Zeiteinheit übertragene Menge an Daten für die Bild- und Toninformation. Bleiben Kompression und Auflösung gleich, ergibt eine höhere Bitrate in der Regel auch eine höhere Qualität. Werden unterschiedliche Kompressionsverfahren verwendet, entscheidet neben der Bitrate auch die Effizienz des Kompressionsverfahrens über die Qualität.

Der erste Ansatz, um Bewegtbildmaterial effektiv zu komprimieren, ist die Reduzierung der Bildgröße. Im nächsten Schritt kann die Bitrate reduziert werden, um die Dateigröße zu verringern.

**Tipp:** *Für das Internet empfiehlt es sich, bei einer HD-Bildgröße von 1280×720 (720p) eine Bitrate von 5 bis 10 Mbit zu verwenden.*

### Web und Computer

Für den Computer sind mittlerweile unzählige Dateiformate (S. 131) und Codecs (S. 131) für bewegte Bilder verfügbar. Verbreitet sind die **AV-Dateiformate** .mov, .mp4, .avi, -.mpg, .mpeg, .flv und .mxf mit den entsprechenden **Videocodecs** H.264, MPEG-2, MPEG-4 oder Xvid sowie den **Audiocodecs** AAC, PCM, mp3 oder MPEG-2.

Aufgrund der hohen Verbreitung von **Flash-Plug-Ins** in **Webbrowsern** wird immer noch **Video** angeboten, welches in Flash-Anwendungen integriert wurde (Flash-Video). Doch wegen Usability-Problemen wird diese Technik zunehmend von neuen Lösungen wie HTML5/CSS3 verdrängt.

### Software

**Schnitt:** Avid Media Composer, Adobe Premiere Pro, Apple Final Cut X, Cyberlink Power Director, Avid NewsCutter, Sony Vegas Pro, Magix Video, Nero Video
**Motion Design, Compositing, 2D, 3D**: Adobe After Effects, Autodesk Maya, Autodesk Auto CAD, Autodesk 3ds Max, Apple Motion
**DVD Authoring:** Adobe Encore, Cyberlink Power Producer, DVD Styler
**Audiodesign, Musikproduktion:** Avid Pro Tools, Apple Logic Pro, Adobe Audition, Steinberg WaveLab, Steinberg Nuendo, Magix Audio & Music Lab
**Encoding, Kompression, Wandlung:** Sorenson Squeeze, Adobe Media Encoder, Apple Quicktime Pro, Apple Compressor, Mpeg Streamclip)

## Disziplinen und Workflow

Digitale Projekte lassen sich am besten anhand realer Gegebenheiten entwickeln, gestalten und umsetzen. Mehrstufige Tests und vor allem regelmäßige Abstimmungen mit dem Auftraggeber gehören idealerweise dazu. So teilt man das gesamte Projekt in einzelne, überschaubare Arbeitspakete auf und gelangt über Näherungsschritte auf sehr effiziente Weise zur erfolgreichen Realisierung. Diese Entwurfs- und Umsetzungsmethodik, die oft im Wochentakt erfolgt, wird als „iterativ" bezeichnet und bietet sich vor allem für offene Systeme an, deren Interface sich abhängig vom Nutzer, den angebotenen Daten oder der Zeit immer wieder anders präsentiert. Digitale Anwendungen sind selten abgeschlossen. Dabei sind die einzelnen Näherungsstufen vom Projekt abhängig. Die Stufen können über **Nutzerszenarien, Use-cases-Prototypen** (Paperprototyping), eine **Informationsarchitektur** bis hin zur **Modellierung** in UML ausgearbeitet werden.

Digitale Anwendungen, vor allem im Internet, stehen häufig direkt mit den Geschäftsmodellen der Auftraggeber in Zusammenhang. Beispiele hierfür sind Online-Banking, Online-Shops, aber auch einfache Kontaktanfragen, Katalogbestellungen und Beschwerdemanagement. Die Systeme greifen ineinander. E-Mails müssen beim richtigen Sachbearbeiter landen, das im Internet konfigurierte Auto muss mit den Produktionsdaten des Herstellers oder Anbieters übereinstimmen, Leasingraten müssen in Echtzeit berechnet werden. Und das bedeutet eine Menge an technischer und ökonomischer Kompetenz auch für den Gestalter. Im Team wird es zwar Fachleute für die einzelnen Bereiche geben, dennoch sollte man die Schnittstellen und Probleme im Projektverlauf kennen.

**Motion Design** ist das Gestalten von bewegten Bildern (→ S. 152, Bewegtbild) im Video-, Film- und Animationsbereich. In Abgrenzung zum narrativen Film stehen hier die visuellen Effekte im Vordergrund. Beispiele sind die Erstellung von **Titeln** und **Trailern** für **Spielfilme** oder die Gestaltung von **Musikvideos.** Werkzeuge im Motiondesign sind dafür u. a. After Effects oder auch Final Cut (→ S. 158).

**Interface Design,** auch **Schnittstellendesign,** ist eine Disziplin des Designs, die sich mit der **Anwenderschnittstelle** (engl.: interface) zwischen Mensch und Maschine beschäftigt. Dabei kann es sich um Oberflächen von Software handeln, also grafische Interfaces (Graphical User Interface), oder auch um haptische Interfaces von Geräten (Sonic User Interface). Es werden konzeptionelle und ästhetische Aspekte der Interaktion berücksichtigt.

**Interaction Design** ist dem Interface Design ähnlich, konzentriert sich aber in der Umsetzung weniger auf die eigentliche Schnittstelle, sondern vielmehr auf den Prozess, den das gestaltete Produkt begleitet. Interaction Design geht von dem jeweiligen soziokulturellen Umfeld und der spezifischen multisensuellen Wahrnehmung des Anwenders (Anwenderverhalten) aus. Die Anwendungsbereiche reichen von dynamischen Medieninhalten bis hin zu komplexen interaktiven Produktsystemen.

**Game Design.** Ein Gamedesigner beschäftigt sich mit der Konzeption und Gestaltung von Computerspielen. Aufgaben sind hier die Entwicklung von Charakteren sowie der Spielumgebung (Leveldesign). Spiele werden für Spielekonsolen wie die Sony Playstation, für den Nintendo Game Boy, aber auch für Smartphones und klassische Personal Computer entwickelt.

**VJing.** Ein **Visual Jockey** (VJ) bedient sich digitaler Mischtechniken aus den Bereichen Computer (Animationen 2D/3D) und Video (Livecam) und erzeugt in Echtzeit eine visuelle Performance auf einem Anzeigemedium (Beamerprojektion, Monitor). In den meisten Fällen bedient sich der VJ aus einem Mix von vorgefundenen „Schnipseleien".

**Mobile Application Design** ist die Gestaltung von Anwendungen für mobile Endgeräte (→ S. 179, Mobile Design). Die Kenntnis aktueller Technologien und Standards ist dabei ebenso wichtig wie die Konzeptionsfähigkeit und das Visualisierungsvermögen zukunftsweisender Dienste oder auch die Fähigkeit, das Corporate Design für die Marken medienspezifisch zu übersetzen, d.h. entsprechend der Bildschirmauflösung, Farbtiefe, Bildrate, Datenübertragungsrate usw. Die Werkzeuge eines Mobile Application Designers sind u.a. Mobile Processing oder eigenständige Entwicklungsumgebungen der Gerätehersteller.

**Interactive Media Environments and Installations.** Das Gestaltungsfeld interaktiver Installationen und Umgebungen beschreibt sowohl interaktive Objekte und deren

Inszenierung als auch die Gestaltung medialer Erlebnisräume und deren Dramaturgie. Die Interaktion zwischen dem Nutzer und dem Objekt wird in diese Inszenierung aufgenommen und gestaltet, ebenso wie die Interaktion zwischen Raum und Besuchern. Anwendungsbeispiele hierfür sind mediale Erlebnisräume wie auf Messen, in kulturellen Einrichtungen oder auch interaktive Fassaden an Gebäuden.

**Computational Design.** Im Computational Design werden gestalterische Problemstellungen rechnerisch bearbeitet. Die Gestaltung wird durch die Programmiersprache ausgedrückt. Denn die Programmiersprachen werden genutzt, um zu gestalten. Computational Design-Konzepte existieren schon seit 1960. Der Begriff wurde maßgeblich durch die **Aesthetics and Computation (AEC) Group** am **Massachusetts Institute of Technology** geprägt. Der amerikanische Gestalter, Philosoph und Informatiker **Professor John Maeda** formulierte folgenden Grundsatz: Der Computational Designer greift nicht auf vorgefertigte Werkzeuge zurück, sondern schreibt seine Werkzeuge selbst. Im Computational Design werden generative Systeme vom Gestalter formuliert. Diese Systeme werden dann von Computern berechnet und ausgegeben. Nicht selten können die so entstandenen Prozesse auf andere Einflüsse, z. B. vom Anwender, reagieren.

Neben dem klassischen Gestalten von Formen und Farben werden im Computational Design auch Prozesse gestaltet. Da viele Aspekte der Arbeiten im Computational Design erst zur Laufzeit entstehen, spricht man auch von **generativen Arbeiten.** Der Gestalter definiert die Regeln und Zustände, also das Verhalten des Systems, und das System generiert daraus die eigentliche Arbeit. Ein solches Vorgehen erlaubt es, große Mengen an Informationen zu erzeugen. Deshalb sind diese Arbeiten oft visuell sehr komplex und bestehen aus vielen autonomen Elementen. Die Nähe zwischen Computational Design und der Informationsvisualisierung ist hier leicht zu erkennen.

**Werkzeuge** im Computational Design sind einerseits Programmiersprachen, mit denen die Arbeit beschrieben wird, andererseits sind es aber auch wissenschaftliche Konzepte. **Programmiersprachen** sind u. a. Java, Objective-C, C++, Basic, C#, Python oder PHP.

**Webdesign.** Der Webdesigner erstellt und pflegt Webseiten
(→ S. 167). Er ist für die Gestaltung, den Aufbau und die
Nutzerführung sowie die Umsetzung des Corporate Designs
verantwortlich (→ Kap. Marketing, S. 324). Werkzeuge sind
u. a. Adobe GoLive, Macromedia Dreamweaver, Flash und
Texteditoren wie BBEdit.

## Rastersysteme für digitale und dynamische Medien

Beim Arbeiten mit zeitbasierten Medien hat der Gestalter
eine Vielzahl an Faktoren zu berücksichtigen. Dabei spielen
wahrnehmungspsychologische, formale und strukturelle Aspekte der Gestaltung von **Sequenzen** eine ebenso wichtige
Rolle wie technische Gegebenheiten und dadurch bedingte
Rahmenbedingungen bei der Ausgabe.

Bereits die Wahl des **Ausgabemediums** kann die strukturelle und gestalterische Konzeption einer medialen Arbeit
stark beeinflussen. So gilt es, technische Vorgaben zu berücksichtigen sowie sämtliche medialen und gestalterischen
Rahmenbedingungen und deren Eigenheiten zu kennen.

**Raster,** auch **Grid,** sind notwendig, um gestalterische,
mediale und inhaltliche Elemente wie z. B. Bild, Text, Ton
oder Video zu platzieren. Dynamische Rastersysteme werden
nicht nur durch das Aufteilen einer **Fläche** erzeugt, sondern
auch durch die Aufteilung von **Zeit** und **Raum.** Bestimmten
Elementen werden bestimmte Zeitpunkte des Erscheinens
und des dynamischen Verhaltens zugeordnet. Das lässt sich
mit verschiedenen Methoden erreichen. Die verschiedenen
Gestaltungsmethoden **dynamischer Raster** werden im Folgenden beschrieben.

**Grundlegende Raster.** Ein 2D-Raster regelt die Verhältnisse auf einer Fläche, ein 3D-Raster im Raum und ein
4D-Raster in der Zeit. Jeder Rastertyp enthält zu einem gewissen Prozentsatz auch stets ein Teil eines anderen Rasters.
So enthält ein 3D-Raster auch immer einen 2D- und einen
4D-Raster: Es werden mit einem 3D-Raster also auch zweidimensionale Verhalten festgelegt. Ein Rastertyp wird aber
immer der dominierende Teil sein.[1]

---

[1] Dietzmann, Tanja; Gremmler, Tobias: Grids for the Dynamic Image (2003)

**Parametrische Übertragung.** Eine interessante und ebenso effektive Möglichkeit, Rastersysteme für Animationen zu schaffen, ist das Prinzip des **Trackings.** Die Idee besteht darin, reale oder virtuelle Objekte, Prozesse, Bewegungen und Verhaltensweisen zu analysieren und die daraus gewonnenen Werte als Raster zur Steuerung von grafischen Elementen bzw. Layern zu verwenden.

Die gewonnenen Parameter eines Objekts, die dessen Verhalten, Bewegung, Geschwindigkeit usw. steuern, werden auf andere Objekte übertragen. Die Realität dient dabei abstrahiert als Schablone oder Muster.

Eine leicht nachvollziehbare Art des Trackings ist das **Motion Tracking.** Dabei wird eine reale Bewegung aufgezeichnet und das Verhalten einzelner Segmente wird verfolgt. Die Veränderung der Position dieser verfolgten Segmente wird festgehalten. Diese Segmente oder Punkte dienen später im Raster als Verankerung für grafische Elemente, die sich exakt an den verfolgten Punkten oder Segmenten befinden.

Durch die Methode des Trackings können sehr schnell interessante Raum-Zeit-bezogene Schablonen für das Verhalten von grafischen Elementen oder Layern in Animationen erzeugt werden. Neben der Platzierung in den Dimensionen „Raum" und „Zeit" werden auch Informationen über die zeitliche Koordinierung der Elemente gewonnen, die ebenfalls auf die grafische Elemente übertragen werden können.

**Verhaltensweisen und Vorgaben (Library).** Ein wichtiger Teil der Entwicklung von Rastersystemen von bewegten Bildern ist das Arbeiten mit vordefinierten oder automatisierten Vorgaben. Denn die Eigenschaften animierter Objekte werden nicht nur durch ihr Aussehen, sondern auch wesentlich durch ihre Verhaltensweise bestimmt.

Durch das Anlegen von Vorgaben und Verhaltensweisen, die dann grafischen Elementen zugeordnet werden, können schnell auch komplexere Animationen entstehen.

Der Gestalter wird beim Einsatz von Verhaltensweisen zum **Regisseur,** der seine Szenen und Darsteller in Form und Verhalten dirigiert. Dabei können Eigenschaften wie Farbe, Form, Dynamik und die Reaktionen von Elementen auf ihre Umwelt definiert werden. Es werden nicht etwa einzelne **Keyframes** gesetzt, sondern die Parameter vorgefertigter Verhaltensweisen werden so lange manipuliert, bis die Objekte das passende Verhalten, also die gewünschte Bewegung und Dynamik, besitzen.

**Displacing** ist eine Methode, die häufig zur Gestaltung von Bewegtbildsequenzen eingesetzt wird. Sie kann das Geschehen in Animationen so dominant beeinflussen, dass sie hier als Raster für Bewegtbildsequenzen beschrieben wird.

Im Wesentlichen ist das Verfahren dem **Objecttracking** zuzuordnen. Die Werte von Eigenschaften grafischer Elemente wie Luminanz, Farbe oder Tonwert werden analysiert und auf andere Parameter desselben Elements oder anderer Elemente (Layer) übertragen. Dadurch können in kurzer Zeit Vorlagen für das Aussehen und Verhalten von grafischen Elementen erstellt werden.

Das Motiv, dessen Werte abgenommen und übertragen werden, ist dabei meist nicht mehr ein sichtbarer Bestandteil der Animation, sondern wird zu einer extra für diesen Zweck erstellten **Displacement Map.** Prinzipiell geht es darum, die Eigenschaften eines Objekts zu nutzen, um sie auf andere Objekte zu übertragen. Dabei werden auch die Veränderungen der Werte eines Elements oder Layers innerhalb der Zeitleiste (Timeline) übertragen.

Dieses Verfahren wird oft in der Postproduktion angewendet. Setzt man das Verfahren aber universeller ein und benutzt es als Vorlage, um die grafischen Elemente der gesamten Animation zu steuern, so ist es eine ebenso einfache wie leistungsfähige Methode, um schnell und effizient Raster zu generieren. Neben den ausgewählten Parametern, die übertragen werden, steht eine Vielzahl weiterer Parameter zur Verfügung, auf die die gewonnenen Werte angewendet werden können.

Auf diese Weise ist das visuelle Erscheinungsbild von Partikeln und grafischen Elementen steuerbar. Diese Werte können zudem auch das räumliche und zeitliche Verhalten der eingesetzten Elemente innerhalb der Sequenz bestimmen.

**Interaktive Bewegung.** Raster für interaktive Systeme basieren auf dem Pixel. Darüber hinaus werden in der Regel klassische 2D-Raster eingesetzt, die als Vorgabe zur Programmierung dienen und mit Beschreibungen für zeitliche und interaktive Abläufe versehen sind.

Bei der Gestaltung von interaktiven Bewegungen geht es nicht vordergründig um das Erstellen eines festen Gerüstes, in dem alle Elemente platziert werden, sondern vielmehr um das Entwerfen einer **dynamischen Struktur,** die die Zusammenhänge und Bezüge der Inhalte und Funktionalitäten visualisiert und sie dem Anwender als **interaktive Struktur,** auch **Navigable Structure,** zur Verfügung stellt.

Begreift man interaktive Systeme als dynamische Strukturen, so kann hier sowohl die entworfene Struktur als auch das Verhalten derselben als Raster, also als Regelwerk des **Interfaces** (→ S. 159), bezeichnet werden. Ebenso wie bei komplexen Animation wird das Regelwerk eines Interfaces durch seine Struktur, die Definition des Verhaltens und das Zusammenwirken aller Teile erklärt.

Hinzu kommt die Komponente der **Interaktion,** sodass auch Verhaltensweisen des Systems für sämtliche Aktionen des Anwenders (Users) beschrieben werden sollten. Diese Vorgaben sollten stets einer Konsequenz zugrunde liegen, die es dem Anwender ermöglicht, das System schnell zu begreifen, um dann vorausschauend und eigenständig navigieren zu können.

### Motion Graphics

In der Regel ergeben sich die Ästhetik und die Gesamtanmutung einer **Animation** aus dem Zusammenwirken verschiedener Faktoren. So werden mehrere Raster in einer Animation verwendet, wobei einer der Raster meist dominierend ist.

Häufig werden zusätzlich Keyframes per Hand gesetzt, um einzelne Details zu manipulieren. Ein **Effekt** wird durch eine Abfolge mehrerer Keyframes mit der Wahl der Geschwindigkeit und der Form der Bewegung zwischen den Keyframes entlang einer Zeitachse definiert. **Keyframes** sind **Schlüsselpunkte,** die einem Objekt zu bestimmten Zeitpunkten ganz bestimmte Werte (z. B. Koordinaten) einer Eigenschaft (Bewegung oder Position) zuweisen.

Einige Animationen kommen ohne Raster aus. Sie werden nur auf manuell gesetzten Keyframes aufgebaut. Dabei werden zwar auch Beziehungen zwischen **Layern** (dt.: Ebenen) und Effekten hergestellt, das geschieht aber vorwiegend im Hinblick auf den einzelnen Layer und folgt nicht zuvor definierten Festlegungen wie beim Raster.

**Beachte:** Manchmal lässt es sich nicht umgehen, manuell zu animieren. Vor allem die Gestaltung von Motion Graphics in Verbindung mit Corporate Design-Vorgaben erfordert oft, neben dem Einsatz von Grids (dt.: Rastern), ein exaktes manuelles Erzeugen von Dynamik und Dramaturgie.

## Gestaltung von digitalen Anwendungen

### Webdesign

Die Gestaltung und Programmierung von **Websites** ist ein Bereich der digitalen Medienproduktion. Als Website wird ein ganzes Projekt im **World Wide Web** (→ S. 147) bezeichnet, das in der Regel aus mehreren Dokumenten, Dateien oder Ressourcen besteht, die mittels einer einheitlichen Navigation zusammengefasst und verknüpft werden. Über das Web hinausreichende Dienste des Internets zählen nicht zu einer Website, können jedoch Teil der Internetpräsenz sein, deren Teil wiederum die Website ist.

Das englische Wort „site" wird oft fälschlicherweise als „Seite" übersetzt. „Site" ist jedoch der Ort, die Stelle oder der Platz. Die Seite wird mit Page übersetzt. Die Website ist immer etwas Gesamtes und liegt im weltweiten Netzwerk auf einem Server (Host), während das, was im Browser angezeigt wird, eine **einzelne Internetseite** ist. Die Startseite einer Website wird als **Homepage** bezeichnet, auch Tor, Portal oder Leitseite.

Die **Aufgabe der Website** ist das Schaffen von **Präsenz, Kommunikation** und **Transparenz.** Der Pflegeaufwand einer Website betrifft im Wesentlichen die Struktur, das Layout, die Funktionalität und den Inhalt, den **Content,** ggf. unter Verwendung eines **Content Management Systems (CMS), beispielsweise TYPO3.** Die Qualitätsanforderungen an eine Website können unterschiedlich sein. Dennoch gibt es wichtige Aspekte, die immer gewährleistet werden sollten, wie die inhaltliche Qualität der Informationen und die intuitive Benutzerführung (vgl. S. 178, Usability).

Gutes Webdesign beachtet folgende Regeln:

- Einfache, klare Informationsaufbereitung
- Reduktion auf das Wesentliche
- Logische und übersichtliche Navigation
- Einheitliches und durchgängiges Gestaltungsprinzip
- Kurze Ladezeiten und korrekte Darstellung in allen wichtigen Webbrowsern

**Seitengröße.** Beim Anlegen der Gestaltungsfläche ist zu beachten, dass die Größe einer Internetseite der Auflösung von Monitoren angepasst werden sollte, um zu vermeiden, dass wichtige Elemente außerhalb des sichtbaren Bereichs liegen. Lange galt die Optimierung für eine Auflösung von 800×600 Pixeln als ideal, für Desktop-Computer sind inzwischen die Auflösungen von 1024×768 und 1280×1024 Pixeln allgemeingültig. Darüber hinaus können auch höhere Auflösungen verwendet werden.

Dieser Bereich darf jedoch beim Design der Seite nicht voll ausgenutzt werden, da auf dem Monitor nicht nur die Seite an sich dargestellt wird, sondern darüber hinaus noch Elemente des Browsers und Betriebssystems wie z. B. Menüleisten und Scrollbalken. Deren Größe variiert je nach Browser, Betriebssystem und Einstellungen des Anwenders.

Tipp: *Bei einer Seite, die für 1024×768 optimiert werden soll, gilt eine Gestaltungsfläche von 971×608 Pixeln als „sicher" (Abb. 7, 8). Es sollte allerdings die Nutzung verschiedener Endgeräte beachtet werden (→ S. 152).*

Verwendete **Schriften** konnten früher nur auf einer Webseite angezeigt werden, wenn diese auch auf dem darstellenden Rechner als Systemschrift bzw. Standardschrift installiert waren wie z. B. die Schriftarten Arial und Verdana. Um andere Schriftarten darzustellen, wurden diese in entsprechenden Bilddaten (Grafiken) platziert. Zur Gewährleistung der Barrierefreiheit (→ S. 177 ff.) mussten neben diesen Grafiken auch die dazugehörigen Texte angelegt werden. Heutzutage kann der Webdesigner auf Webfonts (vgl. Kap. Typografie, S. 119, Webfonts, S. 176, @font-face) zurückgreifen.

Darüber hinaus können auch Techniken, wie **sIFR** oder **Cufón** genutzt werden. Bei beiden Techniken wird der Text in HTML (→ S. 170 ff.) eingebunden und anschließend durch JavaScript ersetzt. Bei sIFR (Scalable Inman Flash Replacement) werden die Texte per JavaScript durch Flash-Dateien ersetzt. In diesen Flash-Dateien muss die gewünschte Schriftart eingebunden sein. Die Flash-Dateien geben den Text dann in der gewünschten Schriftart wieder. Ist das Adobe Flash-Plugin jedoch nicht installiert, wird alternativ der regulär hinterlegte Text angezeigt. Cufón benötigt kein Flash. Die gewünschte

Schriftart wird in einen so genannten JavaScript-Font umgewandelt und anschließend eingebettet. Für die Umwandlung wird ein Cufón-Generator bereitgestellt (→ Kap. Typografie, S.119, Web-Fonts und S.176, @font-face).

Gleiche Schriften werden nicht von allen Browsern gleich dargestellt, da das Antialiasing (→ Kap. Typografie, S.117) für Schriften unterschiedlich ist. Einige Betriebssysteme, besonders ältere, verwenden gar kein Antialiasing.

Trotz steigender Bandbreiten und Übertragungsgeschwindigkeiten sollte jede **Bild- oder Grafikdatei** so klein wie möglich sein. Die Anzahl der Grafiken pro Seite ist genau zu überlegen. Selbst wenn die Dateigröße eines Fotos auf 15 kB reduziert wird, steigt die Seitengröße auf über 150 kB an, wenn die Internetseite zehn Bilder verwendet. Das beeinträchtigt die Ladezeit, die nicht nur als wichtiges Usability-Kriterium gilt, sondern auch die Bewertung von Websites durch Suchmaschinen beeinflusst (→ Kap. Marketing, S.288, SEO).

**Navigationselemente** dienen dazu, eine eindeutige Zuordnung und Zieleingabe der Inhalte zu erreichen. Neben der Bewegung, der Hinführung von Inhalt zu Inhalt, sollen sie dem Anwender vor allem als Orientierungshilfe dienen. Der Anwender sollte stets wissen, wo er sich gerade im System befindet, woher er kommt, wie er wieder zurückkommt, wohin er navigieren kann und wo sich bestimmte, für ihn relevante Informationen befinden.

**Buttons** sind grafisch aufbereitete Schaltflächen, bei deren Anklicken eine Aktion ausgelöst wird (→ Kap. Marketing, S.303).

Was wird benötigt, um eine Website zu erstellen?

1. Ein Bildbearbeitungsprogramm zur Erstellung des Screendesigns und zur Bearbeitung der Grafiken (z.B. Adobe Photoshop)
2. Webspace (über einen Provider oder eigenen Server)
3. Ein **Editor,** um den Quellcode zu schreiben (Texteditoren oder WYSIWYG-Editoren, → S. 171).
4. Mehrere **Webbrowser,** um die korrekte Darstellung zu testen
5. Ein **FTP-Programm,** um die Codedateien auf den Webspace hochzuladen.

Die Programmierung/der Quellcode

Um gut pflegbare Websites mit schlankem Code zu erstellen, sollte eine strikte Trennung von Inhalten und Design erfolgen. **(X)HTML** dient dazu, die Inhalte zu strukturieren und zu gliedern. **CSS** (→ S. 175) wird verwendet, um das Layout der Inhalte, wie Positionierung auf der Seite, Farben, Schriften, Schriftgrößen usw., zu definieren. Diese Stilvorlagen sollten nicht direkt in das HTML-Dokument geschrieben, sondern es sollten externe CSS-Dateien (→ S.170) verlinkt werden.

 **HTML** steht für **HyperText Markup Language.** Diese Sprache geht von einer hierarchischen Struktur aus (→ S. 175). Mit HTML werden Struktur und Eigenschaften von Dokumenten beschrieben. **Hypertext** steht für die Struktur und den Aufbau von Dokumenten im Internet und wird nicht linear erstellt. Aus dem jeweiligen Text können **(Hyper)Links** in andere Texte erfolgen. Diese Sprünge sind Weiterleitungen oder Verknüpfungen zu anderen Dokumenten. Sie erfolgen mit einfachen **Mausklicks** auf festgelegte Textstellen, Bilder oder Grafiken.

 HTML ist eine plattformunabhängige Sprache und nicht an ein Betriebssystem oder einen Browser gebunden. Um HTML-Dokumente zu erstellen, werden Standardwebbrowser zum Testen und Anzeigen des fertigen Ergebnisses benötigt sowie eine **Editor**-Software, mit deren Hilfe der HTML-Code geschrieben wird. Dafür eignen sich theoretisch schon einfachste Texteditoren, allerdings bietet sich der Einsatz von speziellen HTML-Editoren an, die z. B. die verschiedenen HTML-Befehle (Tags) farbig hervorheben und oft eine automatische Vervollständigung und Validierung des Codes bieten.

So genannte WYSIWYG-Editoren (What You See Is What You Get) sind visuelle Editoren, die eine Vorschau der Seite bieten und den Code nur auf Wunsch anzeigen. Viele Entwickler stehen den WYSIWYG-Editoren skeptisch gegenüber, da sie in der Regel einen nicht so schlanken und standardisierten Code erzeugen.

**Befehle** in HTML werden mit so genannten **Tags** umgesetzt. Ein Tag besteht aus zwei Klammern, „<" und „>", zwischen denen der Befehl steht. In der Regel bestehen Tags aus einem Start Tag und einem End Tag. Der **End Tag** trägt immer den Schrägstrich („/") nach dem einführenden „<"-Zeichen.

Dazu folgendes Beispiel: Start Tag: <p>; End Tag: </p>. Dieser Tag umschließt einen Absatz; **„p"** steht für **paragraph** und bedeutet **Absatz**. Es gibt auch alleinstehende Tags, ein Beispiel hierfür ist <br>, der einen Zeilenumbruch erwirkt.

**Tipp:** *In* **XHTML** *(→ S. 154) werden alle Tags geschlossen, der Tag für den Zeilenumbruch sieht hier beispielsweise so aus: <br />.*

**Überschriften.** In HTML sind sechs Standardüberschriften vorgegeben. Jede Überschrift ist automatisch ein eigener Absatz. Standardüberschriften werden mit folgenden Tags ausgezeichnet:

<h1> </h1> umschließt eine Überschrift erster Ordnung.
<h6> </h6> umschließt eine Überschrift sechster Ordnung.
**Hervorhebungen** werden durch <i> </i>, <em> </em> oder <strong> </strong> definiert.
**Grafik** einbinden: <img src="bild1.jpg">
**Link** erzeugen: <a href="linkziel.html">Linktext</a>

Alle Eigenschaften, die das Aussehen des Inhalts, also das Design betreffen, sollten nicht im HTML-Code, sondern in einer CSS-Datei definiert werden. (→ S. 175)

Da CSS früher nicht ausreichend durch alle Browser unterstützt wurde und auch die erste CSS-Version keine guten Möglichkeiten zur Positionierung von Elementen bot, wurde häufig versucht, mithilfe von HTML Tags zu layouten: So wurden Tabellen (<table> </table>) häufig verwendet, um z. B. Spaltenbreiten festzulegen oder Elementen bestimmte Positionen zuzuweisen. Heutzutage sollte <table> nur noch für tatsächliche Tabelleninhalte verwendet werden.

Auch der früher häufig verwendete <font>-Tag zur Angabe von Schriftart, -größe und -farbe sollte nicht zum Einsatz kommen, da sich all diese Eigenschaften mit CSS festlegen lassen. CSS erlaubt mittlerweile nahezu alle Gestaltungsmöglichkeiten.

| Einige Beispiele für Sonderzeichen in HTML | |
|---|---|
| A-Umlaut (Ä) | &Auml; |
| a-Umlaut (ä) | &auml; |
| Paragraph-Zeichen (§) | &sect; |
| Copyright-Zeichen (©) | &copy; |
| Zum Quadrat-Zeichen ($^2$) | &sup2; |
| Pfund-Zeichen (£) | &pound; |
| Dollar-Zeichen ($) | &dollar; |
| Euro-Zeichen (€) | &euro; |
| Yen-Zeichen (¥) | &yen; |

## Grundgerüst einer HTML-Datei

Jedes HTML-Dokument besitzt ein Grundgerüst, das den Browsern Steuerbefehle liefert, um das Dokument darstellen zu können. Die folgende Übersicht zeigt den Aufbau eines HTML-Dokuments.

```
<html>
 <head>
  <meta http-equiv="content-type" content="text/
  html;charset=iso-8859-1">
  <title>
  </title>
 </head>
 <body>
 </body>
</html>
```

Jedes HTML-Dokument beginnt mit <html> und endet mit </html>. Dieses Tag sagt dem Browser, dass es sich um ein HTML-Dokument handelt.

**Der Kopf.** Zwischen den <html> </html> Tags stehen zunächst die Tags für den Kopf: <head> und </head>. Zwischen den Head-Tags stehen die Tags für die Seitenüberschrift: <title> und </title>. Die Angaben zwischen den Title Tags bestimmen den Text, der in der Überschriftenleiste des Browsers angezeigt wird. Weiterhin können sich zwischen den Head Tags Angaben für Suchmaschinen (→ Kap. Marketing, S. 288, Suchmaschinenmarketing) befinden.
 Die Anweisung <meta http-equiv="content-type" content="text/html;charset=iso-8859-1"> teilt dem Browser mit, welchen Inhaltstyp dieses Dokument hat: Text als HTML, und welche Zeichenkodierung die HTML-Datei verwendet, in diesem Falle die Kodierung ISO-8859-1. Diese beinhaltet den westlichen Standardzeichensatz. Diese Angabe ist wichtig, da sonst nicht garantiert ist, dass der Browser die Zeichen auf dem Bildschirm so anzeigt wie gewünscht.

**Der Body.** Anschließend folgen die Tags für die eigentlichen Inhalte der HTML-Seite: <body> und </body>. Zwischen den Body-Tags stehen die Tags, die Inhalte und deren Struktur beschreiben.

XHTML

XHTML wird als Nachfolger von HTML propagiert. HTML basiert auf **SGML (Standard Generalized Markup Language)**, XHTML dagegen auf **XML (Extensible Markup Language)**.
XML ist eine Metasprache zur Definition beliebiger Auszeichnungssprachen. Diese Sprachen können Textdokumente, Vektorgrafiken, multimediale Präsentationen, Datenbanken oder andere Arten von strukturierten Daten beschreiben.
XML wurde vom **World Wide Web Consortium (W3C)** entwickelt und zum Standard erklärt. XML ist eine Weiterentwicklung und Ergänzung der klassischen Metasprache SGML.
XHTML ist im Gegensatz zu HTML case-sensitive, d. h. es unterscheidet zwischen Groß- und Kleinschreibung.

*Tipp: Auch bei HTML sollte die in XHTML vorgeschriebene Kleinschreibung aller Element- und Attributnamen eingehalten werden, um die Seiten zukunftsfähig anzulegen.*

*Tipp: Das World Wide Web Consortium (W3C) legt XHTML- und CSS-Standards fest (→ S. 196, Tipps und Links).*

Die Dokumenttyp-Deklaration (engl.: Document Type Definition, kurz: DTD), auch **DOCTYPE,** bestimmt, welche Auszeichnungssprache in welcher Version verwendet werden soll. Sie gibt an, nach welcher (X)HTML-Version das Dokument erstellt wurde, und legt somit fest, welche HTML-Elemente und Attribute in dem Dokument vorkommen dürfen. Die DTD steht am Beginn des HTML-Dokuments vor dem einleitenden <html>-Tag:

```
<!DOCTYPE HTML PUBLIC "-//W3C//DTD HTML 4.01//EN"
"http://www.w3.org/TR/html4/strict.dtd">
<html lang="de">
<head>
```

Eine auslesende Software, beispielsweise ein Web-Browser, kann sich an dieser Bezeichnung orientieren, um den Darstellungsmodus zu erkennen.

## HTML5

HTML5 ist die jüngste Weiterentwicklung der bestehenden Auszeichnungssprache HTML (→ S. 170 ff.). Nach dem W3C soll HTML5 Nachfolger der Standards HTML 4.01 und XHTML 1.1 werden. Besonderheiten sind neue Schnittstellen, um 2D-Grafiken zu zeichnen, die bessere Einbettung von Video- und Audioinhalten sowie neue Elemente zur besseren Auszeichnung in HTML-Seiten. Ferner bietet HTML5 neue Möglichkeiten für Web-Applikationen. Für die Darstellung von Animationen und Video-Inhalten sind Browser bis heute auf Plug-ins angewiesen. HTML5 kann derartige Inhalte ohne Zusatzsoftware direkt im Browser darstellen.

## CSS

Die Abkürzung CSS steht für Cascading Style Sheets. Stylesheets sind Stilvorlagen. Mit CSS lassen sich HTML-Elemente formatieren und positionieren. Es können beispielsweise Satzart, Zeilenabstände, Fonts, Farben, die Position von Elementen u. v. m. definiert werden. CSS-Angaben sollten nicht direkt in der HTML-Datei erfolgen, sondern in einer externen Datei, die dann in die HTML-Datei eingebunden wird. So ist die Trennung von Inhalten und Layout gewährleistet, die Stilvorlagen sind gut pflegbar, auch verringert sich die Größe der Seiten, da die CSS-Datei dann nur einmal geladen werden muss.

Als **Schriftarten** (→ Kap. Typografie, S. 90 ff.) können für Websites Schriften gewählt werden, die bei den Betriebssystemen als Standardschriften oder als Systemschriften installiert sind, oder auch **Webfonts** (→ Kap. Typografie, S. 119).

Bei **Systemschriften** ist zu beachten, dass nicht auf allen Betriebssystemen dieselben Standardschriften vorhanden sind. Dann können Alternativen zu einem Font angegeben werden, z. B.: font-family: Verdana, Geneva, Arial, Helvetica, sans-serif. Ist der zuerst genannte Font auf dem Betriebssystem des Anwenders nicht vorhanden, wird automatisch der nächste verwendet. Für den Fall, dass keine der hier genannten Schriften installiert ist, empfiehlt sich die Angabe der generischen Schriftfamilie am Ende, damit der Browser zumindest einen ähnlichen Schrifttyp wählen kann: serif = eine Schriftart mit Serifen, sans-serif = eine serifenlose Schriftart.

**Tipp:** *Vom W3C wird empfohlen, Schriften, die Leerzeichen im Namen haben, in Anführungszeichen zu setzen.*

**@font-face** ist eine CSS-Anweisung. Mit dieser Regel lassen sich der Schriftdatenbank im verwendeten Browser Fonts hinzufügen, welche dann wie gewohnt definiert werden können (→ Kap. Typografie, S. 119, **Webfonts).** Ein Attribut des @font-face-Befehls ist zum Beispiel „src". Es legt fest, ob eingebettete oder lokale Schriftdateien verwendet werden sollen. Die @font-face-Regel war bereits Ende der 1990er-Jahre im Standard CSS2 enthalten.

**Farben** werden in der Regel **hexadezimal** angegeben (→ Kap. Gestaltung, S. 16) und müssen in das hexadezimale System übertragen werden. Der hexadezimale Wert setzt sich aus sechs Stellen zusammen. Die ersten beiden Stellen sind für **Rot,** die mittleren beiden für **Grün** und die letzten beiden für **Blau;** den sechs Stellen steht stets das **Raute-Zeichen** („#") voran. Beispiel: #00ccff. Bei Farben mit sechs identischen Stellen kann die Angabe auf drei verkürzt werden, also #000 anstelle von #000000.

Es gibt auch die Möglichkeit, Farben über ihren Farbnamen zu definieren, allerdings stehen dafür nur die 16 vom W3C als Standard definierten Farben zur Verfügung. Ein Beispiel dafür ist „lime", das dem Hexadezimalwert #00ff00 entspricht.

### Weitere Programmiersprachen

**JavaScript** ist eine Programmiersprache, angelehnt an C/C++ als Ergänzung zu HTML. Mit JavaScript können beispielsweise spezielle Funktionen (z. B. Ticker) in Webseiten eingebaut werden. Wie auch HTML ist JavaScript plattformunabhängig und funktioniert in der Regel mit jedem Browser.

Auch **Java** ist eine plattformunabhängige Programmiersprache, bei der Programme nicht für jedes Betriebssystem neu geschrieben werden müssen. Im Unterschied zu JavaScript wird hier nicht der Quellcode übertragen, sondern ein vorkompilierter Programmcode. Die Konsequenz ist, dass der Nutzer die Befehle in JavaScript einsehen kann, da diese direkt in die HTML-Datei geschrieben werden. Bei Java selbst hat der Anwender keinen direkten Zugang zum Befehlscode und damit ist es auch nicht möglich, den Code oder Quelltext des Programms einzusehen.

**PHP Hypertext Preprocessor (PHP)** und **Active Server Page (ASP)** sind Programmiersprachen, deren Programme nicht im Browser des Benutzers, sondern direkt auf dem Server ausgeführt werden. Sie dienen, im Gegensatz zu JavaScript, der Verarbeitung von Daten auf einem Server.

### Barrierefreie Websites

Der Begriff **Barrierefreiheit** beschreibt für das Web die Verwendung und Einhaltung von vorgegebenen Standards bei der Programmierung von Websites (W3C, WAI, BITV). Durch diese Standards soll das Medium Internet für alle Benutzer zugänglich gemacht werden. Weicht eine Website von diesen Standards ab, so stoßen nicht nur körperlich benachteiligte Menschen auf Hindernisse. Ziel einer barrierefreien Website ist es, die dargebotenen Inhalte so wiederzugeben, dass eine problemlose Wiedergabe plattformunabhängig und unabhängig vom Ausgabegerät (z. B. Webbrowser, PDA-Gerät, Sprachausgabeprogramm, Handy oder andere mobile Endgeräte) möglich ist **(Accessibility).** Eine barrierefreie Website wird unabhängig von der gewählten Präsentations- oder Ausgabeform optimal dargestellt.

Grundvoraussetzung für barrierefreie Internetseiten ist die Einhaltung von Webstandards (valides HTML/XHTML). Die geforderte strikte Trennung von Inhalt (Text, Bilder usw.) und Layout erreicht man durch den korrekten Einsatz von Cascading Style Sheets (CSS). Kompromisse beim Design sind nicht nötig.

**Tipp:** *Die WAI (Web Accessiblitiy Initiative) des W3C setzt internationale Richtlinien für die Barrrierefreiheit von Webseiten in den WCAG (Web Content Accessibilty Guidlines) fest. Eine Website kann derzeit kostenfrei online auf den Seiten des W3C auf die Einhaltung dieser Richtlinien geprüft werden (→ S. 196, Tipps und Links).*

Grundregeln für Barrierefreiheit

1. Erstellung von gültigem (X)HTML
2. Strikte Trennung von Inhalt und Layout
3. HTML dient ausschließlich der Gliederung und Strukturierung der Inhalte einer Seite.
4. Die Gestaltung der Seite wird mit CSS festgelegt.
5. Eine Überladung der Startseite wird vermieden, die Anzahl der Funktionen ist überschaubar.
6. Für nichttextbasierte Inhalte sind entsprechende textbasierte Alternativen anzubieten.
7. Navigationen nicht vom Eingabegerät abhängig machen
8. Tabellen werden nur eingesetzt, um tabellarische Inhalte wiederzugeben, nicht um ein bestimmtes Layout festzulegen.

Usability

Ein effektives Navigationssystem ist unerlässlich: Ob Software oder Website – es muss klar ersichtlich sein, wie die Oberfläche aktiv genutzt werden kann. Der dahinterstehende Prozess sollte Schritt für Schritt durchdacht sein und die bestmögliche **Usability** (dt.: Gebrauchstauglichkeit) anbieten. Wenn ein Anwender das, was er bei einem Anbieter im Internet sucht, nicht findet, er sich zudem nicht orientieren kann, weil zahlreiche werbende Animationen den Suchvorgang nach einem Produkt bremsen, verlässt er die Website und schaut sich an anderer Stelle um. Jakob Nielsen[2] sagt dazu: „Usability regiert das Web. Einfach ausgedrückt, wenn der Kunde ein Produkt nicht finden kann, dann wird er es nicht kaufen." Entscheidende Kriterien für eine gute Gebrauchstauglichkeit sind Effizienz, Effektivität und Zufriedenheit.

Um eine **Struktur** für eine **grafische Benutzeroberfläche** zu erstellen, sollten folgende Kriterien berücksichtigt werden:

1. Einfache Informationsaufbereitung
2. Reduzierung der Inhalte auf das Wesentliche
3. Übersichtliche, logische Strukturierung
4. Intuitive Bedienbarkeit
5. Einheitliches, durchgängig gestaltetes Erscheinungsbild
6. Gute Gestaltung und ansprechende Grafik
7. Schnelle Lieferung von Informationen

Tipp: *Wer seinen Webauftritt besonders anwenderfreundlich gestalten möchte, sollte eine Sitemap („Inhaltsverzeichnis") für alle Seiten sowie ein Suchfeld auf der Startseite anbieten.*

In einer **Sitemap** wird die vollständige hierarchisch strukturierte Darstellung aller Einzeldokumente (Webseiten) eines Internetauftritts bzw. einer Website dargestellt.

## Mobile Design

Der Zugriff auf Internetinhalte erfolgt zunehmend über mobile Endgeräte (→ S. 143). Zur optimierten Gestaltung der Inhalte stehen die folgenden technischen Varianten zur Verfügung: **Mobile Websites** sind reduzierte Versionen der ursprünglichen Website und basieren auf den gleichen technischen Grundlagen wie HTML, CSS oder JavaScript (→ S. 170 ff). Das **Responsive Design,** auch **Responsive Webdesign** oder im übertragenen Sinne „reagierendes Design", umfasst die gestalterisch-technische und flexible Anpassung (Fluid Layout) an die Eigenschaften des jeweiligen Endgeräts (Smartphones, Tablet-Computer, iPhones, → S. 142) und die Anforderungen, die aus der

---

[2] Geb. 1957 in Kopenhagen; Informatiker, Schriftsteller und Berater für Software und Webdesign

mobilen Nutzung entstehen. Geräteunabhängig werden alle Inhalte übertragen und dann Client-spezifisch dargestellt. Mit dem Responsive Design kann grundsätzlich jede Displaygröße, auch die künftiger Mobilgeräte, berücksichtigt werden; es wird allerdings immer die gleiche Datenmenge übertragen.

**Beachte:** Bei einer eingeschränkten Bandbreite können große Datenmengen auch zu langen Ladezeiten führen. Ferner sind die Gestaltung und technische Umsetzung sehr komplex und erfordern einen Mehraufwand beim Anpassen der Seitenelemente wie unter anderem bei der Navigation oder den Seitenspalten.

Das **Adaptive Design,** auch reaktionsfähiges Webdesign, folgt dem gleichen Prinzip. Die Darstellung der Inhalte ist allerdings nicht komplett fließend bzw. flexibel, sondern auf ausgewählte Viewports (vordefinierte Anzeigebereiche) beschränkt. Im Vergleich zum Responsive Design ist die Darstellung innerhalb der **Viewports** starr. Serverseitig erfolgt bereits vor der Übertragung der Daten ein Anpassen der Inhalte. Daher kann auf geringe Bandbreiten Rücksicht genommen werden. Stimmt die Auflösung des verwendeten Geräts allerdings nicht exakt mit den Abmessungen des Viewports überein, können Fehldarstellungen die Folge sein. Gestalterisch und technisch ist der Aufwand bei einer beschränkten Anzahl von Viewports deutlich geringer. Aufgrund der Vielzahl der möglichen Endgeräte und damit Auflösungen steigt der Aufwand mit der Anzahl der Zielgruppen allerdings wieder an.

Neben mobilen Websites bieten sich zur optimalen Entwicklung und Darstellung auf Endgeräten auch **Native Apps** oder **Hybride Apps** an.

**Apps** (Kurzform, engl.: „Applications", dt.: für „Anwendungssoftware"), auch Portable Applications, sind kleine, eigenständige Programme für die unterschiedlichsten Anwendungen auf Computern oder Smartphones (→ S. 143). Jedes Betriebssystem auf einem mobilen Gerät wie zum Beispiel **Android, iOS** oder **Windows Phone** (→ S. 143) verlangt Applikationen, die genau dafür programmiert wurden.

**Native Apps** greifen je nach Rechtevergabe direkt auf die Hardwarekomponenten eines Endgeräts zu, beispielsweise auf interne Speicher, Kameras oder GPS-Funktionen.

Plattformabhängig erfolgt die Vermarktung der Anwendungen über **Verkaufs-Apps** wie Google Play oder den **App-Store.**

Eine **Hybride App** ist eine so genannte Mischlösung, die alle Vorteile und Funktionen von Web-Apps und nativen Apps in sich vereint: Technisch ist sie wie eine mobile Website aufgebaut und lässt sich über einen Browser öffnen. Der Gestaltung nach ist sie allerdings einer nativen App nachempfunden. Je nach Programmiertechnik kann diese Variante auch auf Funktionen des Endgeräts zugreifen.

**Tipp:** *Auch bei der mobilen Nutzung von Webinhalten spielt die Usability (→ S. 141) und damit eine möglichst klare, einfache bzw. gebrauchstaugliche Darstellung eine übergeordnete Rolle. Die Bandbreite ist häufig eingeschränkt und die Datenübertragung damit langsamer. Im Vergleich zu traditionell gestalteten Websites ist eine geringe Ladezeit daher noch wichtiger.*

# Darstellung und Strukturen

Grafische Benutzeroberflächen können auf verschiedene Weise strukturiert werden. Die folgenden Beispiele zeigen die wichtigsten Strukturen und ihre Merkmale exemplarisch auf.

Lineare Struktur (Abb. 9)

1. Lineare Anordnung der Screens
2. Kein aktives Eingreifen durch den Anwender möglich
3. Alle Informationen bauen aufeinander auf

Jumplineare Struktur (Abb. 10)

1. Lineare Anordnung der Screens
2. Möglichkeit des Anwenders, von der Startseite auf jede Seite zu kommen
3. Wenig Interaktivität

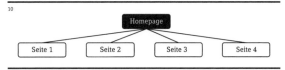

Baumstruktur (Abb. 11)

Die klassische Struktur ist die Baumstruktur. Von einer Startseite gelangt der Anwender auf verschiedene Unterseiten.

1. Die Verzweigungen bieten verschiedene Möglichkeiten beim Navigieren
2. Logische Struktur (hierarchische Struktur)
3. Geeignet für sehr viele Anwendungen wie z. B. Informations- oder Lernprogramme und Websites

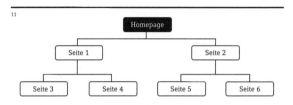

Netzstruktur (Abb. 12)

1. Keine eindeutige Hierarchie
2. Kleinere Untersysteme, die miteinander vernetzt sind
3. Knoten entsprechen der Hauptmenüseite

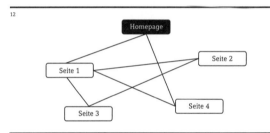

Single-Frame-Struktur (Abb. 13)

1. Vom Anwender wie eine einzige Seite erlebt
2. Keine Hierarchien

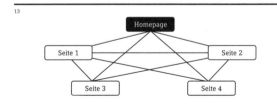

# Digitale Fotografie

Die **digitale Fotografie** (Fotografie, griech.: Lichtzeichnung) ist ein optisch-elektronisches Abbildverfahren. Das Abbild wird nicht wie bei der analogen Fotografie durch optisch-chemische Prozesse, sondern durch optisch-elektronische Prozesse erzeugt und digital gespeichert.

## Digitalkamera

Eine **Digitalkamera** oder **Digitalfotokamera** (Kamera, latein.: camera = Kammer, Raum) ist ein fotografisches Gerät, das ein Objekt mittels eines optisch-elektronischen Systems abbildet und in einer digitalen Datei speichert (Abb. 14).

Die wesentlichen **Kamerakomponenten** einer Digitalfotokamera sind das Objektiv (→ S. 186) mit einem **Linsensystem** und einer Blende sowie das lichtundurchlässige **Gehäuse** (engl.: Body) mit internem Blitz, Verschluss, Bildsensor und Speicherkarte.

Der **lichtempfindliche Bildsensor** (→ S. 185) der digitalen Fotokamera entspricht dem lichtempfindlichen Film einer analogen Fotokamera. Er wandelt die Lichtfarben des auf ihn projizierten Abbildes in elektrische Signale um, die in einer digitalen Datei gespeichert werden. Das **Digitalbild** ist vergleichbar mit dem chemisch entwickelten Negativ einer analogen Fotokamera.

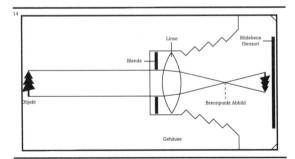

Die **Auflösungsfähigkeit,** auch Bildgröße, ist nur ein Qualitätskriterium für eine digitale Kamera. Weitere Aspekte für die Qualität sind das optische System (→ S. 186, Objektiv) sowie die Art und Größe des Bildsensor.

Digitale Fotokameras werden in unterschiedliche **Kameratypen,** auch **Kameraklassen,** unterteilt. Die **Kompaktkamera** zeichnet sich durch ihre kompakte Bauweise und einfache Bedienung aus. Das Objektiv ist fest integriert und nicht austauschbar. Die **DSLR-Fotokamera** (Digital Single Lens Reflex) wird im deutschsprachigen Raum als digitale **Spiegelreflexkamera** bezeichnet. Sie besitzt einen ausklappbaren Spiegel, der das Abbild des zu fotografierenden Objektes zum **Okular** (Betrachtungslinse) umlenkt. Dadurch kann das Abbild in seinem exakten Bildausschnitt und seiner Helligkeit beurteilt werden, bevor es aufgenommen wird. Beim Auslösen der Fotokamera klappt der Spiegel wieder ein, der Verschluss öffnet sich und das Abbildlicht fällt direkt auf den Bildsensor. DSLR-Kameras haben ein austauschbares Linsensystem (Wechselobjektive). Des Weiteren gibt es **Systemkameras (DSLM-Kameras).** Diese habe kein Spiegelsystem, aber ebenso austauschbare Objektive (Optiken). Die Bauweisen sind kompakt, können aber auch die Größen kleinerer DSLR-Kameras aufweisen.

<u>Bildsensor</u>

Der **elektronische Bildsensor** ist ein Halbleiter-Chip im Inneren einer Digitalfotokamera. Er besteht aus Millionen einzelner lichtempfindlicher Bauteile, welche die Bildpunkte (vgl. Kap. Typografie, S. 116, Pixel) darstellen. Das optische Signal (Licht), welches auf einen Bildpunkt trifft, wird in ein elektrisches Signal gewandelt und in den Zwischenspeicher weitergeleitet. Dort werden alle elektrischen Signale eines Bildes in eine digitale Datei geschrieben und auf einer Speicherkarte gespeichert.

15

Generell werden zwei Arten von Bildsensoren verwendet. Der **CCD-Sensor** (engl.: Charge Coupled Device = ladungsgekoppelte Vorrichtung) leitet das elektrische Signal jedes Bildpixels einer kompletten Pixelreihe nacheinander zum Speicher weiter (Abb. 15). Er ist in der Regel kleiner als das **analoge Kleinbildformat** von 24×36 mm. Ein CCD-Sensor mit einer

Größe von 23×15 mm kann ein Foto mit 3.000×2.000 Pixeln, also etwa 6 Megapixeln generieren.

Der **CMOS-Sensor** (Complementary Metal Oxide Semiconductor) leitet das elektrische Signal jedes Bildpixels einzeln und zeitgleich an den Speicher weiter. Die Verarbeitungszeit ist damit kürzer. So kann ein CMOS-Sensor in gleicher Zeit mehr Lichtimpulse verarbeiten.

Objektiv

Spiegelreflexkameras (→ S. 185) besitzen in der Regel auswechselbare **Objektive,** auch **Optiken** genannt. Diese Wechselobjektive werden in Festbrennweiten und Zoomoptiken unterschieden.

**Festbrennweiten** sind jeweils auf eine bestimmte Brennweite (→ S. 188) festgelegt und besitzen eine relativ große **Anfangsblende** (Öffnungsblende). Durch ihre Lichtstärke sind kurze Belichtungszeiten ohne Blitz möglich. **Festbrennweiten** werden unterteilt in **Normalbrennweiten** (z.B. 35 mm, 50 mm), **Weitwinkelobjektive** (z.B. 11 mm, 25 mm), **Teleobjektive** (z.B. 80 mm, 200 mm) und **Makroobjektive** (Abb. 16).

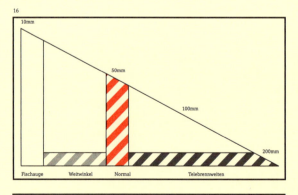

16

Die **Normalbrennweiten** zeigen einen Bildausschnitt, der in etwa dem deutlichen Sehfeldwinkel des Menschen entspricht (→ Kap. Gestaltung, S. 24). Wie lang die Brennweite genau sein muss, um diesen Normalausschnitt zu erreichen, hängt von der Chipgröße (→ S. 185, Bildsensor) ab.

**Teleobjektive** holen weit entfernte Objekte nah heran, vergrößern sie und verringern so die Raumtiefenwirkung. Sie können einen Bildwinkel von bis zu 2 Grad haben. Die Schärfentiefe (→ S. 188) ist bei Teleobjektiven geringer, somit können Vorder- oder Hintergrund durch Unschärfe gestalterisch voneinander abgehoben werden.

**Weitwinkelobjektive** haben einen vollständigen Blickwinkel (bis zu 180 Grad) und stellen im extremen Fall das Bild verzerrt dar (**Fischauge,** auch Fischeye).

**Makroobjektive** können ein sehr kleines und nahe liegendes Objekt in einem Maßstab von 1:1 abbilden. Jede andere Optik braucht einen Mindestabstand zum Objekt, unter dem keine Schärfenfokussierung möglich ist. Diese Mindesteinstellentfernung wächst mit der Brennweite.

Bei den **Zoomoptiken** ist die Brennweite (→ S. 188) durch ein mechanisch verschiebbares Linsensystem variabel. Es gibt Zooms im Telebereich (z. B. 80–200 mm) oder im Weitwinkelbereich (z. B. 28–50 mm) sowie Makrozooms. Der Vorteil von Zoomoptiken ist, dass bei unterschiedlich entfernten Objekten und verschiedenen Bildausschnitten das Objektiv nicht ausgewechselt werden muss. Der Nachteil ist neben ihrem Gewicht, dass ein großer Anteil des vom Objekt reflektierten Lichtes bei seinem Weg durch das komplexe Linsensystem absorbiert wird, bevor es auf den Bildsensor (→ S. 184 f.) trifft. Dadurch sind längere Belichtungszeiten (→ S. 188 ff., Belichtung) nötig und die Gefahr der **Bewegungsunschärfe** ist größer. Gute Zoomoptiken können durch Linsen mit hochwertiger Oberflächenvergütung und einer großen Frontlinse eine Lichtstärke von 1:2 erreichen (→ S. 189).

*Tipp: Beim Erwerb einer digitalen Kompaktfotokamera sollte man auf den optischen Zoom achten. Dieser ermöglicht das Vergrößern der aufzunehmenden Objekte durch unterschiedliche Brennweiteneinstellung. Die Bildqualität bleibt beim optischen Zoomen gleich. Der digitale Zoom dagegen vergrößert nur das digitale Bild. Es werden also weniger Pixel verwendet, und die Qualität wird vermindert.*

Die **Brennweite** eines Objektivs wird in Millimetern angegeben. Je kleiner der Wert, desto größer der dargestellte **Bildausschnitt** (Bildwinkel). Die Brennweite ist die Entfernung zwischen Linsenmittelpunkt und Brennpunkt, also dem Punkt, an dem parallel einfallende Lichtstrahlen gebündelt werden. Die Lichtstrahlen, die ein Objekt reflektiert, sind in der Regel nicht nur parallel. Sie treffen sich in verschiedenen Schärfepunkten.

Durch das Drehen am **Fokusring** der Optik wird das Abbild scharf gestellt. Dabei wird der Abstand des Linsensystems zur Bildebene (→ S. 184 f., Bildsensor) so verändert, dass auf dieser Ebene die wichtigsten **Schärfepunkte** des Abbildes liegen. Vor und hinter dem Schärfepunkt werden Objekte auch noch als scharf empfunden. Diesen Bereich nennt man **Schärfentiefe.** Die Größe des Schärfentiefebereichs ist von der Brennweite, der Blendenöffnung (Abb. 17: Blende 2, Abb. 18: Blende 4, Abb. 19: Blende 16), der Größe des Sensors und dem Abstand zum Objekt abhängig.

**Tipp:** *Je länger die Brennweite eines Objektivs und je offener die Blende gewählt ist (= kleine Blendenzahl), desto geringer ist der Schärfentiefenbereich. Bei geringerer Distanz zwischen Kamera und Objekt nimmt die Schärfentiefe ebenfalls ab.*

Eine typische Schärfenskala für eine 35-mm-Fotoptik:
0,2 0,22 0,25 0,27 0,3 0,35 0,4 0,5 0,6 0,8 1 1,3 2 4 ∞ m.

### Belichtung

Die **Helligkeit** eines fotografischen Abbildes wird mit der Belichtungszeit, der Blende und der Lichtempfindlichkeit (ISO-Wert) gesteuert. Die **Belichtungszeit,** auch **Verschlusszeit** genannt, ist der Moment, in dem der Verschluss im Kameragehäuse geöffnet ist und das durch das Objektiv fallende Licht auf den Sensor trifft. Je länger die Belichtungszeit, desto größer ist die Unschärfe der sich im Bild bewegenden Objekte **(Bewegungsunschärfe).** Als

Anhaltspunkt für eine verwacklungssichere Mindestbelichtungszeit kann man die Brennweite des Objektivs nehmen (z.B. 1/50s bei 50mm). Typische Belichtungszeiten sind: 1/2000, 1/1000, 1/500, 1/250, 1/125, 1/60, 1/30, 1/15, 1/8, 1/4, 1/2, 1, 2, 4, 8, 15, 30s, 1, 4 min.

Mithilfe der **Blende** kann die **Lichtmenge,** die durch ein Objektiv (→ S. 186) auf den Sensor fällt, reguliert werden. Jede **Blendenstufe (f-Stop)** verändert die einfallende Lichtmenge auf das Doppelte beziehungsweise auf die Hälfte. Bei großer/offener Blende (= kleine f-Stop-Zahl) gelangt das meiste Licht in das Objektiv. Die Blendenreihe lautet wie folgt: f 1, 1.4, 2, 2.8, 4, 5.6, 8, 11, 16, 22, 32, 45 (Abb. 20, Irisblenden).

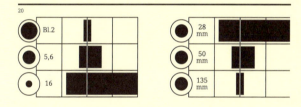

20

Die **Lichtstärke** eines Objektivs hängt vom Durchmesser der Frontlinse, der Brennweite (→ S. 188) sowie der Anzahl und Qualität der Linsen ab. Die Angabe der Lichtstärke setzt sich zusammen aus dem maximalen Blendendurchmesser, der bei dem Objektiv möglich ist, und der Brennweite. Eine Blende mit einem maximalen Durchmesser von 50mm, bei einem 100-mm-Objektiv, ergibt eine Lichtstärke von 1:2,0. Die **Anfangsblende** (→ S. 186) ist also 2,0. Ein 200-mm-Objektiv mit gleicher Maximalblende besitzt eine Lichtstärke von 1:4,0. Die Anfangsblende ist also 4,0.

*Tipp: Wenn ein Motiv sehr dunkel ist und die „offenste" Blende des Objektivs nicht ausreicht, um das Motiv ohne Verwackelung abzulichten, kann die Sensorempfindlichkeit (ISO-Wert) erhöht und die Belichtungszeit verkürzt werden.*

Der **ISO-Wert** gibt die eingestellte **Lichtempfindlichkeit** des Bildsensors an (→ S. 184 f.) und ist eine Festlegung der Internationalen Organisation für Normung (ISO) zur **Lichtempfindlichkeitsmessung** verschiedener Filme der analogen Fotografie. Bei höherer Sensorempfindlichkeit wird weniger Licht benötigt, somit kann entweder die Blende geschlossen oder die Belichtungszeit verkürzt werden. Dafür erhöht sich allerdings das **digitale Rauschen,** also die Körnung der Pixel und das Farbflimmern in den dunklen Bereichen. Mit jeder Verdoppelung des ISO-Wertes muss die Blende (→ S. 189) um eine Stufe geschlossen werden (größere f-Stop-Zahl), damit die Belichtung des Abbildes gleich bleibt.

Die **ISO-Skala** sieht folgendermaßen aus: 12, 16, 20, 25, 32, 40, 50, 64, 80, 100, 120, 160, 200, 250, 320, 400, 500, 640, 800, 1000, 1200, 1600, 2000, 2500, 3200, 4000, 5000, 6400 ASA.

*Bei langen Verschlusszeiten besteht die Gefahr von Bewegungsunschärfen. Die Verwacklungsgefahr lässt sich minimieren:*

- kurze Belichtungszeit (z. B 1/1000)
- mehr Licht (z. B. Blitz)
- kleinere Blendenzahl (z. B. 2.0)
- höhere ISO-Zahl (z. B. 800)
- kurze Brennweite (z. B. 25 mm)
- Kamera stabilisieren (z. B. Stativ)
- elektronischer Bildstabilisator (z. B. in Kamera)

### Bildqualität

Für die optische **Qualität** eines Fotos ist die Licht- und Farbgestaltung ein wichtiger Aspekt. Denn Lichtquellen geben Licht nicht nur in verschiedenen Stärken (Helligkeit), sondern auch in verschiedenen **Wellenlängen** (Lichtfarben) ab.

Licht besteht aus elektromagnetischer Strahlung (→ Kap. Gestaltung, S. 8). Es gibt verschiedene Nuancen von weißem Licht – wärmere und kältere. Das menschliche Auge passt sich automatisch diesem unterschiedlichen

**Weißlicht** an. Die Digitalkamera macht dafür einen so genannten **Weißabgleich,** die Anpassung des digitalen Weißwertes an die Farbtemperatur des weißen Umgebungslichtes. Es gibt standardisierte Weißabgleicheinstellungen für **Tageslicht** (blauer), **Kunstlicht** (röter) und **Fluoreszenzröhren** (grüner).

Die **Farbtemperatur** ist eine Messgröße für die Farbeigenschaften von Lichtquellen. Je höher der Blauanteil, umso größer der Farbtemperaturwert. Das **Tageslicht** der Sonne hat eine Farbtemperatur von etwa 6500 K (Kelvin); ein bewölkter Himmel ist mit etwa 7000 K etwas blauer. Ein **Kunstlichtscheinwerfer** hat etwa 3200 K.

Für die korrekte **Farbwiedergabe** eines fotografischen Abbildes im Vergleich zum Original (z. B. Reproduktion von Kunstwerken, Produktfotografie) kann der Einsatz einer **Graukarte** oder **Farbkarte** sinnvoll sein. Diese Karte wird in der Lichtsituation eines aufzunehmenden Motivs in optimaler Belichtungseinstellung fotografiert. Sie ist in der nachfolgenden Bildbearbeitung oder für den Druck eine **Farb- und Kontrastreferenz.** Graukarten reflektieren Licht von unterschiedlichen Farbtemperaturen immer zu 18 Prozent. Damit ist sowohl die Farbe als auch die Helligkeit des Originalmotivs bei der Nachbearbeitung eindeutig beurteilbar. Graukarten werden auch zum **manuellen Weißabgleich** (→ S. 167) verwendet. Weißes Papier eignet sich jedoch nur bedingt dafür, weil es oft optische Aufheller enthält.

Das digitale Abbildverfahren kann im Vergleich zur analogen Fotografie u. a. nur einen begrenzten **Kontrastumfang** mit weniger Graustufen darstellen. Auge und Gehirn des Menschen sind in ihrer Farb- und Kontrastwahrnehmung beiden Abbildverfahren überlegen. In schwierigen **Belichtungsmomenten,** wie **Unterbelichtung** bei **Dunkelheit, Überbelichtung** wegen starker Hell-Dunkel-Unterschiede oder Grünstich wegen eingeschalteter **Leuchtstoffröhren,** ist das Rohdatenformat **RAW** (→ S. 193) zu empfehlen. In einem **RAW-Bildbearbeitungsprogramm** können dann **Fehlbelichtungen,** zu große Kontrastunterschiede, Farbstiche oder **Weißabgleichsfehler** korrigiert werden.

Die technische **Bildqualität** eines Digitalfotos sowie die Bearbeitungsfähigkeit und Nutzung desselben sind also vom **Dateiformat** und von der **Kompressionsstärke** abhängig.

Kompression und Format beeinflussen auch die Größe der Datei. Ein Digitalbild von 3.000 × 2.000 Pixel in einem unkomprimierten Raw-Format hat eine Dateigröße von etwa 5 MB. Ein Bild derselben Größe in einem 1:4-komprimierten JPG-Format (→ S. 194) verfügt über eine Dateigröße von 3 MB.

## Digitalbild und Bildbearbeitung

Digitale Bilder setzen sich aus Pixeln (→ S. 140) zusammen. **Bildgröße** und **Dateigröße** werden u. a. bestimmt von der Pixel-anzahl. Da selbst in einem kleinen Bild sehr viele Pixel vorhanden sein können, wird die Pixelanzahl in **Megapixel** (Millionen von Pixeln) angegeben. Die Pixel sind vergleichbar mit der **Körnung** im analogen Foto. Wie bei **hochempfindlichen Filmen** (z. B. 1600 ASA) auch, ist die Körnung bei hochempfindlicher Sensoreinstellung (→ S. 190, ISO-Wert) größer.

Ein Digitalbild mit einer Bildgröße von 2.000 × 3.000 Pixeln, kann bei einer Druckauflösung von 300 dpi einen Fotoausdruck oder -abzug von maximal 16 × 25 cm erreichen. Ein Digitalbild der Größe 1.500 × 1.000 bringt einen Fotoabzug von 9 × 13 cm. Die Bildgröße eines analogen Kleinbildnegativs beträgt digital etwa 30 Megapixel.

**Tipp:** *Die benötigte Bildgröße richtet sich nach der Anwendung. Ist genügend Speicherplatz verfügbar und der Verwendungszweck noch offen, so ist die maximale Pixelanzahl der Kamera zu empfehlen. Ebenso ist ein unkomprimiertes Dateiformat in Erwägung zu ziehen, damit genügend Spielraum zur Gestaltung und Nachbearbeitung bleibt (→ S. 193, RAW-Datei).*

Die **Verkleinerung** von **Bilddateien** ist meist problemlos und mit nahezu jedem Bildbetrachtungs- und Bildbearbeitungsprogramm möglich. Für einen Ausdruck ist jedoch eine Auflösungsdichte von mindestens 200 dpi unerlässlich (→ Kap. Produktion, S. 226). Für eine **fotografische Ausbelichtung** sind 300 dpi und am Bildschirm nur 72 dpi notwendig. Eine Fotodatei einer bestimmten Darstellungsgröße am Bildschirm braucht durch ihre geringere **Auflösungsdichte** (DPI) weniger Speicherplatz als eine Fotodatei selben Abmaßes für einen Fotodruck. Eine **Vergrößerung,** auch **Großrechnung** oder **Interpolation** von Bilddateien, ist oft problematisch und sollte mit dem passenden Verfahren und dafür geeigneter Software gemacht werden. Dabei werden Pixel hinzugerechnet, ohne dass dem Programm tatsächlich reelle Zusatzinformationen oder Bilddetails zur Verfügung stehen. Die Programme errechnen die zusätzlichen Pixel anhand der umliegenden Informationen eines Pixels im Ausgangsbild und unter Vermeidung von weiteren **Bildstörungen** (z. B. sichtbar werden von **Treppenstufen** an Linien). Bei guter Ausgangsqualität mit z. B. geringem Bildrauschen (→ S. 190, digitales Rauschen) und entsprechender Technik ist ein Interpolieren von Bildern auf 200 Prozent der Ausgangsgröße möglich. Bei detailreichen Motiven kann das Fehlen von Bilddetails durch Interpolation schnell sichtbar werden. Um die Treppenbildung bei Interpolation zu vermeiden, sollte **„Bikubisch glatter"** verwendet werden. Ein Nachteil dieser Berechnungsmethode ist, dass die Bilder leicht unscharf werden. Dieses kann jedoch mit einer leichten Schärfung durch die Methode **„unscharf maskieren"** behoben werden. Neben den klassischen Bildbearbeitungsprogrammen gibt es auch Anwendungen, die direkt auf Bildvergrößerungen spezialisiert sind. Diese Programme bieten teilweise noch mehr Interpolations-Algorithmen an.

Die **RAW-Datei** (engl.: roh) ist eine nicht ausgewertete uninterpolierte **Bit-für-Bit-Bilddatei,** die bei der Aufnahme des Fotos von der digitalen Kamera aufgezeichnet wird. Neben differenzierten Informationen jedes Pixels (Lichtmenge, Lichtfarbe) im Bild enthält die RAW-Datei auch **Meta-Daten** über das Bild selbst (Tageszeit, Belichtungszeit, Blende, Sensorempfindlichkeit, Brennweite, Kameratyp). RAW bezeichnet den Rohzustand der Bilddatei vor der Konvertierung in ein gängiges Format wie JPEG (→ S. 194) oder TIFF (→ S. 194). In diesem Zustand sind die meisten **Bildkorrekturen** möglich. RAW-Dateien sind nicht von Bilddarstellungsprogrammen lesbar und nur mit einigen Bildbearbeitungsanwendungen zu bearbeiten (z. B. mit Photoshop und Gimp). Da der Aufbau der RAW-Datei meist vom Hersteller der jeweiligen Kamera abhängig ist, liefert dieser normalerweise eine spezielle Software zur Bearbeitung. RAW-Dateien werden auch als digitales Negativ bezeichnet.

Das Bilddateiformat **JPEG** komprimiert Bilddaten wie Farb-Kontrastinformationen in variierbarer Stärke. Im Gegensatz zur TIFF-Datei (→ S. 194) werden Farbinformationen mit einer **Farbtiefe** (→ S. 141) von 8 Bit pro Farbkanal und Pixel gespeichert. Das entspricht einer Dynamik von nur etwa 7 Blenden bzw. Kontraststufen. Je größer der **Komprimierungsgrad,** desto mehr Bildinformationen werden eliminiert, und desto kleiner ist die Dateigröße. Das Dateiformat ist deshalb z. B. gut für **Web-Anwendungen.** Das Format JPG ist weit verbreitet, kompatibel und von allen Fotodarstellungs- und Bearbeitungsprogrammen lesbar.

**TIFF** speichert Farb-Kontrastinformationen mit 8 oder 16 Bit pro Farbkanal und bietet damit eine größere **Farbtiefe** als das JPEG-Format. TIFF-Dateien können im Gegensatz zu JPG-Dateien verlustfrei komprimiert werden. Die Datei wird kleiner, und es gehen keine Bildinformationen verloren. Dies führt im Ergebnis zu einer besseren Bildqualität. TIFF-Dateien eignen sich daher gut für Drucke (→ Kap. Produktion, S. 240). Wie JPEG-Dateien werden auch TIFF-Dateien aus **RAW-Dateien** konvertiert.

**Digitalbilder** lassen sich auf drei Arten darstellen: als klassisches **Papierfoto,** auf einem **Bildschirm** oder als **Druck.** Der **Fotoabzug** wird durch die Belichtung von lichtempfindlichem **Fotopapier** und anschließender Fixierung des chemischen Prozesses hergestellt. Auf Computermonitoren, Fernsehern und digitalen Fotokameras werden die Farben der Digitalbilder durch die Kombination von roten, grünen und blauen Lichtpunkten erzeugt (→ Kap. Gestaltung, S. 9, RGB). In der Drucktechnik wird das subtraktive Farbmodell verwendet (→ Kap. Gestaltung, S. 9, CMYK). In der **analogen Kleinbildfotografie** ist das **Seitenverhältnis** von 2:3 Standard (z. B. 10×15). Viele **kompakte Digitalkameras** verwenden jedoch ein Seitenverhältnis von 3:4. Daher ist es notwendig, sich bei einem Fotoabzug zu entscheiden, ob das gesamte Bild auf der Vergrößerung sichtbar sein oder beschnitten werden soll.

Das Farbmanagement (→ Kap. Produktion, S. 222) sollte bereits beim Fotografieren berücksichtigt werden. Viele Digitalkameras stellen den sRGB-Farbraum und AdobeRGB-Farbraum zur Verfügung.

## Digitale Medien/**Digitale Fotografie**

*Tipp: Zur Darstellung im Web ist der sRGB-Farbraum eine gute Wahl. Für eine Bildbearbeitung oder die Druckvorstufe sollte der größere AdobeRGB-Farbraum (→ Kap. Produktion, S. 222) gewählt werden. Farbnuancen und Strukturen des größeren AdobeRGB-Farbraums sind im kleineren sRGB-Farbraum auf eine homogenere Fläche reduziert.*

In **kleineren Farbräumen** können bei der **Bildbearbeitung** leichte Qualitätsmängel auftreten. Bei der Umwandlung in das CMYK-Farbmodell (→ Kap. Produktion, S. 222 ff.) kann es zu sichtbaren Farbverschiebungen kommen. Hier sollten die Möglichkeiten eines **Softproofs** (→ Kap. Produktion, S. 234 ff.) genutzt werden, um zuvor das Ergebnis abschätzen zu können. Über einen Softproof kann z. B. das Bildbearbeitungsprogramm Photoshop simulieren, wie das Bild im Druck aussehen wird.

*Tipp: Bei der Weitergabe von Fotos sollte darauf geachtet werden, welches Farbmodell gewünscht wird. Sonst könnte trotz Kalibrierung und Farbmanagement das Endprodukt vom gewünschten Bild abweichen. Vor allem Nutzer des JPG-Formats sollten sich im Vorfeld Gedanken über den Farbraum machen. Auch dem Weißabgleich sollte höhere Beachtung als im RAW-Format geschenkt werden. Die Farbtiefe beträgt beim JPEG nur 8 Bit. Das sind 256 Abstufungen je Farbkanal und damit weniger, als professionelle Digitalkameras aufzeichnen können.*

# Tipps und Links

**Bildagenturen**

Internationaler

- Getty Images: www.gettyimages.com
- Corbis: www.corbisimages.com
- Veer Marketplace: www.veer.com
- Alamy: www.alamy.com
- Fotolia (Microstock-Bildagentur): de.fotolia.com
- Image Source (Royalty-Free-Produktionsfirmen): www.imagesource.com

**Digitale Gestaltung und Medienproduktion**

Deutschsprachig

- DOCMA, Doc Baumanns Magazin für Digitale Bildbearbeitung: www.docma.info

- Adamski, Björn: *Apple Motion 2, Grundlagen, Effekte, Integration,* Galileo Verlag, Bonn (2005)

- Böhringer, Joachim; Bühler, Peter; Schlaich, Patrick: *Konzeption und Gestaltung, Produktion und Technik für Digital- und Printmedien,* Springer Verlag, Berlin (2014)

- Fontaine, Philippe: *Adobe After Effects CS6. Das umfassende Handbuch,* Galileo Verlag, Bonn (2012)

- Klaßen, Robert: *Adobe Premiere Pro CC – Schritt für Schritt zum perfekten Film,* Galileo Verlag, Bonn (2013)

- Klaßen, Robert: *Adobe Premiere Pro CS6 – Das umfassende Training,* Galileo Verlag, Bonn (2012)

- Marty, Samuel; Frick, Richard: *Grundlagen der Bildschirmtypografie. Lehrmittel für Satztechnik und Typografie,* Bd. 5, Verlag comedia, Bern (2004)

- Maurer, Fritz: *Farbreproduktion. Lehrmittel für Bildbearbeitung,* Bd. 1, Verlag comedia, Bern (2004)

- Scheliga, Mario: *Facebook-Anwendungen programmieren,* O'Reilly, Köln (2010)

- Skroblin, Manuel; Zerr, Andreas: *Final Cut Pro X – Das umfassende Handbuch – inkl. Motion und Compressor,* Galileo Verlag, Bonn (2012)

**Magazine und Foren**

Deutschsprachig

- Magazin zum Thema digitales Video: www.slashcam.de
- Page Magazin online: www.page-magazin.de

## Netzwerke, Verbände und Organisationen

<u>International</u>

- W3Schools:
  www.w3schools.com/browsers

<u>Europa</u>

- CEPIC – Europäische Interessenvereinigung von Bildagenturen: www.cepic.org
- European Multimedia Associations Convention (EMMAC): www.emmac.org

<u>Deutschland</u>

- Bundesverband Digitale Wirtschaft (BVDW): www.bvdw.org
- Bundesverband der Pressebild-Agenturen und Bildarchive (BVPA): www.bvpa.org

<u>USA</u>

- Picture Archive Council of America (PACA) – US-Interessenvereinigung von Bildagenturen: www.pacaoffice.org

## Wahrnehmung und Psychologie

<u>Englischsprachig</u>

- Boff, K. R.; Kaufman, L.; et al. (Hrsg.): *Handbook of perception and human performance,* John Wiley & Sons, New York (1986)

- Gibson, J. J.: *The Senses Considered as Perceptual Systems,* Greenwood Press Reprint, Westport/Conn. (1983)

- Goldstein, E. Bruce: *Blackwell Handbook of Perception,* Blackwell Publishing, Incorporated, Malden/Mass. (2001)

## Webdesign, Internet, Programmierung

<u>Deutschsprachig</u>

- Content Management Portal: www.contentmanager.de
- Usabilityblog: www.usabilityblog.de

- Seibert, Björn; Hoffmann, Manuela: *Professionelles Webdesign mit (X)HTML und CSS,* Galileo Verlag, Bonn (2005)

<u>Englischsprachig</u>

- Free PSD templates: www.webdesignerstoolkit.com
- SELFHTML: www.selfhtml.org
- Tim O'Reilly über das Web 2.0: www.oreilly.de/artikel/web20.html
- World Wide Web Consortium: www.w3.org
- Smashing Magazine: www.smashingmagazine.com
- Sitepoint: www.sitepoint.com
- Six Revisions: www.sixrevisions.com
- Noupe: www.noupe.com
- Nielsen Norman Group: www.nngroup.com/articles
- UX Magazine: www.uxmag.com
- UX matters: www.uxmatters.com

- Nielsen, Jakob; Loranger, Hoa: *Web Usability,* Addison-Wesley, München (2006)

- Shneiderman, Ben; Plaisant, Catherine: *Designing the User Interface*, Pearson Education, Boston (2005)

- Krug, Steve: *Don't Make Me Think*, New Riders, Berkeley (2006)
- Lynch, Patrick; Horton, Sarah: *Web Style Guide*, Yale University Press, London (2008)

- Vu, Kim-Phuong L.; Proctor, Robert W.: *Handbook of Human Factors in Web Design*, CRC Press, New York (2011)

## Digitale Medien/**Notizen**

Digitale Medien/**Notizen**

## Digitale Medien/**Notizen**

# 6.0

Produktion/**Einführung**

Es begann mit beweglichen Lettern aus Metall. Damit machte der Goldschmied Johannes Gutenberg eine Erfindung, die die Welt revolutionieren sollte – er entwickelte den Buchdruck.

Heutzutage haben Gestalter zahlreiche Möglichkeiten, ihre Ideen umzusetzen, sie in konkrete Resultate zu verwandeln und weltweit zu verbreiten. Neben geeigneten Papieren und Druckverfahren spielen dabei natürlich Computersysteme eine wichtige Rolle, um Printprodukte, digitale Produkte oder auch dreidimensionale Modelle zu realisieren.

In diesem Kapitel schauen wir sozusagen der Produktionsabteilung über die Schulter: Wir befassen uns mit Papierarten und -formaten, mit Korrekturzeichen und damit, was unter Reproduktion zu verstehen ist. Ohne solche Arbeitstechniken bleibt eine noch so geniale Idee nur Theorie. Tipps und Tricks führen uns dabei durch den spannenden Prozess des Drucks: von der Satzerstellung über Farbprofile, Bogenmontage und Druckverfahren bis hin zur Oberflächenveredelung und dem Falzen. In diesem Kapitel geht es darum, wie es in der Praxis gelingt, kostengünstig und qualitätsgerecht zu entwickeln und zu produzieren sowie Fehlentscheidungen bereits im Voraus zu erkennen – und zu vermeiden.

# Produktion

| | | |
|---|---|---|
| 6.1 | **Papierformate** | 204 |
| 6.2 | **Papier** | 208 |
| | Papiersorten | 214 |
| 6.3 | **Reproduktion** | 220 |
| | Farbmanagement | 222 |
| | Raster | 226 |
| | Reinzeichnung und Kontrolle | 229 |
| | Druckformen | 237 |
| 6.4 | **Druck** | 240 |
| | Druckprozesskontrolle | 242 |
| | Druckverfahren | 244 |
| | 3D-Druck | 251 |
| 6.5 | **Weiterverarbeitung** | 255 |
| | Oberflächenveredelung | 255 |
| | Falzen | 257 |
| | Schneiden | 258 |
| | Bindeverfahren | 259 |
| 6.6 | **Produktionspraxis** | 262 |
| | Cross Media Publishing | 266 |
| 6.7 | **Tipps und Links** | 268 |

# Papierformate

In Deutschland sind die Standardgrößen für Papierformate vom Deutschen Institut für Normung (DIN) in der Norm **DIN 476** festgelegt. Die deutsche Norm dient als Grundlage für die **internationale Entsprechung DIN EN ISO 216.** Die A-Reihe (Vorzugsreihen) und B-Reihe der ISO/DIN-Norm sind in nahezu allen Ländern adaptiert worden. Unterschiede gibt es meist nur in den erlaubten Toleranzen. Dennoch existieren in einigen Ländern auch weiterhin traditionelle, meist weniger systematische und nicht metrische Methoden. So ist das gebräuchlichste Format in den USA und Kanada 8,5×11 inch (→ S. 207, Letter). In Japan wurde zudem die B-Reihe leicht variiert: B4=257×364 mm.

Die ISO/DIN-Reihen haben gegenüber nicht genormten Formaten entscheidende Vorteile. Das Referenzformat der A-Reihe ist A0, dessen Fläche einen Quadratmeter (1 m$^2$) beträgt. Die kleinere Seite des Bogens steht zur größeren im Verhältnis 1 zur Wurzel aus 2 (1,414...). Jedes Format ist doppelt bzw. halb so groß wie das benachbarte Format in der Reihe. Das nächstkleinere Format entsteht jeweils mit dem Halbieren der Längsseite des Ausgangsformats. Die Formatklassen „0" bis „8" geben an, wie oft das Ausgangsformat A0 geteilt wurde. Die A- und B-Reihen sind in der Regel Endformate. Die Aufteilung eines A-Bogens wird in der folgenden Übersicht dargestellt.

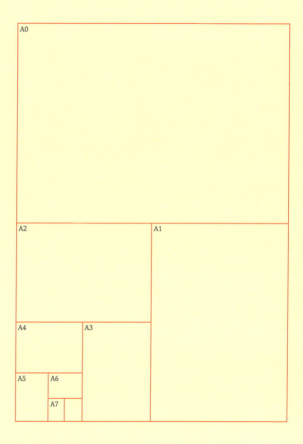

Die **ISO/DIN-Reihen** werden in Millimeter angegeben. Die Toleranz beträgt bei Maßen bis 150 mm ±1,5 mm, bei Maßen bis 600 mm ±2 mm und darüber ±3 mm. Die Übergrößen 2A0 und 4A0 existieren nur in der DIN-Norm, jedoch nicht in der ISO-Norm.

| ISO/DIN A-Reihe in mm | | B-Reihe in mm | | C-Reihe in mm | | D-Reihe in mm | | E-Reihe in mm | |
|---|---|---|---|---|---|---|---|---|---|
| 4A0 | 1682×2378 | | | | | | | | |
| 2A0 | 1189×1682 | | | | | | | | |
| A0 | 841×1189 | B0 | 1000×1414 | C0 | 917×1297 | D0 | 771×1091 | E0 | 800×1120 |
| A1 | 594×841 | B1 | 707×1000 | C1 | 648×917 | D1 | 545×771 | E1 | 560×800 |
| A2 | 420×594 | B2 | 500×707 | C2 | 458×648 | D2 | 385×545 | E2 | 400×560 |
| A3 | 297×420 | B3 | 353×500 | C3 | 324×458 | D3 | 272×385 | E3 | 280×400 |
| **A4** | **210×297** | B4 | 250×353 | C4 | 229×324 | D4 | 192×272 | E4 | 200×280 |
| A5 | 148×210 | B5 | 176×250 | C5 | 162×229 | D5 | 136×192 | E5 | 140×200 |
| A6 | 105×148 | B6 | 125×176 | C6 | 114×162 | D6 | 96×136 | E6 | 100×14 |
| A7 | 74×105 | B7 | 88×125 | C7 | 81×114 | D7 | 68×96 | E7 | 70×10 |
| A8 | 52×74 | B8 | 62×88 | C8 | 57×81 | D8 | | E8 | |
| A9 | 37×52 | B9 | 44×62 | C9 | 40×57 | D9 | | E9 | |
| A10 | 26×37 | B10 | 31×44 | C10 | 28×40 | D10 | | E10 | |

Aus der A-Reihe werden z. B. auch die Streifenformate, z. B. 1/3 A4=DIN lang (DL): 99 mm×210 mm, durch Teilung abgeleitet.

Die **US-amerikanischen Papierformate** folgen keinem einheitlichen Muster und waren ursprünglich zollbasiert **(Inch, Einheit: in).** Die Umrechnungswerte in Millimeter (mm) sind entsprechend auf- bzw. abgerundet. Die folgende Übersicht zeigt die gängigsten US-amerikanischen und kanadischen Formate.

## Produktion/**Papierformate**

| Bezeichnung | US-ANSI-Formate | inch | mm | CAN-Formate | mm |
|---|---|---|---|---|---|
| | | | | P6 | 107×140 |
| Invoice | | 5,5×8,5 | 140×216 | P5 | 140×215 |
| Executive | | 7,25×10,5 | 184×267 | | |
| Legal | | 8,5×14 | 216×356 | | |
| Letter (US-Standard Letter) | A | 8,5×11 | 216×279 | P4 | 215×280 |
| Tabloid (Ledger) | B | 11×17 | 279×432 | P3 | 280×430 |
| Broadsheet | C | 17×22 | 432×559 | P2 | 430×560 |
| | D | 22×34 | 559×864 | P1 | 560×860 |
| | E | 34×44 | 864×1118 | E | 34×44 |

**Rohformate** sind unbeschnittene Formate, auch **Überformate.** Sie sind größer, da erst nach dem Drucken, Falzen und Binden der Beschnitt auf ein A-Reihenformat erfolgt. Die folgende Übersicht zeigt die ISO/DIN-Reihen RA (Rohbogen).

| ISO/DIN-RA-Reihen | in mm |
|---|---|
| RA-0 | 860×1220 |
| RA-1 | 610×860 |
| RA-2 | 430×610 |
| RA-3 | 305×430 |
| RA-4 | 215×305 |

## Papier

In vergangenen Kulturen dienten Stein, Metall, Holz, Wachs- oder Tontafeln als Informationsträger. Diese Materialien wurden nach und nach durch flexiblere Materialien ersetzt. **Papyrus** lässt sich als Beschreibstoff in Ägypten seit Anfang des 3. Jahrtausends v. Chr. nachweisen. Dieser Beschreibstoff wurde aus der Papyrusstaude[1], einem schilfartigen Sumpfgewächs, hergestellt. Die Stängel der Staude wurden in Streifen geschnitten, kreuzweise übereinandergelegt und dann gepresst, gehämmert, geglättet und getrocknet.

Funde belegen, dass Papier bereits 60 v. Chr. in China hergestellt wurde.

### Papierform

Papier ist vom Hersteller oder über den Großhandel als **Rollenpapier** (Abb. 1) oder **Planopapier** zu beziehen. Beschnittene Bögen werden meist in der Einheit **Ries** abgepackt. Das **Formatpapier** (Abb. 2) wird bereits in der Papierfabrik auf ein vom Auftraggeber vorgegebenes Format zugeschnitten. Es ist in der Regel für ein ganz bestimmtes Druckformat optimiert. Mit dem Zuschnitt ab Werk wird der spätere **Papierverschnitt** reduziert. Da Papierpreise meist nach Gewicht berechnet werden, können dadurch die Papierkosten gesenkt werden.

### Papierherstellung und Eigenschaften

Papiere haben je nach Herstellungsart und Zusammensetzung unterschiedliche Eigenschaften. Der Grundrohstoff für die Papierherstellung ist **Zellstoff.** Zellstoff ist ein Material aus Zellulosefasern, die chemisch oder mechanisch aus pflanzlichen Rohstoffen, vor allem Holz, gewonnen werden. **Zellulose** ist ein Kettenmolekül aus Traubenzuckerelementen (Polysaccharide). Als Hauptbestandteil des Pflanzenmaterials ist es verantwortlich für seine mechanische Stabilität (Festigkeit).

**Holzhaltige Papiere** enthalten zu mehr als fünf Prozent mechanische, aus Holz gewonnene Fasern (Holzstoff).

**Holzfreie Papiere** sind Papiere mit höchstens fünf Prozent Gewichtsanteil mechanischer **verholzter Fasern.** Die Bezeichnung holzfrei ist deshalb eigentlich nicht korrekt.

---

[1] Lat.: cyperus papyrus

**Hadernhaltige Papiere** enthalten mindestens zehn Prozent Anteile aus Lumpen und werden in erster Linie für Banknoten und Dokumente verwendet.

<u>Blattbildung</u>

In der industriellen Papierproduktion findet die Blattbildung in der Papiermaschine statt. Der **Papierbrei**, auch **Ganzstoff**, besteht zu 99 Prozent aus Wasser und fließt nach mehrfacher Reinigung aus der **Vorratsbütte** auf die **Siebpartie** der **Langsiebpapiermaschine.** Auf dem endlosen Sieb, welches den Papierbrei transportiert, läuft ein sehr großer Teil des Wassers ab. Hier entsteht die Papierstruktur.

**Füllstoffe** sind Zusatzstoffe zur Papierherstellung und füllen die Zwischenräume zwischen den **Papierfasern** aus. In der Regel werden Mineralstoffe wie **Kaolin** (Porzellanerde) oder **Kalziumkarbonat** dafür eingesetzt. Der Füllstoffgehalt im fertigen Papier kann bis zu 35 Prozent betragen.

Die Zusammensetzung der Füllstoffe bestimmt die Opazität, den Weißegrad und auch die Glätte eines Papiers. Die **Opazität** bezeichnet den Grad der Lichtundurchlässigkeit von Papier. Beidseitig bedrucktes Papier sollte eine möglichst hohe Opazität besitzen. Ein höherer Holzanteil im Papier sowie Füllstoffe wie Kaolin, Talkum oder Titandioxid steigern die Opazität. Für die Tintenfestigkeit hingegen ist **Leim** notwendig.

**Leimstoffe** haben die Aufgabe, den inneren Zusammenhalt der Papierteilchen zu gewährleisten und das Papier beschreibbar zu machen.

Auch **schmierige Mahlungen** (hoher Mahlgrad) oder **rösche Mahlungen** (niedriger Mahlgrad) der Papierfasern beeinflussen die Festigkeit des Papiers. So ist z. B. stark geleimtes Papier sehr glatt und reißfest. Die Abb. 3 zeigt einen Tintenstrich auf stark geleimtem Papier im Gegensatz zum ungeleimten Papier, wie in der Abb. 4 dargestellt. Größtenteils wird der Leim der Papiermasse bereits vor der Verarbeitung beigegeben. Für spezielle Papiersorten wird bereits während der Trockenpartie in der Papiermaschine eine nachträgliche Oberflächenleimung vorgenommen.

Auch **Farbstoffe** werden dem Papierbrei in unterschiedlichen Mengen zugesetzt, wie **optische Aufheller**.

Zeichnungen im Papier, die durch unterschiedliche Papierstärke hervorgerufen werden, sind **Wasserzeichen**. Das so genannte **echte Wasserzeichen** entsteht durch Verdrängung (Licht-Wasserzeichen) oder Anreicherung (Schatten-Wasserzeichen) der Papierfasermasse schon in der Siebpartie der Papiermaschine. Der Vorgang erfolgt mit Hilfe einer Wasserzeichenwalze **(Egoutteur).** Halbechte Wasserzeichen **(Molette-Wasserzeichen)** werden nach dem Verlassen der Siebpartie in das noch nasse Papier eingeprägt. **Unechte Wasserzeichen** entstehen außerhalb der Papiermaschine durch das Bedrucken mit farblosem Lack (→ S. 255 ff.) oder durch Prägen (→ S. 210, 216, 256).

**Maschinenglatte Papiere** entstehen am Ende eines Herstellungsprozesses in der Papiermaschine ohne Veredelung (→ S. 214). Darüber hinaus kann z.B. eine besonders glatte Oberfläche durch Satinieren erzeugt werden.

<u>Papierveredelung</u>

Nach der Herstellung des Papiers erfolgt in der Regel der Veredelungsprozess. Eine Form der **Veredelung** ist das **Streichen** in der **Streichmaschine.** Viele Papiere erhalten zur Verbesserung der Oberflächenglätte, des Glanzes, der Weiße und der Bedruckbarkeit einen Strich, das heißt eine Beschichtung. Die dafür verwendete **Streichfarbe** besteht aus natürlichen Pigmenten, einem Bindemittel sowie verschiedenen Hilfsstoffen.

**Satinage,** auch **Kalandrieren,** ist eine weitere Form der Papierveredelung. Durch das Glätten der Materialoberfläche im **Kalander** erhält die Papieroberfläche mehr Glanz, den so genannten Bügeleffekt. **Kalander** selbst sind spezielle Maschinen zum **Satinieren** (Glätten) von Papier. Sie bestehen im Wesentlichen aus einem System übereinanderliegender, meist beheizter Stahlguss- und Papierwalzen, durch die das Papier schlangenförmig hindurchgeführt wird. Dabei übernehmen die polierten Stahlwalzen die eigentliche Glättfunktion. Zudem existieren weitere Veredelungsverfahren. Papiere werden z.B. **geprägt** (z.B. Strukturprägung), erhalten dadurch eine größere Oberfläche, sind haltbarer und fester.

Für das Bedrucken von Papieren ist die Beschaffenheit der **Papieroberfläche** von großer Bedeutung; zudem löst sie beim Nutzer einen visuellen und haptischen Reiz aus.

Für einige Druckverfahren (→ S. 244) sind weitere Papiereigenschaften wichtig. So sollten beispielsweise Papiere für den Rollendruck auf Rotationsmaschinen besonders reißfest und Hochdruckpapiere sehr elastisch sein, um sich der prägenden Druckform anzugleichen. Der Mehrfarbdruck erfordert eine hohe **Dimensionsstabilität,** ein Maß, das aufzeigt, wie sehr sich die Abmessungen des Papiers verändern, wenn sich der Feuchtigkeitsgehalt ändert. Das Papier darf sich beim Druckvorgang nicht verziehen, da die Farben ansonsten nicht passgenau übereinandergedruckt werden können.

Die **Rupffestigkeit** von Papier gibt an, wie viel Kraft durch senkrechten Zug aufgewendet werden muss, um Partikel von der Papieroberfläche abzulösen. Beim Offsetdruck (→ S. 244 ff.) spielt die Rupffestigkeit eine große Rolle.

Mit dem **Aschegehalt** eines Papiers werden die Anteile an anorganischen Substanzen bezeichnet, die beim Verbrennen des Papiers als Asche zurückbleiben.

### Laufrichtung

5

6

Die Laufrichtung, auch **Faserlaufrichtung,** ist die durch den Herstellungsprozess bedingte Ausrichtung der Fasern im Papier. Hierdurch erhält das Papier in zwei Richtungen unterschiedliche Eigenschaften. In der maschinellen Herstellung von Papieren ist die Laufrichtung die Richtung, in der das Papier durch die Papiermaschine läuft. Entsprechend der Strömung des nassen Papierbreis (→ S. 209) ordnen sich die Fasern in der Längsrichtung an (Abb. 5).

**Goldene Regel:** Bei Büchern und mehrseitigen Broschüren muss die Laufrichtung des Papiers parallel zum Bund (→ Kap. Typografie, S. 103 ff.) verlaufen (Abb. 6). Ansonsten würde die Feuchtigkeit des Leims bewirken, dass das Papier im Bund quillt und wellig wird. Das würde nicht nur dem Aussehen des gedruckten Buches schaden, sondern auch dessen Handhabung beeinträchtigen, so z. B. beim Aufschlagen **(Aufschlagverhalten)** oder Umblättern. Beim Falzen (→ S. 257 ff.) oder Rillen (→ S. 258) entgegengesetzt der Laufrichtung brechen die Fasern des Papiers.

Aus der Breite einer Papierbahn können Bögen in **Breitbahn** oder in **Schmalbahn** beschnitten werden. Bei der Schmalbahn verlaufen die Papierfasern parallel zur längeren

Seite des Bogens, bei der Breitbahn parallel zur kürzeren, schmalen Bogenkante (Abb. 7).

1 Schmalbahnbogen
2 Breitbahnbogen
P Papierbahn

Beispiel zur Angabe einer Breitbahn: 70 × 100 cm BB oder 100 × 70 cm.

**Goldene Regel:** Bei Maßangaben erst das Breitenmaß, dann das Höhenmaß angeben. Beispiele: 14,3 × 21,4 cm = **Hochformat** (engl.: **Portrait**); 21,4 × 14,3 cm = **Breitformat** (engl.: **Landscape**). Um Missverständnisse zu vermeiden, ist es ebenfalls üblich, die Begriffe Querformat oder Hochformat bei Formatangaben zusätzlich zu den Maßangaben anzugeben.

Die Laufrichtung eines Papiers kann mittels verschiedener **Prüfmethoden** leicht ermittelt werden.
    **Die Reißprobe:** Ein Stück Papier wird längs und quer eingerissen. Parallel zur Laufrichtung reißt das Papier leichter und geradliniger (Abb. 8, 9).
    **Fingernagelprobe,** auch **Streichprobe:** Beide Seiten eines Papierbogens werden zwischen Daumen und Mittelfingernagel durchgezogen. Bleibt die Papierkante glatt, so ist sie parallel zur Laufrichtung; in Querrichtung erscheint sie wellig.
    **Die Feuchtprobe:** Die Längs- und Querseite des Papiers wird befeuchtet. Parallel zur Laufrichtung rollt sich das Papier, quer dazu erscheint es wellig.
    **Die Biegeprobe:** Das Papier wird gebogen. Parallel zur Laufrichtung bietet das Papier beim Biegen geringeren Widerstand. Vorteil dieser Prüfmethode: Das Papier wird nicht beschädigt.

Produktion/**Papier**

Papiergewicht

Bei Papieren wird das Gewicht pro Flächeneinheit **(Flächengewicht)** in Gramm pro Quadratmeter (g/m²) gemessen. Die **Grammaturen** von **Papier** reichen von 7 g/m² bis ca. 225 g/m². Die gebräuchlichsten Papier- und Kartongewichte sind in der folgenden Übersicht aufgeführt. Oft wird das Papiergewicht fälschlicherweise mit der Angabe für die Papierdicke gleichgesetzt. Papiere mit gleichem Gewicht können jedoch verschieden dick sein. Das Verhältnis von Papierdicke und Papiergewicht wird mit **Volumen** bezeichnet. Es wird zwischen ein-, eineinhalb-, zwei- und zweieinhalbfachem Volumen unterschieden.

| Dünndruckpapiere | Ca. 40 g/m² |
|---|---|
| Zeitungspapiere | Ca. 50 g/m² |
| Plakatpapiere | Ca. 60 g/m² |
| Kunstdruckpapiere | 90 bis 135 g/m² |

**Tipp:** *Blockstärken in der Buch- bzw. Broschürenproduktion können nicht genau berechnet werden. Genaue Angaben werden durch die Herstellung eines Blindbandes ermittelt. Es ist empfehlenswert, für die Herstellung des Blindbandes Papier aus derselben Papierlieferung zu verwenden, aus der auch das Papier für die Auflagenproduktion stammt. Bei der Papierherstellung kann es zu Schwankungen in der Papierstärke kommen. Deshalb kann die Papierstärke eines Musterbogens sich von der des späteren Auflagenpapiers unterscheiden und es können sich dadurch unterschiedliche Rückenstärken ergeben.*

Ein **Blindband** ist das Muster eines Druckerzeugnisses, das die herstellungstechnischen Merkmale eines Produkts wie Format, Umfang, Papier, Verarbeitung und Bindung demonstrieren soll. Dabei fehlt der eigentliche Druckvorgang, die Seiten sind unbedruckt (vgl. Kap. Gestaltung, S. 55, Dummy).

**Tipp:** *Anhand eines Blindbandes wird die Rückenstärke eines Buchblocks bestimmt. Außerdem erstellen Buchbinder anhand des Blindbandes einen **Maßbogen**, den **Aufriss** (Abb. 10). Der Aufriss wird verwendet, um die Layoutdatei für das Cover bzw. den Bezug anzulegen. Er bezeichnet u. a. die Pappenbreite und die Pappenhöhe beim Hardcover.*

### Papiersorten

Papiersorten werden verschieden kategorisiert. Mögliche Kriterien dabei sind u. a. Herstellungsart, Stoffzusammensetzung, Flächengewicht, Oberflächenbeschaffenheit oder Verwendungszweck.

#### Gestrichene und ungestrichene Papiere

**Gestrichene Papiere** sind Papiersorten, die mit einer ein- oder beidseitigen pigmenthaltigen Masse bestrichen wurden. Sehr dünne gestrichene Papiere werden auch als LWC-Papiere (Light Weight Coated) bezeichnet. **Ungestrichene Papiere** und **Naturpapiere** haben im Gegensatz zu gestrichenen Papieren keinen Strichauftrag. Gestrichene Papiere lassen sich in weitere Kategorien unterteilen.
    **Kunstdruckpapiere** sind z. B. hochwertige, beidseitig aufwendig gestrichene Papiere für anspruchsvolle, farbige Druckerzeugnisse. Sie haben meist eine gleichmäßige und glatte Oberfläche. Diese Papiersorten sind in matter, halbmatter und glänzender Qualität verfügbar. Auf Kunstdruckpapier lassen sich Bilder mit feinstem Raster im Hoch- oder Offsetdruck wiedergeben. **Bilderdruckpapiere** sind gestrichen, oft auch satiniert und haben unterschiedliche Qualitäten.

**Tipp:** *Bilderdruckpapiere werden oft als Ersatz für teurere Kunstdruckpapiere verwendet.*

**Gussgestrichene Papiere** und Kartons haben einen besonders intensiven Glanz. Dieser entsteht jedoch nicht durch das Satinieren (→ S. 210), sondern durch Walzen des feuchten oder angefeuchteten Bedruckstoffs mit einem hochglanzpolierten, verchromten Trockenzylinder.

#### Karton und Pappe

**Pappe** ist ein flächiger Werkstoff aus meist einheitlichen Faserstoffschichten (ab 225 g/m²). Während Karton immer eine veredelte Oberfläche sowie eine hochwertige Stoffzusammensetzung aufweist, besteht Pappe aus eher minderwertigen Rohstoffen. **Karton** liegt im Flächengewicht zwischen Papier und Pappe und besteht aus den gleichen Roh- und Zusatzstoffen wie das Papier. Es wird zwischen einlagigen und mehrlagigen Kartons und Pappen unterschieden.

Das Gewicht von Pappe zu Karton geht fließend ineinander über. Auch bei Pappe und Karton ist die Laufrichtung (→ S. 211 ff.) bei der Verarbeitung einzuhalten.

Es wird zwischen verschiedenen Pappensorten unterschieden. So genannte **Graupappen** werden am häufigsten verwendet. Die verschiedenen Stärken der Graupappen oder **Maschinengraupappen** werden in Millimeter angegeben, wie z. B. 2,0 mm. Die verschiedenen Stärken der **Handpappen** werden in kg angegeben, wie z. B. 40er HP.

*Tipp: Handpappen haben eine feste, verdichtete Oberfläche und eignen sich besonders für flächige Prägungen auf Buchdeckeln.*

**Bristolkarton** ist eine Kartonart aus drei oder mehr Lagen, bei der die äußeren Lagen holzfrei sind, das innere Material dagegen Holz enthalten kann. Bristolkarton ist nicht gestrichen und damit ein Naturkarton. Er ist stabil, lässt sich gut im Offsetverfahren bedrucken und weiterverarbeiten. Typische Einsatzbereiche sind Postkarten, Umschläge oder Verpackungen.

**Chromokarton** ist ein Karton mit einseitigem Strich (→ S. 210) von etwa 18 g/m². Das Vorprodukt ist der Chromoersatzkarton, ein einseitig glatter mit heller stark holzhaltiger Einlage und einer ein- oder beidseitigen holzfreien Deckschicht, der auch Faltschachtelkarton genannt wird. **Chromoluxkarton** ist ein Markenname für einen einseitig weißen, hochglänzenden gussgestrichenen Karton.

**Duplexkarton** ist ein mehrlagiger Karton mit grauer Einlage, grauer Rückseite und holzfreier oder nur leicht holzhaltiger Deckschicht.

## Spezialpapiere

**Pergamentpapier** ist ein kochfestes, fett- und wasserdichtes Papier mit geschlossener Oberfläche. Das Ausgangsprodukt von Pergamentpapier ist ein saugfähiges Rohpapier, das in einem Schwefelsäurebad behandelt wird, um die Oberflächen abzudichten. Dieses Papier wird vor allem zum Verpacken von Fettprodukten (z. B. Margarine) verwendet. Das **Pergamin** wird aus fein gemahlenem Zellstoff hergestellt und ist eine weitgehend fettdichte, jedoch nicht nassfeste Papiersorte, die stark satiniert ist und dadurch relativ transparent wirkt.

*Tipp: Pergamentpapiere reagieren bei der weiteren Verarbeitung mit Leimen besonders stark auf Feuchtigkeit und erscheinen oft wellig. Hinzu kommt, dass die Trocknung nach dem Druck sehr lange dauert.*

**Durchschlagpapier** ist ein dünnes (30 bis 40 g/m$^2$), maschinenglattes, meist holzfreies und gut geleimtes Schreibmaschinenpapier.

**Kohlepapiere** bestehen aus einer Trägerschicht mit Karbondruckfarben, die beim Druck z. B. auf das nächste Blatt übertragen werden.

**AP-Papiere** sind Papiere aus hundertprozentigem Altpapier.

**Feinpapiere**, auch **Feinstpapiere**, sind im Allgemeinen Papiere mit bester Qualität. Bei der Herstellung wird besonderer Wert auf Festigkeit der Oberfläche, auf gute und gleichmäßige Opazität sowie sehr gute Bedruckbarkeit gelegt. Feinpapiere werden oft mit Wasserzeichen versehen.

**Mittelfeine Papiere** enthalten mehr als fünf Prozent mechanisch gewonnene Holzfasern (Holzstoff).

**Hochglanzpapiere** sind einseitig gussgestrichene und nicht kalandrierte Papiere (→ S. 210).

**Chromopapiere** sind holzhaltige oder holzfreie Papiere, die einseitig gestrichen sind. Der Strich ist stets wasserfest und wird im Hinblick auf eine gute Eignung für den Offsetdruck (→ S. 244) sowie für das Prägen, Lackieren und Bronzieren zusammengesetzt. Chromopapier wird überwiegend für Etiketten eingesetzt.

**Buntpapiere** sind farbige, lackierte, gemusterte, auch velourierte, bronzierte oder marmorierte Papiere.

**Büttenpapiere** sind von Hand mit einem Sieb „aus der Bütte" geschöpfte Papiere mit einem typischen, ungleichmäßig verlaufenden Rand. Heute gibt es auch maschinell hergestellte Imitate dieser Papierart.

**Japanpapiere** werden aus japanischen Faserstoffen hergestellt. Für so genannte echte Japanpapiere, auch „Washi" (wa = Japan und shi = Papier) genannt, werden Pflanzen wie Kozo, Mitsumata, Gampi und Kuwakawa verwendet.

Papiere nach Verwendung

**Dickdruckpapiere,** auch auftragende Papiere, sind weiche, besonders stark auftragende, elastische und voluminöse Papiere. **Dünndruckpapiere** – auch Bibeldruckpapiere[2] – sind Papiere mit niedrigem Flächengewicht aus Hadern und gebleichtem Zellstoff mit hoher Festigkeit.

**Offsetpapiere** sind holzfreie und holzhaltige Naturpapiere (→ S. 214, 217 ff.) sowie ungestrichene Recyclingpapiere in satinierter oder maschinenglatter (→ S. 210) Ausführung. Sie eignen sich besonders für die Verarbeitung im Offsetdruck.

**Magazinpapiere,** auch **Illustrationsdruckpapiere,** sind ungestrichene, meist holzhaltige, satinierte Papiere mit hohem Füllstoffanteil, die sich besonders gut zur Wiedergabe von Bildern eignen. Diese Papiere werden vor allem bei Zeitschriften verwendet, die im Tiefdruck hergestellt werden.

**Laserdruckpapiere** haben eine gleichmäßige und speziell präparierte Oberfläche für eine höchstmögliche Tonerhaftung und um die sofortige elektrische Entladung im Laserdrucker zu unterstützen.

**Inkjetpapiere** sind oberflächenveredelte Papiersorten, die Tinte schnell aufnehmen können, welche durch einen Tintendrucker (Inkjetdrucker) mit hoher Frequenz in Form von winzigen Tropfen auf das Papier geschleudert wird. Dabei darf die Tinte nicht verlaufen.

**Affichenpapiere,** auch **Plakatpapiere,** sind Papiersorten für großformatige Plakate, zumeist holzhaltige und stark geleimte Papiere. Diese Papiere sind Naturpapiere mit speziellen Eigenschaften, die das Einweichen vor der Plakatierung erlauben und besonders witterungsbeständig und nassfest sind.

**Nassfeste Papiere** besitzen selbst im nassen Zustand eine hohe Reißfestigkeit. Diese Eigenschaft wird durch spezielle Zusätze in der Faserstoffmischung des Papiers erzielt. Sind die Zusatzstoffe zusätzlich alkalibeständig, ist das Papier auch laugenfest.

---

[2] Vor etwa 100 Jahren erstmals für den Bibeldruck verwendet

**LWC Papiere** sind hochwertige, dünne, gestrichene Papiere, die hauptsächlich im Rollenoffsetdruck und Tiefdruck für Magazine und Kataloge eingesetzt werden.

Elektronisches Papier

Um die Wiedergabe eines Bildschirms mit der überlegenen Lesbarkeit des bedruckten Papiers zu kombinieren, hat das Massachusetts Institute of Technology (MIT) zusammen mit Papierherstellern so genannte **elektronische Papiere** entwickelt.

So enthält eine Variante des elektronischen Papiers winzige, auf verschiedenen Seiten unterschiedlich gefärbte Kugeln, die sich mit Hilfe elektrischer Felder drehen und somit verschiedene Farben sichtbar machen.

Ein weiteres elektronisches Papier enthält kleine, durchsichtige, mit Farbstoff und weißen Partikeln gefüllte Kapseln. Wenn ein elektrisches Feld erzeugt wird, schwimmen diese Partikel nach oben und lassen die Papieroberfläche weiß erscheinen. Andernfalls überwiegt die Wirkung des Farbstoffs (vgl. Kap. Typografie, S. 117, LCD).

## Was sollte bei der Papierwahl beachtet werden?

- Welche Wirkung soll erzielt werden?
- Wie wird das Papier verwendet?
- Welche Lebensdauer soll das Papier haben?
- Was darf das Papier kosten?
- Welche Bild- bzw. Textqualität soll das Papier wiedergeben?
  Je nach Papiertyp (z. B. gestrichen, ungestrichen, Zeitungspapier) sinkt die maximal erzielbare Wiedergabequalität für Bilder und Text.
- Welches Druckverfahren wird verwendet?
  Die meisten Digitaldruckverfahren benötigen spezielle Papiere.
- Wie soll das Druckerzeugnis weiterverarbeitet werden?

## Farbwiedergabe auf Papiertypen nach ISO 12647

Die internationale Norm ISO 12647 unterteilt die verschiedenen Papiertypen bezüglich der Farbdarstellung im Druck. Sie bildet damit die Voraussetzung, um mittels Farbmanagement schon während des Designprozesses und der Reproduktion das spätere Druckergebnis am Monitor und auf einem Proofsystem zu simulieren.

## Die zentralen Papiertypen nach ISO 12647 sind:

- Glänzend gestrichene Papiere (Papierklasse 1)
- Matt gestrichene Papiere (Papierklasse 2)
- LWC Papiere (Papierklasse 3)
- Ungestrichene Papiere (Papierklasse 4)
- Ungestrichene Papiere gelblich (Papierklasse 5)
- Zeitungspapiere

## Reproduktion

Die **Reproduktion**, auch **Prepress** oder **Druckvorstufe**, ist ein Teilprozess der Drucktechnik und bezeichnet die Gesamtheit der Arbeitsgänge, die von dem zu druckenden Ausgangsmaterial bis zur fertigen Druckvorlage erforderlich sind. Dazu gehören z.B. das Seitenlayout, die Satzherstellung, das Korrekturlesen und Ausführen der Korrekturen, die Reinzeichnung und die Bildbearbeitung, gegebenenfalls auch die Seiten- und Bogenmontage sowie die Belichtung von Filmen zur Druckplattenherstellung.

<u>Korrekturzeichen</u>

Zur Korrektur von Texten haben sich im Printbereich bestimmte Zeichen und Regeln etabliert. In Deutschland sind Korrekturzeichen in der Norm **DIN 16 511** festgelegt. Das deutsche Norm-System kommt der **internationalen Norm ISO 5776** („Proof correction marks") am nächsten. Die Norm **BS-52612**, der britische Standard, weicht etwas stärker von der internationalen ISO-Norm ab. Die aktuellen Normen befinden sich seit längerer Zeit in Revision, da sie nur für Korrekturen auf Papier brauchbar sind, jedoch nicht für kurze Anmerkungen in heute üblichen elektronischen Workflows, z.B. für Kommentare in PDF-Dateien.

**Tipp:** *Die Korrekturen sind deutlich vorzunehmen. Jedes eingezeichnete Korrekturzeichen ist am Papierrand zu wiederholen. Die erforderliche Änderung ist rechts neben das wiederholte Korrekturzeichen zu schreiben.*

Die wichtigsten Korrekturzeichen nach der internationalen Norm ISO 5776 sind in der folgenden Übersicht aufgeführt.

| Markierung im Text | Zeichen | Instruktion |
|---|---|---|
| Überflüssige Zeichen*n* | /n/ | Zeichen löschen |
| Wort wird /wird/ gelöscht | ⊢/n/ | Wort löschen |
| Wenn ein fehlt | ⌐ Wort | Wort einfügen |
| Fehlender Wortzwischenraum | Z | Wortzwischenraum einfügen |
| Zwisch⌢enraum entfernen | ⌢ | Wortzwischenraum entfernen |
| Bei zu weitem ↑ Zwischenraum | ↑ | Wortzwischenraum zu weit |
| Bei zu engem Zwischenraum | Y | Wortzwischenraum einfügen |
| Eine _Auszeichnung_ | ― *kursiv* | Andere Auszeichnung |
| Letzte Zeile vom Absatz. Erste Zeile vom neuen Absatz. | ⌐ | Neuer Absatz, Satzumbruch |
| Letzte Zeile vom Absatz. Erste Zeile vom neuen Absatz. | ⌣ | Absatz anhängen |
| Trennung am Zeilenschluss und fo-/genden Zeilenanfang anzeichnen. | /ol/ /n/ | Trennung ändern |
| Buchstaben korrigieren | /k | Falscher Buchstabe |
| Wortreihenfolge in Satz einem. | ⊓ | Wortreihenfolge ändern |
| Buch|sabenreihenfolge ändern | ‖ *st* | Buchstabenreihenfolge ändern |
| Hier endet ein Absatz. Einzug erste Zeile vom neuen Absatz. | ⌐ | Einzug setzen |
| Hier muss ein falscher Einzug korrigiert werden. | ⊢ | Keinen Einzug |

### Farbmanagement

Das Farbmanagement (manchmal wird der aus dem Englischen stammende Begriff „color management" eingedeutscht zu „Colormanagement" verwendet) dient mehreren Zwecken. Innerhalb einer Produktionsumgebung in einer Agentur, Reprofirma oder Druckerei soll es von der Eingabe über die Anzeige am Monitor bis zur Ausgabe der Daten eine möglichst einheitliche Farbwiedergabe bewirken.

Weiterhin dient das Farbmanagement bei der Zusammenarbeit zwischen verschiedenen Beteiligten der eindeutigen Definition von ausgetauschten Bilddaten, Dokumenten und PDF-Dateien hinsichtlich der verwendeten Farbräume.

Die wichtigste Rolle spielen dabei die Farbprofile. Jedes Farbprofil übersetzt die CMYK- und RGB-Farbwerte in den neutralen **LAB-Farbraum.** Um Farben von einem Quell- zu einem Zielfarbraum zu wandeln, werden zwei Profile über den LAB-Farbraum miteinander verküpft. Der LAB-Farbraum dient als Schnittstelle zwischen Eingabe-, Arbeits- und Ausgabefarbraum. Farbprofile lassen sich grob in folgende Bereiche unterteilen:

**Eingabeprofile** beschreiben die Farbräume von Scannern oder Digitalkameras. Dabei dienen standardisierte **RGB-Arbeitsfarbräume** zum Austausch und zur Bearbeitung von RGB-Bildern. Fast sämtliche Digitalkameras liefern bereits farboptimierte Bilddaten in einem gebräuchlichen RGB-Arbeitsfarbraum.

Die am meisten verbreiteten RGB-Arbeitsfarbräume sind **sRGB** (Abb. 11) und **AdobeRGB** (Abb. 12). Der sRGB-Standard entspricht dem Farbraum eines durchschnittlichen Monitors. Für Internet und Office-Anwendungen ist dies der ideale RGB-Arbeitsfarbraum. Allerdings deckt sRGB einige Farbbereiche im Cyan- und Grünbereich nicht ab, die im Offsetdruck auf gestrichenem Papier noch darstellbar sind. Für die Druckproduktion ist deshalb AdobeRGB als Arbeitsfarbraum besser geeignet, da es mehr Farben darstellen kann als sRGB. RGB-Arbeitsfarbräume sind ideal für die RGB-Farbeinstellungen in Programmen für Bildverarbeitung, Grafik und Layout.

**CMYK-Arbeitsfarbräume** für den Druck nach **ISO 12647** haben verschiedene Aufgaben. Sie dienen zur Simulation des späteren Druckergebnisses auf einem bestimmten Papiertyp am Monitor und auf einem Proofsystem. Außerdem steuern sie die optimale Umwandlung von RGB- in CMYK-Daten für den späteren Druck und dienen der farblichen Kennzeichnung von CMYK-Bildern, offenen Dokumenten und PDF-Daten beim Austausch zwischen verschiedenen Personen oder Firmen.

**CMYK-Arbeitsfarbräume** für den Druck nach **ISO 12647** sind ideal für die CMYK-Farbeinstellungen in Programmen für Bildverarbeitung, Grafik, Layout, PDF-Erzeugung und für die Erstellung von Proofs (Abb. 13, 14).

**Monitorprofile** (Abb. 15) beschreiben den Farbraum des Monitors.

**Druckerprofile** (Abb. 16) beschreiben den Farbraum eines Drucksystems für die jeweils verwendete Papiersorte und die entsprechenden Druckeinstellungen.

**Profile für den Druck nach ISO 12647-2.** Traditionell wird in verschiedenen Regionen der Welt leicht unterschiedlich gedruckt, wobei die internationale Norm ISO 12647 dazu führt, dass sich die Ergebnisse immer weiter annähern. Die Nutzung von Standard-Profilen für den Druck auf verschiedenen Papiertypen ist in verschiedenen Regionen ebenfalls unterschiedlich stark verbreitet.

Da die International Standards Organisation (ISO) keine eigenen Farbprofile für ISO-Standards herausbringt, gibt es verschiedene Firmen und Organisationen, die in diesem Bereich tätig sind. Die bekanntesten sind u. a. Adobe mit Standard-Profilen in der Creative Suite, die European Color Initiative (ECI), SWOP und GRACoL in den USA, sowie IFRA für den weltweiten Zeitungsdruck.

| Papiertypen nach ISO 12647 | Profil Europa | Profil USA |
|---|---|---|
| Gestrichen | ISOcoated v2 (ECI)<br>ISO Coated v2 300% (ECI) | GRACoL2006 Coated1v2 |
| LWC (spez. Rollenoffset) | PSO LWC Improved (ECI)<br>PSO LWC Standard (ECI) | SWOP2006 |
| Ungestrichen | PSO Uncoated ISO12647 (ECI) | – |
| Zeitungspapier | ISOnewspaper26v4 (IFRA) | ISOnewspaper30 (IFRA) |

Viele Anbieter von Proofsystemen liefern Voreinstellungen mit Profilen der ECI, SWOP und IFRA aus. Die voranstehende Tabelle auf Seite 223 zeigt die gebräuchlichsten Profile für den Druck nach ISO 12647-2 in Europa und den USA.

Aufbau eines durchgängigen Farbmanagementablaufs

Die wesentlichen Voraussetzungen für ein sicheres, durchgängig stimmiges Farbmanagement und für die gewünschten Ergebnisse sind durchgängig gleiche Farbeinstellungen in den Programmen für Bildverarbeitung, Grafik, Layout, PDF-Erzeugung und Proof. Dies betrifft besonders die CMYK-Farbeinstellungen, die zum verwendeten Papiertyp im späteren Druck passen müssen.

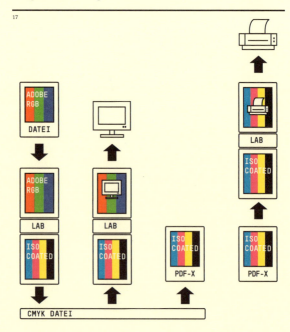

17

Für jeden Monitor sollte ein individuelles Profil mittels eines Messgeräts erstellt werden. Auch das Proofsystem sollte regelmäßig mit einem Messgerät kalibriert werden. Die Abb. 17 auf Seite 224 zeigt die Verknüpfungen von Farbprofilen für die Separation nach CMYK, für die Darstellung am Monitor und für den Druck.

**Tipp:** *Nutze die ISO-Standard-Einstellungen in Programmen. In der Adobe Creative Suite sowie in vielen Lösungen für den Proof sind die Farbräume ISOcoated für Europa und SWOP für die USA schon vom Hersteller hinterlegt. So ist es möglich, mit wenig Aufwand einen durchgängigen Farbmanagement-Ablauf aufzubauen.*

**Tipp:** *Setze Farbprofile für ISO-Druckstandards in der Kommunikation ein. Arbeiten verschiedene Personen oder Firmen für ein Druckprojekt zusammen, so ist es für ein übergreifendes Farbmanagement notwendig, sich auf Farbprofile für den verwendeten Papiertyp im Druck zu einigen. Wird innerhalb Europas auf gestrichenem Papier produziert, so sollten alle RGB-Daten mit dem ISOcoated-Profil separiert und auf den Proofs der ISOcoated-Farbraum simuliert werden. Im Vorfeld muss mit der Druckerei abgesprochen werden, dass mit dem ISO-Druckstandard gedruckt werden soll.*

<u>Potenzielle Probleme durch Farbmanagement</u>

Auch wenn Farbmanagement mit Farbprofilen in vielen Fällen eine große Erleichterung ist, so können falsche Farbeinstellungen in Anwendungsprogrammen ungewollte Farbtransformationen von Bildern, Grafiken oder Textelementen auslösen und kann es zu falschen Farbdarstellungen auf Monitoren und Druckern kommen.

**Tipp:** *Wer sich als Designer nicht sicher ist, dass er den Umgang mit Farbprofilen in seinen Anwendungsprogrammen beherrscht, sollte eine Repro-Firma oder Druckerei die Separation von RGB-Bildern und unter Umständen auch Reinzeichnung, PDF-Erstellung und Proof durchführen lassen.*

## Raster

In der Reproduktion von Bildern bezeichnet der Begriff **Raster** eine Fläche mit kleinen, regelmäßig oder zufällig angeordneten geometrischen Formen. Beispiele sind runde, quadratische und elliptischgeformte Punkte oder auch Linien. Typische Rasterarten sind Raster mit elliptischen Punkten (Abb. 18), Linienraster (Abb. 19) (→ S. 228, Effektraster), und der Raster mit viereckigen Punkten (Abb. 20).

Mit Hilfe von Rastern setzt man z. B. in der Drucktechnik **Halbtonbilder** in eine für das Drucken erforderliche, schwarzweiße bzw. vollfarbige Darstellung um, indem entweder die Größe oder die Häufigkeit der Elemente gemäß der Bildhelligkeit variiert wird.

Ein **Dot** (Punkt) ist das kleinste **Rasterelement** eines Bildes. Mehrere Dots ergeben zusammengefasst jeweils einen Pixel. Die Angabe „acht Bit"-Farbtiefe bedeutet z. B., dass drei Schichten von jeweils 256 Dots übereinanderliegen. Eine **Rastergrafik** (Abb. 21) setzt sich im Gegensatz zur Vektorgrafik (→ Kap. Digitale Medien, S. 140, Vektorformate) aus vielen Bildpunkten zusammen, die in einem festen Raster angeordnet sind. **DPI** (dots per inch) beschreibt die Auflösung von Pixelformaten.

### Rasterarten

Die **Rasterweite** ist das Maß für die Anzahl der Rasterzellen pro Längeneinheit. Übliche Angaben sind **L/cm** (Linien pro Zentimeter) und **lpi** (lines per inch). Die nachfolgende Übersicht zeigt die groben Umrechnungswerte von L/cm in lpi (→ S. 243, Rasterweiten- und Rasterwinkelmesser).

| Rasterweite in L/cm | 20 | 25 | 30 | 34 | 40 | 48 | 54 | 60 | 70 | 80 | 100 | 120 |
|---|---|---|---|---|---|---|---|---|---|---|---|---|
| Rasterweite in lpi | 50 | 65 | 75 | 85 | 100 | 120 | 133 | 150 | 175 | 200 | 250 | 300 |

| Grobraster: | Bis zu ca. 32 L/cm |
|---|---|
| Mittelraster: | Von 40 bis 70 L/cm |
| Feinraster: | 60 L/cm, 70 L/cm und 80 L/cm |
| Feinstraster: | Über 80 L/cm |

Je niedriger die Rasterweite ist, desto größer sind die Rasterzellen (Abb. 22: 20 L/cm, Abb. 23: 60 L/cm, Abb. 24: 80 L/cm) und umso gröber (geringer) die Details grafischer Bildelemente.

Die konventionelle Rasterung ist die amplitudenmodulierte Rasterung. Der **amplitudenmodulierte Raster (AM-Raster)**, auch **autotypischer** oder **konventioneller Raster** (Abb. 26), ist ein Rasterverfahren, bei dem die Rasterpunkte gleiche Abstände zueinander haben und die **Halbtöne** durch unterschiedliche Größen der Rasterpunkte erzeugt werden.

Um die Entstehung eines Moiré (Abb. 25) zu verhindern, müssen bei diesem Rasterverfahren im Zusammendruck die Farbformen in festgelegten Rasterwinkeln (Abb. 29 auf Seite 229) zueinander verdreht werden.

**Tipp:** *Vorteile des konventionellen Rasters: Es ist am weitesten verbreitet. Das Druckerbild eines vorangegangenen Drucks kann leichter reproduziert werden. Die Möglichkeit von Farbkorrekturen an der Maschine sind größer, da der Rasterpunkt größere Farbschwankungen zulässt (mehr Druckfläche); graue Flächen wirken gleichmäßiger – vorausgesetzt, es wird mindestens im 70er-Raster gedruckt. Nachteile: Es sind größere Farbschwankungen möglich. Das gleichmäßige Führen der Farbe im Fortdruck ist schwieriger; hoher Druckzuwachs, hoher Farbverbrauch; Rasterpunkte sind im Druckbild sichtbar (Ausnahme: Bei extrem hohen Rasterweiten wie z. B. dem 90er-Raster); Moiré-Bildung (besonders bei Hauttönen), Sägezahneffekt bei Halbtönen.*

**Effektraster** sind spezielle Rasterformen und -strukturen wie z. B. Kornraster, Linienraster, Kreisraster oder Kreuzlinienraster.

Der **frequenzmodulierte Raster (FM-Raster),** auch **stochastischer Raster** (Abb. 27), ist ein Effektraster mit hoher Auflösung. Die frequenzmodulierte Rasterung ist ein Verfahren zur **Halbtonsimulation** mit Rasterpunkten gleicher Größe. Die Anzahl der Punkte, die in einem bestimmten Bereich liegen, bestimmen den Farbton. Der FM-Raster ist sehr hochwertig, erfordert aber bei der Druckplattenkopie und im Druck größere Sorgfalt und eine andere Arbeitsweise.

**Tipp:** *Vorteile des FM-Rasters: Extrem detailreiches Druckbild durch die „Simulation" des Fotokorns; kaum Schwankungen im Druckzuwachs; geringe Farbschwankungen; keine sichtbaren Rasterpunkte, deshalb kein unerwünschtes Moiré (Interferenzmuster, Abb. 25 auf Seite 227); separierte Farben wirken wie Sonderfarben. Nachteile: Die Details „entlarven" eine schlechte oder ungenaue Bildbearbeitung; farbige glatte Flächen können fleckig erscheinen.*

**Tipp:** *Der FM-Raster ist gut geeignet für hohe Ansprüche auf gestrichenen und gussgestrichenen Papieren.*

Rasterwinkel

Bei regelmäßigen Rastern gibt der Rasterwinkel die Richtung der Rasterung an, der von der Senkrechten aus gemessen wird. Das menschliche Gehirn nimmt Winkel um 0 und 90 Grad leicht wahr. So sind für einfarbige Darstellungen Diagonalstellungen von 45 oder 135 Grad üblich. Im mehrfarbigen Druck werden für die unterschiedlichen Farben verschiedene Rasterwinkel verwendet. So können Überlagerungseffekte vermieden werden (→ Abb. 25 auf Seite 227, Moiré). Im Offsetdruck verwendet man für die vier Farben Gelb, Magenta, Cyan und Schwarz die Winkel 0, 15, 75 und 45 Grad (Abb. 28, 29) (→ Abb. 45 auf S. 243, Rasterweiten- und Rasterwinkelmesser).

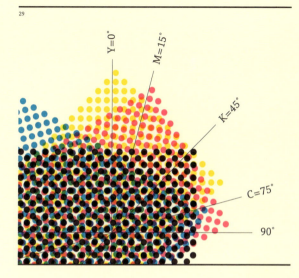

## Reinzeichnung und Kontrolle

Die **Reinzeichnung** ist die Aufbereitung des Layouts (→ Kap. Gestaltung, S. 55 ff.) zu einer verbindlichen Druckvorlage. Die Reinzeichnung hat die Aufgabe, die Vorlagen zu prüfen und bei Bedarf zu optimieren. Dieser Arbeitsschritt ist eng an die spätere Verarbeitung gebunden und berücksichtigt u. a. die Art des Drucks, die Bindung sowie mögliche Veredelungen des gedruckten Produktes. Eine gute Reinzeichnung kann nur im Dialog mit der Druckerei und dem Buchbinder ausgeführt werden. In der Regel ist das Ergebnis der Reinzeichnung eine Satzdatei, z. B. InDesign- oder PDF-Datei (→ S. 233). Dieser Arbeitsschritt folgt im Anschluss an die grafische Gestaltung.

In den Reinzeichnungsdateien wird der endgültige Stand aller zu druckenden Elemente (z. B. Schrift, Farbflächen, Bilder) im Format festgelegt. Des Weiteren werden verschiedene drucktechnische Parameter wie z. B. Farbmodus und Trapping eingestellt.

## Überfüllungen

Beim Druck wird durch **Aussparen** verhindert, dass sich eine Farbfläche ungewollt mit einer anderen vermischt. Wird z. B. eine gelbe Fläche auf eine cyanfarbene Fläche gedruckt, mischen sich diese beiden Farben und es entsteht Grün (Abb. 30). Soll die Fläche Gelb und der Hintergrund Cyan bleiben, muss die gelbe Fläche in Cyan ausgespart werden (Abb. 31). Hier entsteht die Gefahr eines Blitzers. **Blitzer** sind unbedruckte Stellen zwischen anstoßenden Farbflächen bei Druckerzeugnissen. Dort ist das Papier sichtbar (Abb. 32). Solche Stellen treten durch Passerungenauigkeiten im Druckprozess oder durch Formveränderung des Papiers während des Drucks auf. Um die Gefahr von Blitzern zu verringern, kann man Flächen entweder **überfüllen** oder **überdrucken**.

**Überfüllungen (Trapping)** sind immer anzuraten, wenn zwei verschiedene Farben (außer Weiß) aneinander anstoßen. Dabei werden Linien oder Flächen in Bezug auf die benachbarten Farbflächen geringfügig vergrößert (Abb. 33), die Überlappung wird auf Überdrucken gestellt. Grundsätzlich wird immer die hellere Farbe überfüllt.

**Überdrucken** ist das Gegenteil von Aussparen. Die einzige Farbe, die generell auf „Überdrucken" gestellt werden sollte, ist Schwarz. Beim Überdrucken werden die darunterliegenden Farbflächen nicht ausgespart, sondern überdruckt.

## Anbringen von Kontrollmitteln

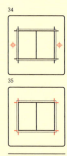

**Anlegemarken** sind gedruckte Markierungen am Bogenrand. Sie zeigen an, an welchen Seiten der gedruckte Bogen anzulegen ist, damit er standrichtig gefalzt und beschnitten werden kann.

Mit **Passermarken**, auch **Passkreuzen** (Abb. 34), wird die **Passgenauigkeit** der einzelnen Farben im Zusammendruck überwacht. Passkreuze werden in jedem einzelnen Farbauszug (CMYK oder Sonderfarben) exakt an der gleichen Stelle positioniert. Stimmt der Zusammendruck, so stehen die Marken auf dem Druckbild exakt übereinander.

**Schnittmarken** (Abb. 35) geben an, wie der Bogen auf das richtige Format geschnitten werden soll.

Immer markiert werden sollte die **Druckanlage.** Bei allen Produkten, die unbeschnitten oder mit Trennschnitten weiterverarbeitet werden, und bei denen der Satzspiegel (→ S. 242, Register) des Drucks übereinanderpassen muss, ist die Druckanlage unentbehrlich. Druckanlagen sind Markierungen, an denen im Bogendruck der Druckbogen pass- und registergenau ausgerichtet wird (Abb. 37, unten).

Auch die **Flattermarken** (Abb. 36) sind für die Verarbeitung von Buchblöcken unentbehrlich, um die richtige Reihenfolge der Bogenteile und Heftlagen zu überprüfen. Die **Bogensignatur** ist die mitgedruckte Nummerierung der einzelnen Druckbogen.

Farbreproduktion
_____

Die **Separation,** auch **Farbseparation,** wandelt die Farbinformation eines Bildes in die vier Druckfarben CMYK des Vierfarbendrucks. Im Vierfarbdruck sind zur Herstellung entsprechender Druckplatten vier **Farbauszüge** (Abb. 38 – 41) in den Farben Cyan, Magenta, Gelb und Schwarz erforderlich. Ein **Farbsatz** ist die Summe aller separaten Farbauszüge, die zusammen eine farbige Vorlage (Abb. 42) ergeben. Separationen können nach verschiedenen Prinzipien aufgebaut sein – bunt oder unbunt.

**UCR** (Under Color Removal), ist ein Verfahren zur Unterfarbenreduktion beim Buntaufbau. Dieses Verfahren sorgt dafür, dass der maximale Farbauftrag reduziert und die Neutralität der Grautöne gewährleistet wird. Bei der Herstellung von Farbsätzen für den Vierfarbendruck werden die gleichen Anteile der drei Buntfarben Cyan, Magenta und Gelb, die im Idealfall zusammen einen neutralen Grauwert ergeben, durch entsprechende Anteile der Farbe Schwarz ersetzt. Durch den verringerten Farbeinsatz werden Farbschwankungen in neutralen Farbtönen leichter beherrschbar, außerdem wird das Farbannahmeverhalten auf dem Bedruckstoff verbessert. Außerdem wird eine Kostenersparnis erzielt.

**GCR** (Gray Component Replacement), auch Unbuntaufbau, geht etwas weiter. Hierbei wird in mehr Farbtönen der Farbanteil reduziert. Dabei hat GCR einen höheren Schwarzanteil als UCR. Die Übergänge sind fließend und nicht exakt definiert.

**Farbreproduktionen nach ISO-Standard.** Wandelt man RGB-Daten mit einem Farbprofil für ISO-Druckstandards (z. B. ISOcoated, SWOP, ISOuncoated, ISOnewspaper) so erhält man für den jeweiligen Papiertyp im Druck eine optimale Separation. Idealerweise werden für die Separation und den späteren Proof die gleichen Farbprofile verwendet.

## Ausschießen

Mehrseitige Druckerzeugnisse werden nicht in einzelnen Blättern gedruckt, sondern es werden mehrere Seiten auf einem Druckbogen zusammengestellt. Der Druckbogen umfasst in der Regel 4, 6, 8, 12, 16, 20, 24 oder 32 Seiten, die auf einer Druckform (→ S. 237) plaziert sind. Die Seiten werden nach einem bestimmten Schema angeordnet.

Das **Ausschießen**, auch **Bogenmontage**, ist die seitenstandsrichtige Positionierung einer Drucksache für die Druckform.

Im so genannten **Ausschießschema** werden Seitenplatzierung und Falzanlage festgelegt. Je nach Seitenumfang variiert die Seitenanzahl sowie deren Anordnung (→ S. 230) auf den einzelnen **Ausschießformen.**

## Reproduktionskontrolle

Von der Reinzeichnungsdatei wird in der Regel ein **PDF (Portable Document Format)** erzeugt, das in der Druckerei als direkte Vorlage zur Plattenbelichtung dient.

Mittlerweile hat sich mit **„PDF/X"** ein ISO-Standard für digitale Druckvorlagen etabliert. PDF bietet in der Druckvorstufenproduktion entscheidende Vorteile, denn in diesem Format lassen sich Aufgaben wie Preflight, Trapping (→ S. 230) und Ausschießen besser durchführen und prüfen als in anderen Datenformaten.

Vor dem **Belichtungsvorgang** (Film oder Druckplatte) wird der **Ausgabeprozess** simuliert. Die Dateien werden nach verschiedenen drucktechnischen Parametern wie Format, Bildauflösung, Fonts (→ Kap. Typografie, S. 112), Farbmodus, Separation, Anlegemarken (→ S. 230) oder Trapping (→ S. 230) kontrolliert.

*Tipp: Derzeit sind eine Reihe von Preflight-Programmen auf dem Markt, z. B. „PitStop" oder „FlightCheck" von Markzware sowie die integrierte Preflight-Funktion von Adobe InDesign und Adobe Acrobat.*

## Proof und Andruck

Der vom Verfahren her einfachere **Proof** und der aufwendigere **Andruck** sind wichtige Kontrollinstrumente in der Qualitätsprüfung für den Druckprozess.

Um die Farben eines Druckerzeugnisses vorab verbindlich zu kontrollieren, wird ein **Proof** erstellt. Sein größter Vorteil liegt darin, dass er unabhängig vom vorangegangenen Preprint-Prozess einen wirklichkeitsnahen Eindruck vom Druckergebnis liefern kann. Voraussetzung für einen aussagekräftigen Farbproof ist die Überwachung der Vorstufe (→ S. 220 ff.) mit einem Farbmanagement-System (→ S. 222 ff.).

Dem späteren Druckergebnis kommt der so genannte **Andruck** (Maschinenandruck) am nächsten. Dieser wird auf einer Druckmaschine von Druckplatten auf dem Auflagenpapier gefertigt.

Ein noch genaueres Ergebnis erhält man, wenn der Andruck nicht an einer beliebigen **Druckmaschine** hergestellt wird, sondern an der für den späteren Auflagendruck geplanten Druckmaschine. Wichtig ist dabei, dass das entsprechende Auflagenpapier und dieselben Farben oder Lacke verwendet werden. Der somit erstellte Andruck entspricht dann den qualitativen Anforderungen des späteren Druckergebnisses, da die Produktionsbedingungen identisch sind.

Zur Beurteilung der Farben steht auf dem Andruck eine so genannte Andruckskala zur Verfügung. Dafür werden beim Vierfarbdruck (→ S. 240 ff., CMYK) die vier Prozessfarben Cyan, Magenta, Gelb und Schwarz allein und in verschiedenen Kombinationen auf einer kleinen Fläche zusammengedruckt (→ S. 242 ff., Farbkeil).

Die **Blaupause** ist die monochrome Lichtpause einer fertigen Druckvorlage. Heute werden entsprechende, einfache Schwarz-Weiß-Ausdrucke ebenfalls als Blaupausen bezeichnet.

In **analogen Proofverfahren** (z. B. Cromalin oder Matchprint) wird der Proof anhand fertig belichteter Filme erstellt. Der analoge Proof stimmt weitgehend mit dem späteren Druckergebnis überein. Analoge Proofs werden heute kaum noch verwendet, da auch die Bedeutung von Filmen als Vorlage zur Plattenbelichtung abnimmt.

Der **Layout-Proof** oder **Plot** ist ein nicht farbverbindlicher Ausdruck von Computerdaten. Er dient in erster Linie zur Überprüfung der sachlichen Richtigkeit (z. B. Inhalt, Layout, Stand). Eingesetzte Drucksysteme für Layoutproofs sind meist Farblaserdrucker oder einfache Tintenstrahldrucker. Oft ist es für eine Druckerei nicht möglich, die Farben eines Layoutproofs im Offsetdruck zu erreichen. Sollen zwischen Auftraggeber, Agentur, Reprofirma und Druckerei Farben verbindlich kommuniziert werden, so ist ein Proof zwingend notwendig.

Der Digitalproof

Für die Erstellung eines Digitalproofs ist ein Proofsystem notwendig, welches aus einem hochwertigen Tintenstrahldrucker und einer Proofsoftware besteht. Ein Proofsystem wird regelmäßig mit einem Farbmessgerät und der Proofsoftware farblich kalibriert. Weiterhin ist es notwendig, dass sich die Ersteller von Druckdaten und die Druckerei frühzeitig auf einen Farbstandard absprechen, der auf dem Proof simuliert wird. Am einfachsten ist es, sich auf Farbprofile für ISO-Standards abzustimmen, z. B. auf ISOcoated in Europa oder SWOP und GRACoL in den USA.

Kontrollkeil und Kontrollzeile im Digitalproof

Da Digitalproofs häufig zwischen verschiedenen Personen und Firmen ausgetauscht werden, ist es notwendig, dass diese jederzeit kontrollierbar sind. Dafür dienen die Kontrollzeile und der Kontrollkeil. Die Kontrollzeile zeigt, welche Datei geprooft wurde, wann der Proof erstellt wurde und welcher Druckstandard simuliert wurde. Der Kontrollkeil dient dazu, auch nachträglich mit einem Farbmessgerät kontrollieren zu können, ob die Farbdarstellung auf dem Proof wirklich dem simulierten Druckstandard entspricht.

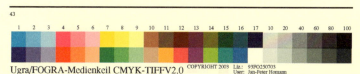

43

## Weltweit verschiedene Kontrollkeile für den Digitalproof

Verschiedene Hersteller von Proofsystemen oder regionale Organisationen bevorzugen unterschiedliche Kontrollkeile für den digitalen Proof. In internationalen Projekten ist es allerdings hilfreich, sich auf einen Kontrollkeil zu einigen. Die weltweit größte Verbreitung hat der Fogra Medienkeil CMYK, der in vielen Proofsystemen standardmäßig hinterlegt ist (Abb. 43 auf S. 235: Medienkeil CMYK © Homann).

*Tipp: Für deutsche Anwender: Verbindliche Digitalproofs in Deutschland müssen zwingend einen ISO-Druckstandard simulieren, eine Kontrollzeile und den Fogra-Medienkeil enthalten. Näheres regelt der MedienStandard Druck unter www.bvdm-online.de/Aktuelles/Downloads.php.*

So genannte **Farbplots** werden heute sehr häufig verwendet. Sie dienen in der Druckerei als Kontrollmittel für Vollständigkeit, Position und Inhalt der einzelnen grafischen Elemente, sind aber nicht farbverbindlich (→ S. 235, Layout-Proof).

Der **Soft-Proof** ist, im Gegensatz zum **Hard-Proof,** die Simulation eines Druckergebnisses auf einem Monitor. Ein aussagekräftiger Soft-Proof setzt eine korrekte Kalibrierung und die sichere Beherrschung der elektronischen Bildverarbeitung voraus (→ S. 222 ff., Farbmanagement).

## Checkliste für die Reinzeichnung

Basis:
- Farbraum (Farbprofil entsprechend dem ISO-Standard für den Druck)
- Format
- Seitenzahl
- Anschnitt

Erweitert:
- Bilddaten
- Bildauflösung
- Datenformate
- Retuschen und Farbkorrekturen
- Texte

- Sprachen
- Umbruch
- Überfüllungswerte
- Farbauftrag und Farbaufbau
- Sonderfarben und Separation

### Druckformen

Der **Holzschnitt** zählt zu den ältesten Verfahren zur Herstellung von Druckformen. Die Grundlage bilden Langholzbretter, aus denen mit verschiedenen Schneidwerkzeugen nach einem vorgezeichneten Bild die Teile entfernt werden, die beim Druck hell erscheinen sollen. Die stehen gebliebenen Stege ergeben das Bild eines Abzugs. Die frühesten Holzschnitte zur Vervielfältigung auf Papier lassen sich in China im 6. Jh. n. Chr. nachweisen.

Heute werden Daten aus der Druckvorstufe mit einem **RIP (Raster Image Processor)** zur Herstellung von Druckplatten aufbereitet. Die wichtigste Funktion dabei ist das Errechnen der Raster (→ S. 226) für den Druck von Bildern und anderen grafischen Elementen. Ein RIP ist in der Regel ein eigener Computer, kann aber auch als komplexe Software vorliegen.

**Klischee** ist eine veraltete Bezeichnung für **Druckstöcke** (zumeist Metallplatten) zur Wiedergabe von Bildern im Hochdruckverfahren (→ S. 246 ff.). Bei Halbtonvorlagen (→ S. 226) fertigte man früher **Rasterätzungen,** bei Strichvorlagen **Strichätzungen** an. Heute bezeichnet man mit dem Begriff „Klischee" zumeist im Flexodruck (→ S. 247) verwendete Hochdruckformen oder auch Tiefdruckformen für den Tampondruck (→ S. 249). Häufig wird der Prägestempel beim Heißfolienprägen ebenfalls als Klischee bezeichnet.

Um Druckformen oder Platten herzustellen, werden im Offsetdruck zwei grundlegende Verfahren verwendet: Computer-to-Film und Computer-to-Plate.

**Computer-to-Film (CtF)** ist ein Verfahren zum Erzeugen von Filmen für die Druckplattenerstellung, bei dem die Bogenmontage zwar elektronisch gemacht wird, die Plattenbelichtung aber noch mit fotomechanischen Mitteln erfolgt.

Dafür werden Daten aus verschiedenen Quellen zusammengeführt und an einen Filmbelichter übergeben. Abb. 44 auf Seite 239 zeigt die Verfahren Computer-to-Plate, Computer-to-Film und Computer-to-Print im Vergleich.

Eine neuere, für Strich- oder Halbtonvorlagen geeignete Variante ist **Desktop Computer-to-Film.** Hier wird der zum Druckplattenerstellen verwendete Film nicht fotografisch erzeugt, sondern gedruckt. Voraussetzung dafür ist, dass der verwendete Drucker (Laser- oder Inkjetdrucker) die Folie maßgerecht bedrucken kann.

Bei **Computer-to-Plate (CtP)** werden Daten aus dem Computer direkt, ohne das Übertragungsmedium Film, auf die Druckplatte belichtet. Dieses Verfahren wird mittlerweile in den meisten Druckereien verwendet.

**Computer-to-Print** ist ein Verfahren ohne physische Druckplatten. Mit Methoden ähnlich dem Laserdruck drucken Maschinen direkt von den jeweiligen aufbereiteten Daten aus. Vielfach wird es auch als Digitaldruck bezeichnet (→ S. 253).

*Tipp: Computer-to-Print eignet sich für kleine Auflagen, wobei sich insbesondere personalisierte Drucke leicht verwirklichen lassen.*

**Direct Imaging** ist eine Technologie, bei der auf Grundlage von Postscript-Daten aus der Druckvorstufe (PDF) Druckplatten/-folien direkt in der Druckmaschine belichtet werden. Dazu steuern die von einem RIP (→ S. 237) gelieferten Rasterdaten Infrarot-Laserdioden an, die auf einer Druckfolie mit farbabweisender Oberfläche kleine Vertiefungen erzeugen und damit eine farbführende Schicht freilegen. Das Ergebnis ist eine Druckfolie, die sich für den wasserlosen Offsetdruck (→ S. 245) einsetzen lässt.

**Crossmedia** wird in der Drucktechnik die mehrfache Nutzung von Druckdaten für verschiedene Medien genannt. Damit können dieselben Daten zur Erzeugung von Druckseiten, Inhalten auf CD-ROM und Internetseiten genutzt werden. Als wichtige Technologie für Crossmedia gilt das PDF (→ S. 233), das einerseits die Speicherung von Dokumenten in Druckqualität zulässt und andererseits Interaktivität bietet.

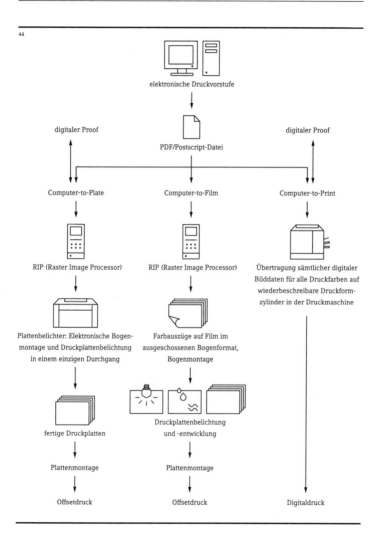

# Druck

<u>Druckfarben und Eigenschaften</u>

Die **Standardfarben** im Vierfarbendruck sind Cyan, Magenta, Gelb und Schwarz und werden als **Prozessfarben** bezeichnet. Hierbei steht CMYK für Cyan, Magenta, Yellow und Key.

Beim **Siebenfarbendruck** werden neben den Prozessfarben zusätzlich Violettblau, Grün und Orangerot eingesetzt. Das nach einer Theorie von Harald Küppers (→ Kap. Gestaltung, S. 11) entwickelte System liefert leuchtende Druckergebnisse, die sich mit dem Vierfarbendruck nicht erreichen lassen.

Druckfarben nach **ISO 2846** sind ideal, um ein optimales Druckergebnis nach ISO 12647 zu erreichen. Die ISO 2846 hat in Europa die früher verbreitete Europaskala abgelöst und ist eine weltweite Norm für Druckfarben.

**Sonderfarben,** auch **Schmuckfarben** oder **Volltonfarben** genannt, setzt man in der Regel für Farbtöne oder Farbeffekte ein, die sich mit den Prozessfarben nicht realisieren lassen. Beispiele hierfür sind Leuchtfarben, Gold oder Silber, aber auch einige Farbtöne der Pantone-Reihe.

**Pantone-Farben** stützen sich auf ein weltweit genutztes System von standardisierten Farben, das 1963 von der Firma Pantone Inc. für die Printmedien-Industrie eingeführt wurde. Das **Pantone-System** liefert Referenz-Farbtöne, die aus vierzehn Grundfarben, Schwarz und Weiß gemischt wurden. Heute sind über 1.100 Pantone-Farben verfügbar.

Das **HKS-System** ist ein Mischsystem und wird vorwiegend in Deutschland verwendet. Basis sind neun Grundfarben sowie Schwarz und Weiß.

**RAL-Farben** sind Standardfarben gemäß einer Reihe von Farbsammlungen für die Industrie, herausgegeben vom Deutschen Institut für Gütesicherung und Kennzeichnung.

Die Farbwerte der verschiedenen Modelle können in CMYK umgerechnet werden. Da die Farbräume (→ S. 222 ff.) unterschiedlich sind, können aber nur Näherungswerte erreicht werden.

**Druckfarben** müssen bestimmte **Eigenschaften** und Voraussetzungen erfüllen, um einer breiten Anwendung gerecht zu werden. Sie müssen im Allgemeinen abriebfest, schmierfest und lichtecht sein. Die **Lichtechtheit** bezeichnet die Unempfindlichkeit von Farben gegenüber dem Einfluss von Licht des natürlichen Sonnenspektrums.

Für den Zeitungsdruck im Rollenoffset-Verfahren werden z. B. so genannte **Coldset-Farben** verwendet. Diese trocknen ausschließlich physikalisch durch **Wegschlagen** in das Papier. **Heatset-Farben** sind Druckfarben, die nach dem Druckprozess im Wesentlichen durch kurzzeitiges Erhitzen trocknen. Dies geschieht mit Heißluft bei Temperaturen von 120 bis 150 Grad Celsius. Heatset-Farben werden ebenfalls im Rollenoffsetdruck verwendet.

**Strukturfarben** erzeugen schillernde Farbeffekte, die je nach Blickwinkel variieren können. Der Farbeindruck entsteht nicht nur durch die Farbstoffe, sondern auch durch den physikalischen Aufbau. So enthalten Strukturfarben spezielle Strukturen wie z. B. dünne, durchsichtige Plättchen, die Licht bestimmter Wellenlängen mit Hilfe von Interferenzeffekten selektiv reflektieren.

**UV-Farben** härten durch Bestrahlung mit ultraviolettem Licht (UV) aus. Zudem enthalten diese Farben keine flüchtigen Substanzen, sondern neben Farbpigmenten auch einzelne Moleküle und kurze Molekülketten, die sich zu Polymeren (S. 251, Photopolymere) verbinden können, sowie so genannte Fotoinitiatoren. Letztere zerfallen bei der Bestrahlung mit UV-Licht und bilden dabei hochreaktive Bruchstücke. Diese Radikale lösen einen Polymerisationsprozess aus, durch den feste, dreidimensionale Netzstrukturen entstehen (→ S. 255 ff., Oberflächenveredelung).

Speziell im UV-Offsetdruck (→ S. 245) ermöglichen UV-Farben die Bedruckung von wesentlich mehr Materialien als nur Papier, den Druck eines echten Deckweißes auf farbigen Druckmedien oder den Druck mit gold- oder silberartigen Druckfarben.

### Druckprozesskontrolle

Kontrollhilfsmittel bilden die Grundlage für eine effektive Qualitätskontrolle in der Reproduktion und im Druck. Sie sind Teil eines umfassenden Systems zur Qualitätssicherung. Während des Drucks werden die Druckbögen mit einem **Fadenzähler,** inzwischen auch elektronisch durch **optische Abtastung,** kontrolliert. So genannte **Fehlpasser** führen zu Unschärfen in Bild- und Schriftdarstellung, Blitzern (→ S. 230) sowie unter Umständen zu Farbabweichungen.

**Register.** Die Druckseiten müssen beim Schön- und Widerdruck deckungsgleich gedruckt werden. Der erste Durchgang, bei dem die Vorderseite des Druckbogens bedruckt wird, ist der **Schöndruck.** Der zweite Druckgang, bei dem die Rückseite des Druckbogens bedruckt wird, wird mit **Widerdruck** bezeichnet. Stimmen Schön- und Widerdruck nicht überein, kommt es zu Schwankungen im Satzspiegel.

Die **Farbannahme** (Druckfarbe, die während des Drucks vom Papier aufgesaugt wird) kann sich auf die Druckqualität auswirken und muss in der Druckvorbereitung ausgeglichen werden.

Die **Farbdichte** (Farbschichtdicke oder Farbmenge pro Flächeneinheit) ist die optische Dichte von farbig gedruckten Flächen. Dieser Wert lässt sich mit speziellen Geräten, z.B. mit dem **Densitometer** messen. Dabei werden Farbdichten eines einzelnen Farbtons miteinander verglichen. Mit der **Densitometrie** werden zwar Tonwerte, aber keine Farbtöne bestimmt. Die Densitometrie spielt auch in der Fotografie eine bedeutende Rolle.

Der **Farbkeil** ist ein Messstreifen für die Druckdichte. Er besteht aus Volltonflächen für jede Druckfarbe (→ S. 240).

**Graukeile** stellen die Farbanteile dar, mit denen ein neutrales Grau erzielt werden kann – die **Graubalance.** Die Graubalance wird aus je gleichen Anteilen von Cyan, Magenta und Gelb erzielt.

Die **Druckkennlinie** ist ein Diagramm, welches den Punktzuwachs einer Druckmaschine für verschiedene Flächendeckungen darstellt. Sie ist die grafische Darstellung des Zusammenhangs zwischen den **Tonwerten** der Druckvorstufenprodukte, z. B. Tonwerte von Rasterdaten, Film oder Druckplatte, und den zugehörigen Tonwerten im Druck. Daraus abgeleitet wird die so genannte **Tonwertzunahme.**

Die Druckkennlinie beschreibt, wie stark ein Rasterbild durch die Tonwertzunahme im Druck nachdunkelt. Das Nachdunkeln einer Rasterfläche wird durch Punktverbreiterung und Lichtfang hervorgerufen. Proofs simulieren für die verschiedenen Papiertypen die jeweiligen Tonwertzunahmen. Die Vorgaben für die Tonwertzunahmen auf verschiedenen Papiertypen sind in der ISO 12647 festgelegt.

Mit einem **Rasterweiten- und Rasterwinkelmesser** (Abb. 45) können Rasterweiten und Rasterwinkel bereits reproduzierter Bilder gemessen werden. Der **Rasterkeil** ist ein Kontrollfeld, um die Druckkennlinie einer Druckmaschine zu ermitteln. Er besteht aus meist in zehnprozentigen Schritten abgestuften Farbfeldern, die die Farbtöne von null bis hundert Prozent darstellen.

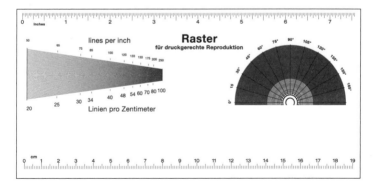

45

### Druckverfahren

Prinzipiell lassen sich heute zwei grundlegende Druckverfahren unterscheiden: Druckverfahren mit Druckplatten **(Impact-Druckverfahren)** und **plattenlose Druckverfahren (Non-Impact-Druckverfahren).** Am weitesten verbreitet ist der Offsetdruck. Der überwiegende Teil der Druckproduktion wird heute auf Druckplattensystemen, auch **Impact-Systemen,** gefertigt. Dazu zählen der **Flachdruck, Hochdruck** (→ S. 246 ff.), Tiefdruck (→ S. 248 ff.) sowie der Siebdruck (→ S. 250). **Non-Impact-Systeme** sind z. B. elektrofotografische Verfahren wie der Digitaldruck (→ S. 253) oder Inkjetdruck (→ S. 253).

### Flachdruckverfahren

Die Erfinder des **Offsetdrucks** (Abb. 46) sind Ira W. Rubel (USA) und Caspar Hermann (Deutschland). Dieses Verfahren beruht auf dem Prinzip der gegenseitigen Abstoßung von Fett und Wasser. Offsetdruckfarbe ist fettbasierend. Die druckenden Stellen auf einer Druckplatte sind **lipophil** (fettfreundlich) sowie **hydrophob** (wasserabweisend) und nehmen daher die Druckfarbe an.

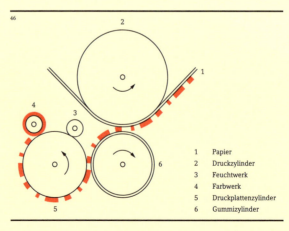

46
1 Papier
2 Druckzylinder
3 Feuchtwerk
4 Farbwerk
5 Druckplattenzylinder
6 Gummizylinder

An den nicht druckenden Stellen wird die Druckfarbe abgestoßen **(lipophob)** und das Wasser angenommen **(hydrophil)**. Druckende und nicht druckende Flächen liegen auf einer Ebene. Die nicht druckenden Stellen werden zunächst von einem **Feuchtwerk** mit einem dünnen Feuchtmittelfilm benetzt. Danach wird auf die druckenden Stellen die Druckfarbe von den Farbauftragswalzen des Farbwerks aufgetragen. Das Druckbild wird erst an einen Gummizylinder (über das **Gummituch**) abgegeben und von diesem auf den Bedruckstoff übertragen **(indirektes Druckverfahren)**. Die Abb. 47 zeigt ein für den Offsetdruck typisches Merkmal, den glatten Rand.

47

Eine weitere Form des Offsetdrucks ist der **wasserlose Offsetdruck.** Dabei wird mit Hilfe spezieller Farben, Platten- und Zylinderbeschichtungen (Silikon) wasserlos gedruckt. Wegen der geringeren Durchfeuchtung des Papiers sind feinere Druckraster und ein präziserer Farbauftrag möglich. Gegenüber dem herkömmlichen Offsetverfahren ist der wasserlose Offsetdruck umweltfreundlicher, da das Verfahren ohne Feuchtmittel auskommt.

Eine Sonderform des Offsetdrucks ist der **UV-Druck.** Bei diesem Verfahren werden Druckmaschinen mit integrierter Lackstation und UV-Trocknung eingesetzt. Das Verfahren ermöglicht Druckergebnisse mit hoher Offsetdruckqualität auf Polyester, PVC, PET, Polycarbonat, Metallicfolie, Vinyl sowie anderen geschlossenen Oberflächen.

Der Vorläufer des modernen Offsetdrucks ist die 1789 von **Alois Senefelder** (1771–1834) erfundene **Lithografie**[3]. Dieses Verfahren dient zur Herstellung von Druckformen für den Steindruck. Die Druckvorlage wird mit spezieller Tinte oder Kreide direkt auf einen glatt geschliffenen Steinblock aus kohlesaurem Kalk übertragen. Vor dem Einfärben mit öliger Druckfarbe wird der Steinblock angefeuchtet. Die beschriebenen Stellen nehmen die ölige Druckfarbe an, während der unveränderte Kalkstein die Farbe abstößt. Heute werden Steindrucke im Wesentlichen nur noch für grafische Arbeiten eingesetzt.

Der Begriff **Lithografie,** kurz **Litho,** wird heute sowohl als Bezeichnung für Kopiervorlagen (positive, seitenverkehrte **Strich-** bzw. **Rasterfilme**) als auch für Druckvorlagen (z. B. Scanvorlagen) verwendet.

---

[3] Altgriech.: lithos = Stein; graphein = schreiben

### Hochdruckverfahren

Der **Hochdruck** (veraltet: **Buchdruck**) ist das älteste industrielle Druckverfahren. Die zu druckenden Teile liegen erhaben, werden mit Druckfarbe eingefärbt und geben beim Druckvorgang einen Teil der Druckfarbe auf das zu bedruckende Material ab. Es werden drei Prinzipien unterschieden.

Erstens: Im so genannten Tiegel druckt eine Fläche gegen eine andere Fläche (Abb. 48). Zweitens: In der Zylindermaschine druckt ein Zylinder auf eine Fläche (Abb. 49). Drittens: Beim Rotationsdruck rollen zwei Zylinder gegeneinander ab (Abb. 50).

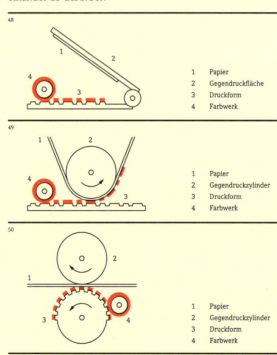

48
1 Papier
2 Gegendruckfläche
3 Druckform
4 Farbwerk

49
1 Papier
2 Gegendruckzylinder
3 Druckform
4 Farbwerk

50
1 Papier
2 Gegendruckzylinder
3 Druckform
4 Farbwerk

Heute wird der Hochdruck als Bogendruck für kleine Auflagen und Spezialarbeiten (Stanzen, Prägen, Perforieren, Nummerieren etc., vgl. S. 261) sowie teilweise für den Zeitungsdruck verwendet.

Ein weiteres Hochdruckverfahren ist der **Flexodruck** (Abb. 52, unten: Prinzip „Rund gegen Rund"). Der Flexodruck verwendet **fotopolymere Auswaschdruckplatten** (Hochdruckplatten) oder Nachformungen **(Gummidruckplatten).** Mit dünnflüssiger Druckfarbe können unterschiedlichste Materialien bis zu einer Rasterfeinheit von 54 L/cm (→ S. 226 ff.) bedruckt werden. Die Abb. 51 zeigt ein für den Flexodruck typisches Merkmal, die Farbringe.

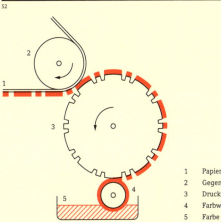

1 Papier
2 Gegendruckzylinder
3 Druckform
4 Farbwerk
5 Farbe

**Tipp:** *Der Flexodruck ist ein schnelles Druckverfahren, das sich für die unterschiedlichsten Bedruckstoffe im Verpackungsdruck eignet.*

## Tiefdruckverfahren

Beim **Tiefdruck** (Abb. 54, unten) liegen die druckenden Elemente in Form von so genannten Näpfchen vor (Abb. 53: Rakeltiefdruckform). Das Druckbild wird in der Regel durch **elektromechanische Gravur** mit einem Diamantstichel auf den Zylinder übertragen. Beim Druckvorgang wird der Druckzylinder vollkommen eingefärbt. Dann streift ein **Rakelmesser** die überschüssige Farbe von der Oberfläche ab, und die Farbe verbleibt nur noch in den Vertiefungen. Eine gummierte Walze presst die Papierbahn gegen den Druckzylinder, die in den Näpfchen zurückgebliebene Farbe wird an das Papier abgegeben **(direktes Druckverfahren).** Ein Rakel ist ein dünnes Stahllineal beim Tiefdruck. Im **Siebdruck** (→ S. 250) wird ein Rakel mit einer Gummi- oder Kunststoffkante zum Verteilen der Farbe auf dem Sieb genutzt.

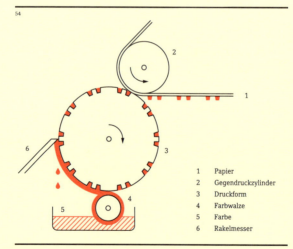

1 Papier
2 Gegendruckzylinder
3 Druckform
4 Farbwalze
5 Farbe
6 Rakelmesser

**Tipp:** *Der Tiefdruck ist ein relativ teures Verfahren und lohnt sich deshalb erst bei Massenauflagen ab etwa 300.000 Drucken. Die Druckform ermöglicht praktisch unendlich viele Abzüge.*

Der Stichtiefdruck verwendet, anders als der Rakeltiefdruck, Druckplatten, in die das Druckmotiv in Form von Linien und Punkten eingraviert wird.

**Tipp:** *Eingesetzt wird der Stichtiefdruck vornehmlich für repräsentative Druckerzeugnisse wie Wertpapiere, Briefmarken oder Banknoten. Hier sind Farbaufträge bis etwa 0,1 Millimeter Höhe möglich (der Druck lässt sich als Relief ertasten). Bei Banknoten schützen derartige Aufdrucke gegen mögliche Fälschungen. Es handelt sich dabei um schmale Kunststoffstreifen, gegebenenfalls mit Durchbrüchen, die im Gegenlicht als Negativschrift erscheinen. Der aufgebrachte* **Sicherheitsfaden** *auf den Geldmitteln dient als weiterer Schutz.*

Der **Tampondruck** ist ein indirektes Tiefdruckverfahren, bei dem als Zwischenmedium ein flexibler (oft halbkugelförmiger) Tampon aus Siliconkautschuk die Druckfarbe von der Platte auf die zu bedruckende Fläche überträgt. Mit dieser Methode lassen sich unregelmäßig geformte Gegenstände in großer Vielfalt bedrucken.

Die **Radierung**[4] ist eine Weiterentwicklung des **Kupferstichs.** Bei diesem Verfahren wird eine Metallplatte (in der Regel Kupfer) mit einem säurefesten Lack beschichtet. Mit einer so genannten Radiernadel werden dann die Bereiche des Untergrunds, die später im Druckbild erscheinen sollen, in Form von Linien, Schraffuren usw. freigelegt. Anschließend wird die Metallplatte mit Säure behandelt, wobei das Metall an den freigelegten Stellen angeätzt wird. Nachdem der Lack entfernt wurde, kann die Platte als Tiefdruckform eingesetzt werden.

---

[4] Lat.: radere = schaben

Durchdruckverfahren

Beim **Siebdruck** (Abb. 55), auch **Schablonendruck** oder **Serigraphie,** ist die Druckform ein feinmaschiges Siebgewebe mit Druckschablone. Die Druckfarbe wird mit einem Rakel (→ S. 248) durch die Druckform hindurch auf das zu bedruckende Material gedrückt. Für das Übertragen des Bildes auf das Sieb gibt es mehrere Methoden. So werden z. B. Kopiervorlagen auf das mit einer lichtempfindlichen Schicht präparierte Sieb unter UV-Licht aufkopiert. Die belichteten Stellen der Schicht werden gehärtet, die unbelichteten lassen sich mit Wasser abwaschen. Das Sieb ist an diesen Stellen für die Druckfarbe durchlässig.

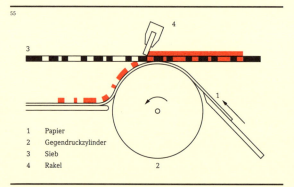

55

| 1 | Papier |
| 2 | Gegendruckzylinder |
| 3 | Sieb |
| 4 | Rakel |

**Tipp:** *Der Farbauftrag beim Siebdruck ist fünf- bis zehnmal so dick wie bei anderen Druckverfahren. Er eignet sich daher besonders für hochwertige Werbedrucke, Schilder, Plakate und Verpackungsdrucke, auch für CDs oder DVDs. Zudem können spezielle Farben mit großen Pigmenten oder spezielle Anwendungen wie Kleber oder Rubbelfarbe im Siebruck verdruckt werden.*

### 3D-Druck

Der **3D-Druck** ist ein Verfahren zum Herstellen dreidimensionaler, komplexer Objekte. Er gehört zu den generativen Fertigungsverfahren (engl.: **Additive Manufacturing**), bei denen die Bauteile durch Auf- oder Aneinanderfügen von Volumenelementen zumeist schichtweise automatisiert hergestellt werden (Normen, Deutschland: VDI 3403, USA: ASTM F2792). Das **computergestützte Konstruktionsverfahren** ermöglich das direkte Herstellen dreidimensionaler Gegenständen auf Basis digitaler Daten (**CAD,** engl.: Computer Aided Design) in einem zweidimensionalen Prozess. Erstmals angewendet wurde diese Technik in der Automobilindustrie zum Herstellen von Prototypen („Rapid Prototyping"), später auch zur Fertigung von Produkten („Rapid Manufacturing"). Zum Herstellen eines dreidimensionalen Objekts wird zunächst auf einem Computer (→ Kap. Digitale Medien. S. 142) mithilfe einer **CAD-Software** ein virtuelles dreidimensionales Modell gefertigt. Die 3D-CAD-Daten des Modells werden anschließend mit einer speziellen Software in horizontale Schichten zerlegt – vergleichbar mit Höhenschichtlinien. Diese zweidimensionalen Ebenen werden dann beim Drucken über einen **3D-Drucker** (→ Kap. Digitale Medien, S. 142, Ausgabegeräte) nacheinander ausgegeben und erzeugen so das dreidimensionale Objekt. Unterschieden werden folgende Techniken.

Die **Stereolithografie (SLA)** ist das älteste unter den nach dem Schichtprinzip funktionierenden Verfahren. Ausgehend von einer Technik, die UV-Lampen zur Aushärtung von Beschichtungsharzen benutzte, entwickelte der Amerikaner Chuck Hull in den 1980er-Jahren die erste Stereolithografieanlage. Diese Technik basiert auf der Verwendung eines mit flüssigem Photopolymer gefüllten Baubehälters und eines Lasers. **Photopolymere** sind lichtempfindliche Stoffe, die durch (oft ultraviolette) Lichteinwirkung ihre Eigenschaften verändern (Polymerisation). Sie werden auch beim Herstellen von Druckformen für Hochdruckverfahren, wasserlosen Offsetdruck oder Siebdruck verwendet (→ S. 250). Beim Auftreffen des Laserstrahls verbinden sich die Moleküle des Harzes zu einer festen Masse.

Mit der **Mikrostereolithografie** wird eine hohe Genauigkeit erreicht. Über einen so genannten **Digital Light Processing Chip** werden die von einem Laser dünn aufgetragenen Schichten zeitgleich ausgehärtet. Die mit dieser Technik hergestellten Objekte werden unter anderem in der Hörgeräte- und Knochenersatztechnik oder für Mikroturbinen verwendet.

Beim **Selektiven Lasersintering (SLS)** werden räumliche Strukturen aus einem pulverförmigen Ausgangsstoff mithilfe des **Sinterns** (Verschmelzen von Werkstoffen) hergestellt. Neben Kunststoffen werden auch Metalle oder Keramik verwendet. Nach dem Auftragen der einzelnen Partikelschichten werden diese während des Herstellungsprozesses mit einem Laser verschmolzen.

Beim **Fused Deposition Modeling** (FDM, dt: Schmelzschichtung) wird ein Werkstück schichtweise aus schmelzfähigem Kunststoff aufgebaut. Dazu wird der Kunststoff in eine beheizte Düse des 3D-Druckers geleitet und dort geschmolzen. Im Anschluss wird der flüssige Werkstoff über die Düsen auf eine Plattform gebracht. Nach dem Abkühlen erstarrt das Material, das Objekt bekommt seine feste Form. Beim **Laminated Object Manufacturing (LOM)** wird ein Werkstück schichtweise aus Papier oder Kunststofffolie aufgebaut.

*Tipp: Zum Herstellen eigener 3D-Objekte stehen kostenfreie Software oder so genannte FabLabs, also offene Werkstätten, zur Verfügung. Auch viele Internetdienstleister fertigen im Auftrag 3D-Drucke an und stellen eine Vielzahl von Materialien und Vorlagen zur Verfügung. Wie bei üblichen 2D-Druckern gilt: Wer Werkstücke mit einem 3D-Drucker nach fremden Vorlagen anfertigt oder Dienstleister damit beauftragt, muss die juristischen Anforderungen beachten. Der sorglose Umgang mit bereits vorhandenen Gestaltungsmustern und -formen kann Urheberrechte sowie Patent- und Markenrechte Dritter verletzen.*

## Produktion/**Druck**

### Weitere Druckverfahren

Längst haben sich weitere Druckverfahren etabliert. **Elektrofotografische Verfahren** werden heute in zahlreichen Kopierern, Laserdruckern und Digital-Drucksystemen für ein- oder mehrfarbige Drucke und Vervielfältigungen verwendet.

Der **Digitaldruck** ist ein Verfahren, bei dem die Informationen direkt vom Computer auf das Papier gebracht werden, ohne dass eine Druckvorlage (→ S. 220 ff.) erzeugt wird. Dabei wird die Technologie des Farbdruckers mit der Mechanik einer Druckmaschine verbunden. Durch den Wegfall der hohen Fixkosten des Offsetdrucks, wie Plattenbelichtung, werden auch kleinere Auflagen wirtschaftlich.

**Tipp:** *Der Digitaldruck erreicht nicht die Qualität herkömmlicher Druckverfahren, ist bei kleinen Auflagen jedoch schneller und preisgünstiger; zudem erlaubt er das Verwenden spezieller Techniken wie das personalisierte Drucken (→ S. 254) oder Printing-on-Demand (→ S. 254).*

Der **Laserdruck** gehört ebenfalls zu den elektrofotografischen Verfahren. Die farbgebenden Substanzen sind Farbtoner. Der Toner wird auf die Oberfläche des Papiers übertragen und durch Wärmestrahlung dort fixiert.

Der **Inkjetdruck**, auch **Tintenstrahldruck**, funktioniert mit der Anwendung der **Thermo-** oder **Piezo-Technologie**. Die Druckfarben für Inkjetdruck sind vorwiegend in Wasser gelöste Farbstoffe **(Tinten).** Sie neigen entweder zum Auslaufen, Penetrieren oder Abperlen. Bei mehrfarbigen Drucken können Tinten außerdem an den Grenzflächen ineinanderlaufen. Weiterhin kann sich der Bedruckstoff durch den hohen Anteil an Flüssigkeit in der Tinte (90–95 Prozent) verziehen oder Wellen bilden.

**Tipp:** *Da es eine Vielzahl unterschiedlicher Drucker und Tinten gibt, sind vor dem Drucken anwendungsspezifische Testdrucke angeraten.*

Beim **personalisierten Drucken** erhalten einzelne Exemplare oder Teile eines Drucklaufs individuelle Aufdrucke. Personalisiertes Drucken setzt für die individuellen Aufdrucke ein digitales Druckverfahren (→ S. 253) voraus, bei dem die Druckdaten zwischen den einzelnen gedruckten Exemplaren wechseln können. Eine häufige Anwendung für dieses Verfahren ist das Adressieren von Druckerzeugnissen sowie die persönliche Anrede des Adressaten (→ Kap. Marketing, S. 303, Direktmarketing).

**Printing-on-Demand** (dt.: Drucken nach Bedarf) steht für einen Arbeitsablauf, bei dem von einem Druckerzeugnis nicht eine feste Auflage, sondern auf Abruf kleinere Teilauflagen bis hinab zu wenigen Exemplaren gedruckt werden. Möglich wird Printing-on-Demand durch den Digitaldruck, bei dem direkt von den Daten der Druckvorstufe ohne die Herstellung von Druckformen und das Einrichten von Druckmaschinen gedruckt werden kann.

**Books-on-Demand** (Bücher auf Anfrage) werden einzeln, erst auf Bestellungen produziert und ausgeliefert.

**Tipp:** *Da der Aufwand für Lagerung und nicht verkaufte Exemplare entfällt, können bei kleineren Auflagen Kosten gespart werden; zudem ist es möglich, aus vorgegebenen Teilen individuelle Bücher zusammenzustellen.*

Als **Makulatur** bezeichnet man fehlerhafte Drucke. Dazu gehören im weiteren Sinne sämtliche Papierabfälle in Druckbetrieben wie schadhafte Papiere, Verpackungsmaterialien sowie überzählige Druckerzeugnisse und **Remittenden** (Rücklieferungen).

## Weiterverarbeitung

Zur **Druckweiterverarbeitung** gehören alle Verarbeitungsschritte an Druckerzeugnissen, die nach dem eigentlichen Druckvorgang zu einem fertigen Druckerzeugnis führen.
Je nach Art des Druckprodukts gehören dazu das Falzen, Zusammenlegen und Beschneiden der bedruckten Bögen sowie das Binden; ferner auch Spezialarbeiten wie z. B. das Perforieren, Kaschieren (→ S. 256), Stanzen oder Lochen (→ S. 261). Gegebenenfalls gehören hierzu auch das Verpacken sowie die Distribution.

Sofern ein Weiterverarbeitungsprozess direkt in der Druckmaschine stattfindet (z. B. das Lackieren oder Falzen) oder die für den Arbeitsschritt erforderlichen Module fest mit der Druckmaschine verkettet sind, wird von einer **Inline-Verarbeitung** gesprochen.

### Oberflächenveredelung

Der Lackiervorgang erfolgt in der letzten Druckphase.
**Lackieren** ist das Aufbringen einer farblosen, glänzenden oder matt trocknenden Lackschicht, entweder als **Drucklack** in der Druckmaschine oder als Dispersionslack auf wässriger Basis mit einem eigenen Drucklackwerk. Das Lackieren schützt die Oberfläche und erhöht die Abriebfestigkeit der Druckfarben.

**Tipp:** *Vollflächenlackierungen verändern den Oberflächencharakter und führen zu einer Farbtonveränderung des Druckbildes.*

Lackierungen können ebenso gezielt als visuelles Mittel eingesetzt werden wie beispielsweise **Spotlackierungen,** bei denen die Lackform wie eine Farbform behandelt wird. **Schattenlackierungen** sind gerasterte Spotlackierungen. Sie fallen in Abhängigkeit von der Druckbilddichte unterschiedlich aus. Flächige Bildpartien bekommen mehr Lack, gerasterte Bildpartien entsprechend weniger.

**Effektlacke** sind spezielle Lacke, die zur Erzielung besonderer Effekte in der Drucktechnik eingesetzt werden. In der Regel bestehen sie aus Pigmenten, die in Farbe, Form und Größe der Partikel variieren. **UV-Lacke** sind Lacke auf Basis von ungesättigten Polyestern oder Polyacrylaten oder einer Kombination aus beiden, bei denen ultraviolettes Licht den Trocknungsvorgang auslöst. Dieser dauert nur wenige Sekunden, daher lassen sich UV-Lacke in kurzer Zeit verarbeiten.

Tipp: *UV-Lackierungen bringen nur auf gestrichenen und gussgestrichenen Materialien gute Ergebnisse. UV-Lacke sind nicht verklebbar und nur bedingt nut- und rillfähig (→ S. 258).*

**Wasserlacke** – auch **Dispersionslacke** – basieren auf Wasser und werden zumeist mit Lackwerken, in manchen Fällen auch mit dem Farbwerk der Druckmaschine aufgetragen. Die Schichtdicke des Lacks erreicht 3 µm. Sein Glanzwert liegt unter dem der UV-Lacke.

Tipp: *Wasserlacke trocknen durch Verdunsten des Wassers schnell, sind geruchsfrei und vergilben wenig.*

**Duftlackierungen** werden mit Speziallacken erreicht. Sie enthalten in Mikrokapseln eingeschlossene Duftstoffe, die durch Reiben der markierten Stellen freigesetzt werden.
  **Laminierung**, auch **Folienkaschierung** oder **Cellophanierung**, ist ebenfalls ein Veredelungsverfahren. Ein Druckerzeugnis erhält zum Schutz oder für die Steigerung der Attraktivität eine transparente Schutzfolie (zumeist aus Polyester). Bei Flüssigkeitsverpackungen verwendet die Industrie Folien, die auch das Aroma des Produkts schützen sollen. Es gibt unterschiedliche Folien, z. B. mit Glanz, matt oder mit leichten Prägungen.
  Beim **Prägefoliendruck** wird anstelle von Druckfarbe eine dünne Folie aus Kunststoff im Hochdruckverfahren mittels Druck und Wärme auf den Bedruckstoff aufgebracht. Dazu werden Prägestempel geätzt oder graviert. Für den Silberglanz sorgt eine im Vakuum auf die Folie aufgedampfte Aluminiumschicht. Mit einem gelben oder rosa Lacküberzug wird ein Gold- oder Kupfereffekt erzielt. Prägefolien können selbst auch Strukturen aufweisen (holografische Folien).

**Tipp:** *Bei hohen Auflagen und bei einigen Materialien und Prägemotiven ist ein Messingstempel empfehlenswert. Er ist haltbarer, leitet die Temperatur besser und erzielt ein brillantes Ergebnis, ist jedoch auch wesentlich kostenintensiver als ein Magnesiumstempel. Bei kleineren Auflagen kann ein Magnesiumstempel geätzt oder gefräst werden. Bei der Kaltprägung besteht das Klischee oder der Stempel zumeist aus Gummi oder Kunststoff.*

Bei der **Blindprägung** wird eine Prägung im Papier mit einer Gravur und einer passenden gegenüberliegenden Matrize unter hohem Druck erzeugt. Prägungen mit einem erhabenen Motiv heißen Hochprägungen; Prägungen mit einem vertieften Motiv sind Tiefprägungen. Bei mehrstufigen Prägungen enthält das Motiv z. B. verschiedene Ebenen. Reliefprägungen erzeugen mit dreidimensionalen Verläufen räumliche Effekte. Mit dem Auftragen und Einschmelzen spezieller Pulvermaterialien lassen sich Hochprägungen auch simulieren.

## Falzen

In der **Buchbinderei** ist der **Falz** ein scharfer Knick oder Bruch bei Papieren. Mit dem Falzen entsteht entweder ein Produkt mit fortlaufenden Seitennummern oder ein kleineres Format. Gefalzt wird im Allgemeinen mit Falzmaschinen. Grundsätzlich unterscheidet man zwischen dem **Kreuzfalzen** (auch **Kreuzbruchfalzen**) und dem **Parallelfalzen** (auch **Parallelbruchfalzen**).
    Bei einem Kreuzfalz erfolgt der weitere Falz immer im rechten Winkel, bei einem Parallelfalz immer parallel zum vorhergehenden Falz. Beide Grundarten können auch miteinander kombiniert werden.
    Die einfachste Falzart ist der **Einbruchfalz,** bei der ein Rohbogen (→ S. 207) nur einmal gefalzt wird. Je nachdem, wie oft dieser Vorgang wiederholt wird, spricht man auch von einer **Ein-, Zwei-** oder **Dreibruchfalzung** (Abb. 56–58).
    Die gefalzten Druckbögen oder Lagen werden zusammengetragen und miteinander verbunden. Beim Beschnitt

werden dann die geschlossenen Papierkanten geöffnet. Nur im Bund bleiben die Seiten durch den Falz miteinander verbunden.

Zu den Falztechniken zählen z. B. Altar-, Wickel-, Zickzack- oder Leporellofalz. Der **Altarfalz** wird so gefaltet, dass zwei Flügel entstehen (Abb. 59). Der **Leporellofalz**, auch **Zickzack-Falz**, ist ein fortlaufender Parallelfalz, bei dem jeder Parallelbruch in entgegengesetzter Richtung abwechselnd gefalzt wird – adäquat einer Ziehharmonika (Abb. 60).

Der **Wickelfalz** ist eine Falzart, bei der jeder Bruch parallel und in gleicher Richtung um den inneren Bogenteil erfolgt. Je nach Anzahl der Brüche entsteht hiermit eine bestimmte Wicklung. Ein Zweibruch-Wickelfalz ergibt demnach drei Blatt und sechs Seiten, ein Dreibruch-Wickelfalz vier Blatt und acht Seiten.

Nuten und Rillen

Eine **Nut** ist eine Einkerbung oder Rillung am Falzrücken. Um zu verhindern, dass starre Materialien mit hohen Papiergrammaturen beim Falzen brechen, wird an den Falzen **geritzt** (Abb. 61), **genutet** (Abb. 62) oder **gerillt** (Abb. 63).

Die Nut oder Faltrille sollte immer auf der Innenseite des zu falzenden Bogens angebracht werden (Abb. 64: richtig, Abb. 65: falsch).

**Tipp:** *Um z. B. Rissbildungen im Falz (Gelenk) durch starke Beanspruchung zu verhindern, wird empfohlen, die Buchdecke (→ S. 261) vor dem Beziehen mit Papier zu cellophanieren.*

### Schneiden

Mit dem **Beschneiden** erhalten z. B. ein Buchblock, eine Broschüre oder eine Zeitschrift glatte Buchschnitte. Das Beschneiden erfolgt an den drei Seiten, an denen das Produkt nicht geheftet wird. Bei der Klebebindung (→ S. 260) wird an allen vier Seiten geschnitten. Außerdem werden die einzelnen Seiten durch das Beschneiden voneinander getrennt, sodass sich das Buch bzw. die Broschüre oder Zeitschrift aufschlagen lässt.

Der **Beschnitt** ist der Papierrand eines Druckerzeugnisses, der über das für das Endprodukt vorgesehene Maß hinausgeht. Somit können alle Seiten eines Buches oder einer Broschüre durch Beschneiden auf die gleiche Größe gebracht werden.

Werden, wie bei Magazinen und Heften, viele Blätter ineinandergelegt, ragen die inneren meist weiter heraus als die äußeren. Um eine gerade Kante zu erhalten, erfolgt dann der so genannte **Frontbeschnitt,** der alle Überhänge auf ein gleiches Maß bringt.

*Tipp: Beim Frontbeschnitt muss bereits im Entwurf bedacht werden, dass bei der Rückendrahtheftung mit vielen Blättern die innen liegenden Seiten stärker beschnitten werden als z. B. der Umschlag. Klappen oder Tafeln sollten etwa 1–2 mm kleiner als das Endformat des Buchblocks sein, da diese ansonsten angeschnitten werden.*

**Schneidefehler** (Abb. 66) an angeschnittenen Bildern oder Flächen führen zu Blitzern (→ S. 230). Deshalb werden Bilder oder Flächen im Anschnitt in der Regel mit 3 mm Beschnittzugabe platziert.

*Tipp: Die Klebebindung, Fadenheftung oder Klammerheftung stellen unterschiedliche Anforderungen an den Anschnitt. Bei der Klebebindung ist es wichtig, dass jede Seite als Einzelseite behandelt wird. Die Seiten werden an allen vier Seitenrändern beschnitten. Der Innenrand wird gefräst (→ S. 260) und geklebt, so müssen Bilder, die in den Bund gehen, auch dort im Anschnitt stehen, damit Blitzer bzw. weiße Ränder vermieden werden.*

### Bindeverfahren

Beim **Heften** werden Druckbögen oder Lagen mit einem Faden oder Draht zu einem Buchblock bzw. einem Produkt verbunden.

Die **Klammerheftung,** auch **Drahtheftung,** ist eine häufige Art der Bindung. Bei der **Rückenheftung** werden gefalzte, ineinandergesteckte Bögen mit einem Umschlag aus Papier oder Karton von außen durch den Rücken mit Metallklammern zusammengeheftet (Abb. 67).

Bei der **Blockheftung** werden die geschnittenen Bögen einseitig mit Heftklammern zusammengeheftet (Abb. 68).
**Beachte:** Die Blockheftung ist nur bis zu einer gewissen Stärke anwendbar.

Bei der **Fadenheftung,** der ältesten Methode des Heftens, werden die Lagen durch einen im Rücken geführten Faden fixiert. Die Fadenheftung selbst wird dann mit einem Einfachstich oder Doppelstich vollzogen. Die Fadenheftung ist in der Buchherstellung die qualitativ hochwertigste und haltbarste Art der Heftung (Abb. 69).

**Spiral-** (Abb. 70), **Plastik-** (Abb. 71) und **Drahtkammbindungen** (auch **Wire-O-Bindung**) gehören zu den Lose-Blatt-Bindesystemen. Für diese Verfahren werden Papierstapel einseitig gelocht und die entsprechende Bindung hindurchgeführt.

Die **Klebebindung** ist eine fadenlose Heftung. Die einfachste Art ist die **Blockverleimung.** Der Bund des Buchblocks wird geschnitten oder angefräst, sodass einzelne Blätter entstehen, die dann klebegebunden werden. Dafür werden verschiedene Leimsorten eingesetzt wie z. B. „Dispersion PUR" oder „Hotmelt". Bei der Blockklebebindung wird der feststehende Buchblock klebegebunden (Abb. 72).

*Tipp: Mit dem so genannten Pull-Test wird die Klebebindung überprüft: Man zieht an einem Blatt im Buchblock. Reißt die Seite, anstatt aus dem Bund herausgerissen zu werden, dann hat die Klebebindung den Test bestanden.*

Bei der **Fächerklebebindung** – auch **Lumbecken**[5] genannt – wird nach dem Einklemmen des Buchblocks der herausragende Bund nach einer Seite aufgefächert und mit Klebstoff bestrichen (Abb. 73). Der Vorgang wiederholt sich beim Auffächern des Buchblocks zur anderen Seite. Der Leim erhält dadurch mehr „Angriffsfläche" und die einzelnen Blätter mehr Halt. Das Verfahren wird für Einzel- und Sonderanfertigungen angewendet und ist nicht maschinell möglich.

<u>Die Broschur</u>

Der Begriff **Broschur,** auch **Paperback,** bezeichnet ein Buchbindeverfahren, bei dem der Umschlag direkt mit dem ein- oder mehrlagigen Block am Rücken verklebt oder geheftet

---

[5] Benannt nach dem Buchbindermeister Emil Lumbeck (1886–1979)

wird. Der Umschlag hat in der Regel dasselbe Format wie der Buchblock und besteht aus dem gleichen Material wie der Innenteil oder aus Karton. Es wird zwischen verschiedenen Varianten unterschieden, z. B. **Schweizer Broschur** (Abb. 74 auf Seite 260), **Englische Broschur** (Abb. 75), **Französische Broschur** (Abb. 76) oder **Steifbroschur** bzw. **Halbleinen** (Abb. 77).

Gebundene Bücher, deren Buchblock über Gaze und Vorsatzblätter mit der **Buchdecke** verbunden sind, werden **Festeinbände**, **Deckenbände** oder auch **Hardcover** genannt. Eine Buchdecke (Abb. 81) besteht aus einem Vorderdeckel, einer Rückeneinlage und einem Hinterdeckel aus Pappe (→ S. 214 ff.), die auf einem Überzugsmaterial wie Gewebe, Papier oder Leder aufgebracht und verklebt werden. Buchdecke und Buchblock werden mittels des Vorsatzpapiers miteinander verbunden.

Zusätzlich kann der Buchblock ein **Kapitalband** (Abb. 78) oder ein **Zeichenband**, umgangssprachlich auch **Lesebändchen**, (Abb. 79) erhalten. Außerdem ist ein **Farbschnitt** (Abb. 80) als Veredelung möglich.

**Tipp:** *Es sollte früh entschieden werden, ob der Buchblock einen geraden oder runden Rücken erhält. Beachte, dass die erste Seite und die letzte Seite im Inhalt immer 5–7 mm schmaler ist – je nachdem, wie stark der Buchbinder überklebt. Das sollte auch beim Layout dieser Seiten beachtet werden, damit mittig gesetzte Elemente stets zentriert stehen.*

**Selective Binding** (dt.: Selektives Binden) bezeichnet ein individuelles Herstellungsverfahren von gebundenen Druckerzeugnissen. Aus einer Auswahl verschiedener Komponenten lassen sich z. B. Kataloge in mehreren Versionen herstellen, deren Inhalt auf die Wünsche verschiedener Kundengruppen abgestimmt ist. Mit dem selektiven Binden ist es möglich, für verschiedene Teilauflagen von Zeitschriften unterschiedliche Anzeigenmotive zu wählen (→ Kap. Marketing, S. 281).

**Finishing** ist in der Weiterverarbeitung die allgemeine Bezeichnung für alle veredelnden Arbeitsschritte. Neben dem Lackieren und Kaschieren (→ S. 255 ff.) zählen zum Finishing auch **Stanzen**, z. B. des Registers, **Lochen** und **Perforieren** (Abb. 82–84 auf S. 262).

# Produktionspraxis

<u>Arbeitsablauf in der Druckerei</u>

1. Die PDF-Daten werden nach Grundparametern (z. B. Format) und auf technische Verwertbarkeit geprüft.
2. Wird ein Proof geliefert, so kontrolliert die Druckerei, ob dieser den Anforderungen an einen verbindlichen Proof erfüllt. Dazu gehört z. B. das Vorhandensein eines Kontrollkeils (Medienkeil) (→ S. 235 ff.).
3. Die PDF-Daten werden im RIP für den Druckprozess berechnet.
4. Die verarbeiteten Daten werden elektronisch ausgeschossen und die entstandenen digitalen Bogenmontagen werden später zur Plattenbelichtung verwendet. Selten gibt es noch die Filmmontage (→ S. 233, Ausschießen).
5. Von den ausgeschossenen Druckbögen werden Plots erstellt, meist im Original-Format, die den späteren Druckbogen imitieren.
6. Die Plots werden analog zur späteren Weiterverarbeitung gefalzt. Die Druckerei kann hier noch einmal prüfen, ob das Ausschießschema korrekt ist (→ S. 235 ff, Plot).
7. Die Plots werden dem Kunden zur Freigabe vorgelegt. Da die Ausdrucke von den bereits im RIP verarbeiteten Daten gemacht werden, werden Überfüllungen und Schriften so dargestellt, wie sie später im Druckbild erscheinen werden. Nur die Farb- und Bilddarstellung ist nicht druckverbindlich, und Bilddaten sind oft mit einer niedrigen Auflösung gedruckt.
8. Anhand der Plots gibt der Kunde die Druckfreigabe oder macht Angaben zur Autorenkorrektur.
9. Nach der Plotfreigabe werden die Platten belichtet.
   **Beachte:** Alle nun folgenden Korrekturen sind mit teilweise erheblichen Mehrkosten verbunden, da jede Korrektur das Belichten neuer Platten bedeutet.

## Die Druckabnahme

Mit **Druckabnahme** wird die Einrichtung eines Druckbogens bezeichnet, der dann vom Kunden für den **Fortdruck** freigegeben wird. Zur Druckeinrichtung gehört die Festlegung der **Farbwerte** für den **Auflagendruck**, das gleichmäßige Einstellen der Färbung, die Einstellung der **Registerhaltigkeit** und des **Farbpassers.**

Für den Kunden ist die Druckabnahme eine letzte Kontrollmöglichkeit. Allerdings sind an dieser Stelle des Druckprozesses die meisten Korrekturen mit Mehrkosten verbunden, da z. B. neue Druckplatten belichtet werden müssten und es zu teuren Maschinenstillstandszeiten käme.

Die Druckabnahme ist vor allem für die **Farbabstimmung** wichtig, da die gewünschte Färbung aller Motive meist nicht absolut zu erzielen ist und der Drucker oft nicht einschätzen kann, welche Kompromisse für den Kunden akzeptabel sind.

Die Freigabe des Drucks erfolgt über das Erteilen der **Imprimatur**[6]. Nach der **Freigabe** wird der Auflagendruck durchgeführt (→ Kap. Recht, S. 335, Haftungsrisiken).

**Tipp:** *Mit den heute zur Verfügung stehenden Kontrollwerkzeugen wie Proof und Farbplot ist es für jede Druckerei möglich, ein Druckergebnis zu erzielen, das den Vorstellungen des Kunden entspricht. Trotzdem ist es oft empfehlenswert, bei der Druckabnahme anwesend zu sein.*

Am Beispiel des Offsetdrucks (→ S. 244 ff.) haben wir hier die übliche Vorgehensweise zusammengestellt:

Der Drucker beginnt zuerst mit der Grundeinrichtung der Maschine und verwendet dafür die von der **Fogra** für das Papier empfohlenen Farbwerte. Ist die Einrichtung abgeschlossen, wird ein Druckbogen (→ S. 231 ff.) dem Kunden zur Freigabe vorgelegt. Dabei muss der Druckbogen bei Normlicht D50 präsentiert werden, da der Farbeindruck je nach Umgebungslicht variieren kann. Der Kunde prüft vorrangig die Farbe. Register- und Passerkorrektur obliegen dem Drucker.

---

[6] Lat.: „Es werde gedruckt"

Bei größeren Druckaufträgen werden anhand der ersten Druckform die Referenzfarbdichten festgelegt, die dann als Vorgabe für alle folgenden Druckbögen verwendet werden. So wird sichergestellt, dass der Farbeindruck, z. B. innerhalb eines Buches, gleich bleibt.

Von diesen Farbwerten sollte im weiteren Druck nur in Ausnahmefällen abgewichen werden.

Der **Farbkorrektur** beim Druck sind technische Grenzen gesetzt. So können Farbkorrekturen nur innerhalb der senkrecht verlaufenden Farbzonen vorgenommen werden. Da auf einem Druckbogen immer mehrere Seiten platziert sind (→ S. 233, Ausschießen) wird jede Farbkorrektur auch für die auf der Druckform jeweils davor und dahinter platzierten Seiten wirksam.

Sobald der Druck zur Zufriedenheit eingestellt ist, wird der Fortdruck gestartet. Unter **Fortdruck** versteht man den Druck der Auflage anhand der vom Kunden freigegebenen Referenz.

Der Drucker muss darauf achten, dass sowohl der Dichtewert der einzelnen Farben als auch der farbliche Eindruck konstant gehalten werden. Der Druckprozess ist ein instabiler Vorgang, bei dem ständig alle Komponenten wie Papier, Farbe und Wasser ausbalanciert werden. Dies geschieht heute meist automatisch. Dennoch werden während des Fortdrucks ständig Kontrollbögen vom Drucker geprüft und Register, Passer oder Farbe ggf. korrigiert.

Häufige Probleme beim Druck

Mitunter tauchen beim Fortdruck oder bereits bei der Druckabnahme technische Probleme auf. In der Regel erkennt der Drucker diese rechtzeitig und kann die Ursache beseitigen. Die am häufigsten auftauchenden Probleme, deren Erkennungsmerkmale und mögliche Lösungen werden hier aufgelistet.

Der **Butzen** ist ein Fremdkörper, der sich auf der Druckplatte oder auf dem Gummituch befindet. Die Farbannahme wird dadurch gestört. Butzen sind als helle oder dunkle Punkte sichtbar. Hier hilft das Entfernen des Fremdkörpers von der Platte oder dem Gummituch, manchmal muss dafür die Maschine angehalten werden.

**Defektes Gummituch.** Das Druckmotiv wird von der Druckplatte auf das Gummituch und von dort auf das Papier übertragen. Gummitücher müssen während des Druckprozesses starken mechanischen Belastungen durch Waschen sowie dem Druckprozess selbst standhalten. Dadurch kann die Oberfläche des Gummituchs zerstört werden, an diesen Stellen kann das Druckbild dann nicht mehr einwandfrei übertragen werden. Dieser Effekt ist meist durch ein partiell helleres Druckbild erkennbar und nur schwer zu entdecken. Defekte Gummitücher werden ausgetauscht.

Bei **mechanischen Fehlern** auf der Druckplatte handelt es sich oft um Kratzer, die meist als dünne, farbige Linie erkennbar sind. Sie entstehen durch unachtsames Handhaben oder durch eine fehlerhafte Emulsionsbeschichtung der Druckplatte. Oft ist die Neubelichtung dieser Platte notwendig. Manchmal kann der Drucker mit einem Korrekturstift den Fehler beseitigen.

**Schmieren** entsteht durch ein Ungleichgewicht von Feuchtung und Farbführung in der Druckmaschine. Dabei kann das Druckbild nicht mehr sauber übertragen werden, da zu viel Farbe auf der Druckplatte oder dem Gummituch ist. Das Druckbild wird dadurch unscharf und es zeigen sich Schatten an den Konturen. Die Regulierung der Farbzufuhr und der Druckfeuchtung und eine Maschinenwäsche beheben diesen Fehler.

Beim **Dublieren** erscheinen Teile des Druckbildes, leicht versetzt und etwas schwächer, noch einmal im Druck. Das

Druckmotiv des vorangegangenen Druckwerks wird vom Papier auf das Gummituch des nachfolgenden Druckwerks zurückübertragen und druckt beim nächsten Bogen mit. Dieser Effekt entsteht entweder durch die nicht korrekte Justierung der Druckmaschine oder durch Papierverzug während des Druckgangs.

**Farbstreifen** entstehen durch den technischen Aufbau der Druckmaschine (→ S. 244, Abb. 46). Die Druckfarbe wird vom **Farbwerk** auf **Farbwalzen** übertragen, die ihrerseits die Farbe auf den Druckzylinder mit der Druckplatte weitergeben. Die Farbe wird dabei über mehrere andere Farbwalzen geführt und dort verrieben, um die Farbdicke auszugleichen. Trotzdem ist die Farbdicke nicht absolut gleichmäßig. Der Effekt wird in Form von wellenartigen Streifen vor allem bei gleichmäßigen Farbflächen sichtbar. Meist wird versucht, über die Verstellung der **Farbverreibung** oder die Änderung des Wasser-zu-Farbe-Verhältnisses die Sichtbarkeit des Effekts zu reduzieren.

Darüber hinaus gibt es noch weitere Effekte, die zu Streifen führen können:

**Kanalstreifen** entstehen durch Schwingungen des Druckwerks, die durch den Kanal ausgelöst werden. Der Kanal ist der Bereich, in dem Anfang und Ende der Druckplatte eingespannt werden.

Bei Streifen durch den **Differenzantrieb** führen die Scherkräfte häufig am Bogenanfang zu einer Farbkante. Bei problematischen Motiven muss darauf verzichtet werden, die Butzen mit Differenzantrieb vom Gummituch zu nehmen.

## Cross Media Publishing

Der Begriff Cross Media findet erstmals Anwendung in Amerika im Zusammenhang mit der Kommunikationspolitik („Cross Media ownership"). Dabei wird der Begriff des Media-Mixes auf eine einzelne Marke beschränkt. Cross Media wird heute oft fälschlicherweise nur auf den parallelen Einsatz verschiedener Medien reduziert. Cross Media ist vielmehr eine Strategie (→ Kap. Marketing, S. 276) der integrierten Kommunikation, ein koordiniertes Management aller Kommunikationsquellen und Beziehungsgrößen.

## Produktion/**Produktionspraxis**

Cross Media Publishing (kurz: CMP) ist ein Verfahren zur Verwaltung, Verarbeitung und medienübergreifenden Veröffentlichung von Inhalten auf Basis von medienneutralen Daten (Abb. 85).

Im Zusammenhang mit CMP werden auch Begriffe wie Database-Publishing oder Single-Source-Publishing verwendet. Single-Source-Publishing (kurz: SSP) ist ein Verfahren zur zentralen Verwaltung von Inhalten und automatisierten Aufbereitung für verschiedene Medien aus einer Datenquelle (Single Source = eine einzige Datenquelle). Dabei werden Inhalte und Layout voneinander getrennt verwaltet. Durch die medienneutrale Speicherung von Inhalten kann derselbe Inhalt unterschiedlich dargestellt bzw. in unterschiedlichen Formaten ausgegeben werden. Single-Source-Publishing kann als Grundidee des Cross Media Publishings verstanden werden. XML (→ Kap. Digitale Medien, S. 174, 149) ist bei Cross Media Publishing die Basis. Auch ist es möglich durch die XML-Schnittstelle Textverarbeitungs- oder Layout-Programme anzubinden.

CMP-Systeme können sehr unterschiedliche Komplexitätsgrade aufweisen. Durch die weitgehende Automatisierung von Prozessen können mit CMP große Einsparungen erzielt werden.

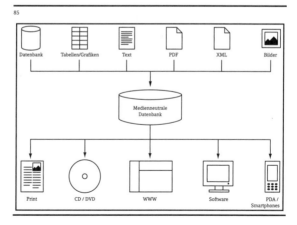

# Tipps und Links

**Buchbinderei**

Deutschsprachig

- Hiller, Helmut: *Wörterbuch des Buches*, Vittorio Klostermann Verlag, Frankfurt am Main (2006)

- Moessner, Gustav: *Buchbinder-ABC*, Zanders Feinpapiere AG, Bergisch Gladbach (1981)

Englischsprachig

- Greenfield, Jane: *ABC of Bookbinding*, The Lyons Press, Guilford (1998)

- Hiller, Helmut: *Dictionary of Books*, French & European Publications, New York (1991)

**Farbmanagement (Colormanagement)**

International

- International Color Consortium (ICC): www.color.org
- Pantone: www.pantone.com

Europa

- European Color Initiative: www.eci.org

Deutschsprachig

- Jan-Peter Homann: www.digitalproof.de

- Homann, Jan-Peter: *Digitales Colormanagement*, Springer-Verlag, Berlin (2007)

- Nyman, Matthias: *4 Farben 1 Bild*, Springer-Verlag, Berlin (2004)

Englischsprachig

- Fraser, Bruce: *Real World Color Management*, Peachpit Press, Berkeley (2004)

- Homann, Jan-Peter: *Digital Color Management – Principles and Strategies for the Standardized Print Production*, Springer Publishing, New York (2009)

**Druck**

International

- Fogra Graphic Technology Research Association: www.fogra.org
- Graphic Arts Information Network (GAIN): www.gain.net

Europa

- Deutscher Drucker Verlagsgesellschaft: www.publish.de
- European Color Initiative (ECI): www.eci.org/eci/en

## Produktion/**Tipps und Links**

Deutschsprachig

- BG ETEM Berufsgenossenschaft Energie Textil Elektro Medienerzeugnisse: www.bgetem.de
- Fogra – Forschungsgesellschaft Druck, München: www.fogra.org
- Martin Z. Schröder, www.druckerey.de, und vor allem: blog.druckerey.de

- Kipphan, Helmut: *Handbuch der Printmedien. Technologien und Produktionsverfahren,* Springer-Verlag, Berlin (2000)

Englischsprachig

- 6x6 collaborative letterpress research project of six leading UK-based design schools with active letterpress workshops: www.6x6letterpress.co.uk

- Galerie P98A in Berlin bietet handgedruckte Plakate und (meist englischsprachige) Druck-Workshops von und mit Erik Spiekermann: p98a.com

### Druck und Papier

International

- Büttenfabrik Gmund: www.gmund.com
- International Paper: www.internationalpaper.com
- Papierfabrik Scheufelen: www.scheufelen.com
- M-real Zanders: www.zanders.de

### Satz und Korrektur

Deutschland

- Duden online: www.duden.de

- Duden: *Satz und Korrektur. Materialiensammlung,* Bibliographisches Institut, Mannheim (2002)

Englischsprachig

- Goldstein, Norm (Hrsg.): *The Associated Press Stylebook and Briefing on Media Law. Fully Revised and Updated,* Perseus Book Group, New York (2007)

- University of Chicago Press Staff (Hrsg.): *The Chicago Manual of Style. 15th edition,* University of Chicago Press (2003)

### Standards und Normen

International

- International Digital Enterprise Alliance (IDE): www.idealliance.org
- International Organization for Standardization: www.iso.org

Deutschland

- Deutsches Institut für Normung (DIN): www.din.de

Großbritannien

- British Standards Institution (BSI): www.bsi-global.com

USA

- American National Standards Institute: www.ansi.org

**Werkstoffe**

Mehrsprachig

- Modulor: www.modulor.de
- Fachbegriffe der Kunststofftechnik in 7 Sprachen: www.kunststoffe.de/fachinformationen/glossary

Deutschsprachig

- Hochuli, Jost (Hrsg.): *Still und heiter – der Buchbinder Franz Zeier zum Beispiel. Mit Texten von Franz Zeier zu Buch und Bucheinband und einem Beitrag von Laurenz Winkler zu Fraßbildern an Laubblättern, zusammengestellt und eingeführt von Jost Hochuli. Fotografien von Michael Rast*, VGS Verlagsgenossenschaft St. Gallen, St. Gallen (2013)

- Kalweit, Andreas; Paul, Christof; Peters, Sascha; Wallbaum, Reiner: *Handbuch für Technisches Produktdesign. Material und Fertigung, Entscheidungsgrundlagen für Designer und Ingenieure*, Springer-Verlag, Berlin (2012)

- Zeier, Franz: *Papier: Versuche zwischen Geometrie und Spiel,* Haupt Verlag, Bern (1974)

- Zeier, Franz: *Richtigkeit und Heiterkeit. Gedanken zum Buch als Gebrauchsgegenstand (Aufsatz)*, Typotron, St. Gallen (1990)

- Zeier, Franz: *Schachtel, Mappe, Bucheinband: die Grundlagen des Buchbindens für alle, die dieses Handwerk schätzen: für Werklehrer, Fachleute und Liebhaber*, Haupt Verlag, Bern (1983)

Englischsprachig

- Zeier, Franz: *Paper Constructions: Two- And Three-Dimensional Forms for Artists, Architects, and Designers,* Scribner, New York (1979)

## Produktion/**Notizen**

## Produktion/**Notizen**

# Produktion/**Notizen**

# 7.0

Ist ein Produkt fertig umgesetzt, muss es noch ins rechte Licht gesetzt werden. Denn wenn keiner davon erfährt, haben die Gestalter umsonst geschuftet. Dann verschwindet die Neuheit möglicherweise im Namenlosen.

Genau da setzt Marketing an: Wie informiere ich die Welt über das neue Produkt? Für wen ist es interessant? Wie gelangt es an diese potenziellen Nutzer? Was erzähle ich über mein Produkt, was macht es besonders, wie hebt es sich von anderen Produkten ab?

Eine passende und klug umgesetzte Marketingstrategie muss her. Doch welche Maßnahmen sind dafür geeignet? Ist beispielsweise Suchmaschinenwerbung gepaart mit Pressearbeit für das von mir angebotene Produkt erfolgversprechend? Kenne ich überhaupt meine Zielgruppen, und wenn ja, weiß ich denn, was sie wollen? Bringt mir der eingeschlagene Weg wirklich den gewünschten Erfolg? Mittels Marktforschung werden Zielgruppen analysiert, und eine kontinuierliche Erfolgskontrolle hilft dabei, zu erkennen, wo man steht.

Vom Aufbau einer Nachricht bis hin zur Corporate Identity: Marketing ist kein Buch mit sieben Siegeln, sondern ein Arbeitsmittel, das dabei hilft, Produkte und Leistungen bekannt zu machen und zu verkaufen. Schauen wir uns an, was Vermarkten eigentlich heißt: um zu erkennen, was Marketingkampagnen – professionell durchgeführt – erreichen können.

# Marketing

| | | |
|---|---|---|
| 7.1 | **Marketing** | 276 |
| 7.2 | **Werbung** | 281 |
| | Disziplinen in Werbe- und Design-Agenturen | 285 |
| 7.3 | **Online-Marketing** | 288 |
| | Suchmaschinenmarketing | 288 |
| | Display Advertising | 293 |
| | Affiliate-Marketing | 296 |
| | E-Mail-Marketing | 297 |
| | Social-Media-Marketing | 300 |
| 7.4 | **Direktmarketing** | 303 |
| 7.5 | **Öffentlichkeitsarbeit** | 305 |
| | Funktionen der Öffentlichkeitsarbeit | 306 |
| | Instrumente der Öffentlichkeitsarbeit | 307 |
| | Journalistische Darstellungsformen | 308 |
| 7.6 | **Erfolgskontrolle** | 314 |
| | Web Analytics | 319 |
| | Social Media Monitoring | 322 |
| 7.7 | **Corporate Identity** | 324 |
| 7.8 | **Tipps und Links** | 326 |

# Marketing

**Marketing** ist heute ein vielseitiger Begriff in einem komplexen Beziehungsgeflecht, der durch inflationäre Züge sowie durch wirtschaftliche und gesellschaftliche Veränderungen zu ständig neuen oder überarbeiteten Ansätzen und Konzepten führt. Zum ersten Mal Verwendung fand der Begriff **Marketing** etwa um 1914 in den USA, wo er mit dem Begriff **Absatz** gleichgesetzt und im Sinne einer reinen Verkaufsförderung und Verkaufsorientierung verstanden wurde. Marketing heute bietet einen systematischen und **ganzheitlichen** Ansatz, um Entscheidungen **markt-** und **kundenorientiert** zu treffen.

Die American Marketing Association (AMA) definiert Marketing mit folgender Aussage: „Marketing ist eine organisatorische Funktion und eine Zusammenstellung von Prozessen, die dazu dient, für Kunden Nutzwert zu erzeugen und diesen zu vermitteln. Es regelt die Beziehungen zu den Kunden zum Vorteil des Unternehmens und seiner Interessensvertreter."[1]

**Marketingstrategien** werden beispielsweise unterschieden in **Marktstimulierungsstrategien, Marktfeldstrategien** oder **Diversifikation.** Ein Beispiel für Marktstimulierungsstrategien ist die **Preis-Mengen-Strategie.** Zu den Marktfeldstrategien zählen die **Marktdurchdringung** und die **Marktentwicklung.** Ein Beispiel für die Diversifikation ist die **Marktsegmentierung.**

Die Instrumente des Marketings zur Erreichung der Unternehmens- und Marketingziele werden als **Marketing-Mix,** bezeichnet. Der Marketing-Mix unterscheidet zwischen den so genannten **vier P:** Produktpolitik **(Product),** Preispolitik **(Price),** Distributionspolitik **(Place)** und Kommunikationspolitik **(Promotion).** Diese vier Handlungsbereiche agieren gleichwertig nebeneinander.

Die **Produktpolitik,** auch **Produkt- und Programmpolitik,** umfasst alle Entscheidungen in einem Unternehmen zur Entwicklung, Fertigung und Vermarktung eines Produkts oder einer Produktpalette sowie der dazugehörigen Dienstleistungen. Bei der **Preispolitik,** auch **Preis- und Konditionenpolitik,** werden der Preis und die Bedingungen bestimmt, unter denen ein Produkt erworben werden kann. Konditionen sind die Bedingungen, die

---

[1] American Marketing Association: www.marketingpower.com/mg-dictionary.php

für Kaufpreiszahlungen einschließlich der Aufnahme von Krediten (Liefer- und Zahlungsbedingungen, Rabatte etc.) festgelegt sind. Die **Distributionspolitik** entscheidet über die Verfügbarkeit der Produkte, deren Absatzwege, Absatzkanäle sowie logistischen Systeme (Lager- und Transport).

Die **Kommunikationspolitik** gilt als Bindeglied zwischen allen Instrumenten des Marketing-Mix. Im klassischen Marketing zählen dazu die **Werbung** (→ S. 281, Advertising), die **Verkaufsförderung** (Sales Promotion), die **Öffentlichkeitsarbeit** (→ S. 305, Public Relations) sowie der **persönliche Verkauf**. Zu den Kommunikationsintrumenten im modernen Marketing gehören außerdem das **Direktmarketing** (→ S. 303, Direct Marketing), das **Sponsoring** (z. B. Sport-, Kultur-, Soziosponsoring), das **Eventmarketing** oder das Product Placement. **Product Placement** ist die gezielte Platzierung der Produkte in verschiedenen Medien, vor allem in Film- und Fernsehproduktionen.

Der **Produktlebenszyklus** (Abb. 1) ist ein betriebswirtschaftliches Modell und beschreibt die Lebensphasen eines marktfähigen Produkts. Die Lebensdauer (Zeitrahmen) des Produkts wird in die vier Phasen **Einführung, Wachstum, Reife** und **Rückgang** (Degeneration) unterteilt und ins Verhältnis zum Umsatz gesetzt.

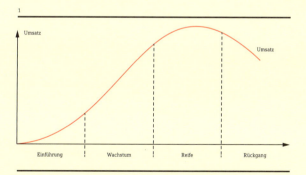

Mit der **Break-Even-Analyse** (von Break Even Point, dt.: Gewinnschwelle) kann die Wirtschaftlichkeit eines Produkts oder einer Leistung bewertet werden. Der **Break Even Point** ist als der Moment definiert, an dem der Deckungsbeitrag genau so hoch wie die Fixkosten ist (Break Even Point = Deckungsbeitrag − Fixkosten = 0). Aufwand und Ertrag sind somit im Gleichgewicht.

Der **Return on Investment** (kurz: ROI, dt.: Gesamtkapitalrentabilität) ist eine Kennzahl zur Bestimmung der Rendite einer unternehmerischen Tätigkeit und setzt den Gewinn ins Verhältnis zum eingesetzten Kapital (Investition).

Das **Marktwachstum-Marktanteil-Portfolio**, auch **BCG-Portfolio-Matrix**[2] (Abb. 2), ist ein Instrument zur Bewertung strategischer Geschäftseinheiten auf Basis zukünftiger Gewinnchancen **(Marktwachstum)** und der gegenwärtigen Wettbewerbsposition **(relative Marktanteil)**, um unternehmerische Investitionsentscheidungen zu treffen und Wachstumsstrategien zu entwickeln. **Cash Cows** (Abb. 3) stehen für hochprofitable Geschäfte bzw. Produkte oder Leistungen in reifen (etablierten) Märkten mit eher geringen Wachstumschancen. **Stars** (Abb. 4) sind Geschäfte bzw. Produkte oder Leistungen mit einem hohen Marktanteil in einem stark wachsenden Markt. **Poor Dogs** (Abb. 5) hingegen sind Geschäftsbereiche mit einem geringen Marktanteil in etablierten Märkten und verzeichnen unterdurchschnittliche Gewinne oder sogar Verluste. **Question Marks** (Abb. 6), auch Fragezeichen oder Nachwuchsprodukte, stehen für Geschäftsfelder und Projekte, die nur einen geringen Marktanteil in einem jedoch noch stark wachsenden Markt besitzen.

Die Kennzahl **Marktwachstum** dient zum Bestimmen der Entwicklung des Marktvolumens. Dabei wird das Marktvolumen der jetzigen Periode mit dem einer bereits vergangenen Periode verglichen (z. B. Vorjahr).

---

[2] Entwickelt von der Boston Consulting Group

### Käuferverhaltensforschung

Zur Erklärung von individuellem **Käuferverhalten** werden verschiedene **Einflussfaktoren** herangezogen: **kulturelle Faktoren** (Kulturkreise, Subkulturen, soziale Schichten), **soziale Faktoren** (soziale Bezugsgruppen, Normen, soziale Rollen und Status), **persönliche Faktoren** (Soziodemografie, Persönlichkeitsfaktoren, Lebensstil) sowie **psychologische Faktoren** (emotionale und kognitive Prozesse). Maslow[3] unterscheidet fünf verschiedene **Bedürfnisebenen**, dargestellt in der so genannten **Maslow'schen Bedürfnispyramide**[4] (Abb. 7).

Die Untersuchung von Zielgruppen ist Aufgabe der Marktforschung. **Zielgruppen** sind nach bestimmten Merkmalen beschreibbare Personengruppen, die durch Kommunikationsmaßnahmen gezielt werblich angesprochen werden sollen (→ S. 305 ff., Bezugsgruppen, Anspruchsgruppen). Im Marketing (→ S. 276) werden Zielgruppen differenziert betrachtet durch **Segmentierung** (= Einteilung der Zielgruppen) und so genanntes **Targeting** (engl.: „Zielen auf").

Die Beschreibung einer Zielgruppe erfolgt in der Regel über **soziodemografische Merkmale** (Geschlecht, Alter, Einkommen, Familienstand, Familiengröße etc.), **geografische Kriterien** (z. B. Straßen, Gebiete, Ortsgrößen, Sprachregionen etc.), **psychografische Merkmale** (Einstellungen, Lebensstil, Motive, Werte, Kaufabsichten etc.) und **verhaltensbezogene Merkmale** (Kauf- und Nutzungsanlässe,

---

[3] Abraham Maslow, US-amerikanischer Psychologe
[4] Modell Bedürfnishierarchie von Abraham Maslow, veröffentlicht 1943

Kaufverhalten, Informationsverhalten etc.). Zielgruppen werden anhand ihrer Merkmale in homogene Gruppen eingeteilt. Ein bekanntes **Zielgruppen-Segmentierungsmodell** ist **Sinus-Milieus** (Gruppierung nach Lebensauffassungen und Lebensweisen).

Die Zielgruppe **LOHAS** (Lifestyle of Health and Sustainability) beschreibt einen neuen Lebensstil- bzw. Konsumententyp, der sich an Gesundheit und Nachhaltigkeit orientiert. Eine weitere Zielgruppe ist **SOHO** (Initialwort für „Small Office, Home Office").

## Werbung

Die **Werbung** (engl.: **Advertisement**) ist eine Form der Massenkommunikation, die über ausgewählte Medien **(Kommunikationskanäle)** bestimmte Zielgruppen anspricht, um Kaufentscheidungen zu beeinflussen. Etymologisch betrachtet, steht Werbung in einem engen Zusammenhang mit der Tätigkeit „wirbeln", also werben.

Werbung setzt stets auf die Bemühungen, einen Kreis interessierter Personen oder potenzieller Käufer heranzuziehen **(pull),** während z. B. die Verkaufs- und Absatzförderung das primäre Ziel hat, die vorhandenen Produkte abzusetzen bzw. abzustoßen **(push).** Werbung soll sich an den Grundsätzen der Wirksamkeit, Klarheit, Wahrheit und Wirtschaftlichkeit orientieren.

Das **Ad**(vertisement) steht für „Anzeige". Eine **Anzeige** ist eine öffentliche Ankündigung oder Bekanntmachung, die im Auftrag und Interesse des Bekanntmachenden erfolgt und in der Regel gegen Bezahlung als Werbebotschaft wiedergegeben wird. Im World Wide Web sind mit dem Terminus „Ad" häufig **Werbe-Banner** und **Werbe-Pop-ups** gemeint.

Ein **Advertorial** (engl.: von „Advertisement" und „Editorial") ist die redaktionelle Aufmachung einer Werbeanzeige.

Die **Anzeigenformate** mit Angabe der Größe und Seitenaufteilung (Abb. 8–12) sowie Details zum Satzspiegel und Anschnittformat eines Werbeträgers sind in den **Mediadaten** vermerkt, neben weiteren Informationen wie zum Beispiel Anzeigenpreisen, Druckunterlagenschluss, Auflagen- und Verbreitungs-Analysen, Themen und Terminen.

### Das Grundmodell der Werbewirksamkeit

Die **AIDA-Formel** vereinfacht das Käuferverhalten und stellt das Erreichen eines Werbeziels idealtypisch in Form eines Stufenmodells dar. Dieses Modell besagt, dass der Kunde vier Phasen durchläuft, bevor er sich zum Kauf entschließt. Die AIDA-Formel wurde von dem Amerikaner E. St. Elmo Lewis 1898 entwickelt und trägt folgenden Inhalt:

1. **(A) Attention** = Aufmerksamkeit erregen (Wahrnehmung, Aufmerksamkeit)
2. **(I) Interest** = Interesse wecken (Interesse)
3. **(D) Desire** = Wünsche erzeugen (Wunsch, Begierde)
4. **(A) Action** = Kaufentscheidung herbeiführen (Aktion, Wirkung)

Laut Richard Geml[5] gibt es verschiedene Zielebenen der Werbefunktion. Dazu gehören **ökonomische Werbeziele** wie Kauf, Gewinn, Deckungsbeitrag, Umsatz, Abverkauf und Marktanteil sowie **nicht ökonomische Werbeziele.** Zu den nicht ökonomischen Werbezielen gehören das Wecken von Bedürfnissen und Wünschen oder anderen Emotionen, die Aufmerksamkeit erregen und dabei ein positives Image erzeugen.

Die Werbung geht von einem **Sender-Empfänger-Modell** aus, das die Kommunikation als Prozess auffasst. Die 1948 aufgestellte Formel des US-amerikanischen Politik- und Kommunikationswissenschaftlers Harold D. Lasswell[6] zeigt ein Modell für die Massenkommunikation. Diese Kommunikation besteht aus dem Sender, der eine Botschaft mit Hilfe eines Kanals an einen Empfänger richtet, der wiederum auf diese Botschaft reagiert (→ Kap. Organisation, S. 398 ff.; Kap. Gestaltung, S. 48). Seine Kernfrage ist: Wer (sagt) was (zu) wem (in) welchem Kanal (mit) welchem Effekt?

– Wer sagt …? (Sender, Kommunikator)
– Was …? (Botschaft, Inhalt)
– Zu wem …? (Empfänger, Zielgruppe, Rezipient)
– In welchem Kanal …? (Medium, Werbeträger)
– Mit welchem Effekt …? (Reaktion, Wirkung)

Grundsätzlich ist zwischen Werbemitteln und Werbeträgern zu unterscheiden.

**Werbemittel** sind alle innerhalb der Absatzwerbung eingesetzten Instrumente, die in ihrer Gesamtwirkung primär zur Erfüllung der wirtschaftlichen Werbeziele beitragen sollen. So werden über ein Werbemittel aus dem Werbeziel abgeleitete Werbebotschaften gebündelt, konkretisiert und haltbar dargestellt.

---

[5] Seit 1981 Prof. für Marketing und Volkswirtschaftlehre
[6] (1902–1978)

**Anforderungen an Werbemittel:** Originalität, Prägnanz, Verständlichkeit, Übersichtlichkeit, Glaubwürdigkeit, Angemessenheit.

Der **Werbeträger** ist das **Medium,** das die Werbebotschaft zum Konsumenten transportiert. Die Güte eines Werbeträgers wird mit Hilfe des **Tausend-Kontakt-Preises** (TKP) gemessen: Ein Preis für je 1.000 erreichte potenzielle Interessenten.

Zu den Werbeträgern zählen die Printmedien, hier vor allem Zeitungen und Zeitschriften, elektronische Medien wie Internet, Fernsehen oder Radio, außerdem Außenwerbung, Filme, Produkte und Verpackungen, Werbegeschenke, öffentliche und private Verkehrsmittel, Verkaufswerbung am **Point of Sale** (POS) sowie Personen, die Werbebotschaften vermitteln.

Der amerikanische Werbefachmann Rosser Reeves hat mit der Formulierung der Vorstellung, dass jedes Produkt (oder jede Dienstleistung) ein **einzigartiges Verkaufsargument** in sich tragen sollte, das alle anderen Produkte nicht haben, und das stark genug ist, eine hinreichend große Anzahl von Konsumenten zum Kauf dieses Produkts zu veranlassen, den Begriff des **Alleinstellungsmerkmals** oder **Unique Selling Proposition (USP,** dt.: **Komperativer Konkurrenz-Vorteil [KKV]**) geprägt. Der in Anspruch genommene Nutzen bezieht sich in der Regel auf eine konkrete Eigenschaft des Produkts oder auf eine Dienstleistung, die andere Produkte oder Dienstleistungen nicht aufweisen oder nicht für sich in Anspruch nehmen. Die so angesprochene Zielgruppe soll dadurch Präferenzen für das beworbene Produkt oder die beworbene Dienstleistung bilden und es letztendlich natürlich kaufen. Nach Rosser Reeves wird zwischen einem „natürlichen" und einem „konstruierten" USP differenziert. Ein natürliches USP lässt sich unmittelbar aus einem Produkt (oder Dienstleistung), seinen Eigenschaften oder seiner Herstellungsweise ableiten. Ein konstruiertes, künstliches USP ist ein Anspruch, der aus dem Produkt selbst, seiner Beschaffenheit oder Herstellungsweise nicht ableitbar ist und der ihm folglich nur durch die Werbung zugeschrieben werden kann.

Ein Testimonial ist im Englischen ein Dank- und Empfehlungsschreiben. Die deutsche Werbepraxis hat den englischen Begriff aufgegriffen und bezeichnet mit

Testimonial-Werbung alle Formen der Werbung, in denen mit Hilfe von Aussagen und Urteilen zufriedener Kunden die Glaubwürdigkeit der Werbebotschaft erhöht werden soll. Im weitesten Sinne gehören dazu auch jene Formen der Werbung, in denen Prominente in der Rolle glücklicher Produktanwender oder glaubwürdiger Sprecher auftreten und ihre Zufriedenheit mit dem beworbenen Produkt oder der Dienstleistung bekunden (Leitbildwerbung). Mittlerweile werden auch diese Personen selbst als Testimonials (für ein Unternehmen/Produkt) bezeichnet.

Durchführung einer Werbekampagne

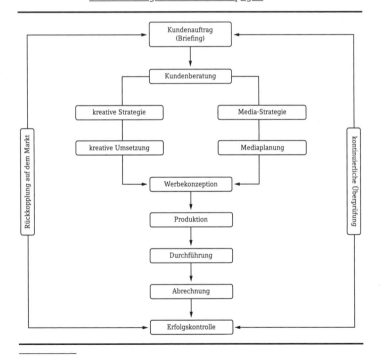

### Disziplinen in Werbe- und Design-Agenturen

Die **Kreation** ist für die eigentliche Gestaltung von Kampagnen verantwortlich, von ihr geht die Idee und Konzeption aus. Der **Grafiker,** auch **Grafik-Designer,** bildet in der Regel mit dem Texter ein Team. Er entwirft beispielsweise Layouts, erstellt Präsentationscharts, prüft Reinzeichnungen und Druckunterlagen.

Der **Art Director** (AD) ist der künstlerische Leiter und für die visuelle Gestaltung einer Werbekampagne verantwortlich. Er arbeitet in der Regel mit einem Team aus Textern und Layoutern zusammen; zudem stimmt sich diese Gruppe mit dem Auftraggeber ab.

Der Art Director arbeitet oft mit dem **Creative Director** (CD) zusammen. Dieser ist der gestalterische Leiter in einer Werbeagentur, der die verschiedenen Gestalter und Gestalterteams koordiniert und für das Ergebnis der kreativen Arbeit verantwortlich ist. Kreativdirektoren, wie sie im Deutschen auch genannt werden, waren in der Regel vorher Art Director oder (Senior-)Texter. Dementsprechend gibt es in (Werbe-)Agenturen auch die Bezeichnungen „CD Art" (Creative Director Art) und „CD Text" (Creative Director Text); die Betreffenden sind nach wie vor speziell auch für diese Kreativbereiche führend verantwortlich. In der Regel präsentiert der Creative Director als Leiter (mindestens) eines Kreativteams die Agenturleistung beim Auftraggeber.

**Kontakter** und **Berater** sind das Bindeglied zwischen Agentur und Auftraggeber. Der Kontakter ist bestrebt, neue Auftraggeber zu gewinnen und ist für diese der zentrale Ansprechpartner der Agentur. Der Berater erarbeitet beispielsweise gemeinsam mit dem Kunden das Briefing und übergibt dieses an die Kreation. In der Regel erstellt er zudem den **Werbeplan** und achtet auf die Einhaltung aller Termine. Er plant, verwaltet und überwacht den Werbeetat, berät, führt den Auftraggeber und vermittelt ihm die Vorschläge und Ideen der Kreation. Key-Account-Manager betreuen die wichtigsten und umsatzstärksten Auftraggeber in einer Agentur.

Der **Produktioner** steuert den gesamten produktionstechnischen Ablauf und überwacht die Einhaltung der gesetzten Termine. Der **Mediaplaner** wählt die jeweiligen

Werbemedien aus. Er setzt Briefings, erarbeitet die Mediapläne, handelt Rabatte aus und präsentiert die Mediastrategie dem Kunden.

**Art Buyer** kaufen und organisieren Leistungen freier Mitarbeiter **(Freelancer)** für die Agentur. Dazu gehören beispielsweise Fotografen, Illustratoren, Texter, Gestalter und Reinzeichner (sofern sie nicht fest zur Agentur gehören, was z. B. für Texter und Reinzeichner häufig der Fall ist). Sie wählen geeignete Fachkräfte aus, stellen die Projektteams zusammen und führen die Vertragsverhandlungen.

Der **Eventmanager** konzipiert und organisiert Veranstaltungen verschiedenster Art.

Der **FFF-Producer** betreut den Film-, Funk- und Fernsehbereich einer Werbeagentur und ist für die dort erstellten Produkte verantwortlich. Er berät Texter und Grafiker bei der Ausarbeitung von Drehbüchern (Story Boards) für Film- und Fernsehspots. Nach der Vergabe des Produktionsauftrags überwacht er die Qualität der Film- und Tonaufnahmen.

Die Aufgabe des **Infobrokers** (dt.: Informationsvermittler) ist die gezielte Beschaffung und Aufbereitung von Informationen.

Der **Trafficer,** auch **Traffic-Manager** ist verantwortlich für die Auftragsabwicklung in einer Werbeagentur. Dazu gehören beispielsweise die Planung und Überwachung von Termin- und Produktionsplänen und die Erstellung von Kostenvoranschlägen und Rechnungen im Rahmen von Aufträgen.

### Auftraggeber und Kunden

Wichtig: Wir sprechen von „Auftraggebern" einer Agentur (oder eines Designers), nicht von „Kunden" (auch wenn das in der Praxis oft durcheinandergerät oder synonym verwendet wird.) **Auftraggeber** beauftragen jemanden: z. B. mit einer Kreativleistung, die im Ergebnis und in der Art der Umsetzung noch nicht bekannt ist. Auftraggeber haben ein Ziel für ihr Unternehmen (oder ein Problem) und wünschen sich eine kreative Lösung – wie die aussieht, wissen sie aber noch nicht. **Kunden** (das Wort kommt von „kundig") wissen was sie wollen (z. B. einen

Staubsauger) und kaufen fertige Produkte oder feststehende Dienstleistungen. In diesem Sinne haben Agenturen Auftraggeber, und diese wiederum haben Kunden. Als Designer, Texter usw. müssen wir die Ziele unseres Auftraggebers, also auch den potenziellen Erfolg unserer kreativen und kommunikativen Maßnahmen bei dessen Kunden immer im Blick behalten.

## Online-Marketing

Im Sinne des klassischen Marketingmix (→ S. 276) lassen sich die verschiedenen Disziplinen des Online-Marketings hauptsächlich der Kommunikationspolitik und Distributionspolitik zuordnen. Unter **Online-Marketing,** auch **E-Marketing** oder **Internet-Marketing,** sind alle Marketing-Maßnahmen zu verstehen, die über das Internet (Web) erfolgen. Teilgebiete des Online-Marketings sind das Suchmaschinenmarketing, Display-Advertising, Affiliate-Marketing, E-Mail-Marketing sowie das Social-Media-Marketing.

### Suchmaschinenmarketing

Das **Suchmaschinenmarketing** (Search Engine Marketing, kurz: **SEM**) umfasst alle Maßnahmen, die das Ziel haben, Besucher über Suchmaschinen auf eine Webpräsenz zu locken. Voraussetzung ist eine hohe Sichtbarkeit in den Ergebnislisten der Suchmaschinen. Suchmaschinenmarketing lässt sich in die Bereiche **Suchmaschinenoptimierung** und **Suchmaschinenwerbung** unterteilen.

#### Suchmaschinenoptimierung

**Suchmaschinenoptimierung** (kurz: **SEO**; engl.: **Search Engine Optimization**) ist zum Großteil ein eher technisches Fachgebiet und verlangt umfassende Kenntnisse zur Funktionsweise von **Suchmaschinen.**

Ziel der Suchmaschinenoptimierung ist eine bestmögliche Position im Ranking aller Suchmaschinen, das heißt: Eine möglichst hohe Einordnung auf der Ergebnisseite der **Search Engine Results Page** (kurz: **SERP**) zu einem bestimmten Schlagwort (Keyword). Die Ergebnisseite lässt sich in **organische** und **bezahlte Ergebnisse** einteilen. Bei Letzteren spricht man auch von **paid listings** oder **sponsored links.**

Die Aufgabe von Suchmaschinen wie **Google, Bing, Yahoo, Baidu** (China) oder **Yandex** (Russland) ist es, dem Nutzer relevante Inhalte (Dokumente) zu einem bestimmten Stichwort anzubieten. Das Erstellen der Rangfolge aller

Suchergebnisse erfolgt über komplexe, sich regelmäßig ändernde **Algorithmen,** die aus einer Vielzahl von Variablen bestehen. Automatische Mechanismen – **Spider, Robots oder Crawler** – durchsuchen das Internet nach Informationen. Dabei wird der Inhalt registriert und in eine Datenbank aufgenommen. Die Zuordnung des Inhalts zu einem bestimmten Stichwort ist die **Indexierung.**

Bei der Suchmaschinenoptimierung wird zwischen **On-Page-Optimierung** und **Off-Page-Optimierung** unterschieden. Die Erfolgsmessung auf Basis verschiedener **Kennzahlen** erfolgt mit unterschiedlichen Tools. Ein umfassendes Analyseinstrument zur Suchmaschinenoptimierung ist **Google-Webmaster-Tools** (→ S. 319, Web Analytics).

Die **On-Page-Optimierung** umfasst alle inhaltsseitigen und technischen Anpassungen der eigenen Website. Dazu zählt das Verwenden entsprechender Stichworte in den **Seitentiteln,** im HTML-Code (→ Kap. Digitale Medien, S. 170 ff.) als **Title-Tag** definiert, den **Überschriften** der ersten Ordnung – in HTML über die **H1-H3-Tags** deklariert – sowie im Text selbst. Weitere Ranking-Faktoren sind unter anderem eine klare **Navigation** sowie eine geordnete **Linkstruktur.** Die im Kopf (Header) (→ Kap. Digitale Medien, S. 173) des HTML-Codes der Seite enthaltenen Meta-Keywords haben aufgrund des starken Missbrauchs (Manipulation der Suchmaschine) inzwischen an Bedeutung verloren und beeinflussen das Ranking nicht mehr. Die gezielte Verwendung von Meta-Angaben wie **Author** oder **Robots** kann hingegen für eine umfassende Suchmaschinenoptimierung nützlich sein.

**Tipp:** *Die Meta-Beschreibung, auch Meta-Description, hat keinen direkten Einfluss auf das Ranking. Da diese aber wichtige Informationen in Bezug auf die Relevanz der Seite liefert, sollte auf eine optimierte Darstellung geachtet werden.*

Seit der Einführung von Googles **Universal Search,** auch **Blended Search,** sind Bilder und Videos nun einfacher zu finden, werden attraktiver angezeigt und vom Nutzer besser wahrgenommen. Die Optimierung dieser beiden Inhaltsarten wird mit den Begriffen **Image Optimization** oder **Video Optimization** beschrieben.

*Tipp: Vor allem das **Alt-Attribut** einer Abbildung (Bildbeschreibung) ist ein unverzichtbarer Parameter zur erfolgreichen Suchmaschinenoptimierung und ist daher stets entsprechend einzubinden.*

Bei der Verwendung von Keywords gibt es grundsätzlich zwei strategische Ausrichtungen. Neben einer Fokussierung auf die wenigen sehr beliebten und damit stark umworbenen Stichworte konzentrieren sich zahlreiche Unternehmen auf sehr spezifische und lange Stichwortkombinationen. Die erste Methode ist die **Head-Strategie**, die letztere wird als **Long-Tail-Strategie** bezeichnet, die auf den ehemaligen Chefredakteur des Magazins *Wired*, Chris Anderson, zurückgeht.

Die **Off-Page-Optimierung** beinhaltet alle Maßnahmen, die außerhalb der eigenen zu optimierenden Website stattfinden. Entscheidend sind hier die **Verlinkungen** auf die Interpräsenz, auch als **Rückverweise**, **Backlinks** oder **externe Links** bezeichnet. Diese dienen den Suchmaschinen als Zeichen der **Wertschätzung** von anderen Seiten und Plattformen. Neben der **Anzahl** der Links spielt die **Qualität** eine herausragende Rolle: Links von Websites mit einer höheren **Autorität** haben grundsätzlich einen höheren Wert als solche mit einer niedrigen.

*Tipp: Achte auch auf eine optimierte **Bezeichnung** der eingehenden Links. So müssen in einem **Anchor-Text** oder **Link-Text** die anvisierten Keywords enthalten sein.*

Neben den unverzichtbaren externen Links gibt es zahlreiche kostenlose und kostenpflichtige Tools, die beim so genannten **Linkbuilding** oder **Linkaufbau** unterstützen. Gleichzeitig werden jedoch häufig weitere Techniken wie zum Beispiel **Spam-Praktiken** eingesetzt, um große Mengen von Links zu erzeugen. Diese Techniken sind aus Sicht der Suchmaschinenanbieter illegal, da sie die Richtlinien der Suchmaschinenbetreiber verletzen. Anbieter, die solche verbotenen Methoden verwenden, werden als **Black-Hat-SEO** bezeichnet. Demgegenüber heißen diejenigen **White-Hat-SEO,** die sich an die erforderlichen Vorschriften und Normen halten.

Mit der Weiterentwicklung leistungsfähiger Suchmaschinen ist es auch möglich, fragwürdige bzw. illegale Maßnahmen zu identifizieren und entsprechend abzustrafen. In der Regel hat das dann die Entfernung aus dem **Index** der jeweiligen Suchmaschine zur Folge.

Ursprünglich diente das so genannte **Page-Rank-System** als Bewertungsdimension für Websites. Seit dem **Hummingbird**-Update von Google fließt dieser von Larry Page und Sergei Brin entwickelte Algorithmus zwar noch in die Bewertung mit ein, hat aber dennoch an Bedeutung verloren.

Suchmaschinenwerbung

Werden Maßnahmen innerhalb des bezahlten Ergebnisbereichs durchgeführt, spricht man von **Search Engine Advertising** (kurz: **SEA**) oder auch von **Keyword Advertising.** Aktivitäten in diesem Bereich werden über die Tools der Suchmaschinenanbieter gesteuert. Das bekannteste und meistgenutzte ist **Google AdWords.** Das Pendant der Suchmaschine Bing ist **Bing Ads.**

Die Abrechnung der Werbung erfolgt zumeist entsprechend der Regel **Cost-per-Click** (kurz: **CPC**), auch **Pay-per-Click** (kurz: **PPC**). Wahlweise ist jedoch auch eine Verrechnung über den **Tausender-Kontakt-Preis** (→ S. 283, Werbung, TKP), im Englischen auch **Cost-per-Mille** (kurz: **CPM**), möglich. Maßnahmen des Keyword Advertising werden als **Kampagnen** angelegt.
Pro Anzeige sind die anvisierten Stichworte dann als **Ad Groups** zusammengefasst.

Anzeigen bestehen grundsätzlich aus einer Überschrift, zwei Textzeilen und einer **angezeigten URL** (engl.: Uniform Resource Locator; Adressierungsform für Internetadressen). Zusätzlich können **Anzeigenerweiterungen** verwendet werden. Häufig werden auch **Rich Snippets** (dt: „reichhaltige Schnipsel"), also kurze Inhalte aus Websites wie beispielsweise Bewertungen oder Veranstaltungsinformationen eingebunden.

*Tipp: In den meisten Fällen empfiehlt es sich, einen Handlungsaufruf, den so genannten* **Call-to-Action** *zu integrieren. Beispiele dafür sind Aufforderungen wie „Newsletter abonnieren" oder „Hier bewerben".*

Beim Erstellen der Anzeigen gelten strenge **Richtlinien,** die in den **AdWords Guidelines** festgelegt sind. Wie auch bei der Suchmaschinenoptimierung errechnet sich die Rangfolge der angezeigten Ergebnisse über einen komplexen Algorithmus. Die wichtigste Variable ist dabei das abgegebene **Gebot** für den Cost-per-Click. Zudem spielt auch der so genannte **Quality Score** eine entscheidende Rolle, welcher sich beispielsweise aus der **Click-Through-Rate** (kurz: **CTR**; dt.: Klickrate) oder aus der Bewertung der hinter der URL liegenden Seite, der **Landing Page** („Landebahn" für potenzielle Nutzer) zusammensetzt.

Mit den bei Google hinterlegten Daten bieten sich zahlreiche Möglichkeiten, die betreffende Zielgruppe genau und auf den Punkt anzusprechen – im Gegensatz zur herkömmlichen, klassischen Werbung (→ S. 281). Anzeigen lassen sich zum Beispiel regional differenzieren, demografisch präzisieren oder Endgeräte-spezifisch benennen. Andere Wege, die Effizienz der geschalteten Werbung zu optimieren, bieten sich mit dem **Retargeting** bzw. **Remarketing** (→ S. 293, Display Advertising), innerhalb des Google-Netzwerks auch mit dem **Google-Display-Network-Tool.** Suchmaschinenwerbung wird häufig zur **Absatzsteigerung** oder zur **Personalgewinnung (Recruiting)** verwendet.

*Tipp: Für Ziele im Bereich Branding oder Markenwahrnehmung ist diese Art der Werbung weniger geeignet, da der* **Recall-Effekt** *(→ S. 317) aufgrund der nur rein textlichen Gestaltung gering ist.*

### Display Advertising

**Banner-Werbung** oder auch **Display-Marketing** ist die gezielte Darstellung von Werbebotschaften auf unternehmensfremden Seiten mit dem Ziel, Kunden oder Besucher auf die eigenen Seiten zu lenken. Banner-Werbung gilt als die klassische Werbeform im World Wide Web. Ausgehend von der Funktion, unterscheidet man bei der Banner-Werbung drei Arten: statische Banner, animierte Banner und interaktive Banner.

**Statische Banner** sind einfache grafische Banner. Die Interaktion wird hier mit einem Klick ausgelöst, der auf eine bestimmte Seite oder einen gesuchten Inhalt verlinkt.

**Animierte Banner** können im GIF- oder JPG-Format vorliegen und als aufeinanderfolgende animierte Einzelbilder dargestellt werden. So entsteht ein filmischer Eindruck der Werbebotschaft, auch wenn die Interaktion weiterhin nur aus einer Verlinkung besteht. Ferner können es **Rich-Media-Formate** wie HTML (→ Kap. Digitale Medien, S. 170 ff.), **DHTML, Java, Flash** oder **Shockwave** sein, die interaktive Elemente wie **Pulldown-Menüs** und Auswahlboxen sowie Sound- und Videoeffekte ermöglichen. Der Anwender muss für eine Interaktion die Website nicht mehr verlassen. Information, Dialog und Handlung finden innerhalb des Banners statt. Immer häufiger stößt man auch auf vorgeschaltete Video-Werbebotschaften, so genannte **Video Interstitial Ads.**

Weiterentwickelte Techniken und dazu passende Software erlauben zudem die Einbindung von Werbung auch in Videos. Man nennt diese Werbeformen **In-Stream Video Ads.** Bei der **linearen Variante** ist die Werbebotschaft vor-, zwischen- oder nachgeschaltet, während die **nicht-lineare Variante,** zum Beispiel in Form einer **Overlay Ad,** parallel und überlappend abläuft. Aufwendig gestaltete Animationen und Videos sorgen häufig für eine höhere Aufmerksamkeit beim Nutzer und zeichnen sich tendenziell durch eine höheren Klickrate aus.

**Online-Vermarkter** arbeiten mit Nachdruck an einer internationalen Standardisierung der Online-Werbeformen. Neben den hier aufgeführten Standards bieten die einzelnen Vermarkter weitere Formate sowie Sonderformate an.

Die folgende Definition derartiger Formate wurde vom **Interactive Advertising Bureau** (→ S. 326, Tipps und Links, **IAB**) in den USA festgelegt: Das **Universal Ad Package** (kurz: **UAP**; dt.: Standardwerbemittel) soll weltweit das Organisieren und Durchführen von Online-Kampagnen vereinfachen.

| Format | Pixel | Gewicht Image Ad (GIF/JPG) | Gewicht Flash Ad |
|---|---|---|---|
| Super Banner (Abb. 13) | 728×90 | 20 K | 30 KB |
| Medium Rectangle (Abb. 14) | 300×250 | 20 K | 30 KB |
| Rectangle (Abb. 15) | 180×150 | 15 K | 20 KB |
| Wide Skyscraper (Abb. 16) | 160×600 | 20 K | 30 KB |

Die folgende Definition weiterer Formate basiert auf Standards des Online-Vermarkterkreises des deutschen **Bundesverbands Digitale Wirtschaft e.V. (BVDW):**

| Format | Pixel | Gewicht Image Ad (GIF/JPG) | Gewicht Flash Ad |
|---|---|---|---|
| Full Banner – auch Full Size Banner (Abb. 17) | 468×60 | 15 K | 20 K |
| Pop-up (Abb. 18) | 200×300 | 15 K | 20 K |
| Pop-up | 250×250 | 15 K | 20 K |
| Standard Skyscraper (Abb. 19) | 120×600 | 20 K | 25 K |

Das **Full-Banner** wird in der Regel im Kopfteil einer Seite platziert. Als das umfassendste Banner lässt das **Homepage-Event** die Seite im komplett neuen Design erscheinen. Beim **Pop-up** wird Werbung in einem separaten Browserfenster aufmerksamkeitsstark präsentiert. Beim Gegenteil, dem **Pop-under,** wird das Banner häufig erst nach dem Schließen der Website wahrgenommen. Die Fenster öffnen sich automatisch und können vom Anwender bei Bedarf wieder geschlossen werden – auch **On-Site-Format** (Gegenteil zu **In-Site-Format**) genannt. Suchdienste wie Google oder Yahoo setzen auf neue Online-Werbeformate, wie die innovative Einbindung von Videos oder die Anpassung an Mobiltelefone zeigt.

**Tipp:** *Es sollte nicht mehr als eine Werbebotschaft kommuniziert werden; diese muss schnell erfasst werden können. Zudem sollte zu jeder Zeit erkennbar sein, wer der Absender dieser Botschaft ist.*

Die Vermittlung zwischen dem Werbetreibenden (**Advertiser**) und dem **Publisher** (Verlag oder Verleger) von Bannern erfolgt über **Ad Networks** wie **Trade Doubler** oder **Google Ad Sense**.

Dabei können verschiedene Abrechnungsarten vereinbart werden, die sich vor allem in der Risikoverteilung für die Beteiligten unterscheiden. Während das Risiko beim Modell **Cost-per-Mille** (kurz: **CPM**,→ S. 291, Suchmaschinenmarketing) zum Großteil beim Werbetreibenden liegt, trägt der Publisher beim Modell **Cost-per-Order** (kurz: **CPO**, S. 304) ein deutlich höheres Geschäftsrisiko mit. Das am häufigsten verwendete Modell ist **Cost-per-Click**. Mit **Cost-per-Lead** (kurz: **CPL**) wird pro Interessent oder Empfehlung abgerechnet.

Data Driven Display Avertising

Mit den immer umfangreicheren Daten (Informationen), die online über Nutzer, deren Umfeld und Verhalten sowie zur von ihnen verwendeten Technik gesammelt werden, erweitern sich auch die Möglichkeiten in der Online-Werbung. Dazu gehört das Data Driven Display Advertising – die Verwendung der Daten zur gezielten nutzer- und verhaltensbezogenen Ansprache über Werbemittel.

Über das **Real Time Bidding** (kurz: RTB) ist die Versteigerung von Werbeplätzen in Echtzeit erlaubt. Mit der Auswertung der Gebote innerhalb von wenigen Millisekunden, können Nutzer sehr genau auf ihr Surfverhalten angesprochen werden. Die Wiederansprache der Nutzer, nachdem diese eine bestimmte Aktion durchgeführt haben, ist über das Retargeting oder Remarketing definiert.

Ein klassisches Beispiel ist der nicht abgeschlossene Einkaufsprozess, der dazu führt, dass dem Nutzer nach Verlassen des Online-Shops auf einer anderen Seite ein Banner mit einem sehr ähnlichen Produkt angezeigt wird. Das Retargeting wird über spezielle Cookies gesteuert, die bei einem Seitenbesuch über den eingebauten Code beschrieben werden. Um einen „Verfolgungs-Effekt" zu vermeiden, kann die Häufigkeit solcher Werbekampagnen mit Hilfe eines Frequency Capping (kurz: FC) limitiert werden.

### Affiliate-Marketing

**Affiliate-Marketing** bedeutet die Platzierung von Werbung in etablierten privaten oder kommerziellen Online-Kanälen auf Provisionsbasis. Zur Platzierung erhält der Betreiber **(Affiliate)** der Kanäle bzw. der Plattformen von dem Werbetreibenden **(Advertiser, Merchant)** eine Provision **(Affiliateprovision, Partnerprovision),** sofern ein Nutzer eine bestimmte Aktion ausführt.

Wie auch im Display-Advertising stehen hier verschiedene Abrechnungsmodelle zur Verfügung (→ S. 293, Display-Advertising), die sich in der Risikoverteilung stark unterscheiden. Beim **Lifetime Value,** einem Fixbetrag für die gesamte Leistung, muss der Betreiber am meisten leisten.

Vermittlung und Vermarktung erfolgen häufig über **Affiliate-Netzwerke.** Zu den bekanntesten zählen **Affilinet** und **Zanox.**

Grundsätzlich bedienen die großen Netzwerke alle Branchen, haben jedoch spezielle Kenntnisse in bestimmten Bereichen. Hat sich ein Netzwerk auf eine bestimmte Branche spezialisiert, wird von einem **Vertical Network** gesprochen.

Zur Nutzung von Affiliate-Netzwerken sind von der Provision eine **Setup-Gebühr** sowie eine **prozentuale Gebühr** zu zahlen.

Auch im Affiliate-Marketing werden großteils Banner als Werbemittel verwendet (→ S. 294, Banner-Formate-Display). Der Einsatz dieser Werbemittel erfolgt je nach **Partnerschaft** in verschiedenen Kanälen. Gängig ist zum Beispiel die Verwendung der Inhalte im E-Mail-Marketing (→ S. 297, E-Mail-Marketing) sowie in der Suchmaschinenwerbung (→ S. 291). Die Nutzerverfolgung im Web **(Tracking)** ist im Affiliate-Marketing **Cookie-basiert** (→ Kap. Digitale Medien, S. 147) geregelt. Da der Nutzer bis zum Kauf eines Produkts im Normalfall mit mehreren Werbemitteln konfrontiert wird, stellt sich die Frage, welches Werbemittel zum Erfolg geführt hat und welcher Betreiber nun die Provision erhält. Der Erfolg wird häufig dem letzten Werbemittel, dem Last Cookie zugesprochen (**Last-Cookie-Wins-Prinzip).**

### E-Mail-Marketing

**E-Mail-Marketing** ist eine Disziplin des **Direktmarketings** und eines der weitverbreitetsten Werkzeuge des **Customer-Relationship-Managements (CRM).** E-Mail-Marketing ist außerdem die verantwortungsvolle und systematische Kommunikation über **Electronic Mail,** um Kunden oder andere Gruppen so zu beeinflussen, dass deren Wert für das Unternehmen maximal wird.

**E-Mail-Newsletter** sind periodisch versendete E-Mails (→ Kap. Digitale Medien, S. 147) an eine feste Gruppe von Adressaten, die meist kurze Meldungen zu bestimmten Themen enthalten und auf Websites mit detaillierten Informationen verweisen.

E-Mails selbst können in unterschiedlichen Formaten versendet werden. Neben dem klassischen **HTML-Format** können sie auch im **Plain-Text-Format** (engl.: für „Klartext") erstellt werden, das ausschließlich aus unformatierten Zeichen besteht.

Tipp: *Neben einer separat erstellten* **Onlineversion** *der E-Mail sollte zusätzlich immer eine Plain-Text-Version angeboten werden, da diese aus Sicherheitsgründen von den E-Mail-Programmen (***E-Mail-Clients,*** technisch:* **Mail User Agent,** *kurz:* **MUA)** *einiger Unternehmen bevorzugt werden, die keine Darstellung von HTML-Inhalten erlauben.*

Das Abbilden von Umlauten oder Sonderzeichen ist mit der so genannten **Quoted-Printable-Codierung** möglich. **Unpersonalisierte E-Mail-Newsletter** unterstützen das Weitergeben der Inhalte an möglichst viele Empfänger. In **personalisierten E-Mail-Newslettern** wird der Empfänger mit einer zielgruppenspezifischen **Anrede** direkt angesprochen, der Inhalt bleibt allerdings für alle Empfänger gleich. Mit der Integration individueller Informationen

z. B. aus Datenerhebungen können Empfänger spezifisch, segmentiert und persönlich adressiert werden.

Das **E-Mailing** ist das elektronische Gegenstück zum traditionellen Direkt-Mailing (→ S. 303). E-Mailings werden nicht periodisch, sondern aktionsbezogen versendet und sind meist stärker werblich orientiert.

Eine **Bounce Message** ist eine Fehlermeldung, die von einem Mailserver automatisch erzeugt wird, wenn eine E-Mail nicht zustellbar ist. Existiert eine E-Mail-Adresse nicht, liegt ein **Hard Bounce** vor. Ein **Soft Bounce** zeigt hingegen ein temporäres Problem an, wenn beispielsweise eine E-Mail-Box vorübergehend keine weiteren Nachrichten aufnehmen kann. Die **Bounce Rate** (Rückläuferrate) ist die Quote der E-Mails, die nicht zugestellt werden konnten. Alle zugestellten E-Mails, die geöffnet wurden, findet der Nutzer in der **Öffnungsrate,** während die **Klickrate** die Häufigkeit der angeklickten Links darstellt, die in der E-Mail enthalten sind.

Beim **Single-Opt-In-Verfahren** wird der Nutzer mit der Angabe seiner E-Mail-Adresse in eine Datenbank aufgenommen und erhält nun künftig Newsletter. Beim **Double-Opt-In-Verfahren** meldet sich ein Empfänger mit seiner E-Mail-Adresse an und erhält anschließend eine Bestätigungsnachricht. Die Registrierung ist jedoch erst gültig, nachdem der Empfänger den Bestätigungslink aktiviert hat. Auch beim **Confirmed-Opt-In-Verfahren** erhält der Empfänger eine Bestätigungsnachricht per E-Mail, allerdings muss er seine Anmeldung nicht bestätigen.

Im professionellen E-Mail-Marketing wird eine Botschaft ausschließlich an die Empfänger verschickt, die dem jeweiligen Absender ihre ausdrückliche Erlaubnis **(Einwilligung, Permission)** zum Erhalt derselben gegeben haben. Permission-Marketing beruht immer auf dem Einverständnis des Werbeempfängers. Dieses muss bewusst, eindeutig und ausdrücklich vorliegen (→ Kap. Recht, S. 367, deutsches Recht, UWG; Bundesdatenschutzgesetz [BDSG]).

*Tipp: Die **Anmeldung** zu E-Newslettern sollte über Formulare erfolgen, die nur die nötigsten Daten abfragen. Gemäß der Datenschutzrichtlinie der EU (2002/58/EG) muss die Datenübermittlung mit der **SSL (Secure Socket Layer)-Verschlüsselung** gesichert sein.*

**Trigger-E-Mails** sind vorbereitete E-Mails, die automatisch und **reaktiv** versendet werden. Ausgelöst werden sie durch ein bestimmtes Ereignis, wie beispielsweise den Geburtstag eines Nutzers, ein Firmenjubiläum, das Anmelden in einem Forum oder das Eintragen in einem Verteiler – auch **Autoresponder** oder **Follow-Up-E-Mailing** genannt. **Spam-Mails** oder **Junk-Mails** sind unerwünschte Werbeinhalte, die von **Internet-Service-Providern** wie GMX oder Gmail (**Mail Submission Agent,** kurz: **MSA**) über eine so genannte Schwarze Liste (**Blacklist**) gefiltert werden. **Phishing-Mails** sind hingegen E-Mails mit gefälschten Absenderangaben, mit denen versucht wird, unerlaubt an die Daten eines Web-Benutzers zu gelangen.

Aufbau und Inhalt eines E-Mail-Newsletters

Das Layout eines Newsletters ähnelt dem Aufbau einer Website (→ Kap. Digitale Medien, S. 167, Webdesign). Auch hier gilt es, die Darstellung für die verschiedenen Endgeräte zu optimieren (→ Kap. Digitale Medien, S. 179, Mobile Design). Neben **Header, Footer** und **Inhaltsteil** existiert im oberen Bereich häufig noch ein **Pre-Header,** der unter anderem einen Link zur **Webversion** der E-Mail enthält.

**Tipp:** *Wichtige Inhalte sollten im oberen linken Teil der E-Mail platziert werden. Wie auch bei Websites, haben Studien zum* **Blickverlauf (Eyetracking)** *nachgewiesen, dass Nutzer Inhalte der Reihenfolge nach in F-Form wahrnehmen.*

Die meisten Clients unterdrücken extern referenzierte **Bilder in E-Mails** zum Schutz der Privatsphäre und vor Viren. Der Nutzer kann diese erst mit einem Klick auf „Bilder anzeigen" nachladen. Wie auch in anderen Kanälen, transportieren Bilder Emotionen, steuern die Wahrnehmung und unterstützen nachhaltig die Erinnerung (→ Kap. Typografie, S. 78). Grafiken können unter anderem im GIF-, JPG- oder PNG-Format eingebunden werden (→ Kap. Digitale Medien, S. 130 ff).

**Tipp: Anhänge** *stellen unnötigen Ballast und Sicherheitsrisiken dar. Stattdessen sollten Dateien eher als Link auf dem Webserver eingebunden werden.*

Im Posteingang eines E-Mail-Menüs werden **Betreffzeile (Betreff, Subject)** und **Absendername** als erstes wahrgenommen. Je nach Bewertung dieser Elemente wird eine E-Mail geöffnet oder einfach ignoriert.

**Tipp:** *Betreffzeile und Absendername entscheiden häufig über Erfolg oder Misserfolg eines E-Newsletters oder Mailings. Die Gestaltung dieser Elemente sollte wohlüberlegt und durchdacht sein und nicht erst in letzter Sekunde entschieden werden.*

Der Header einer E-Mail vermittelt **Wiedererkennungswert,** während der **Call-to-Action (die Handlungsaufforderung)** den Leser darüber informiert, worum es in der E-Mail eigentlich geht und was ggf. zu tun ist.

## Social-Media-Marketing

In Abgrenzung zu den Massenmedien ersetzen **Soziale Medien** (→ Kap. Digitale Medien, S. 150) die klassische **One-to-Many-Kommunikation** durch die wechselseitige Kommunikation (Interaktion) vieler Anwender **(Many-to-Many).**
    **Social-Media-Marketing (SMM)** ist ein Instrument des Online-Marketings im sozialen Web und berücksichtigt vor allem die Interaktions- und Dialogmöglichkeiten (→ Kap. Digitale Medien, S. 150). Dabei ist das Social-Media-Marketing vielfältig einsetzbar und kann in den verschiedenen Disziplinen des Marketingmix genutzt werden. Neben der Steigerung der **Markenbekanntheit (Brand Awareness)** und einer verbesserten **Online-Reputation** ist es auch zu Marktforschungszwecken oder als **Crowdsourcing**-Instrument für das **Innovationsmanagement** einsetzbar, um Produktideen von Nutzern entwickeln zu lassen.

**Tipp:** *Für das reine* **Absatzmarketing** *(→ S. 276, Sales) ist Social-Media-Marketing jedoch wenig geeignet.*

Neben bekannten **Blogs** (→ Kap. Digitale Medien, S. 150) und weitverbreiteten **Sozialen Netzwerken** (→ Kap. Digitale Medien, S. 151) wie Facebook und Google Plus sowie dem

**Kurznachrichtendienst** Twitter (→ Kap. Digitale Medien, S. 150) gibt es im Bereich Social Media nahezu für jeden Zweck einen Dienst. Plattformen wie YouTube, Slide Share oder Flickr haben sich unter anderem auf das Verbreiten von interaktiven Inhalten spezialisiert. Der Dienst **delicious** (früher: del.icio.us für „köstlich", „lecker") hat sich auf das Teilen und Weitergeben von digitalen Lesezeichen fokussiert. So spricht man dann auch je nach Funktion entweder von **Social Sharing** oder **Social Bookmarking.**

Netzwerke wie LinkedIn oder Xing konzentrieren sich auf den beruflichen Bereich.

Der Medientyp **Owned Media** beinhaltet die kompletten unternehmenseigenen Kommunikationskanäle wie z. B. Facebook-Seiten.

**Paid Media** ist die klassische gekaufte Medienleistung wie beispielsweise TV-Werbung, Printwerbung oder Radiowerbung, während der Medientyp **Earned Media** (dt. für „verdiente Medien") die **virale Mund-zu-Mund-Propaganda (Word-of-Mouth)** beinhaltet – entweder über ein Unternehmen, eine Marke, ein Produkt oder eine Person.

**Beachte:** Auch auf allen Social-Media-Plattformen gelten Rechtsvorschriften und Normen (→ Kap. Recht).

Das Verbreiten von unangemessenen Links oder Werbebotschaften sowie das automatisierte Einstellen von Meldungen gilt als **Social Spamming. Viral-Marketing** ist hingegen das gezielte Auslösen von Mundpropaganda zur Vermarktung von Unternehmen und deren Produkten und Leistungen. Vor allem Videoinhalte haben in jüngster Vergangenheit ihre hohe virale Wirkung bewiesen.

**Empfehlungsmarketing** ist das systematische Entwickeln und Anbieten empfehlenswerter Leistungen und beruht auf der Annahme, dass Kunden, die mit einem Angebot zufrieden sind, stets auch Empfehlungen aussprechen.

Zur Identifikation, systematischen Beobachtung und Analyse der von Nutzern erstellten Inhalte (→ S. 322, User Generated Content) dient das Social Media Monitoring (→ S. 314, Erfolgskontrolle).

Community Management

Aufgrund der wachsenden Anforderungen im Bereich der Social Media stellen Unternehmen gezielt Mitarbeiter ein, die die Plattformen pflegen. Das wichtigste Prinzip bei der Kommunikation ist **Authentizität.** Eine besondere Herausforderung für **Community-Manager** sind so genannte **Entrüstungsstürme (Shitstorms),** die sich aufgrund der besonderen Eigenschaften der Social Media entwickeln können. Solchen Krisensituationen gilt es, mit einer geringen **Reaktionszeit** zu begegnen, um möglichen Schaden in Grenzen zu halten.

Häufig bespielen Unternehmen mehrere Kanäle und geben ihren Mitarbeitern die Möglichkeit, dort aktiv zu sein, um beispielsweise Beiträge zu einem **Unternehmensblog (Corporate Blog)** zu verfassen.

In solchen Strukturen ist ein erhöhter Koordinations- und Abstimmungsbedarf nötig. Nützliche Instrumente sind dafür der **Redaktionsplan (Editorial Calender)** und die **Social Media Guidelines,** die beschreiben, wie sich Nutzer und Mitarbeiter auf den unterschiedlichen Plattformen zu verhalten haben (vgl. Kap. Gestaltung, S. 59, CD-Manual). In vielen Fällen liegt die gesamte Verantwortung für die Social Media zentral in der Marketing- oder Kommunikationsabteilung. Abteilungen und Mitarbeiter können eigenständig agieren; Ziele und strategisches Vorgehen (→ Kap. Organisation, S. 386 ff.) werden gemeinsam bestimmt (vgl. Kap. Organisation, S. 398, **Hub-and-Spoke-Modell**).

## Direktmarketing

Als **Direktmarketing,** auch **Dialogmarketing,** wird jede Werbemaßnahme bezeichnet, die eine persönliche Ansprache des potenziellen Kunden mit der Aufforderung zur Antwort enthält und sich durch dieses Dialogelement von der klassischen Werbung unterscheidet. Dialogmarketing hat zwei Ziele: Kundengewinnung und Kundenbindung. Die Kundenbindung kann darauf zielen, zum Wiederkauf anzuregen oder die Bestellung eines Produkts auf Dauer bzw. für einen möglichst langen Zeitraum aufrechtzuerhalten.

Unter einem **Responseelement,** auch **Reaktions-** oder **Antwortmöglichkeit,** versteht man die Möglichkeit, direkt reagieren zu können. Eine eingeblendete Telefonnummer in einem Werbespot oder auf einem Plakat wird z. B. als Responseelement bezeichnet. Weitere Responseelemente sind Antwortkarten in Anzeigen und Zeitungsbeilagen, Coupons sowie **Call-Me-** oder **Call-Back-Buttons** auf einer Homepage.

Im Unterschied zur allgemeinen Massenwerbung hat die Direktwerbung eine viel höhere Zielgruppensicherheit, weil sie stets personifiziert eingesetzt wird. Zu der klassischen Direktwerbung gehören adressierte Werbesendungen, Haushaltdirektwerbung wie Prospekte, Kataloge und Postwurfsendungen, teiladressierte Werbesendungen, aber auch interaktive Medien. Zum Direktmarketing in klassischen Medien gehören Anzeigen und Beilagen mit Responseelement, Radio- und Fernsehwerbung mit Responseelement, Plakat- und Außenwerbung mit Responseelement.

In der Praxis werden Werbemittel wie Massenmedien, z. B. Fernsehen oder Zeitschriften, dazu benutzt, eine Werbebotschaft zu übermitteln und gleichzeitig dem Empfänger die Möglichkeit einer Antwort (Response) anzubieten. Ein besonders häufig genutztes Instrument hierfür sind Callcenter. Eine Voraussetzung dafür ist, dass mindestens die Adresse, Telefonnummer oder ein anderes Responseelement Bestandteil der Werbebotschaft ist. Ziel ist es, einen anonymen Empfänger zu identifizieren, indem dieser sein Interesse an dem Unternehmen bekundet, also auf die Werbebotschaft reagiert. Die Rückläufer werden in einer Datenbank erfasst und stehen für eine weitere Bearbeitung, wie Nachfassen, Folgeangebote oder Reaktivierung zur Verfügung. Diese Maßnahmen sollen die direkte Ansprache vorbereiten bzw. überhaupt ermöglichen.

Das wichtigste Element der Direktwerbung ist das **Mailing.** Die eingehenden Antworten werden in einer Datenbank erfasst, gespeichert, bearbeitet und stehen künftig zur weiteren Nutzung bereit, z. B. für Nachfragen, Erinnerungen, Follow-Ups, Folgeangebote und Reaktivierungen **(Database Marketing).**

Ob die mit Dialogmarketing angestrebten Ziele erreicht werden, lässt sich bei Response vor allem mit der so genannten **Responsequote,** dem Anteil positiver Reaktionen auf eine Kommunikationsmaßnahme, und den **Cost-per-Order,** den Gesamtkosten pro erzielter Bestellung oder Auftrag, ermitteln.

*Tipp: Einfache Mailings erzielen in der Regel durchschnittliche Quoten zwischen 1% und 4%.*

## Öffentlichkeitsarbeit

**Öffentlichkeitsarbeit,** auch **Public Relations (PR),** hat das Ziel, Beziehungen zur Öffentlichkeit herzustellen, zielgerichtet Kontakte zu knüpfen, Vertrauen aufzubauen sowie Kompetenz und Glaubwürdigkeit zu vermitteln (→ S. 281 ff., Werbung = bezahlte Kommunikation).

PR wird heute nicht mehr als Anhängsel oder eine Unterfunktion des Marketings gesehen (→ S. 276 ff.). Public Relations ist eine strategische, eigenständige Disziplin und besetzt eine Führungsposition im unternehmerischen Handeln.

PR ist das Managen von Informations- und Kommunikationsprozessen zwischen Organisationen und ihren internen und externen Umwelten, auch Teilöffentlichkeiten[7].

**Media Relations** bilden in vielen Organisationen den Schwerpunkt von PR-Aktivitäten. Sie hat zum Ziel, Printmedien, elektronische und Online-Medien mit unternehmensrelevanten Informationen zu bedienen und sie als Mittler zu den **Bezugsgruppen** zu nutzen.

**Public Affairs** ist darauf ausgerichtet, die Interessen einer Organisation im politischen Entscheidungsprozess zu vertreten und die Realisierung ihrer Zielsetzungen sicherzustellen. Bezugsgruppen oder **Multiplikatoren** sind beispielsweise Regierungen, Parlamente, Parteien oder Politiker.

**Anspruchsgruppen (Stakeholder)** sind Gruppen, die ihre Interessen in Form von konkreten Ansprüchen formulieren. Sie greifen offensiv in die Kommunikation ein, üben Druck aus und nehmen Einfluss auf Entscheidungen.

Durch **interne Kommunikation** pflegt ein Unternehmen die Beziehungen zu seinen Mitarbeitern und deren Familienangehörigen. Hierfür werden Instrumente wie **Mitarbeiterzeitschriften** oder Intranet (→ Kap. Digitale Medien, S. 147) eingesetzt.

**Product Publicity** bezeichnet marktorientierte Öffentlichkeitsarbeit im Zusammenhang mit Produkten und Dienstleistungen. Public Relations können die klassische Werbung und Marketingkommunikation sinnvoll ergänzen. Hauptbezugsgruppen sind Konsumenten und der Zwischenhandel.

**Issues Management** ist Öffentlichkeitsarbeit im Vorfeld der Meinungsbildung und ist die Bemühung einer

---

[7] Nach Ansätzen Grunig/Hunt (1984) und Prof. Benteie, Günter, Universität Leipzig

Organisation, das öffentliche Interesse für gewichtete Themen frühzeitig zu identifizieren, zu thematisieren und dann auf den Meinungsbildungsprozess einzuwirken.

Keine Organisation ist gegen Vertrauens-, Führungs- oder Finanzkrisen, Skandale oder Katastrophen gefeit. **Krisenkommunikation,** auch **Crisis Management,** ist die Konzeption von PR-Strategien und PR-Maßnahmen zur raschen und kohärenten Lösung von Kommunikationsproblemen in Krisensituationen.

**Finanzkommunikation,** auch **Financial Relations** oder **Investor Relations,** stellt die kommunikativen Beziehungen des Unternehmens im Kapital- und Finanzmarkt sicher. Sie bedeutet die direkte Kontaktpflege einer Firma mit ihren bestehenden und potenziellen Investoren. Hauptbezugsgruppen sind hier Aktionäre, Investoren, Finanzanalysten, Banken und Broker.

## Funktionen der Öffentlichkeitsarbeit

1. Kontakt: Herstellung von Verbindungen nach innen (Unternehmen) und nach außen (Öffentlichkeit)
2. Information: Interne und externe Informationsvermittlung
3. Image: Aufbau, Änderung und Pflege des Vorstellungs- oder Meinungsbildes
4. Führung: Positionen oder Entscheidungen einer Organisation etablieren
5. Harmonisierung: Abstimmung des wirtschaftlichen, gesellschaftlichen und interbetrieblichen Verhältnisses
6. Absatzförderung: Verkaufsförderung durch Anerkennung
7. Stabilisierung: Erhöhung der Standfestigkeit des Unternehmens in Krisensituationen
8. Kontinuität: Bewahrung eines einheitlichen Stils des Unternehmens nach innen und außen sowie langfristig

## Instrumente der Öffentlichkeitsarbeit

1. Presseinformationen und Presseaussendungen (Nachrichten)
2. Face-to-Face (Redaktionsbesuche, Interviews)
3. Pressekonferenzen
4. Hintergrundgespräche, Reden und Statements

### Online-PR

Das **Internet** ist heute der Schlüsselfaktor für die **Public Relations.** Bekanntheitsgrad und Image von Unternehmen und Institutionen hängen zunehmend davon ab, wie sie im Netz mit ihren Bezugsgruppen kommunizieren.

In der Regel empfiehlt sich ein offener **Pressebereich** auf der Website, der schnell und aktuell die Informationsbedürfnisse von Journalisten erfüllt. Der kommunikative Nutzwert einer Website kann durch folgende Faktoren beeinflusst werden:

- Schnelles Laden der Seiten
- Übersichtliche Navigation
- Konsistenz des Layouts
- Übereinstimmung des Layouts mit dem Corporate Design
- Bildschirm- und zielgruppengerechte Textgestaltung
- Hohe Aktualität der Inhalte sowie leicht auffindbare Informations- und Interaktionsangebote wie Presseinformation, Pressespiegel, Basispressemappe, Pressekontaktformular (mit Ansprechpartner, Telefonnummer, E-Mail, Terminkalender mit Unternehmensveranstaltungen)

Die Akzeptanz von Presseinformationen per E-Mail ist in den letzten Jahren konstant gestiegen. Der Vorteil liegt in einem geringen Zeit- und Kostenaufwand bei hoher Reichweite.

### Journalistische Darstellungsformen

Presse- und Medienarbeit ist dann erfolgreich, wenn sie strategisch und aktiv gestaltet wird und es gelingt, Journalisten für das eigene Thema zu begeistern, sodass dieses umgesetzt und publiziert wird.

Die Auswahl der Informationen im Tagesjournalismus erfolgt nicht willkürlich, sondern auf Grundlage einer standardisierten Routine. Maßgeblich ist der **Nachrichtenwert** (engl.: News value) – im Jahre 1922 von dem amerikanischen Journalisten Walter Lippmann geprägt. Nach der Nachrichtentheorie von **Galtung** und **Ruge** (1965) bestimmen 12 Kriterien den Nachrichtenwert: acht kulturunabhängige Nachrichtenfaktoren (gültig für alle Kulturkreise) und vier kulturabhängige Nachrichtenfaktoren (je Kulturkreis unterschiedlich). Je mehr Nachrichtenfaktoren ein Ereignis in sich vereint, umso größer ist die Wahrscheinlichkeit, dass es beachtet und als Nachricht in einem Medium veröffentlicht wird. Die kulturunabhängigen **Nachrichtenfaktoren** sind:

**Frequenz.** Je mehr das aktuelle Ereignis dem Erscheinungsperiodikum des jeweiligen Mediums entspricht (Druck- oder Sendetermin), umso wahrscheinlicher wird das Ereignis zu einer Nachricht – vereinfacht heute durch das „Rund-um-die-Uhr"-Publizieren im Internet.

**Schwellenfaktor.** Ein Ereignis muss den Schwellenwert der Auffälligkeit überschreiten und eher Seltenheitscharakter haben, damit es überhaupt wahrgenommen wird.

**Eindeutigkeit.** Je eindeutiger und überschaubarer ein Ereignis dargestellt ist (kurze Sätze, klare Formulierung), umso eher wird es zu einer Nachricht.

**Bedeutsamkeit.** Je größer die Tragweite eines Ereignisses ist und je mehr es persönliche Nähe, Betroffenheit und Relevanz auslöst, desto eher wird es zu einer bedeutenden Nachricht.

**Konsonanz.** Je mehr ein Ereignis mit den Vorstellungen, Erwartungen oder Wünschen eines Journalisten übereinstimmt, desto eher wird es zu einer passenden Nachricht.

**Überraschung.** Etwas Unvorhersehbares, Seltenes, Unglaubliches hat die größte Chance zu einer Nachricht zu werden. Allerdings nur dann, wenn es die Erwartungen mit dem so genannten Überraschungseffekt übersteigt.

**Kontinuität.** Ein neues, seltenes Ereignis, das bereits als Nachricht veröffentlicht wurde, hat dennoch große Chancen, über längere Zeit publiziert zu werden, wenn über das Thema fortwährend berichtet wird.

**Variation.** Zur Veröffentlichung von Ereignissen ist ein ausgewogener Nachrichtenmix (neu, abwechslungsreich) von Bedeutung. Der Schwellenwert zur Beachtung einer Nachricht ist umso niedriger, je mehr das gesamte Nachrichtenbild ausbalanciert und variiert wurde.

Die kulturabhängigen Nachrichtenfaktoren sind:
- **Bezug auf Elite-Nation.** Ereignisse, die Elite-Nationen betreffen (z. B. wirtschaftlich oder militärisch), haben einen überproportional hohen Nachrichtenwert.
- **Bezug auf Elite-Personen.** Gleiches gilt auch für Elite-Personen wie z. B. prominente, mächtige und/oder einflussreiche Personen.
- **Personalisierung.** Je stärker ein Ereignis persönlich begründet und das Handeln bzw. Schicksal einer oder mehrerer Personen dargestellt wird, umso eher wird es zu einer Nachricht.
- **Negativität.** Je kritischer, negativer ein Ereignis bewertet wird, auf einen Konflikt, eine Kontroverse, Aggression, Zerstörung oder auf den Tod verweist, umso stärker wird es zum Nachrichtenfaktor und findet Beachtung.

Eine **Nachricht**, ein **Bericht**, ein **Interview** sowie eine **Dokumentation** sind journalistische, **informative Darstellungsformen.** Das Vermitteln sachlicher Informationen steht hierbei eindeutig im Vordergrund, während bei einer **Glosse,** einem **Kommentar,** einer **Kritik,** einem **Leitartikel** oder einer **Rezension** bewusst die subjektive Sichtweise des Journalisten (Redakteurs) stilbildend ist. Diese publizistischen Darstellungsformen werden auch als **meinungsäußernde** oder **meinungsbildende Darstellungsformen** bezeichnet.

Der **Korrespondenzbericht,** die **Reportage** oder das **Feature** (engl.: „Merkmal", „Charakteristik" – eine Darstellungsform zwischen Reportage und Nachricht) hingegen sind Mischformen, die sowohl Tatsachen (eine Geschichte) erzählen als auch die subjektive Sichtweise des Autors wiedergeben. Die Reportage, auch Erlebnisbericht, führt den Leser oder Betrachter durch das direkte Berichten an das Ereignis heran, verstärkt durch konkrete Beobachtungen, Details und eigene Sinneseindrücke des Autors. So ergänzt die Reportage die Nachricht, ohne sie jedoch zu ersetzen, denn der Aufbau einer Reportage erfolgt dramaturgisch. Das **Feature** ist der Reportage ähnlich, nutzt jedoch szenische, erzählende und faktische Details, um abstrakte (auch wissenschaftliche) Themen oder Informationen deutlich zu machen und spannend zu transportieren. Der Aufbau erfolgt im Wechsel, meist nach der „So-wie"-Formel und dem Prinzip: Ein Absatz darstellende Atmosphäre, ein Absatz sachliche Information. Der **Kommentar** ist ein Meinungstext, meist argumentativ unterfüttert oder polemisch geführt. Er ist geeignet, kontroverse Themen aufzuzeigen, sollte daneben aber auch die Grenze zwischen Information und Meinung für den Leser oder Betrachter transparent halten.

Eine **Kolumne** (lat.: columna = „Stütze", Säule") ist der regelmäßig erscheinende kurze Text eines Autors (Kolumnisten), der subjektiv gefärbt ist und auf Beobachtungen und alltäglichen Ereignissen basiert. Der Aufbau folgt keiner Form und inhaltlich ist jedes Thema denkbar.

Das **Interview,** auch Befragung (→ S. 316), liefert dem Fragenden auf direkte Art persönliche Informationen zu bestimmten Sachverhalten, Fakten und Meinungen. Das Interview folgt dem Frage-Antwort-Prinzip mit der Verknüpfung verbindender Textpassagen.

Die **Nachricht** ist die Basis jeder journalistischen Kommunikation. Sie wird von der Aktualität bestimmt, ist informierend, objektiv, sachlich sowie kurz und verständlich formuliert. Der Aufbau einer Nachricht erfolgt vom Wichtigen (dem Kern) zum Unwichtigen, in der Form: **Schlagzeile, Untertitel, Vorspann (Lead)** und Bericht – sich stützend auf die sechs großen **W-Fragen** (Checkliste des Journalisten), die detailliert zu beantworten sind: Wer? Was? Wann? Wo? Wie? Warum? Zusätzlich fragt die siebte W-Frage nach dem Woher (der Quelle)?

Der **Bericht** ist der große Bruder der Nachricht und informiert über ein Ereignis oder einen Sachverhalt, ohne dabei zu bewerten. Ein Bericht ist szenisch aufgebaut und umfangreicher als eine Nachricht gestaltet. Die unterschiedlichen

Textteile (Absätze) werden auch hier nach den sechs bzw. sieben W-Fragen gegliedert und detailliert beantwortet, um dem journalistischen Ziel des „Berichtens" zu entsprechen.

### Die Presseinformation

Eine **Presseinformation,** auch **Pressemeldung,** sollte so gestaltet sein, dass sie ohne große Bearbeitung verwendet bzw. abgedruckt werden kann (vgl. Nachricht, S. 310 und Evaluation, S. 314). Sie sollte nur dann eingesetzt und für eine Veröffentlichung vorgesehen werden, wenn es wirklich etwas Neues und Wichtiges zu sagen gibt (vgl. Nachrichtenfaktoren, S. 314). Grundsätzlich muss eine Pressenachricht zudem gut recherchiert, sachlich, verständlich und frei von subjektivem oder werblichem Tenor formuliert sein. Das gilt jedoch für alle journalistischen Darstellungsformen. Die Verwendung von unerklärten Abkürzungen, Modewörtern, Superlativen, Redundanzen oder Füllwörtern ist zu vermeiden.

Je kürzer und aussagekräftiger eine Pressemeldung ist, umso eher wird sie von der jeweiligen Bezugsgruppe (→ S. 305) gelesen.

### Goldene Regeln für eine Presseinformation

- Informiere offen, ehrlich und umfassend; beschränke dich auf das Wesentliche. Schreibe keine Schachtelsätze, sondern einfache Haupt- und Nebensätze. Verwende nach Möglichkeit Verben, statt zu substantivieren. Benutze eine aktive Sprache anstelle der passiven Form. Vermeide Fremdworte, wenn du sie nicht erklären möchtest. Setze prägnante, nicht aber reißerische Überschriften und Zwischenüberschriften ein. Stimme die Fotos auf den Text ab.

- Für eine Presseinformation ist eine halbe bis ganze DIN-A4-Seite ausreichend; auf keinen Fall sollte sie länger als zwei DIN-A4-Seiten sein. Der Text sollte linksbündig ausgerichtet werden. Damit sich der Journalist Notizen machen kann, sollte der Zeilenabstand 1,5 Zeilen betragen. Rechts sollte ein breiter Rand für Anmerkungen belassen werden.

- Absätze werden mit einer Leerzeile getrennt. Schriftart und Schriftgröße sollten gut lesbar sein. Das Logo und die Absenderangaben gehören auf die erste Seite. Die direkte Rede ist deutlich als Zitat kenntlich zu machen. Vor- und Zuname des Empfängers sollten komplett genannt werden, gegebenenfalls auch Titel und Position.

Eine Presseinformation bzw. Pressemeldung wird wie folgt aufgebaut:

1. Überschrift (engl.: Headline): Schlagwort mit Kernaussage des Themas.
2. Unterzeile (engl.: Subheadline): Ergänzende Information zum Thema.
3. Vorspann (engl.: Lead, → S. 310): Der Einstieg (Lead-Satz) gibt wichtige Antworten zu den ersten fünf **W-Fragen:** Wer hat Was, Wann, Wo, Wie getan?
4. Mittelteil: Detaillierte Informationen, Vorgeschichte bzw. Hintergründe, Erklärung, Meinungen und Stimmungen sowie ggf. Zitate werden hier anhand der W-Fragen „Warum?" und „Woher?" (Quelle der Informationen) beschrieben. Der Mittelteil wird nach dem Prinzip der umgekehrten Pyramide aufgebaut: Das Wichtigste kommt an den Anfang, weniger Wichtiges ans Ende des Textes. **Vorteil:** Pressetexte werden vom Redakteur stets von hinten gekürzt, so gehen wichtige Informationen und Aussagen nicht verloren oder werden nicht entstellt.
5. Boilerplate oder Backgrounder (auch Abbinder, engl.: für „Standardtext"): Gleichbleibende Informationen zum Unternehmen oder zur Organisation, die hinter der Pressemitteilung steht.
6. Kontaktadresse: Postanschrift des Unternehmens oder der Organisation, Ansprechpartner mit Telefon- und Fax-Nummer, E-Mail- sowie Internet-Adresse.
7. Weitere Hinweise: Unter anderem Informationen zu wichtigen Downloads.

- Beim Verfassen einer Pressemitteilung ist darauf zu achten, dass im ersten Absatz alles Wesentliche gesagt wird. Somit sollten in den ersten zwei oder drei Sätzen die sechs W-Fragen beantwortet werden, wobei die Reihenfolge der Beantwortung kein Dogma ist, sie muss jedoch klar erkennbar sein: Wer hat was wann, wo, wie und warum getan? Zusätzlich stellt sich die siebte W-Frage nach dem Woher, also danach, aus welcher Quelle die Informationen stammen.

- Verzichte im Pressetext auf unnötige Details oder andere „Schnörkel", ansonsten landet die Meldung im Redaktionsmüll. Denke an die Grundregel: Klare, informative Sätze am Anfang, wichtige Erläuterungen im Mittelteil. Bandwurmsätze oder Texte, die über drei Seiten gehen, haben kaum eine Chance auf Veröffentlichung. Redakteure brauchen Fakten und haben wenig Zeit, sich mit langatmigen Pressemeldungen zu befassen.

# Erfolgskontrolle

Auftragskommunikation ist stets mit einem bestimmten Ziel verknüpft. Wer also eine derartige Interaktion plant, muss zuvor wissen, wo er anzusetzen hat, um sein Ziel (oder seine Ziele) zu erreichen. Und er muss zudem am Schluss detailliert prüfen können, ob er das gewünschte Resultat auch wirklich erreicht hat. Nur mit dieser Kontrolle wird ersichtlich, ob sich der Ressourcen-Einsatz gelohnt hat (→ Kap. Organisation, S. 402 ff.).

Grundlagen

**Evaluation** (lat.: von „valere" = „wert sein", „stark sein") ist das sachkundige Bewerten des Nutzens von Gegenständen, Prozessen und Organisationen nach empirisch-wissenschaftlichen Methoden. Das sind vor allem quantitative und qualitative Datenerhebungen und -auswertungen der empirischen Sozialforschung. Evaluation muss transparent und datengeschützt erfolgen sowie ausgeglichen bewerten.

Die **Erfolgskontrolle** untersucht die **Wirksamkeit** – das Verhältnis zwischen dem gesteckten Ziel und tatsächlich erreichter Wirkung. Wirksamkeit steht hierbei für das Ausmaß aller Tätigkeiten zum Erreichen der geplanten Ergebnisse. **Effektivität** ist die Wirkung im Verhältnis zu den gesetzten Zielen. Dabei steht Wirkung für alle unbewussten und bewussten Veränderungen im kognitiven und emotionalen Bereich sowie dem Verhalten.

**Beachte:** Erst das Anwenden systematischer wissenschaftlicher Methoden macht eine Bewertung für Dritte nachvollziehbar, vergleichbar und hebt sich damit von der reinen Behauptung ab.

**Effizienz** wiederum beschreibt das Verhältnis zwischen eingesetzten Mitteln und der Wirksamkeit (also der Effektivität). Zweck der Effizienz-Analyse ist es unter anderem, zu prüfen, ob und wie die gesetzten Ziele (→ S. 282, Kap. Organisation, S. 387) mit geringstem Mitteleinsatz (Kostenbudget) erreicht werden können.

Die Daten zur **Markt-, Medien- und Meinungsforschung** können auf unterschiedliche Art und Weise gewonnen werden. Grundsätzlich unterscheidet die empirische

Sozialforschung zwischen der Sekundärforschung und der Primärforschung. Dafür stehen eine Vielzahl von Methoden und Werkzeuge zur Verfügung.

Als Quellen der **Sekundärforschung** dienen bereits vorhandene Daten, die ursprünglich von Dritten für ähnliche oder andere Zwecke erhoben und ausgewertet wurden. Das können Publikationen, Studien, Berichte oder Statistiken sein. Die **Primärforschung** dagegen erhebt originäre empirische Daten, die eigens zu diesem Zweck ermittelt werden. Diese sind auf die individuellen Fragen und Probleme zugeschnitten und in der Regel aufwendiger umzusetzen als in der Sekundärforschung.

Eine **vorwissenschaftliche Analysemethode** ist die **Feedback-Kontrolle** – die systematische Dokumentation und Auswertung aller Rückmeldungen der Ziel- oder Bezugsgruppen.

**Beachte:** Es sollten entsprechende Feedbacks bereits im Vorfeld mit eingeplant werden. Dazu gehören zum Beispiel Feedback-Formulare bei Veranstaltungen, Diskussionsforen im Web oder bei E-Mails und Gesprächen.

Bei der **Manöverkritik** setzen sich nach der Durchführung einer Maßnahme alle Beteiligten zusammen und erörtern (mehr oder weniger strukturiert), was gut und was schlecht gelaufen ist. Im Nachhinein werden daraus Empfehlungen für weitere Handlungen abgeleitet. **Desk-Research** ist die Forschung, die vom Schreibtisch aus betrieben werden kann und sich meist der Analyse bereits vorhandener Daten (sekundärstatistische Analyse) bedient.

*Tipp: **Suchoperatoren** erleichtern die gezielte Suche im Web. Nach einem konkreten Begriff oder einer konkreten Wortgruppe suchen: Verwende in der Suchmaske die An- und Abführungszeichen bzw. Zollzeichen („Suchbegriff"), um den betreffenden Begriff oder die Wortgruppe zu finden. Worte ausschließen: Setze in der Suchmaske ein Minuszeichen (-) direkt vor den jeweiligen Suchbegriff oder vor die URL, um alle Ergebnisse mit diesem Wort bzw. von dieser Website aus der Suche auszuschließen (z. B. Typografie Gestalten -shop). Platzhalter: Füge bei einer Suchanfrage ein Sternchen als Platzhalter für alle unbekannten Begriffe ein (Nichts\* ist so mächtig\*). Innerhalb einer Website oder Domain nach einem konkreten Begriff suchen: Füge „site:" ein (besserwisser site:shop.gestalten.com).*

**Befragungen** sind das wichtigste Instrument der Markt-, Medien- und Meinungsforschung zur Erhebung von Daten. Die Befragungsformen schriftlich, mündlich (kurz: **CAPI, Computer Assisted Personal Interview**), telefonisch (kurz: **CATI, Computer Assisted Telephone Interview**) und online unterscheiden sich in ihrer Schnelligkeit, den Kosten, der Motivation der Befragten, der Anonymität, hinsichtlich des Zugangs der Befragten und in der Ablauf- und Rücklaufkontrolle (vgl. S. 304).

Eine **offene Befragung** gibt dem Befragten, auch Respondent genannt, keine konkreten Vorgaben für mögliche Antworten, sondern zielt auf eine individuelle, freie Beantwortung ab.

Eine **geschlossene Befragung** gibt dem Befragten bestimmte Antworten zur Auswahl vor (z. B. Ja/Nein oder eine Skala von 1 bis 5). Die **quantitative Markforschung** liefert statistisch-repräsentative Ergebnisse nach Kennzahlen. Die **qualitative Markforschung** hingegen präsentiert psychologische Ergebnisse im Alltagsverhalten.

Bei **Omnibusbefragungen** oder Mehrthemenbefragungen werden verschiedene thematische Sachverhalte für mehrere Auftraggeber in einer einzigen Untersuchung mit einem größeren Fragebogen erhoben.

Tipp: *Mittels Omnibusbefragungen lassen sich mit einem relativ geringen Kostenaufwand repräsentative Ergebnisse erzielen.*

**Experteninterviews** sind nichtrepräsentative Befragungen von Experten (z. B. Fachexperten, Meinungsführer), um fundierte längerfristige Prognosen zu erstellen. **Gruppendiskussionen** werden in Gruppengrößen von etwa 6 bis 12 Personen abgehalten. Hier wird unter Anleitung eines Moderators in einem Zeitrahmen von etwa ein bis drei Stunden über ein relevantes Thema diskutiert, um bei den Bezugs- und Zielgruppen Kenntnisse, Motive und Einstellungen zu erforschen. Diese nichtrepräsentativen Ergebnisse geben qualitative Einblicke zu einem bestimmten Thema und eignen sich damit vor allem zur Situationsanalyse sowie als **Pre-Test** (z. B. für Produktentwicklungen). **Leitfadengespräche** sind eine qualitative Methode der Datenerhebung. Der Interviewer versucht in einem offenen

Gespräch vom Befragten Informationen zu erhalten. Ein Themenleitfaden dient dabei als Orientierung, ob zu allen wichtigen Themen Antworten gegeben wurden, und eignet sich ferner zum Ermitteln komplexer Zusammenhänge. Befragungen nach der **Delphi-Methode** genannt, auch Delphi-Befragung, sind intensive Mehrfachbefragungen von Experten, um Prognosen zu entwickeln. Dabei werden die Zwischenergebnisse den Experten in anonymisierter Form mitgeteilt. Mit der Rückkopplung soll ein Konsens aller Experten angestrebt werden.

**Testverfahren.** Ein **Assoziationstest** (lat.: „associare" = „verbinden") ist ein psychologisches Testverfahren, bei dem verschiedene gedankliche Inhalte miteinander verknüpft werden. Die dabei geforderte höhere Reaktionsgeschwindigkeit soll gewährleisten, dass die gedankliche Verknüpfung beim Befragten spontan und unbewusst erfolgt. Ziel des Tests ist es, unbeeinflusste Gefühle oder Einstellungen zu Produkten oder Marken zu gewinnen. Das Verwenden verbaler Reize erfolgt beim **Wortassoziationstest** – ein häufig verwendetes Assoziationsverfahren, bei dem einem Befragten Worte vorgegeben werden, die er mit eigenen Gedanken verbinden soll. Beim **Recall-Test,** auch Erinnerungstest, werden Rezipienten ungestützt befragt (z. B. ohne Vorlage eines Markennamens), an welche Inhalte und Aussagen sie sich nach der Nutzung eines untersuchten Gegenstandes (Begriffs) erinnern. Beim **Recognitions-Test,** auch Wiedererkennungstest, werden die Rezipienten dagegen gestützt befragt (z. B. mit Vorlage eines Markennamens), an welche der aufgezeigten Inhalte und Aussagen sie sich nach der Nutzung eines untersuchten Gegenstandes erinnern können.

Image-Analysen dienen dazu, Vorstellungsbilder wie zum Beispiel das Erscheinungsbild von Organisationen, Produkten und Dienstleistungen als Ganzes zu erheben und zu betrachten. Verfahren dazu sind zum Beispiel das semantische Differenzial[8] sowie Assoziationstests.

Beim semantischen Differenzial, auch Polaritätsprofil oder Eindrucksdifferenzial (Abb. 20) wird ein untersuchter Gegenstand mit bestimmten Eigenschaften verbunden, die der Rezipient dann zu bestimmen hat. Das semantische Differenzial selbst besteht aus einer nicht verbindlich

20

[8] 1952 von Charles E. Osgood entwickelt

festgelegten Anzahl von bipolaren (meist siebenstufigen) Ratingskalen, deren Endpunkte (Extreme) mit gegensätzlichen Eigenschaften (Eigenschaftspaare, vorwiegend Adjektive) bezeichnet sind wie zum Beispiel dynamisch/statisch, hoch/tief. Dieses Verfahren wird häufig beim Vergleichen von Produktprofilen verwendet.

Mit der **ökonometrischen Wirkungskontrolle** wird dann überprüft, ob die wirtschaftlichen Ziele wie zum Beispiel Umsatz- und Absatzsteigerung erreicht wurden.

Die Beobachtung ist eine wissenschaftliche Erhebung, die sich von der naiven alltäglichen und subjektiven Beobachtung unterscheidet. Sinnlich greifbare Sachverhalte oder Vorgänge werden bei der methodischen Beobachtung von einem Betrachter systematisch und objektiv sowie mithilfe definierter Variablen (objektiv, zuverlässig und gültig) erfasst.

Die **Inhaltsanalyse** ist eine Methode zur objektiven, systematischen und quantitativen Beschreibung von Inhalten der Kommunikation. Dazu werden die Inhalte zunächst abgegrenzt, kategorisiert und schließlich nach der Häufigkeitsverteilung ausgezählt und analysiert.

Eine **Medienresonanzanalyse** ist die inhaltliche Analyse der Resonanz einer veröffentlichten Meinung (z. B. die Medienberichterstattung im Print-, Hörfunk-, TV- und Web-Bereich). Dabei werden Themen, Meinungen sowie sich abzeichnende Tendenzen in ihrer Entwicklung kontinuierlich, quantitativ, qualitativ und in einem bestimmten Zeitverlauf beobachtet und bewertet.

Die **quantitative Medienresonanzanalyse** erfasst mengenmäßig (Größenordnung, Häufigkeit und Intensität) unter anderem die Anzahl der gesammelten Clippings sowie die wesentlichen formalen Aspekte der Medienberichterstattung (Umfang, Länge, Autoren, Akteure etc.). **Clippings** (von: engl. „to clip" = „abschneiden, kappen") sind in der Medienbeobachtung (analog oder digital) kopierte Zeitungsausschnitte, die zur Erstellung eines **Pressespiegels** relevant sind.

Die **qualitative Medienresonanzanalyse** ist hingegen die inhaltliche Bewertung von Medienberichten, die häufig mittels Skalen oder Polaritätenprofilen (Meinungstendenz der Berichterstattung zu einem Thema) durchgeführt wird. Vorrangiges Ziel ist das Erkennen von Bewertungen, Motivationen und Einstellungen.

Die Kennziffern der **Medienresonanzanalyse** bringen folgende Ergebnisse: Mit dem **Affinitätswert** wird die inhaltliche Nähe eines Meinungsträgers oder eines Mediums zu einer vorab definierten Position wiedergegeben. Das Verhältnis zwischen positiven, neutralen oder negativen Beiträgen zu einem bestimmten Thema bewertet der **Akzeptanzquotient.** Der **Initiativquotient** zeigt das Verhältnis selbstinitiierter Inhalte zu fremdinitiierten Inhalten zu einer thematischen Berichterstattung. Der **Tex-Bild-Quotient** verdeutlicht das Verhältnis von Texten mit Illustrationen zu Texten ohne Illustrationen. Die Anteile der einzelnen Themen an der gesamten Medienresonanz macht hingegen der **Themenquotient** sichtbar. Mit dem **Durchdringungsindex** wird die Häufigkeit ausgewiesen, mit der ein Thema, Begriff oder Name in einem Mediensegment (Print, TV oder Web) genannt wird. Der **Media Value**, auch **Anzeigenäquivalenz,** wird aus dem Umfang eines redaktionellen Inhalts errechnet und gibt den Wert wieder, den dieser bei der Schaltung einer gleichwertigen Anzeige derselben Größe und derselben Platzierung gekostet hätte.

### Web Analytics

Die wachsende Ansammlung von Nutzerdaten **(Big Data)** ermöglicht eine detaillierte Auswertung der verschiedenen Online-Maßnahmen. Diese wird durch die Analyse-Funktionen von Social-Media-Plattformen wie Facebook **(Facebook Insights)** oder Twitter geleistet.

Suchmaschinenanbieter wie Google bieten dafür kostenlose Wergzeuge wie die **Google Webmaster Tools,** die die Bemühungen der Suchmaschinenoptimierung der einzelnen Unternehmen anzeigen. So lässt sich feststellen, über welche Suchworte die Nutzer auf die Website kamen und wie hoch die **Click-Through-Rate (Verhältnis Klicks/ Impressionen)** zu den Stichworten ist. Zusätzlich liefern solche Tools auch Informationen zu **Crawling** (→ S. 289, Crawler) und **Indexierung** (→ S. 288, Suchmaschinenoptimierung) sowie zu möglichen Fehlern wie dem „Code 404", der darauf verweist, dass die angeforderte Ressource (Seite) nicht gefunden wurde, oder zu allen eingehenden Links zu einer Website.

Zentrales Instrument zur Datensammlung ist jedoch eine mit der Website und idealerweise mit anderen Online-Kanälen verknüpfte Web-Analytics-Software. Neben der Bezeichnung Web Analytics spricht man auch von Web-Controlling, Web-Analyse, Webtracking, Traffic-Analyse oder Clickstream-Analyse.

Laut der Digital Analytics Association (DAA) ist Web Analytics die Messung, Sammlung, Analyse und Auswertung von Daten, die Nutzer im Web hinterlassen, mit dem Zweck, die Web-Nutzung zu optimieren. Die Daten können auf zwei Arten mit entsprechenden Vor- und Nachteilen gemessen und gesammelt werden. Bei der Server-basierten Log-File-Analyse protokolliert ein Webserver sämtliche auf die verschiedenen Elemente der Website bezogenen Aktivitäten, die von einem Besucher ausgehen. Anbieter von Log-File-Programmen sind zum Beispiel AWStats oder W3Perl.

Aufgrund von Caching-Problemen (z. B. für Seiten, die nicht vom Webserver abgerufen werden können, weil sie lokal im **Cache** (Speicherpuffer) liegen und so keine Log-File-Daten protokolliert werden) oder Schwierigkeiten mit dem Datenhandling bzw. der Datenspeicherung haben sich mittlerweile fast alle professionellen Web-Analytics-Anbieter von der Log-File-Analyse abgewendet seither ist Page Tagging die bevorzugte Methode.

Bei der Client-basierten Page-Tagging-Lösung, auch **Cookie-Tracking,** werden JavaScript-Codes **(Tracking Codes)** in jede Seite des Webauftritts implementiert, die jedes Mal dann ausgeführt werden, wenn die Seite aufgerufen wird. Dieser Code sorgt dafür, dass sämtliche Informationen über den verwendeten Browser und den jeweiligen Nutzer lokal in den Cookies (→ Kap. Digitale Medien, S. 147) gespeichert werden. Über ein 1 x 1 großes Pixelbild werden diese Informationen dann an den Server des Application Service Provider (→ Kap. Digitale Medien, S. 160) übertragen und aufbereitet in der Software dargestellt. Bekannte Vermarkter sind **SiteCatalyst, Webtrekk** oder **Google Analytics,** wobei letzterer Dienst zur Datenanalyse von Websites mit Abstand den größten Marktanteil hat. Eine Voraussetzung zur Analyse ist das Festlegen von Zielen im Online-Marketing, welche idealerweise aus einer übergeordneten Strategie abgeleitet werden. Aufbauend darauf lassen sich Leistungskennzahlen

(**Key Performance Indicators,** kurz: **KPI**) erstellen, die sich über die verschiedenen **Dimensionen** und **Metriken** der entsprechenden Software definieren. Dimensionen sind zum Beispiel Besucherquellen oder von den Nutzern verwendete Techniken. Metriken sind Werte wie die Anzahl der **Besuche (Visits)** oder die Dauer eines Besuchs.

*Tipp: Grundsätzlich gilt, dass **relative Werte** aussagekräftiger sind als absolute Werte oder Durchschnittswerte. Aus oberflächlichen Werten wie der Gesamtbesucherzahl einer Website lassen sich kaum qualitative Schlussfolgerungen ziehen. Problematisch ist zudem die Metrik für die Zugriffshäufigkeit einer Website. Die Möglichkeit, Cookies zu blockieren bzw. diese erst gar nicht zuzulassen, verfälscht diese Zahl dermaßen, dass zuverlässiges Arbeiten damit nicht mehr möglich ist. Qualitativ nützliche Metriken sind unter anderem **Besuchszeit**, **Seiten pro Besuch** oder die **Absprungrate (Bounce Rate),** welche alle Besuche anzeigt, die lediglich einen Seitenzugriff generieren.*

Die **Segmentierung** und **Filterung** der Daten kann genutzt werden, um den Zusammenhang untereinander zu konkretisieren und präzise Kenntnisse über eine spezielle Zielgruppe zu erlangen. So lassen sich Metriken beispielsweise auch anhand der Besucherquelle darstellen: Besucher kommen entweder über die organischen Suchergebnisse **(Organic Search)**, über ein Lesezeichen, über die Direkteingabe der URL **(Direct)** oder über einen Link auf die betreffende Seite **(Referral).** Wichtige Anhaltspunkte für die Qualität des angebotenen Inhalts kann auch die Analyse der Nutzung der **internen Suche** einer Website liefern, wenn diese mit einem Analytics-Tool verknüpft ist. Spezielle Ereignisse wie das Downloaden einer Datei oder das Anmelden für einen Newsletter sowie die Bestätigung einer Bestellung (**Micro-Conversion** und **Macro-Conversion**) lassen sich als Ziele deklarieren und über einen angepassten Code implementieren.

Mit den **E-Commerce-Funktionen** wird unter anderem ermittelt, welcher Nutzer einen Kauf abschließt und welcher den Kauf direkt im Warenkorb abbricht und ob nun Retargeting-Maßnahmen (→ S. 293, Display Advertising) interessant sein könnten.

Jedem Zielabschluss kann ein monetärer Wert zugewiesen werden, mit dem sich der Return-on-Investment (→ S. 278) einer Maßnahme (Handlung) genau bestimmen lässt. Mit dem Testen verschiedener Website-Alternativen **(A/B-Tests)** und der entsprechenden Analyse der Ergebnisse lassen sich Websites für Zielabschlüsse optimieren **(Conversion Optimization).** Über bestimmte **URI-Parameter** (→ Kap. Digitale Medien, → S. 149) werden ferner Kampagnen definiert, um beispielsweise via **QR-Codes** (→ Kap. Digitale Medien, → S. 144) das Online-Marketing mit dem klassischen Marketing zu verknüpfen.

Social Media Monitoring

**Social Media Monitoring** ist die Identifikation, systematische Beobachtung und Analyse der von Nutzern erstellten Inhalte **(User Generated Content,** vgl. Kap. Digitale Medien, S. 148, Web 2.0).

Das Monitoring von bestimmten Stichwörtern erfolgt für gewöhnlich in Kombination mit einer **automatisierten Auswertung** der Tonalität **(Sentiment).**

*Tipp: Eine automatisierte Auswertung ist aufgrund der eingeschränkten Einschätzungsfähigkeit der Automatismen nur bedingt brauchbar, sodass häufig nur eine **manuelle Analyse** der Inhalte, z. B. in einer Krisensituation, Sinn macht.*

Wie auch in anderen Bereichen des Marketings wird in der Erfolgskontrolle meistens versucht, Erfolg und Misserfolg über **Leistungskennzahlen (Key-Performance-Indicators,** kurz: **KPI)** zu bewerten. Doch **Fan-** oder **Follower-Zahlen** sind nur bedingt aussagekräftig, sodass häufig das **Engagement** der Nutzergruppe mit **Likes** („gefällt mir"), **Kommentaren** oder **Klicks** auf bestimmte Inhalte als Erfolgsindikator gewertet wird. Grundsätzlich ist es somit im Social Media schwierig, einen Return on Investment (→ S. 278) zu bestimmen.

Mit der Möglichkeit, Zielgruppen detailliert zu analysieren zu können, kann die Werbung über das Segment Social Media präzise gesteuert werden. Im Netzwerk Facebook lassen sich auf diese Art **Werbeanzeigen**

(**Facebook Ads** oder **Premium Ads**) entsprechend den vom Nutzer hinterlegten Daten (Alter, Geschlecht, Interessen, generierte Inhalte) personalisiert schalten.

**Collaborative Filtering** (dt.: kollaboratives Filtern) beruht auf der Annahme, dass sich Nutzer mit gleichen Interessen auch für ähnliche Suchergebnisse im Web interessieren. So können dem Nutzer zum Beispiel bei Shopping-Transaktionen spezifische Webinhalte (z. B. Produktempfehlungen), die bereits von Kunden der gleichen Kundengruppe konsumiert wurden („Kunden, die das kauften, kauften auch…"), angezeigt werden.

# Corporate Identity

**Corporate Identity**, kurz: **CI** (dt.: **Unternehmensidentität**), ist die strategisch geplante und operativ eingesetzte Selbstdarstellung sowie Verhaltensweise eines Unternehmens.[9] Die Corporate Identity ist das Selbstverständnis eines Unternehmens. Nur die Übereinstimmung von **Selbstbild** (Wer bin ich? Wie sehe ich mich selbst?) und **Fremdbild,** auch **Corporate Image** (Wie werde ich von außen wahrgenommen?), erzeugt eine glaubwürdige und authentische Unternehmensdarstellung. Folgende Merkmale sind dabei entscheidend:

1. Unverwechselbarkeit und Einprägsamkeit
2. Prägnanz
3. Durchgängigkeit, Ganzheitlichkeit und Einheitlichkeit
4. Glaubwürdigkeit
5. Kontinuität und Verlässlichkeit

Die Corporate Identity wird im Wesentlichen durch die Komponenten **Corporate Design** ( → Kap. Gestaltung, S. 59, Visuelles Erscheinungsbild), **Corporate Communications** (Kommunikation, Botschaften), und **Corporate Behaviour** (Verhalten) nach innen und außen getragen (Abb. 21). Der abgestimmte und strategisch ausgerichtete Einsatz aller Kommunikationsmaßnahmen kann eine individuelle, einheitliche und widerspruchsfreie Unternehmensidentität ausdrücken.

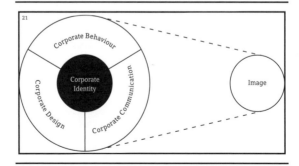

[9] Nach Birkigt, Klaus; Stadler, Marinus M.: Corporate Identity (2002)

Die Phasen der Corporate Identity

1. Der Identitätsprozess
2. Die Markenentwicklung
3. Die Kommunikationsstrategie
4. Die Designentwicklung
5. Die Migration und Dokumentation
6. Die Überprüfung der Maßnahmen

Das **Leitbild,** auch **Vision, Mission** oder **Unternehmensphilosophie,** formuliert die angestrebte Identität und bestimmt den Kurs eines Unternehmens.

Die **Markenarchitektur** legt verbindliche, formale und inhaltliche Prinzipien fest zur Anordnung aller Marken eines Unternehmens, zur Festlegung ihrer spezifischen Rolle und Positionierung sowie der zwischen den Marken gewünschten Beziehungen.

Die **Einzelmarkenstrategie** folgt dem Prinzip: eine Marke = ein Produkt = ein Produktversprechen. Eine **Familienmarke** fasst alle Produkte oder Dienstleistungen zu einer Produktgruppe unter einer Marke zusammen.
Bei einer **monolithischen Markenstrategie** treten alle Produkte, Dienstleistungen und Einzelunternehmen unter einer einheitlichen Dachmarke auf (Abb. 22).

Bei einer **gestützten Markenstrategie** treten Submarken (Einzelunternehmen, Produkte) eigenständig, unter eigenem Namen und eigener visuellen Identität auf, werden jedoch mit einer visuellen oder verbalen Anbindung an die **Dachmarke** gestützt (Abb. 22).

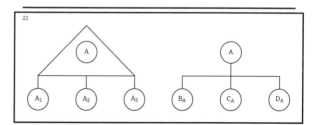

# Tipps und Links

**Evaluationsgesellschaften**

Europa

- European Evaluation Society: www.europeanevaluation.org

Deutschland

- DeGEval – Gesellschaft für Evaluation e.V.: www.degeval.de

Schweiz

- SEVAL – Schweizerische Evaluationsgesellschaft: www.seval.ch

USA

- AEA – American Evaluation Association: www.eval.org

**Corporate Identity**

Deutschsprachig

- Herbst, Dieter Georg, Prof. Dr.: *Corporate Identity. Aufbau einer einzigartigen Unternehmensidentität*, Cornelsen Scriptor, Berlin (2012)

- Olins, Wally: *Corporate Identity: Strategie und Gestaltung*, Campus-Verlag, Frankfurt am Main (1990)

Englischsprachig

- Olins, Wally: *Corporate Identity*, Thames and Hudson, London (1994)

- Olins, Wally: *New Guide to Identity*, Gower, Aldershot, Vermont (1995)

**Marketing**

Deutschsprachig

- Becker, Jochen: *Marketing-Konzeption. Grundlagen des strategischen Marketing-Managements*, Verlag Franz Vahlen, München (1993)

Englischsprachig

- Kotler, Philip; Armstrong, Gary: *Principles of Marketing (11th Edition)*, Prentice Hall, Upper Saddle River, New Jersey (2005)

- Kotler, P.; Keller, K: *Marketing Management*, Prentice-Hall, Upper Saddle River, New Jersey (2009)

**Marktforschung**

International

- Nielsen NetRatings: www.nielsen-netratings.com

Europa

- VerbraucherAnalyse (VA), eine der größten Markt-Media-Studien Europas: www.verbraucheranalyse.de

## Marketing/**Tipps und Links**

Deutschland

- Allensbacher Markt- und Werbeträgeranalyse (AWA): www.awa-online.de
- Typologie der Wünsche (Hrsg. Media Market Insights), in der Regel kostenfreie Recherchen: www.tdwi.com
- Statistisches Bundesamt Deutschland: www.destatis.de

**Verbände und Ratgeber**

International

- American Marketing Association (AMA): www.marketingpower.com
- Art Directors Club: www.adcglobal.org
- International Council of Graphic Design Associations (ICOGRADA): www.icograda.org
- International Public Relations Association (IPRA): www.ipra.org

Deutschland

- Art Directors Club Deutschland (ADC): www.adc.de
- Bundesverband Digitale Wirtschaft (BVDW): www.bvdw.org
- BITKOM Bundesverband Informationswirtschaft, Telekommunikation und neue Medien: www.bitkom.org
- Bund Deutscher Grafikdesigner (BDG): www.bdg-designer.de
- Deutscher Direktmarketing Verband (DDV): www.ddv.de
- Deutsche Public Relations Gesellschaft (DPRG): www.dprg.de
- Fachverband Freier Werbetexter (FFW): www.werbetexter-ffw.de
- Gesamtverband Kommunikationsagenturen (GWA): www.gwa.de
- Gesellschaft Public Relations Agenturen (GPRA): www.pr-guide.de
- IVW – Informationsgemeinschaft zur Feststellung der Verbreitung von Werbeträgern: www.ivw.eu
- mediafon GmbH (Beratungsservice der ver.di, Fachbereich Medien, Kunst und Industrie): www.mediafon.net
- Zentralverband der deutschen Werbewirtschaft (ZAW): www.zaw.de

Großbritannien

- British Design Council: www.designcouncil.org.uk

USA

- American Institute of Graphic Arts (AIGA): www.aiga.org
- Public Relations Society of America (PRSA): www.prsa.org

**Online-Marketing**

International

- Convince and Convert (Social Media Marketing): www.convinceandconvert.com
- DENIC eG: www.denic.de
- Google Analytics Blog: www.analytics.blogspot.de
- Google Webmaster Central Blog: www.googlewebmastercentral.blogspot.de
- Google Webmaster Help Center: www.google.com/support/webmasters
- Interactive Advertising Bureau (IAB): www.iab.net

- Internet Assigned Numbers Authority (IANA) (Übersicht über länderbezogene Top Level Domains): www.iana.org
- Internet Corporation for Assigned Names and Numbers (ICANN): www.icann.org
- InterNIC (Internet Network Information Center): www.internic.net
- Litmus (E-Mail-Marketing-Blog): www.litmus.com/blog
- MailChimp (E-Mail-Marketing-Blog): www.blog.mailchimp.com
- Occam's Razor (Web Analytics): www.kaushik.net
- PPC Hero Blog: www.ppchero.com
- UX matters (Usability): www.uxmatters.com
- Search Engine Journal (SEJ): www.searchenginejournal.com
- Social Media Examiner Blog: www.socialmediaexaminer.com
- SELFHTML: www.selfhtml.org
- Tim O'Reilly über das Web 2.0: www.oreilly.de/artikel/web20.html
- Usability: US Department of Health & Human Services: www.guidelines.usability.gov
- Whois-Abfrage für Domains: www.uwhois.com, www.internic.org, www. whois.html
- Word to the Wise (Blog): www.blog.wordtothewise.com

Deutschsprachig

- Allfacebook (Blog): www.allfacebook.de
- Google-Richtlinien für Webmaster: www.google.de/intl/de/webmasters/guidelines.html
- Inbox Insider Blog (E-Mail-Marketing-Blog): www.returnpath.de/blog
- Online-Werbeformen: www.werbeformen.de
- Sistrix Blog (SEO): www.blog.searchmetrics.com
- Usabilityblog: www.usabilityblog.de

- Aden, Timo: *Google Analytics*, Carl Hanser Verlag, München (2012)

- Aßmann, Stefanie; Röbbeln, Stephan: *Social Media für Unternehmen*, Galileo Press, Bonn (2013)

- Grabs, Anne; Bannour, Karim-Patrick: *Follow me! Erfolgreiches Social Media Marketing mit Facebook, Twitter und Co.*, Galileo Press, Bonn (2012)

- Kulka, René: *E-Mail-Marketing*, mitp, Heidelberg (2013)

Englischsprachig

- Enge, Eric et al.: *The Art of SEO*, O'Reilly Media, Sebastopol (2012)

- Geddes, Brad: *Advanced Google AdWords*, John Wiley & Sons, Indianapolis (2012)

- Kaushik, Avinash: *Web Analytics 2.0*, Wiley Publishing, Indianapolis (2010)

- Krug, Steve: *Don't Make Me Think*, New Riders, Berkeley (2006)

- Nielsen, Jakob; Loranger, Hoa: *Web Usability*, Addison-Wesley, München (2006)

- Shneiderman, Ben; Plaisant, Catherine: *Designing the User Interface*, Pearson Education, Boston (2005)

## Marketing/**Tipps und Links**

**Webdesign**

International

- Noupe (Blog): www.noupe.com
- Smashing Magazine: www.smashingmagazine.com
- Sitepoint: www.sitepoint.com
- Six Revisions: www.sixrevisions.com

Englischsprachig

- Lynch, Patrick J.; Horton, Sarah: *Web Style Guide. Basic Design Principles for Creating Web Sites*, Yale University Press, New Haven, Conn. (2008)

- Vu, Kim-Phuong L.; Proctor, Robert W.: *Handbook of Human Factors in Web Design*, CRC Press, New York (2011)

**Werbung**

Deutschsprachig

- Datenbank der Werbung: www.slogans.de

Englischsprachig

- Lürzer's Archiv: www.luerzersarchive.com

## Marketing / **Notizen**

## Marketing/**Notizen**

# 8.0

Erfahrene Gestalter kennen ihr Metier. Sie arbeiten kreativ, wirtschaftlich vorausschauend und wissen um die rechtlichen Grundlagen in ihrem Bereich. So weit das Ideal. In der Realität stellt sich die Situation oft anders dar – insbesondere, was den letztgenannten Aspekt angeht. Wie fast überall steckt auch hier der Teufel im Detail. Manch genialer Kopf besitzt nur vages Wissen zu den juristischen Rahmenbedingungen seines Tuns: Wie müssen Verträge formuliert sein? Welche Anforderungen sind zu beachten, und wer hat welche Rechte, welche Pflichten? Was passiert eigentlich, wenn vertragliche Vereinbarungen nicht eingehalten werden? Wo hören eigene Ideen und Leistungen auf und wo beginnt das Plagiat? Wo lauern die Fallstricke auf internationaler Ebene? Welche unterschiedlichen Urheberrechtssysteme gibt es? Was gilt im Web? Wie melde ich eine Marke international an?

Solchen Fragen beachten Designer zu Beginn ihrer Laufbahn meist wenig, doch auch erfahrenere Köpfe gelangen bei diesem Themenkomplex oft an ihre Wissensgrenzen. Sie sind ja schließlich keine Rechtsexperten.

Genau hier setzt dieses Kapitel an. Es möchte Licht in das verwirrende Dickicht der Paragraphen und des Juristendeutsch bringen und wichtige Grundlagen vermitteln. Darüber hinaus stellt es beispielhaft kritische Fälle und brenzlige Situationen dar, die sich vermeiden lassen, wenn man die wesentlichen Rechte und Pflichten bei seiner gestalterisch-künstlerischen Arbeit kennt.

# Recht

| | | |
|---|---|---|
| 8.1 | **Vertrag und Auftrag** | 334 |
| 8.2 | **Designschutz** | 342 |
| 8.3 | **Allgemeine Schutzrechte** | 343 |
| | Der urheberrechtliche Schutz | 343 |
| 8.4 | **Gewerbliche Schutzrechte** | 362 |
| | Geschmacksmusterrecht und Designpatent | 362 |
| | Kennzeichenrechte | 364 |
| | Wettbewerbsrecht | 367 |
| | Werben im Web | 369 |
| 8.5 | **Tipps und Links** | 376 |

## Vertrag und Auftrag

Die wichtigste Voraussetzung für eine gute Zusammenarbeit zwischen Gestalter und Auftraggeber sind klare Absprachen sowie eine offene Kommunikation. Wer einem Auftraggeber nach einer mündlichen Absprache ein inhaltlich anders lautendes Angebot unterbreitet oder im Nachhinein zusätzliche Geschäftsbedingungen bekannt macht, die zudem noch unannehmbare Zusätze enthalten, schafft Misstrauen, beeinträchtigt das Geschäftsklima und gefährdet die weitere Zusammenarbeit.

Verträge sind die Grundlage eines jeden Leistungsaustauschs: Wer einer anderen Person eine Leistung anbietet und dafür eine Vergütung erhält, schließt einen Vertrag ab. Es ist empfehlenswert, Vereinbarungen grundsätzlich schriftlich zu fixieren, wobei mündliche Absprachen genauso Gültigkeit haben. Allerdings besteht bei mündlich abgeschlossenen Verträgen die Gefahr, dass die Auftragserteilung bzw. die getroffenen Vereinbarungen später schwer nachweisbar sind.

Sofern ein Gestalter vielfach ähnliche Verträge abschließt, sind wiederkehrende Bestimmungen, die für eine Vielzahl von Vertragsvereinbarungen verwendet werden können, empfehlenswert. Die so genannten **Allgemeinen Geschäftsbedingungen (AGB,** engl.: General Terms and Conditions) sind vorformulierte Vertragsbedingungen und werden schriftlich fixiert. Es genügt, dass der Gestalter bei der Auftragserteilung auf seine AGB hinweist und diese als Vertragsbestandteil im Anhang oder auf der Rückseite des Angebots dem Auftraggeber übergibt. Diese Bestimmungen sind rechtsgültig, sofern der Auftraggeber nicht widerspricht.

**Tipp:** *Folgender Text kann auf dem Angebot oder dem Bestätigungsschreiben (in deutlicher Schriftform!) verwendet werden: „Es gelten die umseitig abgedruckten Vertragsbedingungen."*

## Recht/**Vertrag und Auftrag**

Das Angebot

Grundlage eines jeden Auftrags ist zunächst das Angebot, dem in der Regel mündliche Absprachen mit dem potenziellen Auftraggeber vorausgehen. Das Angebot sollte alle wichtigen Punkte beinhalten, die für den Auftrag maßgebend sind. Je genauer der Leistungsumfang beschrieben wird, umso klarer sind die Vorstellungen für alle Beteiligten. Die wichtigsten Positionen und Inhalte eines Angebots werden im Folgenden aufgeführt.

1. **Die Leistungsbeschreibung.** Welche Leistung erbringt der Gestalter?
   Beispiele: Layout eines 32-seitigen Ausstellungskatalogs, Erstellung einer Corporate Design-Dokumentation als Style Guide/CD-Manual oder Gestaltung einer Geschäftspapierausstattung, bestehend aus Briefbogen, Visitenkarte und Kuvertentwurf

2. **Die Fremdleistungen.** Welche Leistungen gibt der Gestalter in Auftrag?

**Tipp:** *Aufgrund der hohen* **Haftungsrisiken** *sollte der Gestalter selbst keine Aufträge an Drittfirmen wie Druckereien erteilen. Übernimmt er jedoch z. B. die* **Drucküberwachung**, *ist schriftlich festzuhalten, dass der Auftrag an die Druckerei entweder vom Auftraggeber selbst erteilt oder vom Gestalter im Namen des Kunden überwacht wird (i. A.: im Auftrag). Im letzteren Fall sollte sich der Gestalter eine Vollmacht zur Erteilung des Druckauftrags vom Auftraggeber geben lassen. Folgende Textpassage kann dafür formuliert werden:*
*„Sofern der Gestalter notwendige Fremdleistungen in Auftrag gibt, sind die jeweiligen Auftragnehmer keine Erfüllungsgehilfen des Gestalters. Der Gestalter haftet nur für eigenes Verschulden in Form von Vorsatz und grober Fahrlässigkeit."*

3. **Die Leistungsvergütung.** Welche Vergütung hat der Auftraggeber an den Gestalter zu zahlen?
   Der Gestalter erhält für seine erbrachte Leistung eine angemessene Vergütung. Diese ist in Form eines Kostenvoranschlags im Angebot zu definieren. Kosten sollten grundsätzlich nicht „verschleiert" werden und nicht erst in der Rechnung zum ersten Mal auftreten, ansonsten ist der Auftraggeber zu Recht verärgert.

*Tipp: Folgende Formulierung kann dafür verwendet werden: „Der Auftraggeber zahlt an den Gestalter für die Erstellung XY folgende Entwurfsvergütung XY."*

Der Gestalter kann entweder einen **Stundensatz** oder eine **feste Vergütung** vereinbaren. **Fremdkosten** (→ S. 240) oder **sonstige Kosten,** so genannte „technische Nebenkosten", sind u.a. Kurierfahrten, Kosten für Modelle oder die Erstellung eines Proofs. Alle Fremdkosten oder sonstigen Kosten sind separat im Angebot aufzuführen. Fremdleistungen können auch zuzüglich eines prozentualen Agenturaufschlags, auch **Service Fee,** auch Handling Fee, für das Handling und die Abwicklung erhoben werden.

*Tipp: Sofern nicht alle Kosten vorher absehbar sind, ist es auch möglich, zu vereinbaren, dass die Fremdkosten vom Auftraggeber zu zahlen sind. Diese sollten dann ohne Aufschlag vom Auftragnehmer an den Auftraggeber weitergegeben werden. Folgende Textpassage kann dafür verwendet werden: „Fremdkosten werden in tatsächlich entstandener Höhe an den Auftraggeber weitergegeben."*

Im Angebot sollte auch darauf verwiesen werden, dass die Vergütung netto zuzüglich der gesetzlichen Umsatzsteuer zu verstehen ist.

*Tipp: Die Auslegung von Verträgen erfolgt dann nach dem „Empfängerhorizont": „Unklarheiten werden dem Anbietenden angelastet."*

Gestalter in **Deutschland** arbeiten üblicherweise auf Basis von **Werkverträgen** mit Auftraggebern zusammen. (Hier wird die Herstellung eines Werks geschuldet, vgl. Dienstvertrag: Hier wird eine Leistung geschuldet.) Nach dem **deutschen Werkvertragsrecht** ist die Vergütung erst **nach Abnahme** (→ S. 339 ff.) des ordnungsgemäß hergestellten Werks fällig, unter Umständen auch nach Abnahme von in sich geschlossenen Teilen. Daher sollten genaue **Zahlungsmodalitäten** vereinbart werden. Neben konkreten Vereinbarungen über **Art** und **Umfang** der Arbeit sowie **Höhe der Vergütung** ist es erforderlich, auch Vereinbarungen zu **Zahlungsfristen** zu treffen.

**Tipp:** *Bei umfangreichen oder zeitlich aufwendigen Projekten empfiehlt es sich, Abschlagszahlungen zu vereinbaren und damit festzulegen, wann welche Zahlungen fällig werden.*

4. Die **Verwertungs- und Nutzungsrechte.** Welche Rechte überträgt der Designer an den Auftraggeber?
   Das Übertragen von Nutzungsrechten (→ S. 352 ff.) sollte vertraglich vereinbart und bereits im Angebot offen dargelegt werden. Das heißt: Die Nutzungsrechte sollten bereits bei der Auftragserteilung feststehen.

**Goldene Regel:** Alle Kosten, die in der Rechnung aufgeführt werden, sollten bereits im Angebot stehen. Keinesfalls sollte davon ausgegangen werden, dass der Auftraggeber das zahlt, was der Gestalter ihm später unverabredet berechnen wird.

Das deutsche **Bürgerliche Gesetzbuch** (BGB, § 632) sieht zwar vor, dass „eine Vergütung als stillschweigend vereinbart gilt, wenn die Herstellung des Werkes den Umständen nach nur gegen eine Vergütung zu erwarten ist", doch ist eine klare und deutlich formulierte Vereinbarung immer vorzuziehen.

5. **Autorenkorrekturen.** Wie viele Autorenkorrekturen sind im Angebot enthalten?
Mit der Vergütung sollten nicht mehr als drei Autorenkorrekturen vereinbart werden. Die Anzahl der zusätzlichen Korrekturdurchgänge sowie der dafür geltende Stundensatz sollten im Angebot gesondert festgelegt werden.

Rechtsgrundsatz

Grundsätzlich gilt: Im Zweifel über geltende Rechtsbedingungen sollte sich der Gestalter in seinem Vertrag immer auf das Recht des eigenen Landes (es gilt der Heimatsitz bzw. Wohnsitz) berufen. Folgende Textpassage ist dafür statthaft: „Erfüllungsort ist der Sitz des Gestalters" und „Es gilt das Recht des XY (Staat)".

So hat beispielsweise der in **Deutschland** ansässige Gestalter den Vorteil, dass die Rahmenbedingungen ausführlich im Gesetz beschrieben sind, während die Einordnung des Rechts z. B. in den **USA** zum größten Teil dem Fallrecht der Gerichte **(case law)** überlassen wird. Dem in den USA ansässigen Gestalter ist zu empfehlen, grundsätzlich alle Inhalte und Positionen ausführlich und in schriftlicher Form zu fixieren.

Die Auftragserteilung

Ist der Auftrag erteilt, verpflichtet sich der Gestalter in der Regel zur Herstellung (Schaffung) des bestellten Werks. Es genügt bereits, wenn der Auftraggeber das Angebot schriftlich abzeichnet.

**Tipp:** *Es ist zu empfehlen, alle schriftlichen Absprachen, die während der Auftragsdurchführung mit dem Auftraggeber erfolgen, aufzubewahren. Mündliche Vereinbarungen sollten in einem Protokoll festgehalten und, mit der Bitte um Bestätigung, dem Auftraggeber vorgelegt werden; auch per E-Mail. Sollte es später mit dem Auftraggeber zu Auseinandersetzungen über die vereinbarten Leistungen kommen, so muss der Gestalter konkret darlegen und notfalls beweisen können, was hinsichtlich der bestellten Leistungen zwischenzeitlich mit dem Auftraggeber abgesprochen wurde.*

## Die Abnahme

Die Abnahme ist im Wesentlichen die Entgegennahme und Anerkennung der Leistung als eine **vertragsgemäße Leistung** durch eine entsprechende Bestätigung des Auftraggebers.

Nach dem **deutschen Werkvertragsrecht** wird, wenn nichts anderes vereinbart ist, erst mit der Abnahme des Werks die Vergütung fällig, da der Auftragnehmer mit der Werkleistung dem Auftraggeber ein fertiges Leistungsergebnis schuldet und den Vertrag erst dann erfüllt hat, wenn diese erbrachte Leistung keine wesentlichen Mängel aufweist.

*Tipp: Die Abnahme sollte schriftlich dokumentiert werden, sodass selbige jederzeit nachweisbar ist. Es empfiehlt sich, ein Abnahmeprotokoll zu erstellen, das folgende Textpassage beinhalten kann: „Der Auftraggeber hat folgende Leistungen in Empfang genommen: …" (ggf. Abbildungen als Anlage beifügen); „Folgende Mängel wurden festgestellt …"; „Ort, Datum, Unterschrift Auftraggeber". Ferner eignet sich auch die eigenhändige Unterschrift des Auftraggebers auf einem Entwurf wie z. B. mit folgendem Vermerk: „Leistung als vertragsgemäß anerkannt."*

**Beachte:** Eine E-Mail ist nur dann ein gleichwertiger Nachweis, wenn sie eine qualifizierte elektronische Signatur enthält, was in der Praxis eines Gestalters aber so gut wie nie vorkommt. Denn der Auftraggeber kann im Prinzip ohne seine elektronische Unterschrift immer bestreiten, dass die E-Mail von ihm selbst stammt.

Eine Bestätigung per Fax, die die Unterschrift des Auftraggebers trägt, ist die bessere Methode. Die sicherste Methode ist die persönliche Übergabe mit Original-Unterschrift.

Es kann vorkommen, dass der Auftraggeber dem Vergütungsanspruch des Gestalters (als Auftragnehmer) Mängel entgegensetzt, sodass die Rechnung des Gestalters durch den Auftraggeber unbezahlt bleibt.

Hierbei ist für **deutsches Recht** zu beachten:

1. Ab der Abnahme geht die Beweislast für Mängel auf den Auftraggeber über.

2. Ab der Abnahme kann der Auftraggeber Gewährleistungsrechte für Mängel, die er bei der Abnahme gekannt hat, nur dann geltend machen, wenn er sich diese Rechte bei der Abnahme vorbehalten hat.

<u>Die Rechnung</u>

Grundsätzlich gilt: Die Inhalte und Positionen einer Rechnung sollten mit den Inhalten und Positionen des vorausgegangenen Angebots übereinstimmen. Um dem Auftraggeber die Prüfung zu erleichtern, sollte mit jeder Rechnung auch das Angebot übermittelt werden.

Des Weiteren sollte eine Rechnung den vollständigen **Namen** und die **Anschrift** des **Leistungsgebers** (Rechnungsaussteller, Gestalter), des **Leistungsempfängers** (Auftraggeber) sowie die **Bankverbindungen** beinhalten. Für Gestalter in Deutschland: Damit eine Rechnung den Rechnungsempfänger zum Abzug der ausgewiesenen Vorsteuer berechtigt (das Gesetz geht nicht von der Meldung beim Einwohneramt, sondern von der Ansässigkeit aus), muss eine Rechnung neben den oben genannten Angaben zu Namen und Anschrift auch folgende Angaben enthalten (§ 14 Abs. 4 UStG): Die **Steuernummer** bzw. Umsatzsteuer-Identifikationsnummer, das Leistungsdatum oder den Zeitpunkt der Lieferung sowie das Datum der Ausstellung der Rechnung und eine fortlaufende **Rechnungsnummer.** Das Nettoentgelt muss nach Steuersätzen aufgeschlüsselt werden; der anzuwendende Steuersatz und der auf das Entgelt anfallende Steuerbetrag sind anzugeben.

**Fremdkosten** und Auslagen werden gesondert ausgewiesen, müssen allerdings auch vorher vereinbart worden sein (→ S. 336).

**Tipp:** *Wenn Fremdkosten nicht in ihrer finanziellen Höhe angeben werden können, dann muss der Grund dieser Kosten benannt werden, z. B. Fahrkosten, technische Kosten.*

**Zahlungsfrist.** In der Rechnung sollte ein **Zahlungsziel**, auch Zahlungsfrist, vereinbart werden. Vergütungen nach dem **deutschen Werkvertragsrecht** sind nach Abnahme des Werkes **sofort** fällig. Die Zahlungsfrist kann also in einem kurzen Zeitrahmen festgelegt werden.

**Tipp:** *Die Zahlungsfrist sollte nach dem Kalender bestimmbar sein. Besser wäre jedoch, ein Datum (einen Zeitrahmen) anzugeben wie z. B. „Zahlbar innerhalb 14 Tagen."*

<u>Was, wenn der Auftraggeber nicht zahlt?</u>

**Tipp:** *Zwischen Rechnung und Mahnung sollte keine allzu lange Zeit vergehen. Zwei bis vier Wochen nach dem in der Rechnung genannten Zahlungsziel sind angemessen.*

Sofern ein Auftraggeber einen Monat nach Zustellung der Rechnung nicht zahlt und in den AGB des Auftraggebers keine anderen Zahlungsziele fixiert sind, so ist der Auftraggeber **im Verzug** und hat dem Gestalter den Verzugsschaden zu ersetzen. Der Gestalter muss im Zweifel allerdings den Zugang der Rechnung beweisen können.

Bei **Zahlungsverzug** sind das die Zinsen, die der Gestalter an seine Bank zahlt, wenn er diese nachweisen kann; ohne Nachweis betragen die Verzugszinsen in der Regel 5 Prozent über dem Basiszinssatz (Empfehlung nach **deutschem Recht**). Des Weiteren können die Kosten für einen Rechtsanwalt, sofern der Gestalter durch einen solchen mahnen (Anmahnung) lässt, in Rechnung gestellt werden. Unter Umständen hat der Gestalter auch das Zurückbehaltungsrecht seiner Leistung.

**Tipp:** *Verschiedene Berechnungsmodelle, Vergütungstabellen, Vertragshilfen sowie andere Vorlagen und Rechtsbeistand gibt es z. B. bei den Berufsgenossenschaften und Berufsverbänden (→ Tipps und Links, S. 376 ff.).*

## Designschutz

Die genaue Einordnung und Abgrenzung des Designschutzes in die verschiedenen Rechtsgebiete, die international wirksam sind, ist kaum möglich; zumal bereits die Ansichten, welchen Zweck eine industrielle Gestaltung hat, entwicklungsbedingt sehr unterschiedlich sind.

Die grundsätzliche Frage ist, woran der Schutz des Designs festzumachen ist: an der ästhetischen Wirkung oder eher an der Funktionalität eines Produkts. Ist mehr der wirtschaftliche Aspekt, der erfinderische Fortschritt oder das immaterielle geistige Gut zu schützen?

So wird, je nach Land, Form und Funktion einer Gestaltung, Design entsprechend verschiedener Gesetze anders betrachtet und an die Voraussetzung der Schutzfähigkeit (Gestaltungshöhe) auch unterschiedliche Anforderungen gestellt.

Grundsätzlich schützt ein Patent die Funktion, das Urheberrecht die schöpferische Ausdruckskraft und das Markenrecht die Fähigkeit einer Kennzeichnung zur Herkunftsunterscheidung. Das Geschmacksmusterrecht wiederum wird in der Regel dem Urheberrecht zugeordnet.

# Allgemeine Schutzrechte

### Der urheberrechtliche Schutz

Das **Urheberrecht** wurde dazu geschaffen, schöpferische Leistungen sowie „gestalterische Innovationen" zu fördern und zu honorieren.

Grundsätzlich gilt: Voraussetzung für den urheberrechtlichen Schutz eines Designs ist, dass ein Werk vorliegt und dass die Designerleistung den üblichen Durchschnitt überragt. Einen international geltenden Urheberrechtsschutz gibt es nicht. Der Schutz der Urheber ist abhängig von den Regelungen der einzelnen Staaten. Es gilt das so genannte **Territorialitätsprinzip:** Die Schutzwirkung ist auf das Territorium des jeweiligen Staates beschränkt.

Zusätzlich bestehen Abkommen und Verträge wie die **RBÜ** (Revidierte Berner Übereinkunft) oder die **World Intellectual Property Organisation (WIPO)** (→ S. 376), um international geltende Mindeststandards zu erheben, die von allen nationalen Rechtssystemen gewährleistet werden müssen.

Das **Welturheberabkommen (WUA)** (→ S. 376) schützt auch Werke aus Ländern, die der RBÜ nicht angehören bzw. die die Bestimmungen nicht erfüllen konnten. Im WUA werden als Mindestrechte das Übersetzungsrecht, Vervielfältigungsrecht, Aufführungsrecht, Vortragsrecht, Senderecht sowie das Bearbeitungsrecht geschützt.

Das Welturheberabkommen entstand 1952 auf Anregung der UNESCO, um Staaten wie z. B. den USA, die ein völlig anderes Rechtssystem aufweisen, den Beitritt zu einem größeren internationalen Abkommen zu ermöglichen. 1994 waren es 94 Staaten, die das Abkommen unterzeichnet hatten. Die USA trat 1989 der Berner Übereinkunft bei.

Grundsätzlich haben sich weltweit zwei Urheberrechtssysteme entwickelt: das „schöpfungsbezogene", an immateriellen Rechten orientierte Urheberrechtssystem wie z. B. das deutsche Urheberrecht und das gewerblich geprägte, wirtschaftsorientierte Urheberrechtssystem wie z. B. das US-amerikanische Copyright (→ S. 346 ff.).

Kontinentales Urheberrechtssystem

Das **kontinentale Urheberrechtssystem** stellt den Urheber und seine Persönlichkeitsrechte als Schöpfer in den Vordergrund; Beispiel hierfür ist das deutsche Urheberrecht.

**Das deutsche Urheberrecht** schützt den Urheber in seinem Persönlichkeitsrecht: „Urheber ist der Schöpfer des Werkes" (§ 7 UrhG). Das deutsche Urheberrecht ist als solches nicht übertragbar und kann lediglich vererbt werden. Außerdem können so genannte Nutzungsrechte an einem Werk vergeben werden (→ S. 352 ff., Einräumung von Nutzungsrechten).

Der deutsche Urheberschutz entsteht **automatisch** mit der **Schaffung** eines Werks, somit ist eine Anmeldung weder nötig noch möglich. Das deutsche Gesetz definiert das **Werk** (§ 2 Abs. 2 UrhG) als eine persönliche geistige Schöpfung. Voraussetzung hierfür ist, dass ein Werk einen eigenständigen künstlerischen Charakter aufweisen muss, eine gewisse Individualität sowie einen geistigen Inhalt, die so genannte Schöpfungshöhe.

Das deutsche Urheberrecht schützt Werke der Literatur, Wissenschaft und Kunst (§ 2, Geschützte Werke). Dazu gehören laut Urheberrecht z. B.: „Sprachwerke wie Schriftwerke, Reden und Computerprogramme"; „Werke der Musik"; „Werke der bildenden Künste einschließlich der Werke der Baukunst und der angewandten Kunst sowie die Entwürfe solcher Werke"; „Lichtbildwerke einschließlich der Werke, die ähnlich wie Lichtbildwerke geschaffen werden"; „Filmwerke einschließlich der Werke, die ähnlich wie Filmwerke geschaffen werden"; „Darstellungen wissenschaftlicher oder technischer Art wie Zeichnungen, Pläne, Karten, Skizzen, Tabellen und plastische Darstellungen".

**Vorsicht:** Wieviel schöpferische Leistung und Kreativität einem Werk angewandter Kunst eigen sein muss, um ihm den Schutz des Urheberrechts zu gewähren, ist in jedem Land anders geregelt. Im deutschen und italienischen Recht beispielsweise ist die Schwelle zur Schutzgewährung sehr hoch (→ S. 342, 362; Gestaltungshöhe).

Die Praxis zeigt, dass der überwiegende Teil aller Gestaltungen urheberrechtlich nicht anerkannt wird. Hier wird unterschieden zwischen der **bildenden Kunst,** die nahezu immer urheberrechtlich schutzfähig ist, und der **angewandten Kunst.** Dazu gehört nach deutschem Recht auch das Design, das selten urheberrechtlich geschützt ist.

Ist die Gestaltung nicht urheberrechtlich schützbar, kann ein so genanntes Geschmacksmuster angemeldet werden.

Das **Geschmacksmusterrecht** sieht bereits für die Eintragung eines Geschmacksmusters vor, dass das Design bzw. die Gestaltung sich von der Durchschnittsgestaltung, dem rein „Handwerksmäßigen" und dem Alltäglichen abheben muss, um als Geschmacksmuster geschützt werden zu können (→ S. 362 ff., Geschmacksmuster).

**Beachte:** Auch wenn ein Gestalter am Bildschirm z. B. durch Verfremdung ein neues Werk geschaffen hat, ist die Vorlage urheberrechtlich geschützt. Es sei denn, es handelt sich urheberrechtlich um eine freie Benutzung, bei der das „alte" Werk hinter dem neuen Werk „verblasst". Wann dies der Fall ist, lässt sich in der Praxis schwer klären. Es empfiehlt sich, die Zustimmung des Urhebers einzuholen.

**Urheberrechtlicher Schutz in Europa.** Die Europäische Union hat zahlreiche Richtlinien erlassen, um das Urheberrecht europaweit zu vereinheitlichen.

So sind z. B. **Computerprogramme,** Richtlinie 91/250/EWG aus dem Jahre 1991, als Werke im Sinne des Urheberrechts geschützt (vgl. S. 357 ff., Open-Source-Software). Die **Schutzdauer** an urheberschutzfähigen **Werken** ist auf den Zeitraum bis 70 Jahre nach dem Tod des Urhebers festgelegt. Damit hat die EU zugleich die Basis für eine europaweit einheitliche Umsetzung der Verträge in nationales Recht geschaffen. Die europäischen Rechtsvorschriften zum Urheberrecht sind in der EU-Urheberrechtsrichtlinie (Richtlinie 2001/29/EG) festgelegt.

**Beachte:** Eine Webseite als solche kann, unabhängig von ihrem Inhalt, als Computerprogramm oder auch als Datenbank geschützt sein. Für den Schutz als Datenbank reicht es bereits aus, dass eine Sammlung von Daten systematisch oder methodisch angeordnet ist und die Beschaffung der Daten oder die Erstellung der Datenbank mit größerem Aufwand verbunden war.

**Das französische Urheberrecht** ist im „Code de la propriéte intellectuelle" vom 1. Juli 1992 verankert. Auch der französische Urheber besitzt **von Natur aus** ein immaterielles Urheberrecht an seinem Werk (Schöpfungsprinzip).

Das angelsächsische Copyrightsystem

**Das US-amerikanische Urheberrecht** (engl.: Copyright) wurde zunächst als Copyright Act im Jahr 1790 kodifiziert und basierte im Wesentlichen auf dem englischen Urheberrechtsgesetz „Statute of Anne" von 1710. Im Jahr 1909 wurde das US-amerikanische Urheberrecht überarbeitet und geänderten gesellschaftlichen Verhältnissen angepasst.

Allerdings blieb diese Gesetzgebung immer noch weit hinter den weltweiten Standards der Revidierten Berner Übereinkunft von 1886 zurück. So sah der US Copyright Act von 1909 im Gegensatz zum Maßstäbe setzenden internationalen Abkommen weiterhin vor, dass der Urheber bestimmte Formalitäten einhalten musste, um überhaupt in den Genuss des Urheberrechtsschutzes kommen zu können.

Es gab keinen automatischen Urheberrechtsschutz nach Werkschöpfung. Nur wer sein Urheberrecht bei dem im Jahr 1897 als Abteilung der Library of Congress gegründeten Copyright Office angemeldet und registriert hatte, konnte urheberrechtliche Schutzrechte geltend machen. Zudem war die Schutzdauer des Urheberrechts erheblich kürzer (Begrenzung auf 28 Jahre), auch wenn man die Schutzdauer um den gleichen Zeitraum verlängern lassen konnte. Aber auch für die Verlängerung der Schutzdauer mussten erneut bestimmte Voraussetzungen eingehalten werden und insbesondere auch die Verlängerung registriert werden. Zwar wurde der Copyright Act von 1909 im Laufe der Zeit in einzelnen Bereichen weiter angepasst, sodass beispielsweise auch nicht veröffentlichte Werke schutzfähig wurden (bis zu diesem Zeitpunkt waren nicht veröffentlichte Werke allenfalls über parallel geltendes Recht von US-Bundesstaaten geschützt).

Gerade aber vor dem Hintergrund der mangelnden internationalen Standards im US-amerikanischen Urheberrecht verabschiedeten die USA im Jahr 1976 eine Urheberrechtsnovelle in Form des heute geltenden Copyright Act von 1976, der am 1. Januar 1978 in Kraft trat (einzelne Vorschriften vgl. www.copyright.gov/title17/). Schließlich schlossen sich die USA am 1. März 1989 nach weiteren gesetzgeberischen Änderungen des Copyright Act von 1976 als letzte große westliche Industrienation der Revidierten Berner Übereinkunft an.

Nichtsdestotrotz ist das US-amerikanische Urheberrecht weiterhin von der grundsätzlichen Richtung geprägt, dass die Investition in die Produktion eines Werks im Vordergrund steht. Unmaßgeblich ist dabei, ob diese Investition von einer Individualperson oder von einem Unternehmen erbracht wird.

Während das kontinentale Urheberrechtsverständnis stärker an die individuelle schöpferische Leistung des kreativen Urhebers anknüpft, diesen als schutzwürdigen Werkschaffenden begreift und seine ideelle Beziehung zum Werk in den Mittelpunkt rückt, steht im US-amerikanischen Urheberrecht die gewerbliche Nutzungsmöglichkeit eines Werks im Vordergrund. Daher kann das amerikanische Copyright, das wie das deutsche Urheberrechtsgesetz verschiedene Werkgattungen schützt (17 U.S.C. § 102), auch vollständig auf Dritte übertragen werden (17 U.S.C. § 201).

Ein wesentlicher Unterschied zum deutschen Urheberrecht und Beleg für die eher wirtschaftliche Betrachtungsweise des US-amerikanischen Urheberrechts stellt die Doktrin der **„Works Made for Hire"** dar (17 U.S.C. § 101).

Ein Work Made for Hire ist als Auftragsarbeit definiert, das entweder ein Arbeitnehmer im Rahmen seines Arbeitsverhältnisses schafft oder das im Rahmen eines Auftrags für eine spezifische Nutzung besonders bestellt wurde. Voraussetzung ist jedoch, dass sich beide Vertragsparteien ausdrücklich und schriftlich in einem von beiden unterzeichneten Dokument darauf verständigt haben, dass dieses Werk als ein Work Made for Hire gelten soll. Im Sinne der eher wirtschaftlichen Betrachtungsweise des US-amerikanischen Urheberrechts ordnet das Gesetz dann dem Arbeit- bzw. Auftraggeber das originäre Urheberrecht an dem Werk zu (17 U.S.C. § 201):

Ein Auftraggeber wird daher, soweit ein Auftrag US-amerikanischem Urheberrecht unterliegt, bereits zum Entstehungszeitpunkt Urheber sämtlicher Werkschöpfungen des Auftragnehmers, ohne dass ihm daran Nutzungs- oder Verwertungsrechte übertragen werden müssten. Dies gilt jedoch nicht automatisch, sondern nur dann, wenn die Voraussetzungen des Work Made for Hire vorliegen, also zwischen dem Auftragnehmer und dem Auftraggeber ein entsprechendes schriftliches Dokument unterzeichnet wird, in welchem die Auftragsarbeit ausdrücklich als „Work Made for Hire" bezeichnet ist. Mündliche Abreden reichen insoweit nicht aus.

Das **deutsche Urheberrecht** sieht eine der Work Made for Hire-Doktrin verwandte Regelung im Bereich der **Softwareprogrammierung** vor. Soweit Urheber auf Grundlage arbeits- oder dienstvertraglicher Verhältnisse Werke schaffen, findet § 69b Urheberrechtsgesetz Anwendung. Auch dort wird der Arbeitgeber unmittelbar und ausschließlich berechtigt, über die vom Arbeitnehmer erstellte Software zu verfügen. Es bedarf keiner separaten Übertragung der Nutzungs- und Verwertungsrechte auf den Arbeitgeber, soweit die Software in Wahrnehmung der arbeits- oder dienstvertraglichen Aufgaben oder auf Anweisung des Arbeitgebers erstellt worden ist. Dennoch bleibt der Softwareprogrammierer nach deutschem Rechtsverständnis Urheber des jeweiligen Computerprogramms (und damit Inhaber der Urheberpersönlichkeitsrechte), auch wenn er sein Werk zu keinem Zeitpunkt wirtschaftlich selbst nutzen kann.

Im Gegensatz dazu kann der Auftraggeber oder Arbeitgeber, der nach Maßgabe des Rechts der USA Urheber eines Work Made for Hire wird, darüber wie der Inhaber des Urheberrechts bzw. ein Eigentümer eines Wirtschaftsguts verfügen und die Auftragsarbeit ganz oder teilweise frei auf Dritte übertragen. Dem eigentlich „Werkschöpfenden" werden dadurch sämtliche Rechte zur wirtschaftlichen Verwertung entzogen. Zur Abgeltung der schöpferischen Leistung steht dem US-Gestalter lediglich sein Anspruch auf Arbeitsentgelt aus seinem Arbeitsvertrag bzw. auf Vergütung für die Auftragsbearbeitung zu. Darüber hinausgehende Rechte am Werk oder eine Beteiligung an den Erlösen aus der späteren Verwertung des Werks, womöglich in verschiedenen Medien, kann er hingegen nicht geltend machen.

Im Wirtschaftsleben führt dies bei einer Beteiligung verschiedener Personen, die urheberrechtsschutzfähige Beiträge für ein Gesamtwerk erbringen (beispielsweise im Rahmen der Produktion eines Films), zu erheblichen Rechtserleichterungen für den Produzenten des Gesamtwerks: Während nach deutschem Rechtsverständnis außerhalb des konkreten Zwecks der Beauftragung sämtliche Nutzungs- und Verwertungsrechte einzeln vom Urheber auf den

Auftraggeber übertragen und womöglich zu einem späteren Zeitpunkt von jedem beteiligten Urheber (gegen Zusatzvergütung) zusätzlich eingeräumt werden müssen, kann sich der Auftraggeber nach dem in den USA geltenden Recht mit einem Auftragsdokument für alle Zeiten das Urheberrecht selbst sichern, ohne damit rechnen zu müssen, dass er von einem Auftragnehmer zu einem späteren Zeitpunkt noch in Anspruch genommen werden kann.

Auch wenn nach dem Copyright Act von 1976 eine Anmeldung bzw. Registrierung des Copyright von ausländischen Werken (d.h. Werken, die zunächst außerhalb der USA veröffentlicht worden sind) beim Copyright Office der Library of Congress mit Ausnahme bestimmter Sonderfälle nicht mehr zwingend erforderlich ist, um Rechtsverletzungen verfolgen zu können, ist die Registrierung empfehlenswert.

Wird das Werk innerhalb von fünf Jahren nach seiner Veröffentlichung registriert, kommt der Urheber in den Genuss von Beweiserleichterungen zur Frage der Inhaberschaft des Urheberrechts (so genannte *„prima facie* evidence of the validity of the copyright", 17 U.S.C. § 410). Zudem wird durch die Registrierung fingiert, dass jedermann Kenntnis darüber hat, dass das Werk geschaffen worden ist (relevant im Fall eines Streits darüber, vom wem das Werk ursprünglich stammt). Darüber hinaus sprechen US-Gerichte gesetzliche Schadensersatzansprüche und die Erstattung von Rechtsverfolgungskosten nur im Fall registrierter Werke zu (17 U.S.C. § 412). Dies kann im Lichte der in den USA häufig sehr hohen Rechtsanwaltskosten faktisch eine nicht unerhebliche Rolle für die Frage spielen, ob der Urheber in den USA überhaupt Rechtsverletzungen verfolgen oder Schutzwirkungen des Copyright geltend machen kann.

Zur Registrierung beim Copyright Office muss der Urheber in einem Umschlag das für die jeweilige Werkgattung vorgesehene Anmeldeformular vollständig ausgefüllt einreichen, eine einmalige und nicht erstattungsfähige Gebühr für die Anmeldung zahlen und ein Belegexemplar beim Copyright Office hinterlegen (17 U.S.C. §§ 408, 409, 708).

Eine weitere wichtige Neuerung des Copyright Act von 1976 ist die Verlängerung der Schutzdauer des Urheberrechts für alle nach dem 1. Januar 1978 geschaffenen Werke.

Zunächst galt, um die Minimalvoraussetzungen für den Beitritt der USA zur Revidierten Berner Übereinkunft zu schaffen, eine Schutzdauer über die Lebenszeit des Urhebers plus 50 Jahre nach seinem Tod. Seit dem 27. Oktober 1998 beträgt die Schutzdauer des Copyright nach Erlass eines Änderungsgesetzes („Sonny Bono Copyright Term Extension Act") 70 Jahre nach dem Tod des Urhebers.

Auch die Formalität des Hinweises auf das Urheberrecht, **Copyright Notice,** hatte in den USA ursprünglich eine zentrale Bedeutung. Nur durch den in der Copyright Notice zum Ausdruck kommenden Hinweis auf den Zeitpunkt der Veröffentlichung des Werks konnte der Beginn der damals (kurzen) Schutzdauer berechnet werden. Darüber hinaus konnte das Urheberrecht verfallen und in die Public Domain fallen (zum Gemeingebrauch frei werden), wenn das Werk nicht mit einer Copyright Notice versehen war.

Da der modernisierte Copyright Act von 1976 die Anknüpfung der Schutzdauer des Urheberrechts an den Tod des Urhebers einführte, war die Copyright Notice seit dem 1. Januar 1978 für die Berechnung der Schutzdauer bereits irrelevant geworden. Darüber hinaus ist die Copyright Notice seit dem 1. März 1989, dem Zeitpunkt des Beitritts der USA zur Revidierten Berner Übereinkunft, in den USA überhaupt nicht mehr zwingend vorgeschrieben.

Der Urheber kann daher sein Urheberrecht nicht mehr allein deshalb verlieren, weil sein Werk keine Copyright Notice aufweist. Die Copyright Notice dient daher mittlerweile, mit wenigen Ausnahmen, nur noch der Information der Öffentlichkeit. Es ist dennoch weiterhin ratsam, die Copyright Notice zur Kennzeichnung des Werks und als Hinweis darauf zu verwenden, dass ein Urheber das Werk zu einem bestimmten Zeitpunkt veröffentlicht hat.

1

Ein solcher Vermerk kann als Symbol (©, Abb. 1), das Wort „copyright" oder die Abkürzung „copr.", jeweils zusammen mit dem Jahr der Erstveröffentlichung und dem Namen des Urhebers, angebracht werden (17 U.S.C. § 401), zum Beispiel „© 2007 Die Gestalten Verlag GmbH & Co. KG". Im Fall von Tonträgern verwendet man als Symbol statt des „c" ein „p" im Kreis („phonorecord"), daneben das Jahr der Erstveröffentlichung sowie den Namen des Inhabers des Urheberrechts (17 U.S.C. § 402).

Neben der reinen Informationswirkung für die Öffentlichkeit hat das Anbringen einer Copyright Notice auf einem Werk bzw. einem Tonträger weiterhin auch eine rechtliche Bedeutung: In einem gerichtlichen Verfahren über eine Urheberrechtsverletzung kann der verklagte Rechtsverletzer nicht einwenden, er hätte die Rechtsverletzung nicht schuldhaft begangen. Der dem Urheber zuzubilligende Schadensersatz ist dann nicht herabzusetzen, während das Gericht andernfalls, im Falle einer nicht schuldhaften Rechtsverletzung, die Höhe des Schadensersatzes ggfs. reduzieren müsste.

Das **Urheberrecht in Großbritannien (Law of Copyright)** gilt in England, Wales, Schottland und Nordirland.

Grundsätzlich ist der Schutzbereich und der verfolgte Zweck des in Großbritannien geltenden Urheberrechts dem Urheberrecht der USA ähnlicher als dem Recht anderer europäischer Rechtsordnungen.

Urheberrechtliche Werke werden danach in erster Linie als kommerzielle Produkte und nicht als künstlerische Schöpfungen verstanden. Urheber solcher Werke können das Urheberrecht frei und nach den von ihnen gewünschten Bedingungen auf Dritte übertragen. Das Urheberrecht entspricht daher einem Vermögensrecht, welches bestimmte Arten menschlicher Schöpfung schützt, die in irgendeiner Form verkörpert sind.

Allgemein endet die Schutzdauer für urheberrechtliche Werke in Großbritannien, die seit dem Jahr 1996 geschaffen worden sind, 70 Jahre nach dem Tod des Urhebers.

Rechtsverletzung

Bei Vorliegen einer Urheberrechtsverletzung kann der Rechtsinhaber von dem Verletzer z. B. Unterlassung und Schadensersatz fordern sowie eine vom Gericht angeordnete Beschlagnahme, z. B. der Vervielfältigungstücke, veranlassen.

Verwertungsrechte

Die **Einräumung von Nutzungsrechten** ist das wichtigste Instrument zur **Verwertung** von **Urheberrechten.**

**Deutsches Urheberrecht – Verwertungsrechte** (§ 15 UrhG, Allgemeines)

1. Der Urheber hat das ausschließliche Recht, sein Werk in körperlicher Form zu verwerten; das Recht umfasst insbesondere das Vervielfältigungsrecht (§ 16), das Verbreitungsrecht (§ 17), das Ausstellungsrecht (§ 18).

2. Der Urheber hat ferner das ausschließliche Recht, sein Werk in unkörperlicher Form öffentlich wiederzugeben (Recht der öffentlichen Wiedergabe). Das Recht der öffentlichen Wiedergabe umfasst insbesondere das Vortrags-, Aufführungs- und Vorführungsrecht (§ 19), das Recht der öffentlichen Zugänglichmachung (§ 19a), das Senderecht (§ 20), das Recht der Wiedergabe durch Bild- oder Tonträger (§ 21), das Recht der Wiedergabe von Funksendungen und von öffentlicher Zugänglichmachung (§ 22).

3. Die Wiedergabe ist öffentlich, wenn sie für eine Mehrzahl von Mitgliedern der Öffentlichkeit bestimmt ist. Zur Öffentlichkeit gehört jeder, der nicht mit demjenigen, der das Werk verwertet, oder mit den anderen Personen, denen das Werk in unkörperlicher Form wahrnehmbar oder zugänglich gemacht wird, durch persönliche Beziehungen verbunden ist.

**Einräumung von Nutzungsrechten** (gem. § 31 UrhG)

Der Urheber kann einem anderen das Recht einräumen, das Werk für einzelne oder alle Nutzungsarten zu verwenden (Nutzungsrecht). Das Nutzungsrecht kann als einfaches oder ausschließliches Recht sowie räumlich, zeitlich oder inhaltlich beschränkt eingeräumt werden. **„Einfach"** oder **„ausschließlich"** bezeichnet die Rechtsnatur der Nutzungsrechtseinräumung; **„eingeschränkt"** oder **„uneingeschränkt"** bezieht sich auf den Umfang der Nutzungsrechtseinräumung, die festlegt, ob ein Werk regional, zeitlich oder inhaltlich (Art der Nutzung) begrenzt eingesetzt werden darf.

Räumt der Gestalter ein **einfaches Nutzungsrecht** ein, kann er sein Werk weiterhin selbst nutzen sowie an weitere Personen einfache Nutzungsrechte vergeben (Abb. 2). Der Nutzungsrechtsinhaber (Lizenznehmer) kann seinerseits Dritten keine Nutzungsrechte einräumen, sofern dies nicht ausdrücklich vereinbart ist.

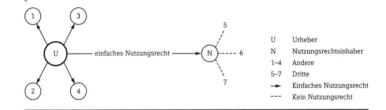

Das **ausschließliche Nutzungsrecht** ist ein **Exklusivrecht** und die häufigste Art der Nutzungsberechtigung, die ein Gestalter weitergibt, da der Auftraggeber in der Regel nicht möchte, dass ein anderer den gleichen Entwurf nutzt oder selbigen verwertet. Beim ausschließlichen Nutzungsrecht kann der Urheber eines Werks an Dritte keine Nutzungsrechte vergeben und das Werk auch selbst nicht nutzen. Der Nutzungsrechtsinhaber wiederum kann anderen, mit Zustimmung des Urhebers auch Dritten, einfache Nutzungsrechte einräumen (Abb. 3).

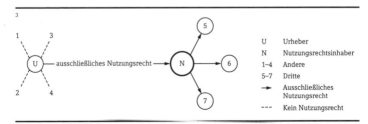

## Nutzungsrechte USA

Die Übertragung ausschließlicher Nutzungs- und Verwertungsrechte entspricht im weitesten Sinne den Rechtsfolgen der im Urheberrecht der **USA** geltenden Doktrin **„Work Made for Hire"**. Während der Urheber in den USA im Rahmen von Auftragsarbeiten sein Urheberrecht vollständig veräußern kann, bleibt der deutsche Auftragnehmer immer Urheber des von ihm geschaffenen Werks.

Dennoch kann der deutsche Urheber aber vereinbaren, dass er zugunsten eines Dritten von jeglicher Nutzung des ihm zustehenden Urheberrechts ausgeschlossen ist. Darüber hinaus kann der Gestalter auch die Nutzung bzw. Verwertung seines Urheberrechts bezogen auf einzelne Bereiche an Dritte vergeben. Er kann daher beispielsweise nur die Nutzung bzw. Verwertung von Online-Rechten einräumen und ist dann berechtigt, sein Werk in anderen Medien (z. B. Print oder TV) selbst zu nutzen.

Im Gegensatz zu **angloamerikanischen** Rechtsauffassungen (z. B. in den USA und in Großbritannien) ist es nach deutschem Urheberrechtsverständnis nicht möglich, das Urheberrecht insgesamt zu übertragen.

Da nach US-amerikanischem Urheberrechtsverständnis das Urheberrecht ein Wirtschaftsgut darstellt, welches nicht notwendigerweise dem Werkschöpfenden als Inhaber zustehen muss und das im Ganzen veräußert werden kann, ist es auf Grundlage des in den USA geltenden Urheberrechts möglich, das Copyright vollständig, beispielsweise durch Verkauf, auf Dritte zu übertragen.

Die Veräußerung des Urheberrechts selbst ist nicht zu verwechseln mit der in kontinentaleuropäischen Urheberrechtsordnungen vorgesehenen Übertragung von Nutzungs- und Verwertungsrechten (→ S. 352 ff.), auch wenn die Berechtigung, über Nutzungsrechte an einem Werk zu verfügen und es kommerziell zu verwerten, auf ein ähnliches wirtschaftliches Ergebnis hinauslaufen mag.

Die Übertragung des Urheberrechts ist gemäß Copyright Act von 1976 schriftlich und zeitgleich mit der Einigung zum Rechtsübergang vorzunehmen (17 U.S.C. § 204 [a]). Darüber hinaus muss bei einer Übertragung des Urheberrechts bzw. ausschließlicher Rechte daran der Inhaber des

Urheberrechts oder sein hinreichend legitimierter Vertreter das schriftliche Dokument unterzeichnen. Das Schriftformerfordernis findet keine Anwendung im Fall gesetzlicher Inhaberwechsel des Urheberrechts oder soweit einem Dritten lediglich eine nicht ausschließliche Lizenz an einem Werk eingeräumt werden soll.

Es ist möglich, aber gesetzlich nicht zwingend vorgeschrieben, die Übertragung des Urheberrechts (oder auch jede andere Verfügung darüber, z. B. die Einräumung nicht ausschließlicher Lizenzen) beim US Copyright Office eintragen zu lassen (17 U. S. C. § 205). Diese so genannte „Recordation" (of transfers or other documents) bietet im Zusammenhang mit der Registrierung des Urheberrechts verschiedene prozessuale Vorteile.

Abgesehen davon, dass der Inhaber des Urheberrechts vor dem 1. März 1989 ohne Eintragung der Übertragung keine Rechtsverletzungen geltend machen konnte, wird auch heute noch die Kenntnis von jedermann über die Eintragung der Übertragung eines registrierten Werks fingiert. Mit der Behauptung, man habe von der Inhaberstellung des Eingetragenen nicht gewusst, würde man durch die Recordation vor Gericht kein Gehör finden. Zudem kann die Eintragung der Übertragung Beweis darüber erbringen, wem das Werk im Sinne einer zeitlichen Priorität zuzuordnen ist, wenn verschiedene Übertragungsakte vorgefallen sind und mehrere Personen Ansprüche an dem Werk geltend machen.

Nutzungsvertrag

Die Überlassung eines Entwurfs zur Nutzung erfolgt aufgrund einer **Lizenzgewährung** mit der Einräumung von Nutzungsrechten. Der Urheber kann an einen Dritten (den **Lizenznehmer**) das Recht zur Nutzung seines Werks einräumen. Die Übertragung von Rechten zur Erlangung selbiger erfolgt in der Regel durch einen so genannten Nutzungsvertrag (Lizenzvertrag). Im Rahmen dieses Vertrags werden die Nutzungsrechte an dem jeweiligen Verwertungsrecht übertragen.

Tipp: *Die so genannten Verwertungsgesellschaften nehmen für ihre Mitglieder die Rechte aus künstlerischer Tätigkeit wahr, die der Urheber aus praktischen oder gesetzlichen Gründen selbst nicht wahrnehmen kann. Dazu gehören die Einziehung und Verteilung von Nutzungsgebühren für die Nutzung urheberrechtlich geschützter Werke. Zudem haben die Verwertungsgesellschaften als „Lobbyorganisation" der Urheber in der Regel Einfluss auf die Gesetzgebung. Die einzelnen Verwertungsgesellschaften kooperieren weltweit miteinander* (→ S. 377 ff., Tipps und Links).

**Urheberpersönlichkeitsrechte.** Dem **deutschen Urheber** stehen auch Urheberpersönlichkeitsrechte zu, insbesondere das Recht auf **Anerkennung der Urheberschaft** oder das Recht auf Namensnennung als Urheber (§ 13 UrhG, Anerkennung der Urheberschaft): „Der Urheber hat das Recht auf Anerkennung seiner Urheberschaft am Werk. Er kann bestimmen, ob das Werk mit einer Urheberbezeichnung zu versehen und welche Bezeichnung zu verwenden ist."

Diese können sowohl vertraglich oder stillschweigend vereinbart werden. Auf das Recht auf Nennung kann zwar verzichtet werden, doch dieser Verzicht kann auch immer widerrufen werden. Der Urheber hat des weiteren das Recht zu bestimmen, ob und wie sein Werk zu veröffentlichen ist (§ 12, **Veröffentlichungsrecht**).

Das **Recht am eigenen Bild** ist in Deutschland im **Kunsturheberrechtsgesetz** (KunstUrhG; Gesetz für das Urheberrecht an Werken der bildenden Künste und der **Fotografie**) verankert.

### Kennzeichnung von digitalen Fotodateien

In der internationalen Pressefotografie ist es inzwischen Standard, digitale Fotodateien mit Bildbegleittexten und einem Urheberrechtsstempel im **IPTC-Format** zu versehen. IPTC (International Press Telecommunication Council) (→ S. 379, Tipps und Links) ist ein international gültiger Standard, mit dem Bilder „verschlagwortet" werden und der weitere wichtige Dateiinformationen wie z. B. den Urheberrechtsvermerk enthält.

## Lizenzierung von Open Content und Open-Source-Software

**Open Content** oder „freie Inhalte" sind urheberrechtlich (→ S. 343 ff.) geschützt, auch wenn die Weiterverbreitung ausdrücklich erwünscht ist.

**Creative Commons** (kurz: CC, dt.: „Kreatives Gemeinschaftsgut") ist eine gemeinnützige Initiative mit Hauptsitz in den USA, die es Urhebern ermöglicht, ihre Werke zunächst in digitaler Form zu veröffentlichen und zugleich in vereinfachter Form rechtlich zu schützen. Hierzu bietet CC eine Reihe verschiedener Lizenzen zur (digitalen) Verbreitung urheberrechtlich geschützter Werke an, die auf alle kreativen Inhalte anwendbar sind: die **Creative-Commons-Lizenzen** (engl.: **Creative Commons Public License,** kurz: **CCPL).**

Der Urheber eines Werks kann die weitere Verwendung mithilfe eines vordefinierten Lizenzsystems festlegen und so auch Dritten (ohne weitere Rücksprache mit ihm) die Nutzung des Werks ermöglichen. Es handelt sich also um ein **Open-Content-Lizenzsystem).**

**Beachte:** „Creative Commons" bedeutet somit nicht, dass Werke bedingungslos nutzbar sind. Bei jeder Verwendung ist mindestens der Urheber zu nennen. Außerdem müssen die nachfolgend beschriebenen Einschränkungen beachtet werden. Andernfalls begeht der Nutzer trotz CC-Lizenz eine Urheberrechtsverletzung.

Die Grundidee der Creative-Commons-Lizenzen wurde im Jahr 2001 von Lawrence Lessig an der Stanford University in den USA entwickelt, um das Einräumen von Lizenzrechten im Web zu vereinfachen.

**Beachte:** Anstelle eines kompletten Rechteverzichts **(„no rights reserved")** oder eines strengen urheberrechtlichen Vorbehalts **(„all rights reserved")** schlägt CC mit **„some rights reserved"** einen Mittelweg vor. Das CC-Lizenzsystem funktioniert jedoch nur im Rahmen eines bestehenden Urheberrechtssystems.

Ihre juristische Wirksamkeit haben CC-Lizenzen mittlerweile bereits in mehreren Gerichtsverfahren bewiesen. Der Urheber kann die Nutzungsbedingungen auf der Grundlage von vier Bausteinen festlegen. Steht ein Werk unter der Creative-Commons-Lizenz **„by" – Attribution** (kurz: **CC-by,** dt.: Namensnennung, Abb. 4), so darf jeder dieses Werk beliebig (auch kommerziell) verwenden. Er muss lediglich den Namen des Urhebers und, soweit vorhanden, den Titel des Werks nennen. Dieser Quellen- oder Bildernachweis sollte darüber hinaus einen Link (soweit vorhanden) zu dem Urheber oder Werk setzen und entsprechend auf die Lizenzurkunde von CC verweisen.

Steht ein Werk unter der Creative-Commons-Lizenz „nc" – **Non Commercial** (kurz: **CC-nyc,** dt.: nicht kommerziell, Abb. 5), ist eine Verwendung des Werks nur für private Zwecke erlaubt.

Steht ein Werk unter der Creative-Commons-Lizenz „nd" – **No Derivative Work** (dt.: keine Bearbeitung, Abb. 6), darf dieses Werk nicht bearbeitet oder verändert werden; erlaubt ist allein das Vergrößern oder Verkleinern des Originals.

**Beachte:** Unzulässig sind in diesem Zusammenhang auch das Zuschneiden oder der Einsatz von Filtern.

Steht ein Werk unter der Creative-Commons-Lizenz „sa" – **Share Alike** (dt.: Weitergabe unter gleichen Bedingungen, Abb. 7), muss es nach der Veränderung mit den gleichen Lizenzbedingungen wie das Original weitergegeben werden.

Da die Lizenzbausteine „Keine Bearbeitung" und „Weitergabe unter gleichen Bedingungen" sich gegenseitig ausschließen, können aus den vier Bausteinen sechs verschiedene Lizenzverträge kombiniert werden:

| | |
|---|---|
| CC-by | = Namensnennung |
| CC-by-sa | = Namensnennung, Weitergabe unter gleichen Bedingungen |
| CC-by-nd | = Namensnennung, keine Bearbeitung |
| CC-by-nc | = Namensnennung, nicht kommerziell |
| CC-by-nc-sa | = Namensnennung, nicht kommerziell, Weitergabe unter gleichen Bedingungen |
| CC-by-nc-nd | = Namensnennung, nicht kommerziell, keine Bearbeitung |

Auf diese Weise ist unmittelbar Rechtssicherheit darüber gegeben, inwieweit bestimmte Inhalte aus dem Netz verwendet werden dürfen, wobei die bislang vor jeder Verwendung notwendige Klärung dieser Frage mit dem jeweiligen Rechteinhaber entfällt. Beim Nutzer haben die Lizenzen einen hohen Wiedererkennungswert durch die dem Werk beigefügten Icons (vgl. Abb. 4–7).

Jeden Lizenzvertrag gibt es im Creative Commons-Lizenzmodell in dreifacher Ausführung: „**Commons Deed**", eine allgemeinverständliche Zusammenfassung des Lizenzvertrags ohne rechtliche Wirkung; „**Legal Code**", die juristische Ausführung und der im Rechtsverkehr gültige Lizenzvertrag; „**Digital Code**", eine maschinenlesbare Version des Lizenzvertrags, nutzbar zum Beispiel für Suchmaschinen und andere Anwendungen im Netz.

Das CC-Lizenzmodell wird stetig aktualisiert und um neue Lizenzmodule erweitert. Dazu gehören unter anderem „**Sampling Plus**" (Namensnennung, abgeleitete Werke sind nur in Form von „Sampling" oder „Mashups" (→ Kap. Digitale Medien, S. 149) erlaubt), „**Non Commercial Sampling Plus**" (Namensnennung, abgeleitete Werke sind nur in Form von „Sampling" oder „Mashups" erlaubt, nicht kommerziell) oder „**Music Sharing**" (Namensnennung, nicht kommerziell, keine Bearbeitung).

**Tipp:** *Die ursprünglich aus dem amerikanischen Raum stammenden Lizenzverträge werden auf der Website der CC (→ S. 378, Tipps und Links) zum Download bereitgestellt. Zur Verwendung in anderen Ländern liegen Übersetzungen der CC-Lizenzen vor.*

Die **Open Source Initiative** (kurz: **OSI**) hat unter anderem die Anforderungen definiert, die Software erfüllen muss, um als **Open-Source-Software** (→ Kap. Digitale Medien, S. 149) anerkannt zu werden. Bei **Shareware** sind die Nutzungsbedingungen zum Beispiel in zeitlicher Hinsicht und bezüglich der kommerziellen Verwertung beschränkt.

Bei **Freeware**, die kostenfrei vertrieben wird, wird der Quellcode nicht offengelegt und es besteht kein Recht auf Modifizierung der Software.

Die **GNU Free Documentation License** (GFDL) wurde von der **Free Software Foundation** (kurz: **FSF**) entwickelt, um das Herstellen „freier" Software zu fördern. Ursprünglich nur zur freien Softwaredokumentation gedacht, kann die GFDL auch für andere freie Inhalte verwendet werden. Werke, die unter dieser Lizenz stehen, dürfen verbreitet, vervielfältigt und verändert werden, sofern die Lizenzbedingungen eingehalten werden. Dazu zählen unter anderem das Nennen des Urhebers und die Verpflichtung, abgeleitete oder veränderte Werke wieder unter die ursprüngliche GFDL zu stellen. Die GFDL ihrerseits gehört zum Copyleft-Prinzip.

**Copyleft,** angelehnt an den Begriff Copyright (→ S. 346), bedeutet, dass Bearbeitungen eines Werks nur unter der Ursprungslizenz weitergegeben oder veröffentlicht werden dürfen. Allerdings gibt es neben Lizenzen, die keine Abweichung von diesem Prinzip erlauben (**starkes Copyleft**), auch weniger restriktive Lizenzen (**schwaches Copyleft**) und solche, die ganz auf das Copyleft verzichten.

Weitere Lizenzen für Open-Source-Software sind die **General Public License** (kurz: **GPL**) sowie die **Berkeley Software Distribution** (kurz: **BSD**).

Bildagenturen

Bildagenturen, auch Bildarchive, Fotoarchive, vermarkten die Nutzungsrechte an Bildern, Fotografien, Illustrationen oder auch Filmmaterial („footage"). Grundsätzlich bieten Bildagenturen **lizenzpflichtige** (auch **„rights managed"** oder mit Akronym **„RM"**) sowie im Deutschen irrtümlicherweise als **„lizenzfrei"** (im Englischen **„royalty free"** oder **„RF"**) bezeichnetes Bildmaterial an.

Während bei lizenzpflichtigem Bildmaterial pro Verwendung eine von Art und Umfang sowie Verwendungszweck abhängige Lizenzgebühr erhoben wird, werden lizenzfreie Bilder einmalig lizenziert und können dann in der Regel zeitlich unbegrenzt und in verschiedenen Medien verwendet werden. Neben den zumeist attraktiven Preismodellen ist die einfache Lizenzierung sowie die zeitlich unlimitierte Nutzung einmal lizenzierter Materialien das am häufigsten genutzte Modell.

### Der Schutz von Ideen

Ideen als solche können im Allgemeinen nicht geschützt werden. Der Schutz von Ideen ist in der Regel in den Urheberrechtsgesetzen der einzelnen Länder weder verankert noch in verwandten Gesetzen vorgesehen. Nur die äußere (wahrnehmbare) Form, also das Design, ist schützbar, nicht die Idee selbst bzw. deren Inhalt.

Die **Nachahmung** von Ideen kann jedoch im Einzelfall eine **wettbewerbswidrige Handlung** darstellen und damit, beispielsweise im **deutschen Recht,** gegen § 1 **UWG** (→ S. 367 ff.) verstoßen. Es kann z. B. der Fall sein, dass derjenige, dem bei den Vertragsverhandlungen eine Idee oder ein Konzept anvertraut wurde, dieses nach Scheitern der Verhandlungen für sich ausnutzt.

Auch in der speziellen Situation der **Wettbewerbspräsentation,** des **Pitches,** kann unter Umständen der wettbewerbsrechtliche Schutz zum Tragen kommen. Der Urheber der Idee kann unter Umständen in diesem Falle vom Nachahmer Unterlassung und Schadensersatz fordern. Die Praxis zeigt aber, dass die Beweisführung kompliziert ist.

**Tipp:** *Eine Möglichkeit zum Schutz vor Nachahmung besteht darin, sich vertraglich gegen eine unberechtigte Verwertung oder Weitergabe der Idee, auch zum vertraulichen Umgang mit erhaltenen Informationen, abzusichern. Dazu sollte mit dem potenziellen Auftraggeber eine* **Geheimhaltungserklärung** *(engl.:* **NDA = Non-Disclosure and Confidentiality Agreement***) aufgesetzt werden, die die Forderung einer Vertragsstrafe für den Fall von Zuwiderhandlung enthält und ohne deren Unterzeichnung der nähere Inhalt einer Idee oder eines Konzepts nicht preisgeben wird. Kommt es dennoch zum Verstoß gegen die zuvor festgelegten Regeln, haben die Parteien das Recht, den entstandenen Schaden einzuklagen. Ebenso kann die Ausarbeitung einer Idee schriftlich festgehalten, notariell oder auch mit einem Einlieferungsbeleg beglaubigt werden.*

# Gewerbliche Schutzrechte

Die gewerblichen Schutzrechte gehören zu den so genannten „Industrial Properties". Der Begriff umfasst die rechtliche Absicherung geistiger Leistungen auf gewerblichem Gebiet wie z. B. Patente, Gebrauchsmuster, Marken, Geschmacksmuster.

## Geschmacksmusterrecht und Designpatent

Das **Geschmacksmusterrecht** wird häufig als kleiner Bruder des Urheberrechts bezeichnet. Geschützt wird die äußere Form – also das Design. Voraussetzung ist lediglich, dass die Gestaltung „neu" und „eigentümlich" ist. Das Gebrauchsmuster ist ein so genanntes ungeprüftes Schutzrecht, die amtliche Prüfung beschränkt sich auf formelle Erfordernisse. Das bedeutet, dass das Geschmacksmusterrecht keine „Gestaltungshöhe", wie für den urheberrechtlichen Schutz erforderlich, voraussetzt – wohl aber eine gewisse „Eigenart".

Der rechtliche Bestand eines eingetragenen Musters und dessen Schutzweite klärt sich oftmals erst im Streitfall – im Rahmen einer gerichtlichen Auseinandersetzung. Dennoch lohnt es sich, ein Geschmacksmuster anzumelden, wenn das Design ausgereift ist.

Das **deutsche Geschmacksmuster** bietet Inhabern einen hohen Schutz, bei relativ geringem finanziellen und zeitlichen Aufwand, über eine Schutzdauer von bis zu zehn Jahren. Die Eintragung erfolgt sehr schnell, in der Regel innerhalb von drei bis sechs Monaten nach Anmeldung; ab dann ist es wirksam.

Das **europäische Geschmacksmuster.** Seit dem 12. Dezember 2001 ist die Verordnung über das Europäische Gemeinschaftsgeschmacksmuster (GGVO) in Kraft getreten. Es ist ein im ganzen EU-Binnenmarkt gültiges Recht. Durch eine einzige Anmeldung kann eine Eintragung erlangt werden, die in der gesamten Europäischen Union den einheitlichen Schutz für Designleistungen bietet. Nähere Informationen sind über das Harmonisierungsamt für den Binnenmarkt (→ S. 392, 297) zu erhalten. Das **HABM** ist die Behörde der Europäischen Union und zuständig für das Eintragen von Geschmacksmustern und Marken (→ S. 362 ff.) für alle Mitgliedstaaten.

**Schutz von Schriftzeichen.** Für typografische Schriftzeichen besteht eine Sonderregelung im **Schriftzeichengesetz.** Das Anmeldeverfahren richtet sich nach dem Geschmacksmustergesetz. Ein **Schriftname** kann als **Marke (Kennzeichen)** geschützt werden. Sofern kein Markenschutz vorliegt, kann die Verwendung des Originalnamens ggf. wettbewerbswidrig (→ S. 367 ff.) sein. Unter Umständen kann dadurch der fälschliche Eindruck entstehen, dass es sich bei der Quelle der Schrift um das Original handle; somit läge eine rechtswidrige Herkunftstäuschung vor. Nach dem Schriftzeichengesetz gilt nicht jeder einzelne Buchstabe als Muster, sondern die Gesamtheit der Buchstaben, die ein Schriftbild ergeben.

Das europäische Geschmacksmuster entspricht dem urheberrechtlich geschützten **„Industrial Design"** in den USA (17 U.S.C § 1301). Dort kann ursprünglich geschaffenes (nicht nur alltägliches oder anderweitig kopiertes) Design eines nützlichen Produkts urheberrechtlichen Schutz erlangen, soweit das Produkt durch das Design besonders attraktiv oder unverkennbar für die das Produkt kaufende oder verwendende Öffentlichkeit wird. Übliche oder rein von ihrer Funktionalität geprägte Designs sind danach nicht schutzfähig. Die Schutzdauer beträgt zehn Jahre nach der ersten öffentlichen Ausstellung des Designs bzw. nach der veröffentlichten Registrierung, je nachdem, welcher Zeitpunkt früher liegt. Anders als beim Copyright muss das Industrial Design eine **„Design Notice"** ähnlich einer Copyright Notice aufweisen (die Worte „Protected Design", die Abkürzung „Prot'd Des", der Buchstabe „D" in einem Kreis oder das Symbol „→D→" muss zusammen mit dem Jahr des Schutzbeginns und dem Inhaber des Industrial Design genannt werden, sowie zwei Jahre nach seiner ersten öffentlichen Zurschaustellung registriert worden sein, um Rechte aus dem Design geltend machen zu können. Das Industrial Design ist die einfachste und häufigste Art, um Designs in den USA zu schützen. Es wurde eingeführt, um das gestalterische, dekorative – also ästhetisch-schöpferische – Schaffen zu fördern und damit die Schönheit und Verkäuflichkeit von Industrieprodukten zu steigern und gleichzeitig zu schützen.

Ferner kann ein Design in den USA auch patentrechtlich durch ein so genanntes **Design Patent** geschützt werden (35 U.S.C. § 171). Es hat jedoch nicht die gleiche praktische

Bedeutung, da es erheblich schwieriger, teurer und zeitintensiver ist, in den Genuss eines Design Patent zu gelangen. In der Regel wird die Patentierung industrieller Designs an ihrer fehlenden Patentfähigkeit scheitern. Die Schwelle für den Patentschutz ist sehr hoch, denn es müssen die Voraussetzungen der patentrechtlichen Neuheit und der Nichtoffenkundigkeit erfüllt sein, was nur selten der Fall ist. Darüber hinaus ist die Patentierung eines Designs sehr kostspielig, da die Anmeldung ohne Patentanwälte unmöglich ist.

### Kennzeichenrechte

Eine **Marke** dient zur Kennzeichnung von Waren oder Dienstleistungen eines bestimmten Unternehmens. Sie dient der Unterscheidung der betrieblichen Herkunft von Waren und Dienstleistungen unterschiedlicher Hersteller.

Häufig werden Marken mit einem ® oder ™ gekennzeichnet (amerikanisches Recht; in Deutschland und Europa nicht relevant).

Das Trademarkzeichen **TM** (Abb. 8) ist eine juristische Bezeichnung, die vor allem in den USA verwendet wird. Mit der Verwendung des TM-Kürzels ergibt sich jedoch kein Rechtsanspruch. Es handelt sich lediglich um den sichtbaren Hinweis, dass Ansprüche an diese Marke geltend gemacht werden. Vielfach werden in den USA auch Marken mit „TM" markiert, für die ein Markenschutz zwar beantragt, jedoch noch nicht erteilt wurde.

Das „**R**" (Registered, Abb. 9) steht für die Kennzeichnung von Marken, die amtlich registriert und geschützt sind. Der Markeninhaber hat dabei die Freiheit, das ® an einer gewünschten Stelle zu platzieren. Die Rechte leiten sich jedoch allein aus der Eintragung und der Eintragungsurkunde ab.

Die häufigsten Markenarten sind die **Wortmarken** (Markennamen) und **Bildmarken** (Markenzeichen) oder Mischformen wie **Wort-Bildmarken.** Darüber hinaus sind in den vergangenen Jahren weitere Markenarten hinzugekommen wie z. B. **Farbmarken, Geruchsmarken** oder **Hörmarken.**

Markenschutz entsteht nach erfolgter Anmeldung mit dem **Eintragen einer Marke** in verschiedene Dienstleistungs- und Warenklassen. Darüber hinaus entsteht z. B. in

Deutschland und den USA sowie weiteren Ländern ein Markenschutz ohne Eintragung durch die so genannte **Verkehrsgeltung** einer Marke sowie durch bloße Inbetriebnahme.

**Tipp:** *Eine Marke sollte immer formell geschützt werden.*

**Tipp:** *Der Gestalter sollte, sofern er einen Entwurf für ein Markenzeichen erarbeitet, mit dem Auftraggeber schriftlich vereinbaren, dass er keine Gewähr dafür bietet, dass das Markenzeichen auch eingetragen wird. Folgende Formulierung kann dafür verwendet werden:*
*„Für die wettbewerbs- und markenrechtliche Zulässigkeit und Eintragungsfähigkeit der Arbeiten haftet der Gestalter nicht."*

Wie wird eine Marke angemeldet?

Grundsätzlich stehen dem Designer folgende **Markenschutzsysteme** zur Verfügung:

1. Die Anmeldung einer **nationalen Marke** (Land): Die Schutzdauer einer eingetragenen **deutschen Marke (DE-Marke)** beginnt mit dem Anmeldetag und endet zehn Jahre nach Ablauf des Monats, in welchen der Anmeldetag fällt. Die Schutzdauer kann um jeweils zehn Jahre verlängert werden. Nach dem deutschen Markenrecht sind folgende Arten von Kennzeichen schutzfähig: Marken, geschäftliche Bezeichnungen (Unternehmenskennzeichnungen/Werktitel) sowie geografische Herkunftsangaben.
   Anders als im Urheber- oder Patentrecht unterliegt das **US-amerikanische Markenrecht** nicht ausschließlich der Gesetzgebungszuständigkeit des Bundes (federal law). Es existiert daher neben dem „Lanham Act" des Bundes in jedem Bundesstaat der USA ein eigenes Markenrecht („state common law"). Man unterscheidet daher zwischen **„Common Law Trademarks"**: Marken, die im geschäftlichen Verkehr benutzt werden, ohne beim United States Patent and Trademark Office (→ S. 297, Tipps und Links, US PTO) eingetragen zu sein, und „Registered Trademarks":

Marken, die in dem Register des US PTO eingetragen sind. Die Registrierung einer Marke empfiehlt sich, da sie dem Inhaber der Marke mehr Schutz gewährt und zahlreiche verfahrensrechtliche Vorteile bietet.

Als **Marken** können prinzipiell Wörter, Logos, dreidimensionale Ausgestaltungen, **Jingles** (kurze, einprägsame Tonfolgen oder Melodien), Farben sowie Kombinationen aus allen, für beliebige Waren und Dienstleistungen eingetragen werden. Der Markenschutz wird bei den jeweiligen Patentämtern beantragt (→ S. 376 ff., Tipps und Links).

2. Die Anmeldung einer **Gemeinschaftsmarke (EU-Marke):** Die Gemeinschaftsmarke bietet Markenschutz mit Wirkung für alle **Mitgliedsstaaten der Europäischen Union** (EU). Als Marken können prinzipiell Wörter, Logos, dreidimensionale Ausgestaltungen, Farben sowie Kombinationen eingetragen werden. Falls keine Eintragungshindernisse vorliegen, wird die Anmeldung etwa neun Monate nach Anmeldung veröffentlicht. Daraufhin können Inhaber älterer Kennzeichenrechte in der Europäischen Union Einspruch erheben. Wird kein Einspruch angezeigt, erfolgt die Eintragung. Der Schutz läuft zehn Jahre und kann beliebig oft um jeweils zehn Jahre verlängert werden. Für die Prüfung der Markenanmeldung von Gemeinschaftsmarken ist das HABM – Harmonisierungsamt für den Binnenmarkt – in der Hafenstadt Alicante, im Südosten Spaniens, zuständig (→ S. 376 ff., Tipps und Links, S. 363, Europäisches Geschmacksmuster).

**Tipp:** *Beachte, dass im Gegensatz zu einer IR-Markenanmeldung (→ S. 367) ein einzelner Widerspruch die gesamte EU-Markenanmeldung gefährdet. Hat der Einspruch Erfolg, kann die Gemeinschaftsmarke jedoch in die jeweiligen anderen nationalen Marken umgewandelt werden. Der Nachteil ist hier, dass die Kosten relativ hoch sind.*

3. Die Anmeldung einer internationalen Marke **(IR-Marke):**
Die internationale Registrierung einer Marke erfolgt nach
dem so genannten **Madrider Markenabkommen** (MMA)
sowie dem Protokoll zum Madrider Markenabkommen
(MMPA) und ermöglicht eine zentrale Registrierung über
die **WIPO** in Genf (→ S. 376) für verschiedene Länder
gleichzeitig. Die Mitgliedsstaaten des Madrider Abkommens und des Protokolls zum Madrider Markenabkommen (derzeit sind 78 Länder Mitglieder) sind neben den
europäischen Ländern auch Japan, Australien und die
USA. Der Schutz läuft zehn Jahre und kann beliebig oft
um jeweils zehn Jahre verlängert werden. Voraussetzung
für eine internationale Registrierung ist zum Zeitpunkt
der Eintragung, das Bestehen einer identischen Marke
(Heimateintragung) im Heimatland des Anmelders.

Auch Slogans, Claims, so genannte Mehrwortmarken (→ Kap. Marketing, S. 329, Datenbank der Werbung), sind grundsätzlich als Marken schutzfähig und
unterliegen den gleichen Prüfungsmerkmalen.

Titelschutz

Das Markenrecht sieht mit dem **Werktitel** bzw. **Titelschutz**
für Namen oder besondere Bezeichnungen von Druckschriften, Tonwerken, Bühnenwerken oder sonstigen vergleichbaren Werken einen gesonderten Schutz vor.

## Wettbewerbsrecht

Bei Verstoß gegen unlauteren Wettbewerb (nach deutschem
Gesetz, gem. § 1 UWG) kann der Wettbewerber Ansprüche
auf Unterlassung und Schadensersatz fordern.

**In allen EU-Mitgliedsstaaten, außer Großbritannien
und Irland,** wo es kein Recht des **unlauteren Wettbewerbs**
gibt, wird der Schutz eines Designs gegen unlauteren Wettbewerb auf nationaler Ebene gewährt. Auf europäischer
Ebene gibt es derzeit zum unlauteren Wettbewerb keine
gesetzlichen Regelungen. Zur Teilharmonisierung hat der
Rat der Europäischen Gemeinschaft zwar Richtlinien zur Angleichung erlassen (84/450/EWG vom 10. September 1984

und RL97/55/EG), doch soweit der Rechtsbereich nicht vom EG-Recht geregelt wird, bleibt das nationale Recht maßgebend.

**Tipp:** *Für die wettbewerbs- und markenrechtliche Zulässigkeit und Eintragungsfähigkeit der Arbeiten haftet der Gestalter zwar grundsätzlich nicht. Es empfiehlt sich jedoch, mit dem Auftraggeber folgende Textform zu vereinbaren (\* S. 365):*
*„Der Gestalter übernimmt keine Haftung für die wettbewerbs- und markenrechtliche Zulässigkeit sowie Eintragungsfähigkeit der Arbeiten."*

Die **vergleichende Werbung** ist Werbung, die entweder unmittelbar oder mittelbar einen Mitwettbewerber oder dessen Dienstleistung bzw. Produkte offenbar macht.

Soweit vergleichende Werbung weder falsch noch irreführend ist, ist sie in den **USA** in weitem Maße zulässig, selbst dann, wenn darin ein Wettbewerbsprodukt lächerlich gemacht wird.

Die vergleichende Werbung in **Deutschland** war lange Zeit, von wenigen Ausnahmen abgesehen (z.B. Vergleichstests), grundsätzlich verboten. Seit dem 1. September 2000 ist sie mit der Änderung des Gesetzes gegen den **unlauteren Wettbewerb (UWG)** aufgrund einer **EG-Richtlinie zur vergleichenden Werbung** zwar grundsätzlich zulässig, aber nur dann, wenn bestimmte Voraussetzungen eingehalten werden, die im § 6 UWG festgelegt sind. Vergleichende Werbung ist grundsätzlich zulässig, solange sie nicht sittenwidrig ist. Was in diesem Zusammenhang als sittenwidrig gilt, ist im Gesetz (§ 6 Abs. 2 UWG) in Form eines Verbotskatalogs aufgezählt.

Vorsicht bei **Preisvergleichen** mit eigenen Sonderangeboten. Hier muss z.B. nach deutschem Recht (§ 6 Abs. 3 UWG) klar und unmissverständlich die Zeitspanne angegeben werden, in der das Angebot gültig ist.

### Werben im Web

Für die Werbung im Web gelten die gleichen Regeln wie für Werbung über klassische Kommunikationskanäle (vgl. S. 242 ff., Urheberrechtlicher Schutz, Kennzeichenrechte). Darüber hinaus gibt es erweiterte Regeln.

Nach der europäischen **Richtlinie über den elektronischen Geschäftsverkehr** (2000/31/EG) gilt im Bereich des **E-Commerce** grundsätzlich das so genannte Herkunftslandprinzip (nationales Recht). Wenn ein Webauftritt den europäischen Vorgaben und dem nationalen Recht eines Mitgliedsstaats der EU genügt, ist er auch in den anderen Mitgliedsstaaten der EU rechtmäßig. Außerdem enthält die Richtlinie bestimmte Anbieterpflichten, die in Deutschland im Telemediengesetz (TMG) umgesetzt wurden.

Dazu gehört die **Anbieterkennzeichnung** gemäß § 5 TMG. Jeder, der geschäftsmäßig Informationen im Netz zur Verfügung stellt, muss leicht erkennbar und unmittelbar erreichbar sein sowie dauerhaft u. a. seinen Namen (bei juristischen Personen wie einer GmbH oder Personengesellschaften wie einer GbR, OHG oder KG einschließlich der Rechtsform), die Anschrift, eine Telefonnummer oder Faxnummer und – soweit vorhanden – die Umsatzsteuer-Identifikationsnummer angeben. Die Nennung eines Postfachs allein oder nur einer E-Mail-Adresse reichen nicht aus. Bei der Anschrift gilt es, die vollständige ladungsfähige Postanschrift anzugeben, also Postleitzahl, Ort, Straße und Hausnummer. Bei einer juristischen Person oder einer Personengesellschaft muss als Anschrift der Sitz der Gesellschaft angegeben werden.

**Beachte:** Diese Impressumspflicht gilt unabhängig davon, wo die Website gehostet wird (z. B. auf einem Server in den USA) und welche Domainendung sie aufweist. Sie gilt auch für die Bereitstellung geschäftsmäßiger Informationen in den Sozialen Medien (Social Media). Voraussetzung ist allerdings, dass der Anbieter seine Dienste auch an deutsche Webnutzer richtet. Zwar gilt für Anbieter aus anderen EU-Staaten das Herkunftslandprinzip, sodass streng genommen deren Recht maßgeblich ist. Dieses Recht muss aber aufgrund der europäischen Richtlinie über den elektronischen Geschäftsverkehr dieselbe

Impressumspflicht vorsehen. Umgekehrt greift die Impressumspflicht nicht, wenn ein englischsprachiges Angebot auf einer .com-Domain sich nur an Nutzer in den USA wendet. Nach **US-amerikanischem Recht** ist eine derartige Impressumspflicht sogar verfassungswidrig. Darauf kann sich in Europa aber niemand berufen.

In **Großbritannien** ist die Impressumspflicht in den folgenden Gesetzen geregelt: Consumer Protection (Distance Selling) Regulations 2000, Electronic Commerce (EC Directive) Regulations 2002 „E-Commerce Regulations", Companies (Trading Disclosures) Regulations 2008.

**Tipp:** *Ein Webdesigner muss zwar keine Verantwortung für falsche oder unvollständige Angaben übernehmen, dennoch sollte er seinen Auftraggeber auf die Pflichten hinweisen.*

<u>Domains</u>

Das System der Domainnamen (vgl. Kap. Digitale Medien, S. 146, Domain) wird von der **Internet Corporation for Assigned Names and Numbers (ICANN)** verwaltet. Die Verantwortung zur Verwaltung und Vergabe einer **länderspezifischen Top-Level-Domain** (→ Kap. Digitale Medien, S. 146, ccTLDs) liegt im jeweiligen Land. Gleichwohl beziehen sich weltweit alle Registrierungsstellen auf das grundlegende Standardisierungsdokument **RFC1591 „Domain Name System Structure and Delegation"** von 1994.

Die Verwaltung und Vergabe der Top-Level-Domain mit dem Buchstabenkürzel **„.de"** erfolgt über die zentrale Registrierungsstelle **DENIC** eG (vgl. S. 328, Tipps und Links, Zentrale Registrierungsstellen). Bei der länderbezogenen Top-Level-Domain für **Frankreich „.fr"** ist es unter anderem erforderlich, dass der Domaininhaber seinen Wohn- oder Unternehmenssitz in Frankreich hat. Die Verwaltung und Vergabe der **generischen Top-Level-Domain „.com"** erfolgt über das **InterNIC**.

**Tipp:** *Zahlreiche Registrierungsstellen veröffentlichen Informationen über die Domain, den Domaininhaber sowie den administrativen und technischen Ansprechpartner. Für diesen Service steht die Bezeichnung* **„whois"**. *Internationale Domainstreitigkeiten werden von der Streitschlichtungsstelle der WIPO (→ S. 343) in Genf gelöst.*

**Domainname.** Eine Domain kann Namens- oder Markenrechte verletzen und eventuell auch gegen das Wettbewerbsrecht verstoßen.

**Beachte:** Bei der Auswahl eines Namens für eine Domain kommt es nicht nur darauf an, dass dieser nicht bereits vergeben ist, sondern auch darauf, dass dieser nicht die Kennzeichnungsrechte Dritter verletzt wie beispielsweise von natürlichen Personen, Firmen, Marken oder Geschäftsbezeichnungen. Ansonsten läuft der Auftraggeber oder sogar der Gestalter selbst Gefahr, vom Nutzer einer älteren, gleichen oder ähnlichen Kennzeichnung auf Unterlassung und ggf. Schadensersatz verklagt werden. Denn Namensträgern (Unternehmen oder privaten Betreibern) steht in der Regel ein ausschließliches Recht an der Nutzung ihres Firmennamens und der Produktmarke zu.

Mit der Registrierung gibt der zukünftige Domaininhaber an, dass die gewählte Domain keine Rechte Dritter verletzt.

**Tipp:** *Prüfe vorher genau, wer als Domaininhaber eingetragen und materiell berechtigt ist. Sollte ein Unternehmen der Domaininhaber sein, kann eine Kontaktperson als administrativer Ansprechpartner („Admin-C") eingetragen werden.*

## Haftung für rechtswidrige Inhalte im Web

Nach dem Telemediengesetz (→ S. 369) haftet der Diensteanbieter als **Content-Provider** und Verbreiter von Informationen (Inhalten) nach deutschem Recht uneingeschränkt nach den allgemeingültigen Gesetzen für die verbreiteten Inhalte (§ 7 Abs. 1 TMG). Ein **Diensteanbieter** kann jede natürliche oder juristische Person sein, die eigene oder fremde Teledienste zur Nutzung bereitstellt oder den Zugang zur Nutzung dieser vermittelt.

**Beachte:** Als „eigene Inhalte" gelten auch Aussagen Dritter, die sich der Diensteanbieter zu eigen macht. Das erfolgt unter anderem, indem er diese zitiert, ohne sich davon erkennbar zu distanzieren. Beleidigende Äußerungen auf der Website des Content-Providers ziehen nach deutschem Recht unter Umständen zivilrechtliche Schadens- und Unterlassungsansprüche des Verletzten nach sich. Außerdem muss der Content-Provider ggf. mit strafrechtlichen Konsequenzen rechnen.

Beim Übermitteln fremder Inhalte haftet der Diensteanbieter nach deutschem Recht jedoch nicht, wenn die Voraussetzungen nach § 8 Abs. 1 des Telemediengesetzes erfüllt sind, das heißt, wenn er die Übermittlung nicht veranlasst hat, er den Adressaten nicht ausgewählt hat, die übermittelten Informationen nicht ausgewählt oder verändert hat und er auch nicht absichtlich mit dem Nutzer zusammengearbeitet hat, um rechtswidrige Handlungen zu begehen. Diese Regelung schützt die Betreiber von E-Mail-Servern und **Access-Provider.**

Für strafrechtlich relevante Inhalte (z. B. Beleidigungen) ist ein Diensteanbieter bzw. Betreiber mehrerer Domains auf einem Server (→ Kap. Digitale Medien, S. 147) nur bei Vorsatz verantwortlich. Er kann nicht haftbar gemacht werden, wenn er nach § 10 des Telemediengesetzes keine Kenntnis von den Inhalten hat bzw. nach Bekanntwerden der Inhalte unverzüglich tätig geworden ist, um die betreffenden Informationen zu sperren.

**Links und Frames.** Der Einsatz von Links (→ Kap. Digitale Medien, S. 147, 149, Kap. Marketing, S. 288 ff.) ist in der Regel unproblematisch. Wer seine Werke im Internet veröffentlicht, erklärt damit gleichzeitig auch sein Einverständnis, dass von anderen Seiten auf den eigenen Auftritt verwiesen werden darf. Dies gilt auch für so genannte **Deep Links**, die auf tiefer liegende Seiten verweisen. Unzulässig, sofern nicht eine ausdrückliche Einwilligung des Urhebers vorliegt, sind **Inline Links**. Hier wird die verlinkte Seite im eigenen Frameset des Verlinkenden angezeigt. Der Webnutzer kann somit nicht erkennen, dass die Inhalte eigentlich zu einem anderen Webauftritt gehören. Verboten sind auch Links auf Inhalte einer anderen Website, für die vom Betreiber eine Zugangsbeschränkung eingerichtet wurde.

Presse
---

In **Artikel 19** der **„Allgemeinen Erklärung der Menschenrechte"** der **Vereinten Nationen** (Dezember 1948) heißt es: „Jeder Mensch hat das Recht auf freie Meinungsäußerung; dieses Recht umfasst die Freiheit, Meinungen unangefochten zu vertreten sowie Informationen und Ideen mit allen Kommunikationsmitteln ohne Rücksicht auf Grenzen zu suchen, zu empfangen und zu verbreiten." Diese Erklärung ist die Grundlage für die Freiheit der Meinung, der Meinungsäußerung und der Presse.

**Pressefreiheit** ist das Recht der öffentlichen Medien – und damit auch der Journalisten – auf freie Ausübung ihrer Tätigkeit, vor allem auf das unzensierte Veröffentlichen von Informationen und Meinungen. Geschützt durch die Pressefreiheit ist das Presseerzeugnis selbst wie auch die Produktion und Verbreitung desselben. Die Pressefreiheit ist jedoch kein absolutes Recht, vielmehr muss sie in Streitfällen gegen allgemeine Gesetze und **Persönlichkeitsrechte** abgewogen werden.

In **Deutschland** gewährleistet der **Artikel 5** des **Grundgesetzes für die Bundesrepublik Deutschland** die Presse- und Meinungsfreiheit. Die im Grundgesetz verbürgte Pressefreiheit schließt die Unabhängigkeit und Freiheit der Information, der Meinungsäußerung und der Kritik mit ein. Daneben regeln die Landespressegesetze,

Rundfunkgesetze, Rundfunkstaatsverträge, Landesmediengesetze sowie das Telemediengesetz (→ S. 369) die juristische Stellung der Medien.

Durch das **Zeugnisverweigerungsrecht** – der Schutz der Zeugen in Konfliktfällen – werden Informanten geschützt. Medienvertreter müssen also weder ihre Quellen noch ihre Rechercheergebnisse offenbaren.

Medienvertreter haben jedoch auch gesellschaftliche Normen einzuhalten. Eine zentrale Forderung ist das Beachten der publizistischen bzw. journalistischen **Sorgfaltspflicht** bei der Berichterstattung, um unnötige Risiken für andere zu vermeiden.

Die **Impressumspflicht** (→ S. 369) nach **deutschem Recht** stellt sicher, dass in Druckerzeugnissen Name und Anschrift des Verlags bzw. des Verlegers und bei Periodika auch des verantwortlichen Redakteurs (**V.i.S.d.P.** = Verantwortlich im Sinne des Presserechts) genannt werden.

Bei Zeitungen und Zeitschriften gilt in der Regel, dass für jedes Ressort ein verantwortlicher Redakteur zu benennen ist.

**Anzeigen** müssen klar erkennbar sein. Das **deutsche Presserecht** gibt vor, dass entgeltliche Veröffentlichungen (z. B. werbender Inhalt) als „Anzeige" kenntlich zu machen sind. Dies gilt auch, wenn ein redaktioneller Beitrag nicht werbenden Inhalts von einem Dritten gesponsert wurde.

**Beachte:** Redaktioneller Inhalt und Werbung sind deutlich zu trennen. Für den Leser muss jederzeit erkennbar sein, ob es sich um redaktionelle Inhalte handelt oder um eine von Dritten durch Gegenleistung erkaufte Werbung. Daher muss auch die redaktionelle Aufmachung einer Werbeanzeige (→ Kap. Digitale Medien, S. 281, **Advertorial**) stets als Anzeige kenntlich gemacht werden.

Des Weiteren gibt es einen **Gegendarstellungsanspruch** für von Tatsachenbehauptungen betroffene Personen. Neben dem in den Landespressegesetzen geregelten Anspruch können Personen, über die berichtet wird, weitere Ansprüche geltend machen: die Unterlassung bestimmter Tatsachenbehauptungen oder von „Schmähkritik" (Herabwürdigung und Diffamierung); den Widerrufsanspruch, wenn nachgewiesenermaßen falsch berichtet wurde; den Ergänzungsanspruch, wenn die Berichterstattung unvollständig war; sowie die

Richtigstellung von Tatsachenbehauptungen oder sogar Schadenersatz, wenn beispielsweise materielle Einbußen oder andere Verluste unter Verletzung der Privatsphäre eintreten und vom Medienvertreter unter Verstoß gegen die journalistische Sorgfaltsplicht verschuldet wurden.

**Kodizes und Richtlinien.** Internationale ethische Richtlinien für die Öffentlichkeitsarbeit bietet der **Code d'Athènes** (1965/1968). Er basiert auf den Menschenrechten, ist universell gestaltet und weltweit anwendbar. Die überarbeitete Fassung wurde von der **International Public Relations Association (IPRA)** verabschiedet. Weitere wichtige Kodizes sind der **Code de Lisbonne**, der **Code of Venice**, die **ICCO Stockholm Charta**, der **PRSA Member Code of Ethics** und der **US Code for Financial PR.**

Die **publizistischen Grundsätze (Pressekodex)** des **Deutschen Presserats** konkretisieren die Berufsethik der Presse in Deutschland.

# Tipps und Links

**Rechtsvorschriften**

<u>Europa</u>

- EUR-Lex, kostenfreier Zugang zu den Rechtsvorschriften der Europäischen Union: www.eur-lex.europa.eu (mehrsprachig)
- Europäische Kommission: www.ec.europa.eu/internal_market

<u>Deutschland</u>

- Bundesministerium der Justiz und für Verbraucherschutz, kostenfreier Zugang zu Gesetzen und Rechtsverordnungen Bundesrecht: www.gesetze-im-internet.de

<u>USA</u>

- National Archives and Records Administration (Code of Federal Regulations, Verordnungen von Bundesverwaltungsbehörden): www.access.gpo.gov/nara/cfr/cfr-table-search.html

- Office of the Law Revision Counsel des US House of Representatives (nur U.S.C., also die Kodifizierung des Bundesrechts der USA ohne Entscheidungen der Bundesgerichte und ohne das Recht einzelner Bundesstaaten): http://uscode.house.gov

**Ämter und Behörden**

<u>International</u>

- World Intellectual Property Organization (WIPO): www.wipo.int
- Welturheberrechtsabkommen (WUA): www.portal.unesco.org

<u>Europa</u>

- Europäisches Patentamt (EPA): www.european-patent-office.org
- Harmonisierungsamt für den Binnenmarkt der Europäischen Union (HABM; zuständig für europäische Marken und Geschmacksmuster): www.oami.europa.eu

<u>Deutschland</u>

- Deutsches Patent- und Markenamt (DPMA): www.dpma.de
- Bundesamt für Sicherheit in der Informationstechnik (BSI): https://www.bsi.bund.de (Publikationen zu IT-Sicherheitsstandards)

<u>Großbritannien</u>

- Trade Mark Text Enquiry UK Patent Office (UKPO): www.patent.gov.uk

**Verbände und Ratgeber**

<u>International</u>

- International Council of Graphic Design Associations (ICOGRADA): www.icograda.org

## Recht/**Tipps und Links**

Europa

- Europäisches Patentamt (EPA), Europäische Patentorganisation (EPO): www.epo.org (Sprachen: Englisch, Deutsch, Französisch)

Deutschland

- Allianz deutscher Designer (AGD) e.V.: www.agd.de
- Art Directors Club Deutschland (ADC) e.V.: www.adc.de
- BITKOM Bundesverband Informationswirtschaft, Telekommunikation und neue Medien e.V.: www.bitkom.org (Sprachen: Deutsch, Englisch; Leitfäden und juristische Praxishilfen)
- Bund Deutscher Grafikdesigner (BDG) e.V.: www.bdg-designer.de
- Bundesverband der Pressebild-Agenturen, Bilderdienste und Bildarchive (BVPA) e.V.: www.bvpa.org
- Bundesverband Digitale Wirtschaft (BVDW) e.V.: www.bvdw.org
- Dachorganisation der Industrie- und Handelskammern (eigenverantwortliche öffentlich-rechtliche Körperschaften für Gewerbetreibende): www.dihk.de (Webseiten der IHKs mit Merkblättern zu Recht und Steuern, Existenzgründung)
- Deutscher Presserat: www.presserat.de (Publizistische Grundsätze, Pressekodex)
- Deutscher Journalisten-Verband (DJV): www.djv.de
- Deutsche Public Relations Gesellschaft e.V. (DPRG): www.dprg.de (Kodizes)
- mediafon GmbH (Beratungsservice der ver.di, Fachbereich Medien, Kunst und Industrie): www.mediafon.net (mediafon.net-Newsletter, Empfehlungen zu Honoraren, AGBs, Verträgen)
- Mittelstand Digital, Initiative des Bundesministerium für Wirtschaft und Energie (BMWi): www.bmwi.de
- Zentralverband der deutschen Werbewirtschaft (ZAW) e.V.: www.zaw.de

Großbritannien

- British Design Council: www.designcouncil.org.uk

USA

- American Institute of Graphic Arts (AIGA): www.aiga.org

Japan

- Japan Artists Association Inc. (APG-JAA): www.jaa-iaa.or.jp

**Verwertungsgesellschaften**

International

- International Confederation of Societies of Authors and Composers (CISAC): www.cisac.org

Deutschland

- Verwertungsgesellschaft Bild-Kunst (VG Bild-Kunst): www.bildkunst.de
- Verwertungsgesellschaft Wort (VG Wort): www.vgwort.de

- Gesellschaft für musikalische Aufführungs- und mechanische Vervielfältigungsrechte (GEMA): www.gema.de

Großbritannien

- Design and Artists Copyright Society Limited (DACS): www.dacs.org.uk

**Open Source und Open-Content-Lizenzierung**

International

- Open Source Initiative (OSI): www.opensource.org
- Creative Commons (CC): creativecommons.org/
- CC Affiliate Network (CC wiki): de.creativecommons.org/ (Sprache: Deutsch)
- wiki.creativecommons.org/France (Sprache: Französisch)
- wiki.creativecommons.org/UK:_England_and_Wales (Sprache: Englisch)
- wiki.creativecommons.org/UK:_Scotland (Sprache: Englisch)
- wiki.creativecommons.org/Spain (Sprache: Spanisch)
- wiki.creativecommons.org/United_States (Sprache: Englisch)

**Recht Digitale Medien**

International

- DENIC eG: www.denic.de (Domains unterhalb der Top Level Domain.de)
- Internet Assigned Numbers Authority (IANA) (Übersicht über länderbezogene Top Level Domains): www.iana.org
- Internet Corporation for Assigned Names and Numbers (ICANN): www.icann.org/ (Informationen zu gTLDs)
- InterNIC (Internet Network Information Center, Public Information Regarding Internet Domain Name Registration Services): www.internic.net
- Whois-Abfrage für Domains: www.uwhois.com/,
- www.internic.org/whois.html

Deutschland

- iRights.info – Informationsplattform und Online-Magazin: http://irights.info
- Recht 2.0 – Internet, Social Media und Recht, IT-Rechtblog von Dr. Carsten Ulbricht: www.rechtzweinull.de (deutschsprachig)

**Digitale Bildbeschriftung**

<u>International</u>

- International Press Telecommunication Council (IPTC): www.iptc.org
- Pixelboxx IPTC Writer, Digitale Beschriftung von Bilddateien (Freeware oder Vollversion): www.pixelboxx.de/iptcwriter

- Grunig, James E.: *World Views, Ethics and the Two-Way-Symmetrical Model of Public Relations* (1994), in: Armbrecht, Wolfgang; Zabel, Ulf (Hrsg.): *Normative Aspekte der PR,* Westdeutscher Verlag, Opladen, S. 69–89

**Recht und Vergütung**

<u>Deutschland</u>

- Preusker, Anja: *Ein Handbuch für Business im Grafik-Design,* avedition Verlag, Stuttgart (1996)

- SDSt/AGD (Hrsg.): *Vergütungstarifvertrag für Designleistungen,* Allianz deutscher Designer, Braunschweig (2006)

# Recht/**Notizen**

## Recht/**Notizen**

# 9.0

Organisation ist alles, sagen die einen, ihr kreatives Chaos lieben die anderen. Den Überblick behalten und sich gut organisieren – was auch immer man im Einzelfall darunter versteht – führt jedenfalls meist zum Ziel. Wer gut organisiert ist, spart Zeit, Komplikationen und Probleme.

Mit Selbstdisziplin, dem überlegten Einsatz von Wissen, Erfahrungen und passender Arbeitsmittel werden umfangreiche Projekte zwar noch immer kein Zuckerschlecken, doch plan- und beherrschbar. Auf den folgenden Seiten erfahren wir, wie ein strategisches Konzept zu einem schlüssigen Planungspapier wird, wie so genannte Briefings die Zusammenarbeit der Projektteams, Kreativität und Produktivität fördern. Wir hören (nicht zum ersten Mal), dass Zeit noch immer Geld ist und ein gutes Budget- und Zeitmanagement einfach unerlässlich.

Das Kapitel stellt organisatorische Methoden und Routinen vor, die sich bewährt haben und uns dabei helfen, ein Projekt effizient zu realisieren: vom Entwurf bis zur überzeugenden Präsentation. Eine methodische Struktur, die sicher durch alle Arbeitsschritte führt und daneben auch Umwege erlaubt – dieser Weg ist das Ziel. So bewahrt der Designer den Überblick und genügend schöpferischen Freiraum, um auch an nächste Projekte zu denken, die vielleicht seine Aufmerksamkeit fordern.

# Organisation

| | | |
|---|---|---|
| 9.1 | **Konzeption** | 384 |
| 9.2 | **Planung** | 388 |
| | Aufgabenplanung | 388 |
| 9.3 | **Projektplanung** | 391 |
| | Der Projektplan | 394 |
| | Kommunikation im Projektmanagement | 399 |
| 9.4 | **Beispielpläne** | 401 |
| 9.5 | **Budgetierung** | 402 |
| 9.6 | **Präsentation und Rhetorik** | 404 |
| | Fragenkatalog: Basis zur Erstellung einer Präsentation | 404 |
| | Die Rhetorik | 405 |
| | Planung einer Präsentation | 407 |
| | Gestaltung einer Präsentation | 408 |
| 9.7 | **Tipps und Links** | 413 |

## Konzeption

Ein **Konzept** ist ein methodisch entwickeltes, kreatives und in sich schlüssiges Planungspapier zur Problemlösung. Es „ist ein umfassender, gedanklicher Entwurf, der sich an einer Leitidee beziehungsweise an bestimmten Zielen orientiert und grundlegende Handlungsrahmen und Strategien, wie auch die notwendigen operativen Handlungen, zu einem schlüssigen Plan zusammenfasst."[1]

Es werden beispielsweise die folgenden **Konzeptarten** unterschieden. Eine **Projektskizze** ist ein grobes und zeitlich kurzfristig ausgelegtes Planungspapier, bei dem Inhalte und die kreative Idee im Vordergrund stehen. Das **Strategie-Szenario** ist ein langfristig ausgelegtes Planungspapier, das beispielsweise Markt- und Zielgruppenentwicklungen analysiert und die notwendigen kommunikativen Konsequenzen skizziert. Das **Jahreskonzept** dient der vorausschauenden Planung und soll häufig zugleich das beanspruchte Budget legitimieren. **Kampagnenkonzepte** werden konkret auf ein Produkt, ein Thema oder ein Problem fokussiert und über einen fest definierten Zeitraum systematisch angegangen. Der Schwerpunkt liegt hier auf dem Maßnahmensystem, das innerhalb der Kampagne umgesetzt werden. Im Tagesgeschäft von Agenturen wird meist nur von Konzept gesprochen: im Sinne von Kampagnenkonzept oder als Konzept (Projektskizze) für bestimmte Maßnahmen wie eine Broschüre oder eine Website.

**Tipp:** *Ein Konzept ist eine praxisorientierte Anweisung. Sie sollte übersichtlich gegliedert werden. Man sollte bei komplexen Konzepten nicht mehr als drei numerische Gliederungsebenen verwenden.*

Es gibt unterschiedliche methodische Wege, die zu einem Konzept führen. Die drei folgenden systematischen Schritte, auch Planungsphasen, haben sich in der Praxis bewährt: **Analyse – Strategie – Operation**.

Zur **Analyse** gehört ein aussagekräftiges Briefing des Auftraggebers und die anschließende Recherche im Umfeld der Thematik.

---

[1] Becker, Jochen: Marketing-Konzeption. Grundlagen des strategischen Marketing-Managements (1993)

| Analyse |
| --- |
| Briefing |
| Recherche |
| Analyse |
| **Strategie** |
| Zielgruppen |
| Ziele |
| Positionierung |
| Botschaften und Tonalität |
| Kreative Leitidee |
| **Operation** |
| Maßnahmen |
| Zeitplan |
| Etatplan |
| Evaluation |

Das Wort **Briefing** (engl.: brief = kurz) stammt aus dem amerikanischen Militärjargon und bezeichnet eine Einsatzbesprechung mit kurzer Lagebeschreibung und Erläuterung von Operationszielen sowie einer Strategie. Der Begriff wurde von dem amerikanischen Werbefachmann **Rosser Reeves** und dem Werbetexter **David Ogilvy** in die Werbung (→ Kap. Marketing, S. 281 ff.) übertragen.

Die Funktion eines Briefings ist die gründliche Information vonseiten des Auftraggebers über alle Fakten, Hintergründe und Meinungen, die im Zusammenhang mit der gesuchten Problemlösung zur Konzeption, Gestaltung und Durchführung eines Auftrags relevant sind.

In der Praxis finden verschiedene Briefingarten Anwendung. Ein **Rebriefing** findet beispielsweise dann statt, wenn sich bei der Recherche Widersprüche zwischen dem Kundenbriefing und der realen Marktsituation herausstellen oder die erarbeitete Strategie erheblich von den Kundenvorgaben abweicht. Ein **Debriefing** (engl.: Nachbesprechung, Schlussbesprechung) findet in der Regel nach Abschluss des Projekts als Form der Manöverkritik statt. Bei einem so genannten **Schulterblick** werden konkrete Maßnahmen oder erste Kreativlösungen vorgestellt, bevor die zeit- und kostenaufwendige Umsetzung erfolgt. Der Schulterblick dient der Diskussion und ermöglicht zusätzliche Absprachen mit dem Auftraggeber über den weiteren Weg der kreativen Umsetzung.

*Tipp: Grundsätzlich ist ein schriftliches Briefing ratsam. Ein ergänzendes mündliches Briefing ist sinnvoll. Zunächst erstellt man eine Frageliste, die der Kunde vorab erhält. Man sollte niemals allein in ein mündliches Briefing gehen und stets einen schriftlichen Briefingbericht nach jedem Briefinggespräch schreiben. Bei komplexen Zusammenhängen sollte der Bericht dem Kunden zur Kontrolle vorgelegt werden.*

<u>Die Inhalte eines Briefings sind wie folgt:</u>

- Angaben zum Unternehmen (z. B. Unternehmenstätigkeit, Branche)
- Beschreibung der Marktsituation (Ausgangslage, Wettbewerber)
- Aufgabenbeschreibung, Vorgaben (z. B. Corporate Design, Tonalität) und Beschränkungen, Zielsetzung
- Zielgruppen (z. B. Kernzielgruppen)
- Kommunikationsziele
- Produktinformationen (Eigenschaften, Nutzenargumentation, Benefits, Reason-why, Alleinstellungsmerkmal)
- Etat/Budget (z. B. Verfügungsrahmen, Agenturleistungen, sonstige Leistungen)
- Termine (z. B. Lancierung) und Zeitplan (Zeit- und Projektplanung)
- Weiterführende Materialien

Die **SWOT-Analyse** ist ein Modell, um den **Ist-Status** auf den Punkt zu bringen, und zugleich die Basis zur strategischen Arbeit. Das Initialwort **SWOT** steht für **Strengths** (Stärken), **Weaknesses** (Schwächen), **Opportunities** (Chancen) und **Threats** (Risiken). Das Modell konzentriert sich auf das Objekt, filtert aus der Recherche die essenziellen Faktoren heraus und sondiert die kommunikationsrelevanten Funktionen.

| | Stärken | Schwächen |
|---|---|---|
| **Interne Faktoren** | | |
| | Chancen | Risiken |
| **Externe Faktoren (Umfeld)** | | |

**Tipp:** *Für eine gute Recherche sind nur problemrelevante Fakten wichtig. Man sollte nicht zu viel Zeit mit der Recherche verlieren und verschiedene Quellen und Perspektiven einbeziehen. Nur sichere Quellen und aktuelles Material sollte verwendet werden und quantifizierbares Material vorgezogen werden.*

**Ziele** für die Konzeption leiten sich aus der Aufgabenstellung des Briefings (→ S. 385) ab. **Zielarten** in der Kommunikation sind beispielsweise **kognitive Ziele** (Wahrnehmung, z. B. Bekanntheit, Aufmerksamkeit), **affektive Ziele** (Einstellung, z. B. Akzeptanz, Image, Sympathie) und **aktivierende Ziele** (Handlung, z. B. Response).

# Planung

**Planung** ist eine systematische Methodik. Eine gute Planung ist zielgerichtet, schafft Klarheit, ist effektiv, effizient und dient dazu, Fehler zu vermeiden. Mit guter Planung kommt man schneller ans Ziel.

<u>Die Kernfragen der Planung</u>

- Was will ich erreichen? (Ziel)
- Was ist wichtig? (Kriterien)
- Wie gehe ich am besten vor, um das Ziel unter bestimmten Bedingungen zu erreichen? (Arbeitsmethode)
- Wann fange ich an? (Termine und Zeit)

**Goldene Regel:** Planungen sollten immer schriftlich erarbeitet werden. Zu wenig Planung schadet, zu viel Planung ebenfalls.

<u>Ziele</u>

Ziele sind Orientierungs- und Richtgrößen für den Entscheider. Ohne ein Ziel zu definieren ist es nicht möglich, Prioritäten zu setzen. Ein gut gesetztes Ziel ist realistisch und konkret. Es ist nicht zu groß, nicht zu klein und gibt einen Termin vor. Ziele sollten überprüfbar, realisierbar, widerspruchsfrei, vollständig, durchsetzbar und transparent sein.

**Goldene Regel:** Ziele sollten immer schriftlich notiert werden. Ein schriftlich fixiertes Ziel ist eine Verpflichtung, auch gegenüber sich selbst, sich einer Aufgabe zu stellen, sich dafür zu engagieren. Ziele müssen regelmäßig überprüft und gegebenenfalls korrigiert werden.

## Aufgabenplanung

Zu jedem Ziel gehört eine Planung. Alle durchzuführenden Aufgaben werden an einer zentralen Stelle in einer Aufgabenliste schriftlich dokumentiert. Wie eine Aufgabenliste geführt werden sollte, ob auf Papier, einem Rechner, Tablet

## 9.2 Organisation/**Planung**

oder Smartphone, ist nicht entscheidend. Ziel ist es nicht, alle notierten Aufgaben auszuführen, sondern die Aufgaben erst einmal zu werten. Die wichtigen Arbeiten sollten immer zuerst erledigt werden. Doch auch die beste Aufgabenliste ist nur von Nutzen, wenn man mit ihr arbeitet.

**Tipp:** *Nicht notierte bzw. ungeplante Aufgaben schwirren nur im Kopf herum und belasten. Wenn du etwas in deine Aufgabenliste schreibst, ist das gleichzeitig eine Verpflichtung: Diese Arbeiten sind zu erledigen! Schreibe zu jeder Aufgabe den nächsten konkreten Schritt auf, um klar vor Augen zu haben, was getan werden muss oder was als Nächstes zu tun ist. Zudem mache dir klar, dass es immer mehr Aufgaben gibt, als Zeit dafür zur Verfügung steht.*

<u>Goldene Regeln der Aufgabenplanung</u>

- Selbstdisziplin
- Kleine Aufgaben, die weniger als drei Minuten benötigen, werden immer sofort erledigt.
- Größere Aufgaben sollten in mehrere Schritte aufgeteilt werden.
- Überprüfen der Aufgabenliste einmal pro Woche
- Anlegen eines Kalenders mit Wiedervorlage
- Führen eines Termin-Reminders (z. B. Kalender, Erinnerungsfunktion über MS Outlook, iCal, Wiedervorlagemappe)

**Beachte:** Ohne eine Wiedervorlage entstehen Stress und Anspannung, vor allem wegen des unterschwelligen Gefühls, etwas vergessen zu haben.

**Tipp:** *Plane am Abend zuvor und lass das Unterbewusstsein für dich arbeiten.*

**Selbstdisziplin** ist die Fähigkeit, unsere Bequemlichkeit und Trägheit zu überwinden und auch unangenehme Aufgaben zu erledigen, um so ein höheres Ziel zu erreichen.

**Tipp:** *Stelle dir stets die Frage: „Was habe ich davon, wenn ich das jetzt erledige?"*

**Prioritäten setzen.** Im Normalfall vergeuden wir 80 Prozent unserer Zeit mit Arbeiten, die wenig oder gar nichts bringen. Das **80:20-Prinzip** sagt aus, dass bei den meisten Menschen nur 20 Prozent ihrer Aufgaben für 80 Prozent ihres Erfolgs und ihrer Produktivität die Ursache sind.

*Tipp: Kennzeichne die wichtigsten Arbeiten auf der Aufgabenliste. Vermeide Störungen und Unterbrechungen. Setze Prioritäten für „sehr wichtig" (A), „wichtig" (B) und „Routine, kann später erledigt werden" (C).*

Zeitmanagement

Die Redewendung „Zeit ist Geld!" hat seine Berechtigung. Zeit muss organisiert werden, damit sie gut genutzt werden kann. Dabei ist eine ungenaue Schätzung immer noch besser als gar keine Schätzung.
  Alle Aufgaben, Aktivitäten und Termine sollten sofort notiert werden. Nur so ist in jeder Situation ein Überblick möglich. Und nur so kann man sich auf das Wesentliche konzentrieren.

*Tipp: Verplane nicht den ganzen Tag. Plane eine Pufferzeit von etwa 40 Prozent ein. Plane drei Zeitblöcke: etwa 60 Prozent für geplante Aktivitäten, etwa 20 Prozent für unerwartete Aktivitäten („Zeitdiebe") und 20 Prozent für spontane und soziale Aktivitäten. Die Erfahrung wird zeigen, was im Arbeitsalltag machbar und planbar ist, und was nicht funktioniert.*

**Beachte:** Die innere Einstellung bestimmt nicht nur dein Verhalten, sondern auch das deines unmittelbaren Umfelds. Denke positiv!

# Projektplanung

Ein Projekt ist eine **Aufgabe** oder ein **Vorhaben,** das einen **definierten Anfang** und ein **definiertes Ende** hat und das mehrere miteinander verbundene **Teilvorgänge** erfordert, die auszuführen sind, um das vorgegebene **Ziel** zu erreichen.

Jedes Projekt basiert auf einem Konzept (S. 384 ff.). Ein Projekt erfordert **Organisation:** die Planung und Durchführung eines Vorhabens.

Vier goldene Regeln der Planung

1. Analyse: Was ist das Problem oder die Aufgabe?
2. Planung: Wie löse ich das Problem oder die Aufgabe?
3. Umsetzung: Wie sieht die Lösung aus?
4. Kontrolle: Wie prüfe ich das Ergebnis?

Projekte scheitern in der Regel, weil man sich auf die Arbeit stürzt, ohne sie vorab zu planen, weil Termine verfehlt werden oder sich verschieben, oder weil die Kontrolle der Aufgaben unzureichend ist.

Projekte sind in der Regel dann erfolgreich, wenn:

- der Projektleiter und das Team dasselbe, klar definierte Ziel und Ergebnis vor Augen haben.
- das Projekt ausreichend geplant ist, um vor allem Fehlstarts und das Rückgängigmachen von Einzelschritten zu verhindern.
- die Arbeitsaktivitäten sorgfältig terminiert und kontrolliert werden, um den Abschluss des Projekts sicherzustellen.
- die Teammitglieder verstehen, was von ihnen erwartet wird.
- es offene Kommunikationskanäle zwischen allen Ebenen und Geschäftsstellen gibt.
- die Teammitglieder befugt sind zu handeln und motiviert werden, ein hohes Leistungsniveau anzustreben und dieses auch zu halten.
- dem Team Notfallpläne vorliegen, auf die es zurückgreifen kann, wenn die Ereignisse nicht so ablaufen sollten wie geplant.

Acht goldene Regeln im Planungsprozess

**Tipp:** *Visualisiere!*

1. Plane im Voraus.
2. Setze Ziele.
3. Durchdenke taktische und strategische Alternativen.
4. Lege die wichtigsten Elemente der einzelnen Phasen fest.
5. Erstelle einen Terminplan.
6. Bestimme die erforderlichen Ressourcen.
7. Erstelle ein Budget.
8. Lege die wichtigsten Grundsätze und Verfahren fest.

Checkliste: Was muss der Planer und sein Verfahren leisten können?

- **Wirtschaftlichkeit** von Teilprojekten und des Gesamtprojekts
- Eine **zuverlässige Planung** (z. B. von Kapazitäten, Kosten)
- Die **übersichtliche Darstellung** des Arbeitsablaufs mit allen wichtigen Abhängigkeiten
- Das Erstellen eines **detaillierten Zeitplans** mit Angaben von z. B. so genannten Meilensteinen, kritischen Situationen sowie Zeitreserven (Puffer)
- Das Erstellen von zuverlässigen und einfachen **Unterlagen** für die **Arbeitsvorbereitung**
- Die Fähigkeit, **Planabweichungen** schnell zu erkennen und rechtzeitig darauf zu reagieren
- Die Integration aller **Phasen** der **Projektabwicklung** (Entwurf, Produktion, Einkauf, Finanzierung etc.)

## Organisation/**Projektplanung**

<u>Checkliste: Der Planungsprozess</u>

**Planen**

1. **Projektentwurf** erarbeiten und bekannt geben
2. Ziele festlegen
3. Aufgaben gliedern (Teilaufgaben)
4. Beziehungen bestimmen
5. Aufgaben planen
6. Ressourcen planen
7. Plan erstellen
8. Plan freigeben

**Tipp:** *Ein Projektentwurf sollte für jedes Projekt erarbeitet und schriftlich definiert werden. Der Entwurf legt bereits das Budget und die Dauer des Projekts fest und beschreibt die Verantwortlichkeiten. Enthält: Projektbeschreibung, Projektdauer, Projektbudget, Projektteam, Projektergebnisse.*

**Implementieren**

1. Ziele überprüfen
2. Aufgaben zuweisen
3. Motivieren
4. Die Arbeit erledigen

**Kontrollieren**

1. Arbeitsaktivitäten und Arbeitsabläufe kontrollieren
2. Fortschritte verfolgen
3. Auf Tendenzen und Ereignisse achten
4. Ergebnisse berichten

**Anpassen**

1. Probleme lösen
2. Den Plan ggf. modifizieren
3. Auf Notfallstrategien zurückgreifen
4. Projekt abschließen

### Der Projektplan

Wie wird ein Projekt strukturiert?

Um Aktivitäten und andere Faktoren eines Projekts übersichtlich zu strukturieren, wird ein **Projektstrukturplan** erstellt, bevor man die eigentlichen Abläufe mit Hilfe eines **Aktivitätenplans,** dem **Zeit-** und **Kostenplan** konzipiert. Der Projektstrukturplan stellt die einzelnen Arbeitspakete in einer hierarchischen Struktur dar und gibt einen vollständigen, gegliederten Überblick über das Projekt. Danach werden die Arbeitspakete in einzelne Vorgänge aufgeteilt und in den Projektablauf integriert.

**Beachte:** Plane, bevor das Projekt beginnt, wenn sich Termine ändern oder wenn neue Zielsetzungen eingeführt werden. Ändere den Plan, sofern die Ergebnisse unbefriedigend sind und wenn sich Anforderungen, Ressourcen oder Termine ändern.

Die folgende Übersicht (Abb. 1) zeigt einen funktionsorientierten Projektstrukturplan.

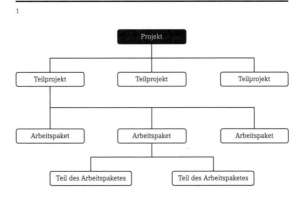

## Organisation/**Projektplanung**

Der Projektplan ist eine detaillierte Beschreibung des Projektentwurfs. Ein Projektplan besteht aus den folgenden Teilen:

1. **Projektdefinition**
   - Beschreibung der zu leistenden Aufgaben bzw. Arbeiten
   - Projektvoraussetzungen
   - Projektzweck und Projektauftrag
   - Projektergebnisse
   - Erwartungen (Endergebnisse und Ziele)
   - Arbeitsumfang (intern und extern)

2. **Projektvariablen**
   - Zu erbringende Leistungen
   - Datum des Projektstarts
   - Voraussichtliche Dauer des Projekts
   - Geplantes Abschlussdatum (Termin)
   - Personelle Erfordernisse
   - Auswirkungen

3. **Liste der Meilensteine sowie der zu erbringenden Leistungen**
   - Verantwortlichkeiten
   - Aufgabe
   - Erwartetes Ergebnis
   - Geplanter Starttermin
   - Geplanter Abschlusstermin
   - Tatsächlicher Starttermin
   - Tatsächlicher Abschlusstermin

4. **Projektbudget**
   - Ist-Budget
   - Soll-Budget
   - Weitere Budgetkosten (z. B. Reisekosten)
   - Außerplanmäßige Kosten

5. **Ergänzende Pläne**
   - Training
   - Implementierung
   - Notfallpläne

6. **Projektgenehmigung**

## Planarten

Der **Ablaufplan** ist eine visuelle Darstellung, um logische Zusammenhänge zwischen den definierten Arbeitspaketen (Aufgaben) zu veranschaulichen. Die Netzplantechnik unterstützt die Darstellung mit gerichteten **Graphen,** die Darstellung der Aufgaben als Knoten in einem Netz oder die logische Darstellung von Abhängigkeiten (z. B. Zeit).

Der **Terminplan** unterstützt die Terminierung des Projektablaufs mit der Bestimmung der Zeitdauer für jede Aufgabe sowie deren zeitliche Abfolge und Zuordnung zu Ressourcen. Weitere Planarten sind der **Kapazitätsplan, Kostenplan, Personalplan, Qualitätsplan, Finanzplan** sowie die **Risikoanalyse.**

## Die anschauliche Darstellung der Aktivitäten

**Große bis mittlere Projekte** werden mit Hilfe von **Netzplänen** (Netzplantechnik) aus Ereignissen und Aktivitäten visualisiert, mit denen die zeitlichen Beziehungen innerhalb eines Projekts grafisch dargestellt werden. Dabei werden die Projektabschnitte zu einem bestimmten Zeitpunkt durch Kreise dargestellt. Aktivitäten werden anhand von Linien demonstriert, die in Pfeile münden.

Die folgende Übersicht (Abb. 2) zeigt die **PERT-Methode** (Program Evaluation and Review Technique).

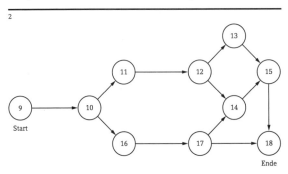

2

## Organisation/**Projektplanung**

**Mittelgroße bis kleine Projekte** können wie folgt nach der so genannten **Gantt-Methode**[2] (Abb. 3) mit folgendem Aufbau dargestellt werden: Wer? Wann? Was? Wie? In einer Matrix werden Linien gegen eine Achse gesetzt, welche die Zeit repräsentiert.

3

| Arbeitsplan | | | | | | | | |
|---|---|---|---|---|---|---|---|---|
| Aufgabe | Verantwortl. | Woche (KW) | | | | | | |
| | | 2 | 3 | 4 | 5 | 6 | 7 | 8 |
| 01 Projektplan fertigstellen | JM | ■■ | | | | | | |
| 02 Freigabe einholen | MM | | ■ | | | | | |
| 03 Maßnahmenplan ausarbeiten | SB | | ■■■ | | | | | |
| 04 Hardware installieren | Lieferant | | | ■■■ | | | | |
| 05 Projektpersonal buchen | Verw. | | ■■■■ | | | | | |
| 06 Trainingsmodul schreiben | JB | | | ■■■ | | | | |
| 07 System testen | MM | | | | ■■■ | | | |
| 08 Projektpersonal Arbeitsbeginn | Verw. | | | | | ■ | | |
| 09 Systemstart | RK | | | | | ■ | | |
| 10 Training | JB | | | | | | ■■■ | |
| 11 Systemumstellung | CM | | | | | | | ■ |

**Kleinere Projekte** sollten eine Liste der Meilensteine und der zu erbringenden Leistungen wie folgt enthalten:

- Verantwortlichkeiten
- Aufgabe
- Erwartetes Ergebnis
- Geplanter Starttermin
- Geplanter Abschlusstermin
- Tatsächlicher Starttermin
- Tatsächlicher Abschlusstermin

---
[2] Entwickelt von Henry Laurence Gantt um 1910.

## Organisation/**Projektplanung**

<u>Weitere Planarten</u>

Hub and Spoke: Beim häufig verwendeten, aus dem Transportwesen und der Informationstechnik stammenden **Hub-and-Spoke-Modell,** auch **Speichenarchitektur (Nabe-Speiche),** führen alle Verbindungen sternförmig von einem zentralen Knoten (Nabe, engl. „hub") zu den jeweiligen Endpunkten (Speichen, engl. „spokes").

Scrum: Vor allem in Digital-Agenturen und bei digitalen Projekten setzt sich zunehmend die Organisationsform Scrum durch. Scrum (wörtlich „Gedränge") meint eine Art des Projektmanagements, bei der die Arbeitsprozesse in kleine, überschaubare (tägliche und wöchentliche) Zwischenschritte unterteilt und fortlaufend (engl. „iterative"), also in wechselseitigem Austausch mit allen Projektbeteiligten, abgestimmt werden – vor allem mit dem Auftraggeber.
    Das hat den Vorteil, dass Designer, Developer und ganze Kreativteams nicht wochenlang „auf Risiko" und womöglich umsonst arbeiten, wenn bei einer Präsentation die Arbeitsergebnisse für den Auftraggeber nicht zufriedenstellend oder ganz anders als erwartet sind. Mit Scrum bleiben Ziele, Prozesse, Aufwand und Aufgabenverteilung beweglich (engl. „agile") und das Projekt bleibt besser steuerbar.

<u>Checkliste: Phasen der Projektplanung</u>

1. Vorüberlegungen treffen
2. Analyse
- Analyse des Projekts, Zeitanalyse, Analyse der notwendigen Kosten, Materialien und Kapazitäten
3. Strukturplanung
- Systematische Darstellung der Projektstruktur
4. Ablaufplanung
- Systematische Darstellung des Projektablaufs
5. Zeitplanung
- Konkrete Vorausplanung des zeitlichen Ablaufs
6. Revision
- Erforderlich, sofern Anpassungsprobleme entstehen

## Kommunikation im Projektmanagement

Im Projektmanagement muss effizient kommuniziert werden. Eine effiziente Kommunikation heißt vor allem auch Verständlichkeit. Diese lässt sich nach dem **Hamburger Modell** (Abb. 4) des deutschen Kommunikationswissenschaftlers Friedemann Schulz von Thun[1] durch folgende vier Merkmale beschreiben:

- Einfachheit im Gegensatz zu Kompliziertheit
- Gliederung und Ordnung im Gegensatz zu Chaos
- Kürze und Prägnanz im Gegensatz zu Weitschweifigkeit
- Anregende Zusätze im Gegensatz zu reiner Information

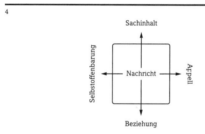

4

Der erfolgreich Kommunizierende ist sich bewusst, dass eine Nachricht (→ Kap. Gestaltung, S. 48) mehrere Botschaften enthalten und gleichsam über mehrere Kommunikationskanäle übermittelt werden kann.

## Checkliste: Projektkontrolle

1. Behalte Meilensteine im Auge.
2. Halte regelmäßig Teambesprechungen ab.
3. Plane zeitliche Puffer ein.
4. Plane bei allen wichtigen Aktivitäten Maßnahmen für den Fall unvorhergesehener Ereignisse ein.
5. Halte einen gut durchdachten Notfallplan bereit.
6. Toleriere Untätigkeit nicht.
7. Führe ein Projekttagebuch.

**Vorteile:** Ein Projekttagebuch hält Vereinbarungen fest, wichtige Projektinformationen sind jederzeit verfügbar. Es verhindert, dass man sich nur an die positiven Situationen erinnert. Es ist zudem wertvoll als Ablaufbeschreibung sowie zum Verfassen des Abschlussberichts (vgl. Kap. Marketing, S. 314, Erfolgskontrolle).

**Beachte:** Der Mensch fühlt sich mehr an das gebunden, was er schriftlich fixiert hat als an das, was er im Kopf behält.

8. Verfasse Zwischenberichte. Jeder Zwischenbericht
   - enthält das Datum des Berichts und das Datum des Projektstarts und des voraussichtlichen Abschlusstermins.
   - protokolliert Ablauf, Zeit und revidierte Kalkulationen.
   - führt Punkte (Aufgaben) auf, die zu entscheiden sind.
   - enthält Empfehlungen hinsichtlich der Fortsetzung oder des Abbruchs des Projekts.
   - fixiert das Datum für den nächsten Bericht.
   - enthält weitere wichtige Punkte sowie die Kontaktdaten des Verfassers.

Der **Projektabschlussbericht** gibt eine formale rückblickende Beurteilung wieder, in der z. B. Fehler, Ergebnisse, Erfolge, Verbesserungen, Zeitstandards für künftige Projekte oder Verbesserungsvorschläge in der Methodik des Projektmanagements aufgeführt sind.

# Beispielpläne

**Vorlage Terminplanung**

| Auftraggeber: | Projektleitung: |
|---|---|
| Projektnummer: | |
| Projektbezeichnung: | |
| Datum: | |
| Verteiler: | Intern: |
| | Extern: |

| Phasen und Beschreibung: | Termin | | Verantwortlichkeiten |
|---|---|---|---|
| | Start | Ende | |
| 1. Projektstart und Aufgabendefinition | | | |
| 2. Konzeptions- und Abstimmungsphase | | | |
| 3. Gestaltungs- und Realisationsphase | | | |
| 4. Produktionsphase | | | |

Jahresplan 2007

## Budgetierung

Unter **Budgetierung** versteht man das Erstellen, Umsetzen und die Kontrolle eines Budgets, auch **Etat** genannt – ein in Geldeinheiten formulierter, festgelegter Plan. Unabhängig von der Höhe eines Budgets stehen folgende Fragen am Anfang einer Budgetierung: Was will ich erreichen? Mit welchen Mitteln will ich es erreichen?

Dabei sind verschiedene **Einsatzmittel**, auch **Ressourcen**, zur Durchführung und Erfüllung der Vorgaben zu berücksichtigen. Neben finanziellen Mitteln **(finanzielle Ressourcen)** müssen auch **personelle Ressourcen, materielle Ressourcen** sowie **zeitliche Ressourcen** bei der Budgetierung berücksichtigt werden.

In der Praxis werden dafür meist fünf unterschiedliche methodische Ansätze kombiniert.

Die **All-You-Can-Afford-Method** betrachtet die Finanzkraft. Ausschlaggebend für eine Budgetierung sind hier die finanziellen Mittel einer Organisationseinheit (Was kann ich mir leisten?) Die **Competitive-Parity-Method** betrachtet den Wettbewerb bzw. den zentralen Markt (national, international). Die **Percentage-of-Sales-Method** orientiert sich am Umsatz einer Organisationseinheit. Das Budget wird in Prozent als Teil vom Umsatz oder als Aufwand pro Stück oder als Einheit angegeben; man richtet sich dabei nach vergangenen, laufenden oder künftigen Zeitabschnitten. Die **Percentage-of-Profit-Method** betrachtet den Gewinn. Das Budget wird auf Basis eines bestimmten Prozentsatzes vom Gewinn festgelegt. Die **Objective-and-Task-Method** stellt Ziele und Aufgaben in den Fokus. Die Höhe des Budgets wird also anhand der Ziele und der daraus resultierenden Aufgaben ermittelt und auf die einzelnen durchzuführenden Maßnahmen verteilt.

Die Aufteilung des Gesamtbudgets in verschiedene Einheiten ermöglicht eine bessere Übersicht und erleichtert die Kontrolle. Ein Budget kann beispielsweise in kontinuierliche Kosten und Aktionskosten unterteilt werden. **Kontinuierliche Kosten** sind finanzielle Aufwendungen für regelmäßig durchgeführte und wiederkehrende Maßnahmen. **Aktionskosten** sind finanzielle Aufwendungen für einmalige oder unregelmäßig durchgeführte Maßnahmen. Eine weitere Differenzierung dieser Kostenvarianten kann zusätzlich vorgenommen werden. Demnach können als Teilbudgets **Honorarkosten, Produktionskosten, Marketingkosten, Büro- und Verwaltungskosten** und **Sonderkosten** betrachtet werden. Honorarkosten sind externe Personalkosten, während Sonderkosten finanzielle Aufwendungen sind, die nicht regelmäßig anfallen und zugleich keiner anderen Kostenstelle zurechenbar sind.

Bei der Budgetverteilung ist zudem eine Unterteilung in **interne** und **externe Kosten** sinnvoll.

Fixkosten und variable Kosten entstehen sowohl bei kontinuierlichen Kosten als auch bei Aktionskosten. **Projektunabhängige Fixkosten** sind Ausgaben, die unabhängig von geplanten Einzelmaßnahmen entstehen. **Variable Projektkosten** sind finanzielle Aufwendungen, die bei Einzelprojekten anfallen und sich je nach Aufwand und Ergebnis ändern können.

**Tipp:** *Mit Budgetkürzungen ist oft zu rechnen, auch wenn eine sorgfältige Planung (im besten Fall) mögliche Kürzungen verhindert oder zumindest die Konsequenzen minimiert. Daher sollte vor dem Erstellen eines Budgets überdacht werden, welche Kosten zwingend anfallen und auf welchen Werteinsatz getrost verzichtet werden kann. Auch sollten stichhaltige Argumente für den Einsatz der geplanten Kosten vorliegen. Plane dafür stets eine Reserve von zehn Prozent ein. Eine gute Erklärung für diese Reserve sind beispielsweise mögliche Kostensteigerungen innerhalb des Budgetzeitraums.*

Goldene Regeln zur Budgetplanung: Kenne die Ziele und Aufgaben, analysiere alle Einflussfaktoren, gehe methodisch und sorgfältig vor, strukturiere die Kostenarten, hole rechtzeitig Angebote ein (in der Regel drei zu einem potenziellen Auftrag), kontrolliere das Budget regelmäßig, kooperiere mit allen beteiligten Projektpartnern, bleibe trotz verbindlichem Budgetrahmen finanziell und inhaltlich kreativ und flexibel (bereite dafür ein Minimal- und Maximalbudget vor), dokumentiere die Ergebnisse und übertrage die Erfahrung auf künftige Projekte.

## Präsentation und Rhetorik

Die Präsentation ist eine Möglichkeit, mit einer bewussten, zweck- und empfängerorientierten **Gestaltung** und **Aufbereitung** von **Daten, Fakten** und **Aussagen** die Effizienz bei der Übermittlung von Informationen (die Prägnanz der dargebotenen Ideen und Inhalte) zu erhöhen.

Jede gute Präsentation orientiert sich am **Empfänger.** Deshalb sollten gerade auch Gestalter vor jeder Präsentation ihrer Arbeitsergebnisse die folgenden Aspekte prüfen.

### Fragenkatalog: Basis zur Erstellung einer Präsentation

– Wer sind die **Adressaten,** auch **Zielgruppen** oder **Teilnehmer**? Wer soll mit der Präsentation erreicht werden? Welches Vorwissen besteht zum Thema? Welche Einstellung besteht zum Thema? Welche Leistungsbereitschaft, allgemeines Interesse und Anzahl der Teilnehmer sind zu erwarten?
– Was soll mit der Präsentation erreicht werden?
– Was sollen die Teilnehmer am Ende der Präsentation wissen oder tun?
– Was soll sich bei den Teilnehmern durch die Präsentation konkret verändern?

Die Präsentation sollte folgende Ausführungen beinhalten:

– **Kernaussagen,** auf die nicht verzichtet werden kann
– **Wichtige Aussagen,** die das Thema abrunden
– **Interessante Aussagen,** die dem Thema Würze geben
– **Beispiele** (z. B. **Case Studies** oder Erfahrungen), die das Thema veranschaulichen

*Tipp: Der Präsentierende sollte immer fundierte **Hintergrundinformationen** bereithalten, welche das Thema bei Nachfragen absichern und untermauern.*

## Die Rhetorik

Die **Rhetorik** ist die **Kunst der Rede** und zugleich die **Analyse der Sprache** sowie auch eine wirkungsvolle Kommunikation, um beim Zuhörer und Zuschauer durch überzeugende Argumente eine Meinungsänderung oder z. B. eine bestimmte Aktion zu provozieren.

Die Rhetorik hat ihren Ursprung in der **Antike,** im 5. Jh. v. Chr. Zu dieser Zeit war die Vertretung vor Gericht durch einen Juristen noch nicht üblich. Sowohl der Kläger als auch der Angeklagte sprachen immer für sich selbst. Es bekam derjenige Recht, dessen Worte überzeugender waren. Der griechische Philosoph und Naturforscher **Aristoteles** (384–322 v. Chr.) entwickelte als Erster eine systematische Darstellung der **Redekunst.** Die „Rhetorik" ist eines seiner Hauptwerke.

Die **Renaissance** kannte lateinische Reden. Die Humanisten folgten der Redekunst des römischen Staatsmanns und Philosophen Cicero (106–43 v. Chr.) oder des römischen Rhetorikers Quintilian (etwa 35–96 n. Chr.). Die moderne politische Redekunst entwickelte sich vor allem im Rahmen des englischen Parlamentarismus und seiner Vertretern, wie z. B. William Pitt, Edmund Burke, Charles James Fox, Richard Brinsley Sheridan und Winston Churchill.

## Die kommunikativen Elemente einer Präsentation

- **Persönlichkeit,** z. B. durch Auftreten und Verhalten
- **Körpersprache** wie Mimik und Gestik
- **Das Wort,** gesprochen, geschrieben, oder die Nutzung des Wortschatzes
- **Die Darstellung,** z. B. visuell und akustisch

## Goldene Regeln der Rhetorik

1. Sprich nur so sachorientiert wie nötig.
2. Sprich verständlich.
3. Sprich deutlich und nicht zu schnell.
4. Mache Sprechpausen (so genannte Mitdenkpausen).
5. Lese die Charts bzw. Folien nicht vor.
6. Spreche eine gepflegte Sprache.

7. Sprich möglichst frei; lies nicht stur vom Blatt ab.
8. Wähle eine so genannte Spickzettelmethode, die es dir erlaubt, so frei wie möglich und so sicher wie nötig zu sprechen.
9. Bereite dich inhaltlich und argumentativ gut vor.
10. Argumentiere überzeugend, sachlich und fair.
11. Sprich zielgerichtet und mit klarer Gliederung.
12. Vereinfache komplizierte Sachverhalte.
13. Bringe die Sachverhalte auf den Punkt.
14. Überprüfe Fremdwörter, Fachbegriffe und Zahlenmaterial.
15. Halte Blickkontakt und achte auf das Feedback der Zuhörer.
16. Bedenke, dass auch der Körper spricht.
17. Lass Mimik und Gestik sich natürlich entfalten.
18. Sei glaubwürdig in Ausdruck und Auftreten.
19. Öffne dich den Zuhörern, gehe auf sie zu; sprich möglichst du-orientiert.
20. Höre aktiv und analytisch zu und beantworte die Fragen.
21. Gehe von den Voraussetzungen und Erwartungen des Zuhörers aus.
22. Vermeide es, den Zuhörer zu unterfordern oder zu überfordern.
23. Sprich nicht länger, als der Zuhörer dir zu folgen vermag.
24. Wecke das Interesse und führe schrittweise zum Thema hin.

Wie nehme ich Kontakt auf?

- Teilnehmer bzw. Gesprächspartner direkt ansprechen.
- Blickkontakt halten.
- Einzelne Teilnehmer direkt ansehen.
- Offene Gestik: Arme und Hände dem Publikum zuwenden und nicht verschränken.
- Leichte, ruhige Bewegungen ausführen: Körperhaltung wechseln oder auf die Gruppe zugehen.
- Aufmerksamkeit erregen, z. B. mit dem Stilmittel Stimme: Aussprache, Tonlage, Tempowechsel, Lautstärke und Stimmlage modulieren (Klangfarbe und Tonhöhe).
- Auswahl passender Medien wie z. B. mit der Visualisierung von Inhalten: bildhafte Sprache, Verwendung von Beispielen und Demonstrationsobjekten.

### Körpersprache

Die Körpersprache ist nur bedingt veränderbar. Sie drückt sich aus in Körperhaltung, Blickkontakt, Mimik (Gesichtsausdruck), Gestik, Stimme, Sprecheigenschaft wie Lautstärke, Stimmlage, Modulation, Sprechtempo, Pausen, körperlichem Abstand (Winkel) zwischen den Gesprächspartnern und (unbewussten) Bewegungen.

**Tipp:** *Der erste Eindruck ist entscheidend und der letzte Eindruck bleibend.*

### **Planung einer Präsentation**

Die Planung der Präsentation erfolgt mit Hilfe eines **Drehbuchs** in Form von verschiedenen **Planschemata** wie z. B. der linearen Methode, der Baumstruktur (→ Kap. Digitale Medien, S. 183, Abb. 11) oder der Netzstruktur (→ Kap. Digitale Medien, S. 183, Abb. 12).

### Checkliste: Zeitplanung Präsentation

1. Festlegen des Präsentationsziels
2. Festlegen der Präsentationsstrategie unter Berücksichtigung der Zielgruppe
3. Festlegen der Medien und des Layouts
4. Inhaltliche Gliederung und Zurücklegen des Hintergrundwissens
5. Drehbuch erstellen
6. Texte und Bilder konzipieren
7. Produktion
8. Test mit Personen unter realitätsnahen Bedingungen
9. Präsentation
10. Nachbereitung und Auswertung

Spickzettelmethoden

**Stichwortmanuskript.** Stichworte geben kontinuierliche Hinweise und Informationen, die dann mit eigenen Worten umschrieben, erläutert oder mit Beispielen versehen werden können. **Vorteile:** freies Sprechen, direkter Kontakt, z. B. Blickkontakt, zum Publikum. Dadurch wirkt die Präsentation lebendig und natürlich.

*Tipp: Es ist empfehlenswert, die ersten Sätze der Einleitung, die Zusammenfassung sowie den Schluss zuvor schriftlich zu formulieren. So ist sicher, dass in hektischen Momenten, etwa zu Beginn oder am Schluss eines Auftritts, die richtigen Worte gefunden werden.*

**Karteikarten.** Es ist ratsam, Karteikarten nicht größer als **DIN A5** (→ Kap. Produktion, S. 205 ff.) zu verwenden. Diese sind fest und handlich, rascheln nicht, verdecken nur wenig von dem Vortragenden und lenken Zuschauer sowie Zuhörer nicht ab. Sie zwingen außerdem zu stichwortartigen Notizen.

*Tipp: Verwende verschiedene Farben, z. B. weiße Karten für Muss-Inhalte und gelbe Karten für Inhalte, auf die beispielsweise aus Zeitgründen verzichtet werden kann.*

## Gestaltung einer Präsentation

Mit dem richtigen **Medieneinsatz** oder **Präsentationswerkzeug** wird die Wirkung einer Präsentation verstärkt (→ Kap. Digitale Medien, S. 142 ff., Soft- und Hardware).
    Zu den **Gestaltungsmitteln** einer **Präsentation** gehören z. B. Schriftart, Schriftgröße, Zeilenbreite, Zeilenabstand, Punkt, Linie, Fläche, Farbe, Kontrast, Ordnung, Animation, Ton. Dabei entscheidet der erste flüchtige Blick bereits über Erfolg oder Misserfolg der Präsentation.

*Tipp: Wichtige Inhalte gehören in die primäre und sekundäre Bildregion.*

Digitale Präsentationscharts

Die häufigsten Fehler bei der Gestaltung und Verwendung von Präsentationscharts:

- Die Charts sind schlecht lesbar; der Schriftgrad ist zu klein, der Kontrast zu gering.
- Das einzelne Chart enthält zu viele und nebensächliche Informationen; die Darstellung ist zu kompakt.
- Die Gestaltungsmittel werden schlecht genutzt; entweder es fehlt eine Veranschaulichung oder es sind derer zu viele.
- Die Inhalte der Charts sind unverständlich und nicht prägnant genug; zudem werden die Folien schlecht erläutert oder die Darbietungszeit ist zu kurz.
- Die Anzahl der Charts ist unangemessen; die Präsentation enthält zu wenige oder zu viele Charts.
- Die Charts passen nicht zu der Dramaturgie des Vortrags; fehlende Abstimmung auf die jeweilige Situation; mangelhafte Koordinierung zwischen Präsentation und Vortrag.

Vorschläge zur Gestaltung und Verwendung von Charts:

- Alle Charts sollten einem einheitlichen Gestaltungsraster folgen.

**Tipp:** *Die Charts sollten durchnummeriert sein.*

- Die Höhe der Grundschrift sollte mindestens sechs Millimeter oder die Schriftgröße mindestens 20 Punkt (pt) betragen.
- Der Kontrast sollte maximal sein.

**Tipp:** *Linien sollten mindestens eine Stärke von 1,5 pt haben.*

- Das Layout sollte einfach und überschaubar gestaltet sein.
- Weniger ist mehr! Nebensächliche Informationen vermeiden.

**Tipp:** *Fünf Kernaussagen bzw. fünf Gliederungspunkte je Chart sind ausreichend. Verwende keine ausformulierten Sätze, sondern nur Stichpunkte.*

- Charts sollten bildhaft gestaltet sein.
  **Beachte:** Vermeide zu viele und unnötige Effekte sowie Animationen. Die Präsentation wird dadurch unruhig und erfordert zudem eine höhere Speicherkapazität.
- Farbe sollte gezielt verwendet werden.
- Inhalte sollten leicht zu verstehen sein.
- Folien sollten in ausreichendem Maße verwendet werden.

**Tipp:** *Die maximale Anzahl der Charts ergibt sich aus der Vortragszeit in Minuten, geteilt durch drei. In der Regel werden 7±2 Charts verwendet. Für jedes Chart sind durchschnittlich drei Minuten Vortragszeit einzuplanen.*

- Vortragstext und Folienpräsentation sollten aufeinander abgestimmt sein.
- Folien sollten der jeweiligen Situation angepasst und untereinander zusammenhängend sein (Durchgängigkeit).
- Folien sind ausreichend lange zu zeigen und vollständig zu erläutern.

**Tipp:** *Gib den Zuhörern und Betrachtern etwas Zeit, um sich auf das jeweilige Chart einzustimmen; kündige das Chart zuvor an. Nach dem Einblenden des Charts schweige etwa zwei bis drei Sekunden; lass zuerst das Chart zu den Zuhörern „sprechen".*

## Darstellungsarten

Komplexe Zusammenhänge in einer Präsentation können auf verschiedene Weise visuell dargestellt werden. Schematische Darstellungen können unterschiedlichste Formen annehmen, um verschiedene Sachverhalte, wie die Darstellung von Zahlen und deren Zusammenhänge, leicht fasslich wiederzugeben.

So stellt das **Organigramm** einen Sachverhalt und dessen Beziehungen zu einem komplexen Thema dar. Pfeile und Verzweigungen verdeutlichen die Zusammenhänge.

**Balken-** und **Säulendiagramme** (Abb. 5) werden für vergleichende Zahlen eingesetzt. In einem **Terminplan** in Form eines Balkendiagramms werden Start- und Endtermine für jede Aktivität als Balken über einer Zeitachse dargestellt (→ S. 397, Abb. 3).

Ein **Kreis-** oder **Tortendiagramm** verdeutlicht den Anteil einer Teilmenge an der Gesamtmenge in Prozent (Abb. 6). In der folgenden Übersicht sind die verschiedenen Darstellungsarten mit ihren Vorteilen aufgeführt.

| | Einfache Abläufe | Vergleiche und Gegenüberstellungen | Entwicklungsverläufe | Aufbau, Zusammensetzung | Organisationsstrukturen | Absolute Werte | Datenzuordnung | Aufzählungen |
|---|---|---|---|---|---|---|---|---|
| **Darstellungsart** | | | | | | | | |
| Liste | | | | | | X | | X |
| Tabelle | | | | | | | X | |
| Balkendiagramm | | X | | | | X | | |
| Säulendiagramm (Abb. 5) | | X | | | | X | | |
| Tortendiagramm (Abb. 6) | | | | | | | | |
| Kurvendiagramm (Abb. 7) | X | | X | | | | | |
| Organigramm | | | | X | X | | | |
| Aufbaudiagramm | | | | X | X | | | |
| Ablaufdiagramm | X | | X | | | | | |

Checkliste: Die Präsentation

1. **Vorplanung:** Wie viel Präsentationszeit und wie viel Diskussionszeit wird angesetzt?
2. **Räumlichkeiten prüfen:** Größe, Akustik, Sitzpositionen (Wo steht der Vortragende?), Verdunklungsmöglichkeit (Rollos, Lichtschalter), Sprechpult
3. **Technik:** Tageslichtprojektor, Beamer, Schalter, Kabel, Scharfstellung, Computer, Software (Sound), Laserpointer, Flipchart
4. **Eigene Unterlagen:** Stichwortmanuskript, digitale Präsentation
5. **Teilnehmerunterlagen:** Welche Unterlagen erhalten die Zuhörer bzw. Zuschauer?

*Tipp: Teilnehmerunterlagen, oft auch Handouts genannt, sollten erst nach der Präsentation verteilt werden. Kein Vortragender spricht gerne zu Zuhörern, die in Pressemappen oder anderen Unterlagen raschelnd blättern und die Inhalte bereits vor der Präsentation lesen. Sollten so genannte* **Moderationskärtchen** *oder* **Stichpunktkärtchen** *verwendet werden, nicht vergessen, diese zu nummerieren. Denn damit ist schnell die korrekte Reihenfolge wieder hergestellt, sollten die Kärtchen einmal durcheinanderkommen.*

# Tipps und Links

**Kalkulation, Konzeption und Planung**

Mehrsprachig

- Währungsumrechnung (Oanda): www.oanda.com/currency/converter (Englisch, Deutsch, Chinesisch, Französisch, Japanisch, Italienisch, Russisch, Portugiesisch, Spanisch)

- Fried, Jason; Heinemeier Hansson, David: *Rework*, Crown Business, New York (2010)

Deutschsprachig

- Infos für Existenzgründer vom Bundesministerium für Wirtschaft und Energie (BMWi): www.existenzgruender.de
- LEO online Wörterbücher (Übersetzung Deutsch, Chinesisch, Englisch, Französisch, Spanisch, Italienisch, Portugiesisch, Polnisch, Russisch): www.leo.org

- Hackenberg, Heide: *Kommunikationsdesign. Akquisition und Kalkulation*, Verlag Hermann Schmidt Mainz (2002)

- Knödler-Bunte, Eberhard; Schmidbauer, Klaus: *Das Kommunikationskonzept*, University Press UMC Potsdam (2004)

- Madauss, Bernd J.: *Handbuch Projektmanagement*, Schäffer-Poeschel Verlag, Stuttgart (2006)

- Maxbauer, Andreas: *Praxistipps für Designer. Informationen für Ihren Berufsstart als selbstständiger Designer*, Allianz deutscher Designer, Braunschweig (2012); auch als PDF

- Schmidbauer, Klaus: *Professionelles Briefing – Marketing und Kommunikation mit Substanz*, BusinessVillage, Göttingen (2007)

- Sterzenbach, Jürgen; Becker, Katja M.; Sonderhüsken, Gisela; Stein, Peggy: *AGD-Vergütungstarifvertrag Design*, Allianz deutscher Designer, Braunschweig (2011)

**Reden, Schreiben und Präsentieren**

Mehrsprachig

- Blindtexte: www.blindtextgenerator.com (Deutsch, Englisch, Französisch, Spanisch, Italienisch, Russisch, Tschechisch)

Deutschsprachig

- Franck, Norbert: *Fit fürs Studium. Erfolgreich reden, lesen, schreiben*, Dtv – Deutscher Taschenbuch Verlag, München (1998)

Englischsprachig

- Tufte, Edward: *Beautiful Evidence*, Graphics Press, Cheshire, Conn. (2006)

- Tufte, Edward: *Envisioning Information*, Graphics Press, Cheshire, Conn. (1990)

- Tufte, Edward: *Visual Explanations: Images and Quantities, Evidence and Narrative,* Graphics Press, Cheshire, Conn. (1997)

**Verbände und Ratgeber**

<u>International</u>

- International Council of Graphic Design Associations (ICOGRADA): www.icograda.org

<u>Deutschland</u>

- Allianz deutscher Designer (AGD) e.V.: www.agd.de
- mediafon GmbH (Beratungsservice der ver.di, Fachbereich Medien, Kunst und Industrie, mediafon.net-Newsletter, Empfehlungen zu Honoraren Journalismus, Text, Foto, Bild, Film, Fernsehen, Musik, Theater): www.mediafon.net

# Organisation / **Notizen**

# 10.0 Hinweis

Die Veröffentlichung aller Informationen erfolgt mit größter Sorgfalt, dennoch können wir Fehler nicht ausschließen. Die Autoren und der Verlag können daher für fehlerhafte Angaben und deren Folgen keine Haftung übernehmen.

Trotz sorgfältiger inhaltlicher Kontrolle übernehmen wir auch keine Haftung für die Inhalte der im Buch genannten Links. Für den Inhalt der genannten Internetseiten sind ausschließlich deren Betreiber verantwortlich. Wir haben keinen Einfluss auf die aktuelle oder zukünftige Gestaltung der genannten Internetseiten.

Alle Rechte bleiben vorbehalten.

# Quellen

Aden, Timo: *Google Analytics*. Carl Hanser Verlag, München (2012)

Adobe: www.adobe.com

Adobe Magazine: *Die Technik der Schrift*. 2. Ausgabe (1995)

Aicher, Otl: *Die Ökonomie des Auges*. Ernst & Sohn, Berlin (1989)

Allianz deutscher Designer (AGD) e.V.: www.agd.de (04.2014)

Allianz deutscher Designer (AGD) e.V./ Alliance of German Designers (2011) Madauss, Bernd J.: *Handbuch Projektmanagement*. Schäffer-Poeschel Verlag, Stuttgart (2006)

Althammer, Sylvia: *Studienbrief – Journalisten und ihr Handwerk*. UMC Potsdam (2006)

Amman, K.; Kegel, D.; Rausch, B.; Siegmund, A.: *Erfolgreich Präsentieren – Ein Leitfaden für den Seminarkurs*. Landesinstitut für Erziehung und Unterricht, Stuttgart (1999)

Anger, Eberhard: *Der Kunst-Brockhaus in 10 Bänden*. Bibliographisches Institut B.I. Taschenbuch Verlag – F.A.Brockhaus (1987)

Apple Computer, Inc.: *Aperture Grundlagen der digitalen Fotografie*. Handbuch (2006)

Apple Inc.: *iPhone-Benutzerhandbuch für iOS 4.1-Software*. Handbuch (2010)

Aßmann, Stefanie; Röbbeln, Stephan: *Social Media für Unternehmen*. Galileo Press, Bonn (2013)

Autorenkollektiv: *Werkstoffbearbeitung in Übersichten. Wissensspeicher*. Verlag Volk und Wissen, Berlin (1986)

Autorenkollektiv: *Chemie 7 – 11*. Verlag Volk und Wissen, Berlin (1988)

Autorenkollektiv: *Technisches Zeichnen. Klasse 7/8*. Verlag Volk und Wissen, Berlin (1987)

Autorenkollektiv: *Fachkunde Metall*. Verlag Europa Lehrmittel, Haan-Gruiten (2010)

Autorenkollektiv: *Reparaturen kompakt – Holz + Möbel*. Stiftung Warentest, Berlin (2012)

Bartel, Stefanie: *Farben im Webdesign. Symbolik, Farbpsychologie, Gestaltung.* Reihe X.media.press. Springer, Berlin (2003)

Becker, Jochen: *Marketing-Konzeption. Grundlagen des strategischen Marketing-Managements.* Verlag Franz Vahlen, München (1993)

Beinert, Wolfgang, Typolexikon: http://www.typolexikon.de/w/webfonts.html (08.2014)

Bentele, Günter: *Studienbrief – Berufsfeld Public Relations.* UMC Potsdam (2006)

Bergerhausen, Johannes; Poarangan, Siri: *decodeunicode: Die Schriftzeichen der Welt.* Hermann Schmidt, Mainz (2011)

Beywl, Wolfgang, Dr.: *Standards für Evaluation.* www.degeval.de/images/stories/Publikationen/DeGEval_-_Standards.pdf. DeGEval – Gesellschaft für Evaluation. Köln (2002)

Bilz, Silja: *Die Macht der Ziffern – Die visuelle Wirkung von Ziffern und ihre Ausdrucksmöglichkeiten.* Manuskript siljabilz@aol.com (2001)

Birkigt, Klaus; Stadler, Marinus M. u.a.: *Corporate Identity.* Verlag Moderne Industrie, Landsberg (2002)

BITKOM Bundesverband Informationswirtschaft, Telekommunikation und neue Medien e.V.: *E-Mail-Marketing,* Band 1. Berlin (2008)

BITKOM Bundesverband Informationswirtschaft, Telekommunikation und neue Medien e. V: *Leitfaden Social Media.* Berlin (2010)

Blana, Hubert: *Die Herstellung. Ein Handbuch für die Gestaltung, Technik und Kalkulation von Buch, Zeitschrift und Zeitung.* K. G. Saur Verlag, München (1998)

Bogusch, N.: www.ostfalia.de/export/sites/default/de/ifvm/download/FoLue/Dokumente_WK/werkstoff_holz.pdf. Holzwerkstoffe und Holzschädlinge. TÜV Akademie (04.2014)

Bommer, J.: *Seminar Systemtechnik. Brainstorming, Morphologie, Scenario, Delphi und Delphi-Conference-Methode zum Auffinden und zur Definition von Systemalternativen und zur Erstellung von Prognosen.* Manuskript (2003)

Böhringer, Joachim; Bühler, Peter; Schlaich, Patrick: *Kompendium der Mediengestaltung Digital und Print: Konzeption – Gestaltung – Produktion – Technik.* 4. Auflage X.Media.Press (2008)

Böhringer, Joachim; Bühler, Peter; Schlaich, Patrick: *Konzeption und Gestaltung, Produktion und Technik für Digital- und Printmedien.* Springer Verlag, Berlin (2014)

Boston Consulting Group (BCG): *BCG Perspectives. The Product Portfolio.* http://www.bcg.de/documents/file52312.pdf (04.2014)

Boston Consulting Group (BCG): *BCG Perspectives. The Return of the Cash Cow.* http://www.bcg.de/documents/file15386.pdf (04.2014)

Bourquin, Nicolas; Mischler, Michael; Klanten, Robert: *Los Logos.* Die Gestalten Verlag, Berlin (2002)

Braehm, H.: *Brainfloating. Neue Methoden der Problemlösung und Ideenfindung.* Wirtschaftsverlag Langen-Müller, München (1986)

Brost, Prof. Dr. Dr.: http://www.mt.haw-hamburg.de/fileadmin/lehrende/greule/alle_pdf/alle_pdf_skripte/FARBMETRIK/greule-farbm-nl070909/1a_%20Einf%FChrung_%20241008.pdf (04.2014)

Bundesamt für Sicherheit in der Informationstechnik – BSI: *Eckpunktepapier. Sicherheitsempfehlungen für Cloud Computing Anbieter.* www.bsi.bund.de (03.2014)

Bundesverband Digitale Wirtschaft (BVDW) e.V.: www.bvdw.org (04.2014)

Bundesverband Informationswirtschaft, Telekommunikation und neue Medien e.V., Deutsches Institut der Normung e.V.: *Kompass der IT-Sicherheitsstandards. Auszüge als Sonderdruck zur it-sa.* www.bitkom.org/files/documents/Kompass_der_IT-Sicherheitsstandards-Auszuege_zum_Thema_Elektronische_Identitaeten.pdf (12.2013)

Bundesverband Informationswirtschaft, Telekommunikation und neue Medien e.V.: *Apps & Mobile Services – Tipps für Unternehmen.* www.bitkom.org/files/documents/Leitfaden_Apps_und_Mobile.pdf (02.2014)

CHEMIE.DE Information Service: www.chemie.de (04.2014)

Clark, C. H.: *Brainstorming. Methoden der Zusammenarbeit und Ideenfindung.* Verlag Moderne Industrie, Landsberg (1972)

Convince and Convert: www.convinceandconvert.com (02.2014)

Cornish, Graham P.: *Copyright. Interpreting the law for libraries, archives and information services.* Library Association Publishing, London (1997)

Creative Commons (CC): http://creativecommons.org (03.2014)

c't Hardware Hacks: *Kreativ basteln mit Technik. Ideen materialisieren. Objekte entwickeln für den 3D-Druck.* Heise Zeitschriften Verlag, Hannover (1/2012)

Dachorganisation der Industrie- und Handelskammern: www.dihk.de (04.2014)

DENIC eG: www.denic.de (03.2014)

Deutscher Direktmarketing Verband e.V.: *Best Practice Guide Nr. 4 eMail-Marketing Dialog pur.* Wiesbaden (2005)

Deutscher Drucker Verlagsgesellschaft GmbH & Co. KG: www.print.de, www.publish.de

Deutsches Institut für Normung (DIN): www.din.de (04.2014)

Deutsches Patent- und Markenamt (DPMA): www.dpma.de (03.2014)

Deutscher Presserat: *Publizistische Grundsätze (Pressekodex)* (2006)

Die Akademie: www.die-akademie.de/service/lexikon/b/budgetierung (04.2014)

Diezmann, Tanja; Gremmler, Tobias: *Grids for the Dynamic Image.* Ava Publishing, Lausanne (2003)

Diringer, David: *Writing.* Thames & Hudson, London (1962)

Domizlaff, Hans: *Grundgesetze der natürlichen Markenbildung,* in Bruhn, M.: *Handbuch Markenartikel.* Stuttgart (1994)

Dörrbecker, Klaus; Fissenewert-Goßmann, Renée: *Wie Profis PR-Konzeptionen entwickeln – Das Buch zur Konzeptionstechnik.* F.A.Z.-Institut (1996)

Duden: www.duden.de/rechtschreibung (03.2014)

*Duden – Die deutsche Rechtschreibung.* Bd. 1., 23. Auflage. Dudenverlag; Mannheim, Leipzig, Wien, Zürich (2006)

ECIN: *Mit Mobile Tagging zum Erfolg.* www.ecin.de (09.2010)

Eco, Umberto: *Semiotik. Entwurf einer Theorie der Zeichen.* Wilhelm Fink Verlag, München (1987)

Engeroff, Hubert: *Journalismus und Werbung.* Deutscher Journalisten-Verband (DJV) (2007)

Ernst, Bruno: *Der Zauberspiegel des M. C. Escher.* Taschen Verlag, Köln (1994)

Esch, Franz-Rudolf: *Strategie und Technik der Markenführung,* 2. überarbeitete und erweiterte Auflage, Wiesbaden (2004)

Esen, Jacqueline: *Der große Fotokurs. Besser fotografieren lernen.* Galileo Press GmbH (2010)

EUR-Lex. Rechtsvorschriften der Europäischen Union: www.eur-lex.europa.eu (03.2014)

Flusser, Vilém: *Die Schrift. Hat Schreiben Zukunft?* European Photography, Göttingen (2002)

Forssman, Friedrich; de Jong, Ralf: *Detailtypografie, Nachschlagewerk für alle Fragen zu Schrift und Satz.* Verlag Hermann Schmidt Mainz (2006)

Fraunhofer-Institut für Integrierte Publikations- und Informationssysteme (IPSI): www.ipsi.fraunhofer.de (04.2014)

Frick, Richard; Graber, Christine; Minoretti, Renata; Sommer, Martin: *Satztechnik und Typografie.* Band 1–5. GDP Verlag, Bern (1989)

Fried, Jason; Heinemeier Hansson, David: *Rework.* Crown Business, New York (2010)

Friedl, Friedrich; Ott, Nicolaus; Stein, Bernard; Luidl, Philipp: *Typographie – wann wer wie.* Könemann Verlagsgesellschaft, Köln (1998)

Fritsche, Hans P. : *Cross Media Publishing: Konzept, Grundlagen und Praxis.* Galileo Press (2001)

Fröhlich, W. D.: *Wörterbuch Psychologie.* Deutscher Taschenbuch Verlag, München (2000)

Frutiger, Adrian: *Der Mensch und seine Zeichen.* Fourier Verlag, Wiesbaden (1978)

Frutiger, Adrian: *Eine Typografie.* Vogt-Schild-Verlag, Solothurn (1981)

Frutiger, Adrian: *Zur Geschichte der linearen, serifenlosen Schriften.* Linotype AG, Eschborn (1987)

FSI FontShop International: *Web-Fontfont, Benutzerleitfaden* (2010)

Fuchs, Wolfgang, Prof. Dr.: *Studienbrief. Grundwissen Marketing.* UMC Potsdam (2006)

Fuchs, Wolfgang, Prof. Dr.: *Studienbrief – Grundlagen der Volkswirtschaftslehre.* UMC Potsdam (2006)

Fuhrberg, Reinhold: *Studienbrief – PR-Evaluation.* UMC Potsdam (2006)

Gabler Verlag | Springer Fachmedien Wiesbaden GmbH: *Gabler Wirtschaftslexikon online.* http://wirtschaftslexikon.gabler.de (09.2010 – 03.2011)

*Gabler Wirtschaftslexikon:* http://wirtschaftslexikon.gabler.de, App für iPhone

Gebhardt, Andreas: *Generative Fertigungsverfahren. Rapid Prototyping – Rapid Tooling – Rapid Manufacturing.* Carl Hanser Verlag, München (2013)

Geddes, Brad: *Advanced Google AdWords.* John Wiley & Sons, Indianapolis (2012)

Gesamtverband Kommunikationsagenturen GWA e.V. (Hrsg.): *Für Studentinnen und Studenten: Einstieg in Kommunikation und Werbung.* Frankfurt am Main (2003)
Gesamtverband Kommunikationsagenturen GWA: www.kommunikarriere.de/karriere/berufsbilder

GfK Group: http://www.gfk.com (04.2014)

Göhring, Daniel: *Digitalkameratechnologien. Eine vergleichende Betrachtung. CCD kontra CMOS.* Technische Informatik, Humboldt Universität zu Berlin (2002)

Google Webmaster Central Blog: http://googlewebmastercentral.blogspot.de (02.2014)

Google Analytics Blog: http://analytics.blogspot.de (02.2014)

Gora, Stephan: *Grundkurs Rhetorik. Eine Hinführung zum freien Sprechen.* Klett-Verlag, Stuttgart (1996)

Grabs, Anne; Bannour, Karim-Patrick: *Follow me! Erfolgreiches Social Media Marketing mit Facebook, Twitter und Co.* Galileo Press, Bonn (2012)

Grimm, Dieter: *Verfassungsrechtliche Vorgaben für einen modernen Datenschutz*. Bundesministerium des Innern: www.bmi.bund.de/SharedDocs/Downloads/DE/Themen/Sicherheit/Datenschutz/rede_grimm.pdf;jsessionid=1366E38E6B76BFFD5A167C2BB2E10EE1.2_cid287?_blob=publicationFile. (03.2014)

Groer, Michael: http://kleine-fotoschule.de/ (11.2010)

Halbach, Judith; Hotz, Adrian; Schleinhege, Martin: *Social Media im Handel*. E-Commerce-Center Handel, Köln (2010)
Harmonisierungsamt für den Binnenmarkt der Europäischen Union (HABM): www.oami.europa.eu (04.2014)

Hedgecoe, John; Read, Rusanna: *Fotopraxis*. 3. Auflage. Hallwag AG, Bern (1980)

Herbst, Dieter: *Corporate Identity*. Cornelsen. 2. Auflage (2003)

Hochuli, Jost: *Das Detail in der Typografie*. Niggli Verlag, Sulgen (2005)

Hoeren, Thomas, Prof. Dr.; Sieber, Ulrich, Prof. Dr.: *Handbuch Multimediarecht*, Beck, München (2008)

Homann, Jan-Peter: *Digital Color-Management*. Springer-Verlag, Berlin (2007)

Horvath, Sabine; Vejmelka, Jana: www.bundestag.de/dokumente/analysen/2009/creative_commons.pdf. Deutscher Bundestag (04.2014)

Hubmann, Heinrich: *Urheber- und Verlagsrecht. Ein Studienbuch*. 8. Auflage, bearb. von Manfred Rehbinder. Beck, München (1995)

IHK Bonn/Rhein-Sieg: *Merkblatt. Gewerbliche Schutzrechte*. www.ihk-bonn.de/fileadmin/dokumente/Downloads/Recht_und_Steuern/Gewerblicher_Rechtsschutz/Gewerbeliche_Schutzrechte.pdf (02.2014)

IHK Bonn/Rhein-Sieg: *Merkblatt. Haftung für rechtswidrige Inhalte im Internet*. www.ihk-bonn.de/fileadmin/dokumente/Downloads/Recht_und_Steuern/IT-Recht_Datenschutz/Onlinehaftung_9-2012.pdf (02.2014)

IHK Bonn/Rhein-Sieg: *Merkblatt. Informationspflichten beim Online-Handel*. www.ihk-bonn.de/fileadmin/dokumente/Downloads/Recht_und_Steuern/IT-Recht_Datenschutz/Informationspflichten_beim_Online-Handel.pdf (02.2014)

IHK Bonn/Rhein-Sieg: *Wettbewerbsstreitigkeiten*. http://www.ihk-bonn.de/fileadmin/dokumente/Downloads/Recht_und_Steuern/Wettbewerbsrecht/Einigungsstelle_fuer_Wettbewerbsstreitigkeiten.pdf (02.2014)

IHK zu Dortmund: *Merkblatt. 30 Tipps zur Werbung*. http://www.dortmund.ihk24.de/linkableblob/doihk24/recht/wettbewerbsrecht/1046308/.10./data/30_Tipps_zur_Werbung-data.pdf (02.2014)

IHK München: *Die passende Internetdomain*. www.muenchen.ihk.de/de/innovation/Anhaenge/Merkblatt-Die-passende-Internetdomain.pdf (02.2014)

International Organization for Standardization: www.iso.org

IT-Stab des Bundesministerium des Innern im Auftrag des Beauftragten der Bundesregierung für Informationstechnik: www.cio.bund.de (04.2014)

Itten, Johannes: *Kunst der Farbe*. Otto Maier Verlag, Ravensburg (1961)

IUWIS – Infrastruktur Urheberrecht für Wissenschaft und Bildung: http://www.iuwis.de/content/creative-commons-lizenzen-erstellen-und-creative-commons-lizenzierte-inhalte-finden (02.2014)

Jäger, Ludwig: *Ferdinand de Saussure zur Einführung*. Junius-Verlag, Hamburg (2006)

Jaeger, Till, Dr.; Schulz, Carsten, Dr.: *Gutachten zu ausgewählten rechtlichen Aspekten der Open Source Software*. http://www.ifross.org/ifross_html/art47.pdf (02.2014)

Jensen, Hans: *Die Schrift in Vergangenheit und Gegenwart*. VEB Dt. Verl. d. Wissenschaften, Berlin (1958)

Johansson, Kaj; Lundberg, Peter; Ryberg, Robert: *Well done, bitte!* Verlag Hermann Schmidt Mainz (2004)

Kaiser, Michael; Liess, Charlotte; Schulz-Neumann, Jörg: *Perspektive als Mittel der Kunst*. Colloquium Verlag, Berlin (1986)

Kalweit, Andreas; Paul, Christof; Peters, Sascha; Wallbaum, Reiner: *Handbuch für Technisches Produktdesign. Material und Fertigung, Entscheidungsgrundlagen für Designer und Ingenieure*. Springer-Verlag, Berlin (2012)

Kammer, Catrin; Läpple, Volker: *Werkstoffkunde für Praktiker*. Verlag Europa Lehrmittel, Haan-Gruiten (2009)

Kapr, Albert: *Schriftkunst. Geschichte, Anatomie und Schönheit der lateinischen Buchstaben*. Verlag der Kunst, Dresden (1983)

Kapr, Albert; Schiller, Walter: *Gestalt und Funktion der Typografie*. VEB Fachbuchverlag, Leipzig (1977)

Karow, Peter: *Schrifttechnologie, Methoden und Werkzeuge*. Springer-Verlag, Berlin (1992)

Kaushik, Avinash: *Web Analytics 2.0*. Wiley Publishing, Indianapolis (2010)

Keller, K; Kotler, P.: *Marketing Management*. Prentice-Hall, Upper Saddle River (2009)

Khazaeli, Cyrus Dominik: *Crashkurs Typo und Layout*. Rowohlt Verlag, Reinbek (1997)

Kipphan, Helmut: *Handbuch der Printmedien. Technologien und Produktionsverfahren*. Springer-Verlag, Berlin (2000)

Kleijn, Alexandra: www.heise.de/open/artikel/Open-Source-Lizenzen-221957.html, Heise Zeitschriften Verlag (04.2014)

Knödler-Bunte, Eberhard; Schmidbauer, Klaus: *Das Kommunikationskonzept*. University Press UMC Potsdam (2004)

Kolwitz, Kai: *Journalistische Darstellungsformen.* UMC Potsdam (2006)

Koschnick, Wolfgang J.: *Focus-Lexikon. Werbeplanung, Mediaplanung, Marktforschung, Kommunikationsforschung, Mediaforschung.* Focus Magazin Verlag, München (2003)

Koschtial, Ulrike: *Die Einordnung des Designschutzes in das Geschmacksmuster-, Urheber-, Marken- und Patentrecht.* Rhombus-Verlag, Berlin (2003)

Kreutzer, Till, Dr.: *Open Content Lizenzen. Ein Leitfaden für die Praxis.* Deutsche UNESCO-Kommission e.V. (2011)

Kulka, René: *E-Mail-Marketing.* mitp, Heidelberg (2013)

Küppers, Harald: *Das Grundgesetz der Farbenlehre.* DuMont Literatur und Kunst Verlag, Köln (2004)

Küster-Rohde, Franziska: *Einführung in das Marketing.* UMC Potsdam (2006)

Langner, Sascha: *Viral Marketing: Wie Sie Mundpropaganda gezielt auslösen und Gewinn bringend nutzen.* Gabler (2009)

Leinberger, Gisela: *Studienbrief – Budgetierung in der PR.* UMC Potsdam (2006)

Linotype: http://www.linotype.com/

Linotype und Machinery: *A Dictionary of Printing Terms.* Linotype und Machinery, London (1962)

Litmus Blog: https://litmus.com/blog (02.2014)

Lynch, Patrick J.; Horton, Sarah: *Web Style Guide. Basic Design Principles for Creating Web Sites.* Yale University Press (2008)

MailChimp E-Mail Marketing Blog: http://blog.mailchimp.com (02.2014)

Managementwissen MV Medien AG: *Empfehlungsmarketing & Mundpropaganda* (2007). www.managementwissen-empfehlungsmarketing.de (12.2011)

Maxbauer, Andreas: *Praxistipps für Designer. Informationen für Ihren Berufsstart als selbstständiger Designer.* Allianz deutscher Designer AGD e.V. (2012)

mediafon GmbH (Beratungsservice der ver.di, Fachbereich Medien, Kunst und Industrie): www.mediafon.net (04.2014)

Microsoft: www.microsoft.com/typography (04.2014)

Microsoft: http://office.microsoft.com/ (04.2014)

Modulor: www.modulor.de/Werkstoffbibliothek (04.2014)

Morrison, R. E.; Inhoff, A. W.: *Visual factors and eye movements in reading.* Visible Language, Providence (1981)

Muzika, Frantisek: *Die schöne Schrift in der Entwicklung des lateinischen Alphabets.* Bd. 2., Dausien, Hanau (1965)

Neutzling, Ulli: *Typo und Layout im Web.* Rowohlt Verlag, Reinbek (2002)

Nickel, Kristina: *Ready to Print: Handbuch für Mediengestalter.* Die Gestalten Verlag, Berlin (2011)

Nielsen, Jakob; Loranger, Hoa: *Web Usability.* Addison-Wesley, München (2006)

Nikon (Hrsg.): *Das Nikon Handbuch zur Digitalfotografie mit der Nikon D70* (2008)

Nimmergut, J.: *Regeln und Training der Ideenfindung.* Wilhelm Heyne Verlag, München (1975)

Nitsche, Michael: *Polygraph Dictionary of the Graphics Arts and Communications Technology.* Polygraph Verlag, Frankfurt am Main (1990)

Occam's Razor (Web Analytics): www.kaushik.net/avinash (02.2014)

Olins, Wally: *Corporate Identity: Strategie und Gestaltung.* Campus Verlag, Frankfurt/Main (1990)

Online-Werbeformen: www.werbeformen.de (04.2014)

O'Reilly, Tim: www.oreilly.de/artikel/web20.html (04.2014)

Otte, Tobias: http://tobias-otte.de/essays/web-fonts/ (04.2014)

Page: *Service Wortschatz.* Magazin, 8. Ausgabe (1989)

Paulmann, Robert: *double loop – Basiswissen Corporate Identity.* Verlag Hermann Schmidt Mainz (2005)

Philapitsch, Florian: *Die Creative Commons-Lizenzen. Medien und Recht 2,* Verlag Medien und Recht, Wien (2008)

Pöppelmann, Benno H.; Werner, Eva; Zörner, Hendrik: *Pressefreiheit – ganz konkret.* Deutscher Journalisten-Verband (DJV) (2009)

Pohl, R.: *Beobachtungen und Vorschläge zur Gestaltung und Verwendung von Folien in Vorträgen.* Psychologische Rundschau, Münster (1990)

Portal der Europäischen Union: www.europa.eu.int (04.2014)

Powell, Annie K., Prof. Dr.: *Grundlagen der Chemie:* http://ak-powell.chemie.uni-karlsruhe.de/index.php/teaching (04.2014)

PPC Hero Blog: www.ppchero.com (02.2014)

Preusker, Anja: *Ein Handbuch für Business im Grafik-Design.* avedition Verlag, Stuttgart (1996)

Projekt Magazin: www.projektmagazin.de/glossarterm/ressource. Berleb Media (04.2014)

Rähm, Klaus u.a.: *TypoGrafik.* H/G Media Druck & Verlag, Engelsbrand (1996)

Rapp, Christof: *Aristoteles. Rhetorik. Übersetzung, Einleitung und Kommentar*. 2 Bde., Akademische Verlagsgesellschaft Aka, Berlin (2002)

Recht 2.0 – Internet, Social Media und Recht, IT-Rechtblog von Dr. Carsten Ulbricht: www.rechtzweinull.de (03.2014)

Reicher, G.M.: *Perceptual recognition as a function of meaningfulness of stimulus material*. Journal of Experimental Psychology 81. (1969)

Ritter, M. (Hrsg.): *Wahrnehmung und visuelles System*. Spektrum der Wissenschaft Verlagsgesellschaft, Heidelberg (1986)

Rostock, Universität: www.geoinformatik.uni-rostock.de (04.2014)

Ruisinger, Dominik: *Online Relations: Leitfaden für moderne PR im Netz*. Schäffer-Poeschel (2007)

Runte, Matthias, Dipl.-Wirtsch.-Ing.: *Personalisierung im Internet – Individualisierte Angebote mit Collaborative Filtering*. Kiel (2000)

Sattler, Henrik; Völckner, Franziska: *Markenpolitik*. Kohlhammer (2007)

Saussure, Ferdinand de: *Grundfragen der Allgemeinen Sprachwissenschaft*. 2. Auflage. de Gruyter, Berlin (1967)

Schäfer, Bernd: *Semantische Differential Technik*. www.boehme.co/Psychologie_Manipulations/31.%20Forschungsmethoden%20der%20Psychologie.%20Band%202/31-8.PDF (04.2014)

Scheufelen, Papierfabrik: www.scheufelen.com (04.2014)

Scheliga, Mario: *Facebook-Anwendungen programmieren*. O'Reilly, Beijing, Cambridge, Farnham, Köln, Sebastopol, Tokyo (2011)

Schlicksupp, H.: *Innovation, Kreativität und Ideenfindung*. Vogel Verlag, Würzburg (1980)

Schmidbauer, Klaus: *Professionelles Briefing – Marketing und Kommunikation mit Substanz*. BusinessVillage (2007)

SDSt / AGD (Hrsg.): *Vergütungstarifvertrag für Designleistungen*. Allianz deutscher Designer (2006)

Search Engine Journal (SEJ): www.searchenginejournal.com (02.2014)

Schopp, Jürgen F.: *Typografie, Layout und Translation – von der Bleizeit zum DTP-Zeitalter*. Universität Tampere, www.uta.fi/~trjusc

Schreiner, Rüdiger: *Computer Netzwerke*. Carl Hanser Verlag, München (2012)

Sculpteo: www.sculpteo.com/de/help (04.2014)

SeminarCentre: *Projektmanagement.* Technology Training, Frankfurt am Main (1995)

Shneiderman, Bernd; Plaisant, Catherine: *Designing the User Interface.* Pearson Education, Boston (2005)

Smith, Ray: *Praxisbuch für Künstler. Geräte, Materialien, Techniken zum Malen, Zeichnen und Drucken.* Ars edition, München (1990)

Social Media Examiner: www.socialmediaexaminer.com (02.2014)

Spencer, Herbert: *The visible word.* Royal College of Art, London (1969)

SRT (Hrsg.): *Ausbildungshandbuch audiovisuelle Medienberufe,* Bd. 1, *Ausbildungshandbuch für das erste Lehrjahr.* 2. Auflage. Hütig Verlag, Heidelberg (2000)

Stern, Hadley; Lehn, David: *Death of the Web-Safe Color Palette.* WebMonkey (2000)

Sterzenbach, Jürgen; M. Becker, Katja; Sonderhüsken, Gisela; Stein, Peggy: *AGD-Vergütungstarifvertrag Design,*

Stiebner, Erhardt; Leonard, Walter: *Bruckmann's Handbuch der Schrift.* Verlag F. Bruckmann, München (1977)

Stiftung Warentest: *Handy und Smartphone. Die Betriebssysteme im Überblick.* www.test.de/Handys-und-Smartphones-im-Test-4222793-0 (05.2014)

Strätling, Thomas: *Studienbrief. Einführung in die Marktforschung.* UMC Potsdam (2006)

*Suchmaschinenmarketing.* Best Practice Guide Nr. 10, Deutscher Direktmarketing Verband e.V., Wiesbaden (2005)

t3n-Magazin: http://t3n.de/magazin/3d-druck-schicht-schicht-zukunft-230252. yeebase media (04.2014)

Tapper, Christoph: *Evaluation von PR-Maßnahmen.* UMC Potsdam (2006)

Technische Universität Dresden. Institut für Geometrie: *Anforderungen an die 3D-Druckdatei.* www.math.tu-dresden.de/3D-Lab-B25 (03.2014)

TGM (Hrsg.): *Mitteilungen der Typographischen Gesellschaft München e.V.* Ausgabe 43, September (2010)

The Unicode Consortium: *The Unicode Standard, Version 6.0.0.* The Unicode Consortium. Mountain View, CA (2011)

Thienel, K.-Ch., Prof. Dr.-Ing.: *Werkstoffe I. Chemie und Eigenschaften metallischer Werkstoffe – Stahl und NE-Metalle.* Universität der Bundeswehr München. Institut für Werkstoffe des Bauwesens. Fakultät für Bauingenieur- und Vermessungswesen (2010)

TIOBE Index: http://www.tiobe.com/index.php/content/paperinfo/tpci/index.html (08.2014)

Trabant, Jürgen: *Zeichen des Menschen. Elemente der Semiotik.* fischer perspektiven Verlag, Frankfurt am Main (1988)

Trägerverein des Deutschen Rates für Public Relations e.V.: http://drpr-online.de/kodizes (03.2014)

Tschichold, Jan: *Die Bedeutung der Tradition für die Typografie.* Schriften, Berlin (1964)

Tschichold, Jan: *Formenwandlung der Et-Zeichen.* D. Stempel AG, Frankfurt am Main (1953)

Tschichold, Jan: *Meisterbuch der Schrift.* Otto Maier Verlag, Ravensburg (1952)

Type Directors Club (Hrsg.): Nachdruck (1986) *Elementare Typografie.* Sonderheft der Typografische Mitteilungen 1925 – Reprint. Verlag Hermann Schmidt Mainz

Unicode: www.unicode.org (04.2014)

US Department of Health & Human Services: *Usability.* http://guidelines.usability.gov (02.2014)

UX matters (Usability): www.uxmatters.com (02.2014)

Varadinek, Brigitta, Dr.: *Einführung in das Markenrecht.* UMC Potsdam (2006)

Vöhringer, Karl: *Druckschriften – kennenlernen, unterscheiden, anwenden.* Verlag Form und Technik, Stuttgart (1989)

W3Schools: www.w3schools.com/browsers/browsers_display.asp (02.2011)

Waldmann, Werner; Zerbst, Marion: *DuMont's Handbuch Zeichen und Symbole. Herkunft – Bedeutung – Verwendung.* DuMont Literatur und Kunst Verlag, Köln (2006)

Wandtke, Artur, Prof. Dr.: *Studienbrief – Medienrecht.* UMC Potsdam (2006)

Web Analytics Association: *Web Analytics Definitions – Draft for Public Comment 9/22/2008.* http://www.digitalanalyticsassociation.org/Files/PDF_standards/WebAnalyticsDefinitions.pdf (04.2014)

Web Font-Service Linotype: www.linotype.com/6762/webfontsservice.html (08.2014)

Weidemann, Kurt: *Wo der Buchstabe das Wort führt. Ansichten über Schrift und Typographie.* Hatje Cantz, Ostfildern (1994)

Wendt, Dirk: *Lesbarkeit von Druckschriften, Lesen Erkennen.* TGM, München (2000)

Whois-Abfrage für Domains: www.uwhois.com/ www.internic.org/whois.html (04.2014)

Wiki Chemie Digital: http://wikis.zum.de/chemie-digital/Die_Stoffklasse_der_Metalle (04.2014)

Wilko Hartz: http://qrcode.wilkohartz.de (03.2011)

Willberg, Hans Peter; Forssman, Friedrich: *Erste Hilfe in Typografie.* Verlag Hermann Schmidt Mainz (2001)

Wilms, Julia: *Im Blickpunkt Open Content. Digitale Gesellschaft NRW.* Grimme Institut, Marl (2013)

Word to the Wise Blog:
http://blog.wordtothewise.com (02.2014)

World Wide Web Consortium: www.w3.org
www.w3.org/TR/WOFF/
www.w3.org/Submission/EOT/ (04.2014)

Zimbardo, Philip G. & Gerrig, Richard J.;
Hoppe-Graff, Siegfried (Bearb.): *Psychologie.* Springer-Verlag, Berlin (1999)

Zürich, Universität: www.unizh.ch/RZU/
publications/ps/truetyped.ht (04.2014)

# Index

## Ziffern und Zeichen

2A0 206
2-Byte-Zeichencodierung 114
3D-CAD-Programme 130, 132, 134, 136
3D-Dateiformat 130, 132, 134, 138
3D-Druck 130, 132, 134, 136, 138, 251
3D-Drucker 251
3D-Geometrien 132, 136, 138
3D-Modellierung 130, 132, 134, 136, 138
3DS 130
4:3-Seitenverhältnis 154
4A0 206
7-Bit-Binärcode 115
8-Bit 16
16:9-Bildformat 154, 156
16-Bit-Farbtiefe 16
20. Jahrhundert 84
24 Frames pro Sekunde 152
80:20-Prinzip 390
720p 153, 154
1080i 153, 154, 156
.ac 130
.ai 130
.aif 130
.amf 130
.aspx 130
.avi 130
.bmp 130
.cdr 130
.cob 130
.com 370
.dae 130
.dcs 130
.dmg 130
.doc 130, 132
.docx 130
.dwg 130
.dxf 130
.eot 130
.eps 130
.epub 130
.exe 132
.fh6 132
.fla 132
.flv 132
@font-face 176
.fr 370
.gif 132
.gpx 132
.hqx 132
.htm 132
.html 132
.iff 132
.indd 132
.jpg 132
.jfif 132
.jsp 132
.kml 132
.kmz 132
.LRX 132
.lwo 132
.lzw 134
.mov 134
.mp3 134
.mp4 134
.mpv 134
.obj 134
.otf 134
.pcd 134
.pct 134
.PDB 134
.pdf 134
.php 134
.ply 134
.png 134
.ppt 134
.pptx 134
.ps 134
.psd 136

.qxd 136
.rar 136
.rtf 136
.skp 136
.stl 136
.tif 136
.tiff 136
.ttf 136
.txt 136
.vrml 136
.wav 136
.wmf 136
.wrl 138
.x3d 138
.x3dv 138
.xml 138
.zip 138

# A

Abbinder 312
Abkommen 343
Ablaufdiagramm 411
Ablaufplan 396
Abnahme 339
   deutsches Recht 340
Abnahmeprotokoll 339
Abonnementdienste 148
Absatzmarketing 300
Absatzsteigerung 292
Absprungrate 321
Abstriche 108
AC-3
   komprimiertes 157
Accessibility 177
Access-Provider 372
Acrylfarben 46
Active Server Pages (ASP) 130
Adaptive Design 180
Additive Farben 9
Additive Farbmischung 9
Additive Manufacturing 251
Additive Manufacturing
   File Format (AMF) 130

Additives Farbmodell 143
Ad Groups 291
Ad Networks 295
Adobe Illustrator 130
Adobe InDesign 132
Adobe Photoshop 136
AdobeRGB 222
Adressat 404
Advertisement 281
Advertiser 295, 296
Advertorial 281, 374
AEC 161
Affichenpapiere 217
Affiliate 296
Affiliate-Marketing 296
Affiliate-Netzwerke 296
Affiliateprovision 296
Affilinet 296
Affinitätswert 319
AGB 334
AIDA-Formel 281
AJAX 150
Aktionskosten 402
Aktivitätenplan 394
Akzeptanzquotient 319
Akzidenzen 103
Akzidenz Grotesk 84
Alberti
   Leon Battista 20
Algorithmen 289
Alinea-Zeichen 104
Alleinstellungsmerkmal 283
Allgemeine Geschäftsbedingungen 334
Allgemeine Schutzrechte 343
Allgemeingut 85
All-You-Can-Afford-Method 402
Allzweck-Wachsstift 44
Alphabet 82
alphanumerischer Code 88
Altarfalz 258
Alt-Attribut 290
Altpapier 216
Ambivalenz 36

## Index/A

Amiga Interchange File-Format 132
AM-Raster 227
analoge Proofverfahren 234
Analogie 64
Anbieterkennzeichnung 369
Anchor-Text 290
Android 143, 180
Andruck 234
Anerkennung der Urheberschaft 356
Anfangsblende 186, 189
Angebot
   Positionen 335
angewandte Kunst 37
Anhänge 299
Animation 165
Animierte Banner 293
Ankerpunkte 112
Anlegemarken 230
Anmeldung 298
Anpassen 393
Anrede 297
Anreiben 45
Anreißen 38
Anschlusssysteme 142
Anspruchsgruppen 305
Antialiasing 117
Antike 19, 405
Antiqua 82
Antiqua-Varianten 95
Antwortmöglichkeit 303
Anwenderschnittstelle 159
Anwendungen 147
   Corporate Design 59
Anzeige 59, 281
Anzeigenäquivalenz 319
Anzeigenerweiterungen 291
Anzeigenformate 281
APIs 149
Apostroph 101
AP-Papiere 216
Apple iOS 144
Application Service Provider 320
Apps 144, 180

App-Store 181
Aquarellfarben 46
Aquarellmalerei 39
Arabische Ziffern 88
Arbeitsplanung 388
Arbeitsspeicher 142
Architektur 37
Aristoteles 405
Art Buyer 286
Art-Director
   AD 285
Aschegehalt 211
ASCII 115, 128
ASP 130, 177
Assoziationen 63, 79
Assoziationsketten 63
Ästhetiktabellen 111
Asymmetrie 33
Attention 282
Attribution 357
ATypI 93
Ätzen 41
Aufbaudiagramm 411
Aufführungsrecht 343
Aufgabenplanung 388
   Goldene Regeln 389
Aufheller
   optische 209
Auflagendruck 263
Auflösung
   HD 156
Auflösungsdichte 192
Auflösungsfähigkeit 185
Auflösungsvermögen
   des menschlichen Auges 9
Aufriss 20, 22, 213
   Maßbogen Blindband 213
Aufschnippen 40
Aufsicht 21
Aufstriche 108
Auftrag 334
Auftraggeber 286

Auftrag nach
  US-amerikanischem Recht 347
Auftragserteilung 338
  AGB 334
Aufwand 278
Aufzeichnungen
  schriftliche 20
Aufzeichnungssysteme 156
  SD-Bereich 153
Auge
  Sehfeld 8
  Wahrnehmung der Farbe 8
Augenhöhe 23
Augenpunkt 23
Augmented Reality 144
Ausbelichtung
  fotografische 192
Ausdruck 79
Ausdrucksmittel 80
Ausgabegeräte 142
Ausgabemedium 162
Ausgabeprozess 233
Ausgangsformat 204
Auslassungszeichen 101
Ausrichtung 98
Ausrufezeichen 102
Ausschießen 233
Ausschießformen 233
Ausschießschema 233
ausschließliches Nutzungsrecht 353
Außenstege 103
Außenwerbung 303
Aussparen 230
Aussprache 406
Austauschformat 128
Auswaschdruckplatten
  fotopolymere 247
Auswertung
  automatisierte 322
Auszeichnung 15
Auszeichnungen 99
Authentizität 302
Authoring 157

AutoCAD 130
Autodesk 3ds Max 3D 130
Autorenkorrekturen 338
Autoresponder 299
AVCHD 156
AWStats 320

# B

Backgrounder 312
Backlinks 290
Bada 143
Baidu 288
Balkendiagramm 411
Banknoten 209, 249
Bankverbindung 340
Banner
  Full Banner 294
  Full Size Banner 294
  Super Banner 294
Banner-Werbung 293
Barcode-Reader 145
Barock 83
Barock-Antiqua 95
barrierefreie Websites 177
Barrierefreiheit 149, 177, 178
Basiselemente 59
Baumstruktur 63, 182
Bausteine 142
BCG-Portfolio-Matrix 278
Bearbeitungsrecht 343
Beaux-arts 37
Bedeutsamkeit 308
Bedeutung 48
Bedeutungsperspektive 25
Befehle
  in HTML 171
Begriffszeichen 50, 81
Beispielpläne 401
Belichtung 188
Belichtungsmomente 191
Belichtungsvorgang 233
Belichtungszeit 188

Benutzeroberfläche
  grafische 179, 182
Berater 285
Berechnungsmodelle 341
Berkeley Software Distribution 360
Berufsgenossenschaften 341
Berufsverbände 341
Beschichtung
  Papier 210
Beschneiden 258
Beschnitt 257, 259
Beschriften glatter Oberflächen 44
Bestätigungsschreiben 334
Beta SP 153
Betreffzeile 300
Betriebssystem 143
Bewegtbild 152
Bewegung
  interaktive 164
  sprunghafte 78
Bewegungsunschärfe 187, 188
Bezeichnende
  das 49
Bezeichnete
  das 49
Bézierkurven 112
Bezugsgruppen 305
BGB 337
Bibeldruckpapiere 217
Biegeprobe 212
Big Data 319
Bikubisch glatter 193
Bildagenturen 56, 66, 360
Bildarchive 360
Bildausschnitt 188
Bildbearbeitung 195
  Digitalbild 192
Bildbearbeitungsprogramme 143
Bilddatei
  Web 169
Bildebene 20, 21, 22, 23
Bildende Kunst 37, 344

Bilder 81
  bewegte 152
Bilderdruckpapiere 214
Bilder in E-Mails 299
Bilderschrift 50
Bilderzeichen 50, 81
Bildgröße 192
Bildhauerei 37
Bildkorrekturen 193
Bildmarken 364
Bildmaterial 360
Bildpunkte 140, 226
Bildqualität 190, 191
Bildrate 154
Bildrauschen 193
Bildschirm 116, 117, 142, 194
  CRT-Bildschirm 143
  Flachbildschirm 143
  LCD-Bildschirm 143, 155
  Plasma-Bildschirme 155
  Röhrenbildschirm 143
Bildschirmauflösung 116, 143
Bildschirmgröße 143
Bildschirmtypografie 118
Bildsensor
  elektronischer 185
  lichtempfindlicher 184
Bildsprache 59
Bildstörungen 193
Binärziffer 141
Bindemittel 47
Bindeverfahren 259
Bing 288
Bing Ads 291
Binnenraum 87, 107, 117
Binokularität 17
Biorhythmus 61
Bister 44
Bit 141
Bit-für-Bit-Bilddatei 193
Bitmap 140
Bitmap-Fonts 112
Bitrate 157

Bits
    Anzahl der 141
Bit-Tiefe 141
Black-Hat-SEO 291
Blacklist 299
Blattbildung 209
Blau 8, 9, 10, 13
Blaupause 234
Bleisatz 82
    Druckform 74
Bleistift 43
Blende 189
Blended Search 290
Blendenstufe 189
Blickkontakt 406
Blickverlauf 299
Blindband 55, 213
Blindmaterial 96
Blindprägung 257
Blitzer 230, 259
Blockheftung 260
Blockklebebindung 260
Blocksatz 98
    Bildschirm 118
Blockstärken 213
Blockverleimung 260
Blog 149, 150
Blogger 150
Blogs 151, 300
Blue-Ray 157
Bodoni
    Giambattista 83
Bogendruck 247
Bogenmontage 233
Bogensignatur 231
Boilerplate 312
Bookmarks 147
Books-on-Demand 254
Borstenpinsel 45
Botschaft 282
Bounce Message 298

Bounce Rate
    E-Mail-Marketing 298
    Web Analytics 321
Brainstorming 61
    Spielregeln 61
Brand Awareness 300
Break-Even-Analyse 278
Break-Even-Point 278
Breitbahn 211
Breitenmaß 212
Breitformat 212
Brennweite 188
Briefbogen 59
Briefing 55, 56, 385, 386
Briefmarken 249
Briefumschlag 59
Bristolkarton 215
Broadsheet 207
Broschur 260
Broschüre 59
Brunelleschi
    Filippo 20
BS-5261 2 220
BSD 360
Buch 91
Buchbinderei 257
Buchblockstärken 213
Buchdecke 261
Buchdruck 246
Buchdruckkunst 72
Buchstabe
    innere Struktur 78
Buchstaben
    Breite der 107
    Grundgerüst der 107
    runde Formen 107
    Strichstärke 107
Buchstabenabstand 96, 109
    Satz 96
    Zurichtung 109
Buchstabenalphabet 81
Buchstabenbild 106
Buchstabenbreite 96

Buchstabenelemente 87
Buchstabeninnenraum 109
Budgetierung 402
Bundesverband Digitale
  Wirtschaft e.V. (BVDW) 294
Bundsteg 103
Buntgrad 31
Buntheit 31
Buntkontrast 31
Buntpapiere 216
Bürgerliches Gesetzbuch
  (Deutschland) 337
Burke
  Edmund 405
Bürokosten 403
Büro- und Verwaltungskosten 403
Büttenpapiere 216
Button 169
Butzen 265
Buzan
  Tony 62
Byte 141

# C

Cache 320
CAD 251
CAD-Programm 136, 138
CAD-Software 251
Call-Back-Button 303
Call-Me-Button 303
Call-to-Action 292, 300
CAN-Formate 207
CAPI 316
Capitalis Monumentalis 82
Capitalis Quadrata 82, 83
case law 338
case-sensitive 174
Cash Cows 278
CATI 316
CCD-Sensor 185
CC-by 357
CC-ny 358
CCPL 357

ccTLDs 370
CD 142
CD-ROM-Laufwerk 142
Cellophanieren 256
CFF 113
Charakterset 108
Checkliste
  Farbklima 15
  Gestaltung 65
  Gestaltungsmittel 33
  Gestaltungsraster 57
  Leistung des Planers 392
  Logo 53
  perspektivische Konstruktion 25
  Phasen der Projektplanung 398
  Planungsprozess 393
  Planungsverfahren 392
  Präsentation 412
  Projektkontrolle 400
  Zeitplanung Präsentation 407
Chevreul
  Eugène 11
China Clay 209
Chromoersatzkarton 215
Chromokarton 215
Chromoluxkarton 215
Chromopapiere 216
Churchill
  Winston Leonard Spencer 405
Cicero 75
CI-Manual 54
Claim 148, 367
Click-Through-Rate 292, 319
Cline
  Craig 148
Clippings 318
CMOS-Sensor 186
CMS 167
CMYK 9, 222, 223, 224, 225, 230, 234,
  236, 240
CMYK-Arbeitsfarbräume 222, 223
COB 130

Code 115
  Zeichentheorie 48
Codec 128, 156
Code d'Athènes 375
Code de Lisbonne 375
Code of Venice 375
Coldset-Farben 241
Collaborative Filtering 323
Collada
  (COLLAborative Design Activity) 130
Collage 19, 60
Colormanagement 222
  Digitale Fotografie 194
Comic 18
Commons Deed 359
Community-Manager 302
Competitive-Parity-Method 402
Computational Design 161
  Werkzeuge 161
Computer 142
Computer Aided Design 251
Computer Assisted Personal Interview 316
Computer Assisted Telephone
  Interview 316
Computerprogramme 345
Computer-to-Film 237
Computer-to-Plate 237
Computer-to-Print 238
Confirmed-Opt-In-Verfahren 298
Container 128
Containerformate 129
Conté-Kreiden 43
Conté
  Nicolas-Jacques 43
Content 151, 167
Content Creation 151
Content-Provider 372
Conversion Optimization 322
Cookies 147
Cookie-Tracking 320
Copyright 346
Copyright Notice 350, 351, 363

Copyrightsystem
  angelsächsisches 346
Corporate Behaviour 324
Corporate Blog 302
Corporate Blogs 151
Corporate Communications 324
Corporate Design 59, 160, 324
Corporate Identity 323, 324
  Phasen 325
Corporate Image 324
Cost-per-Click 291, 295
Cost-per-Lead 295
Cost-per-Mille 291, 295
Cost-per-Order 295, 304
CPC 291
CPL 295
CPM 291, 295
CPO 295
CPU 142
Crawler 289
Crawling 319
Creative Commons 357
Creative-Commons-Lizenzen 357
Creative Commons Public License 357
Creative Director
  CD 285
Crisis Management 306
CRM 297
Crossmedia 238
Cross-Media-Publishing 266
Crowdsourcing 300
CRT-Bildschirm 143
CSS 170, 175, 178
CtF 237
CtP 238
CTR 292
Cufón 168
Customer-Relationship-Managements 297
Cyan 9
Cyanblau 11

# D

da Vinci
  Leonardo 17, 20
DAA 320
Dachmarke 325
Dadaismus 84
Dämmerungssehen 9
Darstellung 405
  bildnerische 17
  konstruierte 17
  numerische 81
  Planung 396
  räumliche 18
  schwarzweiß 226
  vollfarbige 226
Darstellungsarten 411
Darstellungstechniken 84
Database-Marketing 304
Database-Publishing 267
Dateiendung 128
Dateiformat 191
Dateigröße 192
Datenformat 128
Datenhandschuh 142
Debriefing 385
Deckenbände 261
Deckfarben 46
Deckungsbeitrag 278
Deep Links 373
de Honnecourt
  Villard 37
de Saussure
  Ferdinand 49
Delphi-Methode 317
DE-Marke 365
DENIC 370
Denken
  ganzheitliches 62
  laterales 64
  sequenzielles 62
  vertikales 64
Densitometer 242
Designpatent 362

Designschutz 342
Desire 282
Desk-Research 315
Desktop Computer-to-Film 238
Detailtiefe 154
deutsche Fraktur 82
deutsche Marke 365
deutsches Recht 374
Deutscher Presserat 375
deutsches Presserecht 374
deutsche Rahmenbedingungen 338
deutsches Geschmacksmuster 362
deutsches Urheberrecht 343, 344, 348
  Schutzdauer 345
  Verwertungsrechte 352
deutsches Werkvertragsrecht 337, 339, 341
Deutschland 373
DHTML 293
Dialog-Marketing 301, 302, 303
Diamantstichel 248
Dichtewerte 264
Dickdruckpapiere 217
Dicke 96
Dicktenwerte 96
Didot 74, 75, 83
Didot-Punkt 74, 75
Didot-Punkt-System 75
Differenzantrieb 266
DigiBeta 153
digital 85
Digitalbild 184, 192
Digitalbilder 194
Digital Code 359
Digitaldruck 253
Digitalfotokamera 184
Digitalkamera
  kompakte 194
Digital Light Processing Chip 252
Digitalproof 235
Dimensionen 321
Dimensionsstabilität 211
Dimetrie 24
DIN 16 511 220

DIN 476  204
DIN A-Formate  206
DIN B-Formate  206
DIN C-Formate  206
DIN D-Formate  206
DIN E-Formate  206
DIN EN ISO 216  204
DIN-Norm 16518  93
Direct Imaging  238
Direktmarketing  277, 297, 303
Direktwerbung  303
Dispersionslacke  256
Displacing  164
Displacing Map  164
Display-Marketing  293
Displayschrift  80, 81
Distanz  23
Distanzpunkt  23
Distributionspolitik  277
Disziplinen
   Bewegtbild  159
Dithering  16
Diversifikation  276
Divis-Zeichen  101
DLT-Master-Cartridge  157
DNS  146
DOCTYPE  174
Doherty
   Dale  148
Dokumentation  309
Dolby Digital Plus  157
Domaininhaber  371
Domainname  371
Domain Name System  146
Domains  370
Doppelseite  103
Dot  226
Double-Opt-In-Verfahren  298
Drahtheftung  259
Drahtkammbindungen  260
Dreibruchfalzung  257
Dreifluchtpunktperspektive  22

Druck  194, 240, 268
   Kontrollfeld  243
Druckabnahme  263, 265
Druckanlage  231
Druckbogen  231, 233, 262, 263, 264
Drucken
   personalisiertes  254
Drucker  142
Druckerei  335
Druckfarben  241
   Eigenschaften  240
Druckform  211, 233, 237, 248, 250, 264
Druckkennlinie  243
Druckkontrolle  229
Drucklack  255
Druckmaschine  234
Druckplatte  233, 238, 243, 244, 265, 266
Druckprozesskontrolle  242
Druckraster
   feiner  245
Druckstöcke  237
Drucktechnik
   Teilprozess  220
Drucküberwachung  335
Druckverfahren  211, 219, 244, 245, 246, 247, 248, 250, 253, 254
   Digitaldruck  253
   direktes  248
   Durchdruckverfahren  250
   elektrofotografisches  253
   Flachdruck  244
   Flexodruck  247
   Hochdruck  246
   indirektes  245
   Laserdruck  253
   mit Druckplatten  244
   Offsetdruck  244
   plattenloses  244
   Printing-on-Demand  254
   Radierung  249
   Stichtiefdruck  249
   Tampondruck  249
   Tiefdruck  248

Druckverfahren
　Trockenoffsetdruck 245
Druckvorlage 234
　verbindliche 229
Druckvorstufe 103, 220
Druckweiterverarbeitung 255
DSLR-Fotokamera 185
DTP 85
DTP-Punkt 74
DTP-Punkt-System 75
DTS-File 157
DTS-HD 157
Dublieren 265
Duftlackierungen 256
Duktus 80, 83
Dummy 55
Dünndruckpapiere 217
Duplexkarton 215
Durchdringungsindex 319
Durchdruckverfahren 250
　Siebdruck 250
Durchschlagpapiere 216
durchschossener Satz 97
Durchschuss 96
Dürer
　Albrecht 20
DV Cam 153
DVCPro25 153
DVCPro50 153
DVCProHD 156
DVD 142, 157
DVD Authoring
　Software 158
DVD-Brenner 142
DVD-Laufwerk 142

# E

Earned Media 301
E-Book-Dateiformat 130
E-Books 117
E-Commerce-Funktionen 321
Eco
　Umberto 49

Editor 170
Editorial Calender 302
Effekt 165
Effektlacke 256
Effektraster 226, 228
Egoutteur 210
EG-Richtlinie zur vergleichenden
　Werbung 368
Egyptienne 84
Einbruchfalz 257
Eindeutigkeit 308
einfaches Nutzungsrecht 353
Einführung 277
Eingabegeräte 142
Eingänge
　HD 156
Einräumung von Nutzungsrechten 352
Eintragen einer Marke 364
Eintragungsurkunde 364
Einwilligung 298
Einzelmarkenstrategie 325
Einzug 104
Eitempera 46
Electronic Mail 297
Elektrofotografisches Druckverfahren 253
elektromagnetisches Spektrum 8
elektromagnetische Wellen 8
elektromechanische Gravur 248
Elektronisches Papier 218
Elementare Typografie 84
Ellipse 29
E-Mail 40
E-Mail-Clients 297
E-Mailing 298
Emaille 40
E-Mail-Marketing 297
E-Mail-Newsletter 297
E-Mails 147
E-Marketing 286, 288
Embedded OpenType 130, 136
Embleme 50
Empfänger 48, 51, 282
Empfängerhorizont 336

Empfängertyp 9
Empfehlungsmarketing 301
Empfindungskraft 9
Emulsion 47
Emulsionsbeschichtung 265
encapsulated 140
Encoding 158
Endformate 204
End-Tag 171
Engagement 322
englische Broschur 261
Enkaustik 40
Entrüstungsstürme 302
Entstehung der Schrift 73, 74, 81, 112
Entwurf 55
Entwurfszeichnungen 37
Erfolgskontrolle 314
Erfüllungsort 338
Erscheinungsbild
   visuelles 59
Erweiterungskarten 142
Escher
   Maurits Cornelis 17
Etat 402
Ethernet 146
Et-Zeichen 88
Euklid 37
EU-Marke 366
EU-Markenanmeldung 366
europäisches Geschmacksmuster 362
Evaluation 314
Event-Manager 286
Eventmarketing 277
Executive 207
Exklusivrecht 353
Expanded 91
Experteninterviews 316
Extensible 3D 138
externe Kosten 403
externe Links 290
Extranet 147
Eyetracking 299

# F

Facebook 151
Facebook Ads 323
Facebook Insights 319
Fachbegriffe
   satztechnische 104
Fächerklebebindung 260
Fadenheftung 260
Fadenzähler 242
Fallrecht 338
Faltrille 258
Falz 257
Falzarten 258
Falztechniken 258
Farbabstimmung 263
Farbannahme 242
Farbanteile
   kontrollieren 242
Farbauszug 230
Farbdichte 242
Farbdrucker 253
Farbe 8, 9, 10, 15, 27, 30, 31, 32,
   33, 34, 36, 45, 49, 52
   additive 9
   Blau 8, 9
   Cyan 9
   Cyanblau 11
   Gelb 8, 11
   Grau 11
   Grün 8, 9, 11
   im Web 16, 176
   Indigo 8
   kalte 22, 31
   komplementär 11
   Körperfarben 9
   Magenta 9
   Magentarot 11
   Orange 8
   Orangerot 11
   Rollenoffsetdruck 241
   Rot 8, 9
   Schwarz 11
   Sekundärfarben 11

Subtraktion 10
Symbolik Blau 13
Symbolik Gelb 12
Symbolik Grün 14
Symbolik Magenta 13
Symbolik Orange 12
Symbolik Rot 13
Symbolik Schwarz 14
Symbolik Violett 13
Symbolik Weiß 12
Tertiärfarben 11
Violett 8
Violettblau 11
warme 22, 31
websichere 16
Weiß 9
Yellow 9
Farbeffekte 240
Farbempfänger 9
Farbempfindung 8
   websichere 16
Farbfernsehen 152
Farbkarte 191
Farbkeil 242
Farbklima 59
Farbkontrast 15, 30
   Buntkontrast 31
   Farbe-an-sich-Kontrast 30
   Hell-Dunkel-Kontrast 30
   Kalt-Warm-Kontrast 30
   Komplementärkontrast 30
   Qualitätskontrast 30
   Quantitätskontrast 30
   Simultankontrast 30
Farbkorrektur 264
Farbkreis
   Itten 10
   zwölfteiliger 10
Farbmanagement 194, 222, 224, 225
Farbmarken 364
Farbmischung
   additive 9, 11
   subtraktive 9, 11

Farbmittel 45
Farbnuancen 8
Farbpasser 263
Farbperspektive 22, 31
Farbplots 236
Farbpsychologie 11
Farbpünktchen 40
Farbraum 195
Farbreferenz 191
Farbreiz 8
Farbreproduktion 232
Farbsatz 232
Farbschema 15
   Checkliste 15
Farbschnitt 261
Farbseparation 232
Farbstifte 44
Farbstoffe 45, 209
Farbstreifen 266
Farbsymbolik 11
Farbtheorien 10
Farbtiefe 16, 141, 194
   8 Bit 226
   16 Bit 16
   24 Bit 16
Farbtupfer 40
Farbverreibung 266
Farbwahrnehmung 8
Farbwalzen 266
Farbwerk 256, 266
Farbwiedergabe 191
Faserlaufrichtung 211
Fasern
   verholzte 208
FC 296
Feature 309, 310
Feder und Tusche 37
Feedback-Kontrolle 315
Feeds 148
Fehlbelichtungen 191
Fehlpasser 242
Feinlayout 55
Feinpapiere 216

Feinraster 227
Feinstpapiere 216
Feinstraster 227
Festbreitenschriften 92
Festbrennweiten 186
Festeinbände 261
feste Vergütung 336
Festplatte
   externe 142
fett 104
Fett-auf-Mager-Technik 46
fettfreundlich 244
Feuchtprobe 212
FFF-Producer 286
Fibonacci-Reihe 57
Figur
   unmögliche 26
Figuren
   Edgar J. Rubin 36
   Edward Bradford Titchener 26
   F. C. Mueller-Lyer 26
   geometrische 26, 27, 28
   Necker-Würfel 36
   Thiéry 36
   Zöllner 26
Figur-Grund-Unterscheidung 36
File Transfer Protocol 147
Film
   hochempfindlicher 192
Filterung 321
Financial- und Investor Relations 306
finanzielle Ressourcen 402
Finanzplan 396
Fingernagelprobe 212
Finishing 261
Firefox OS 143
Firnis 47
Fischauge 187
Fischaugenprojektion 25
Fixativ 40
Fixed-Pitch Fonts 92
Fixkosten 278
Flachbildschirm 143

Flachdruckverfahren 244
Fläche 28
   zweidimensionale 17
Fläche gegen Fläche 246
Flächenkontraste 32
Flächenlicht 18
Flash 293
Flash-Plug-Ins 158
Flattersatz 98
Flatterzone 98
Fleisch 74, 96
Flexodruck 237, 247
Flickr 150, 301
Fließtext 79
Flipchart 62
Fluchtlinien 23
Fluchtpunkt 20, 21, 23
Fluchtpunkte
   drei 22
   zwei 22
Fluoreszenzröhren 191
FM-Raster 228
FOGRA 236, 263
Folienkaschierung 256
Follower-Zahlen 322
Follow-Up-E-Mailing 299
Font 112
Fontdatei 112
Font-Dateiformat 134, 136
Font-Format 112, 113
Fontlab 111
Fontographer 111
   Fonttechnologie 85, 109, 110, 111, 112, 113, 115
Footer 299
Form 342
Format 229
   Goldener Schnitt 56
   HD 156
Formatpapiere 208
Formenkanon 83
Formprinzip
   konstruiertes 84

Fortdruck 227, 263, 264, 265
Fotoabzug 194
Fotoarchive 360
Fotografie 356
   digitale 184
Fotopapier 194
fotopolymere Auswaschdruckplatten 247
Fotosatz 85
fps 152, 154
Fragezeichen 102
Fraktalisierung 52
Fraktur 82
Frame 152
Frames per second 373
Frankreich 370
französische Broschur 261
Französische Renaissance-Antiqua 95
Freelancer 286
Free Software Foundation 360
Freeware 359
Freigabe 262, 263
Fremde Schriften 95
Fremdkosten 336, 340
Fremdleistungen 335
Frequency Capping 296
Freskomalerei 39
Frontbeschnitt 259
Froschperspektive 21
Frutiger
   Adrian 84
FSF 360
f-Stop 189
FTP 147
FTP-Programm 170
Full-Banner 294
Füllstoffe 209
Funktion 342
Fused Deposition Modeling 252
Fußnoten 103
Fußnotenzeichen 102
Futura 84

## G

Galtung 308
Game Design 160
Gammastrahlen 8
Gantt-Methode 397
Ganzes 33
Ganzstoff 209
Garamond (Schrift) 83
Garamond
   Claude 83
Gaze 261
Gebrauchsmuster 362
Gebrauchstauglichkeit 178
Gebrochene Schriften 95
Gedankenstrich 101
Gegendarstellungsanspruch 374
Gegensätze 30
Geheimhaltungserklärung 361
Gehirn 9
   menschliches 62
Gehirnforschung 62
Gehirnhälften 62
Gelb 8, 10, 11, 12
Gemeine 82, 86
Gemeine Ziffern 88
Gemeinschaftsmarke 366
General Public License 360
General Terms and Conditions 334
generatives Arbeiten 161
generische Top-Level-Domain 370
geometrische Figuren 26
Gerade 27
Geruchsmarken 364
Gesamtkapitalrentabilität 278
Geschäftsausstattung 59
Geschäftsbedingungen 334
Geschäftsklima 334
Geschmacksmuster 345, 362, 363
   deutsches 362
   europäisches 362
Geschmacksmusterrecht 345, 362
Gesetz der Ähnlichkeit 34
Gesetz der guten Gestalt 34

Gesetz der Erfahrung 35
Gesetz der Geschlossenheit 35
Gesetz der Gleichheit 34
Gesetz der guten Fortsetzung 35
Gesetz der guten Kurve 35
Gesetz der Nähe 34
Gesetz der Prägnanz 34
Gesetz der Symmetrie 35
Gesetz des gemeinsamen Schicksals 35
Gesichtsausdruck 407
Gesprächsleiter 61
gestalterische Innovationen 343
Gestaltgesetze 33
Gestaltpsychologie 33
Gestaltung
   bildnerische 19
   eines Logos 52
   Präsentation 408
Gestaltung einer Textschrift 106
Gestaltungselemente 52
Gestaltungsgesetze 33
Gestaltungsgrundlagen 27
Gestaltungshöhe 342, 362
Gestaltungskriterien Logo 51
Gestaltungsmittel 18, 28, 49, 408
   Checkliste 33
Gestaltungsphase 103
Gestaltungsprinzipien 59
Gestaltungsraster 56, 57, 59, 103
Gestaltungstechniken 19
Gestik 49, 405, 406, 407
Geviert 87, 101, 102
Gewebe 261
gewerbliche Schutzrechte 362
Gigabyte 141
Gill 84
Glätte 209
Gliederungszeichen 88
Global Positioning System 144
Glyphe 86, 114
Gmail 299
GMX 299
GNU Free Documentation License 360

Goethe
   Johann Wolfgang von 10, 31
Gold 240
Goldener Schnitt 56, 103
Google 288
Google Ad Sense 295
Google AdWords 291
Google Analytics 320
Google-Display-Network-Tool 292
Google Earth 132, 136
Google Maps 132
Google Play 181
Google-Webmaster-Tools 289, 319
Gotische Minuskel 82
Gouachefarben 46
GPL 360
GPS Exchange Format 132
Gradzeichen 102
Grafik 37
Grafikdatei
   Web 169
Grafiker 285
Grafikkarte 141, 142
Grafiktablett 142
Grammatur 213
Graphit 43
Grau 11, 14
Graubalance 242
Graukarte 191
Graukeil 242
Graupappen 215
Grauwert 98
Gravur 248
   elektromechanische 248
Grid 162
Groblayout 55
Grobraster 227
Großbuchstabenschrift 83
Größenkontraste 32
Größenunterschiede 19
Großrechnung 193
Grotesk-Formen 84
Grotesque 84

Grün 8, 9, 11, 14, 176
Grundelemente 27
Grundfarben 9, 10, 11, 15
   bunte 11
   nach Harald Küppers 11
Grundfläche 23
Grundformen 86
Grundgerüst
   Logo 54
Grundierung 41
Grundlinie 23
Grundlinienraster 58
Grundproportionen 107
Grundriss 20, 22
Grundschrift 57, 58
Grundstrich 83
Grundtext 80
Grundzurichtung 110
Guillemet 101
Gummi arabicum 46
Gummidruckplatten 247
Gummituch 245, 265, 266
Gutenberg,
   Johannes 82
Gütesiegel 50

# H

H1-H3-Tags 289
H.264 157
Haarstrich 83
HABM 362
Hadern 217
Haftfestigkeit 45
Haftung für rechtswidrige Inhalte
   im Web 372
Haftungsrisiken 335
Halbbilder 152
Halbfett 91
Halbgeviertstrich 101
Halbleinen 261
Halbtonbilder 226
Halbtöne 227
Halbtonsimulation 228

Halbtonvorlagen 237
Hamburger Modell 399
Handpappen 215
Handschriftliche Antiqua 95
Hard Bounce 298
Hardcover 261
Hard-Proof 236
hard shadows 18
Hardware 142
Harmonie 20, 81
harmonische Seitenformate 56
Harmonisierungsamt für den
   Binnenmarkt 362
Härtegrad
   B 43
   H 43
   Hart 43
   HB 43
   Mittel 43
   Weich 43
Harzfirnis 47
Hausfarben 59
Haushaltdirektwerbung 303
Hausschrift 59
HD 153
HD Cam 156
HD-DVD 157
HD-Material
   Wiedergabe von 155
HD-Produktionen 155
HD Ready-Siegel 155
HDTV 153
Header 299
Headline 104, 312
Headlineschrift 80
Head-Strategie 290
Heatset-Farben 241
Heften 259
Hell-Dunkel-Kontrast 31
Helligkeit 188
Helvetica 84

Hemisphäre
  linke 62
  rechte 62
Herkunftsunterscheidung 342
Herstellung
  eines Werkes 338
  von Druckplatten 237
Hervorhebung (Typografie) 80, 99
Hervorhebung (Web) 171
hexadezimal 16, 176
Hieroglyphen 50, 81
Hieroglyphen-System,
  ägyptisches 81
High Definition 153, 154
Hinterdeckel 261
Hinting 118
Hints 112
Hirnhemisphäre 62
HKS-System 240
Hochdruck 246
Hochdruckform 237
Hochdruckpapier 211
Hochdruckplatte 247
Hochdruckverfahren 237, 246, 256
Hochformat 212
hochgestellte Ziffer 102
Hochglanzpapier 216
Hochprägung 257
Höhe der Vergütung 337
Höhenmaß 212
Holzschnitt 237
Homepage 167
Honorarkosten 403
Horizont 20
Horizontlinie 23
Hörmarke 364
Hotspots 144
HPMC 44
HSDPA 144
HTML 132, 170, 173
  Grundgerüst 173
Hypertext Markup Language 132, 170
HTML5 175

HTML-Format 297
HTTP 147
Hub-and-Spoke-Modell 302, 398
Humanisten 82
Hummingbird 291
Hurenkind 105
Hybride App 180, 181
hydrophil 245
hydrophob 244
Hydroxypropylmethylcellulose 44
Hypertext 170
Hypertext Preprocessor 134

# I

IAB 294
ICANN 370
ICCO 375
ideale Proportion 56
Idee
  konzeptionelle 55
Ideenbuch 60
Ideenfindung 61
  Brainstorming 61
  Mind-Mapping 62
Ideogramme 50, 81
IGES 132
Ikon 49
Illusion 26, 152
Illustration 18
Illustrationsdruckpapiere 217
Image Optimization 290
im Auftrag 335
Impact-Druckverfahren 244
Impact-Systeme 244
Impasto 40
Implementieren 393
Impressionen 319
Impressumspflicht 374
Imprimatur 263
Inch 74, 75, 206
InDesign-Datei 132, 229
Index 49, 291
Indexierung 289, 319

Indigo 8, 45
Industrial Design
    USA 363
Industrial Properties 362
Infobrokers 286
Informationsarchitektur 159
Informationseinheit 141
Informationsträger 208
Infrarotstrahlung 8
Inhaltsanalyse 318
Inhaltsteil 299
Initialen 100
Initial Graphics Exchange Specification 132
Initiativquotient 319
Inkjetdruck 253
Inkjetpapiere 217
Inline-Links 373
Inline-Verarbeitung 255
Innovation-Management 300
In-Site-Format 294
Instant Message Systeme 147
In-Stream Video Ads 293
Interaction Design 160
Interactive Advertising Bureau 294
Interactive Media Environments 160
Interaktion 48, 165
Interaktive Bewegung 164
Interest 282
Interface 165
    Design 159
interlaced 156
International Press Telecommunication
    Council 356
International Public Relations Association
    375
Internet 146
Internet Corporation for Assigned Names
    and Numbers 370
Internet-Marketing 288
Internet-Service-Provider 299
InterNIC 370
Interpolation 193
Interpunktionen 88

Interview 309, 310
Invoice 207
iOS 180
iPad 144
IPRA 375
IPTC
    Format 356
IR-Marke 367
IR-Markenanmeldung 366
IR-Strahlung 8
ISO 2846 240
ISO 5776 220
ISO 12647 219, 222, 223, 224, 240, 243
ISO/DIN-Norm
    Papierformate 204
ISO/DIN-Norm (Papierformate)
    A-Reihe 206
Isometrie 24
ISO-Skala 190
ISO-Standard 232
ISO-Wert 190
Issues Management 305
Italic 91, 100
Itten
    Johannes 10, 30

## J

Jahreskonzept 384
Japanpapiere 217
Java 293
JavaScript 177
Java Server Pages 132
Jingles 366
JPEG 194
JPEG-Datei 132, 140
JSP 132
Junk-Mails 299

## K

Kalander 210
Kalandrieren 210
kalte Farben 22, 31
Kaltprägung 257

Kalziumkarbonat 209
Kameraklassen 185
Kamerakomponenten 184
Kameratypen 185
Kampagnen 291
Kampagnenkonzepte 384
Kanal 282
Kanalstreifen 266
Kaolin 44, 209
Kapazitätsplan 396
Kapitalband 261
Kapitälchen 100
    echte 100
    unechte 100
Karbondruckfarben 216
Karmin 45
Karolingische Minuskel 82
Karton 214
    gussgestrichener 215
    hochglänzender 215
Kartongewichte 213
Kasein 47
Kataloge 303
Kavaliersperspektive 24
Kegel 74, 96
Keilrahmen 42
Keilschrift 81
Kelvin 10
Kennzeichenrechte 364
Kennzeichnung
    IPTC-Format 356
    von digitalen Fotodateien 356
Kernaussagen
    Präsentation 404
Kerning 109, 111
Kerning Pairs 111
Kerningwert 111
Kernschatten 18
Keyframe 163, 165
Keyhole Markup Language 132
Key-Performance-Indikator 320, 322
Keyword Advertising 291
Kilobyte 141

Kippfigur 36
KKV 283
Klammerheftung 259
Klammern 88, 101
Klassizistische Antiqua 83, 95
Klebebindung 258, 260
Kleinbildformat
    analoges 185
Kleinbildfotografie
    analoge 194
Kleinbuchstaben 82
Klickrate 298
Klicks 322
Klischee 237
KML 132
KMZ 132
Kodak PhotoCD 134
Kodizes und Richtlinien 375
Kohlepapiere 216
Kolorieren 46
Kolumne 310
Kolumnentitel 104
    lebender 104
    toter 104
Kommentar 309, 310, 322
Kommunikation 167
    im Projektmanagement 399
    interne 305
Kommunikationskanäle 281
Kommunikationspolitik 277
Kompaktkamera 185
Komperativer Konkurrenz-Vorteil 283
Komplementärfarben 11, 31
Komplementärkontrast 31
Kompressionsart 128
Kompressionsstärke 191
Komprimierung 157
Komprimierungsgrad 194
Konstruktion 103
Konstruktionsraster 57
Konstruktionsverfahren
    computergestütztes 251
Konstruktivismus 84

Konsultationsgrößen 77
Kontaktaufnahme 406
Kontakter 285
Kontrastarten 30
Kontrastbeispiele 32
    Layout 32
Kontraste 30
    Farbkontraste 30
Kontrastreferenz 191
Kontrastumfang 191
Kontrollbögen 264
Kontrollhilfsmittel 230, 242
Kontrollieren 393
Konzept 384
Konzeption
    Layout 56
Kopfzeilen 104
Kopierschutz
    HD 156
Kornraster 228
Körnung 192
Körperfarben 9, 10
Körperhaltung 406
Körperschatten 18
Körpersprache 405, 407
Korrektur 56
    Regeln 220
Korrekturzeichen 220
Kosten 336
Kostenplan 394, 396
Kostenvoranschlag 336
KPI 321, 322
Kratztechniken 44
Kreativität 60, 62, 63, 64
Kreativitätstechniken 60
Kreide 44
Kreis 29
Kreisraster 228
Kreuzbruchfalze 257
Kreuzfalz 257
Kreuzlinienraster 228
Kritik 309

Kunden 286
Kunst
    angewandte 345
Kunstdruckpapiere 214
Kunstform 37
Kunstgewerbe 37
Künstlerpinsel 45
Kunstlicht 191
Kunstlichtscheinwerfer 191
Kunsturheberrechtsgesetz 356
Kupferstich 83, 249
Küppers
    Harald 9, 10, 11
kursiv 91, 104, 111
Kursivschnitte 100
Kurve 29

## L

LAB-Farbraum 222
Lack 210, 249, 255
    farbloser 210
    Duftlackierung 256
    Effektlack 256
    Schattenlackierung 255
    Spotlackierung 255
Lackstation 245
Lage 92
Laminated Object Manufacturing 252
Laminieren 256
LAN 146
Landing Page 292
Landscape 212
Langsiebpapiermaschine 209
Laserdruck 217, 253
Laserdruckpapiere 217
Last-Cookie-Wins-Prinzip 297
lateinisches Buchstabenalphabet 78, 81
Laufrichtung 211
    Prüfmethoden 212
Laufweite 58, 96, 109, 118
    Bildschirmschrift 118

Lautschrift
  phönizische 81
Lautstärke 406, 407
Lautzeichen 49
Lavierung 39
Law of Copyright 351
Layer 165
Layout 55, 229, 409
  Dateiformate 128, 130
  Gestaltung 55
  Prozess 56
LCD 155
LCD-Bildschirm 143
Lead 310
Leder 261
Leerraum 58
Leerzeichen 102
Legal Code 359
Leitfadengespräche 316
Leim 209, 260
Leimstoffe 209
Leinwand 41
Leistungsaustausch 334
Leistungsbeschreibung 335
Leistungsempfänger 340
Leistungsgeber 340
Leistungskennzahlen 322
Leistungsvergütung 336
Leitartikel 309
Leporellofalz 258
Lesbarkeit 79, 81
Lesebändchen 261
Lesegewohnheiten 28, 85
Lesegrößen 77
Lesen 78
Lettern 207
  bewegliche 82
Leuchtfarben 240
Leuchtstoffröhren 191
Lewis
  E. St. Elmo 281
Library of Congress 346, 349

Licht 8, 18
  kaltes 10
  sichtbares 8
  Tageslicht 10
  warmes 10
Lichtechtheit 241
Lichtempfindlichkeit 190
Lichtempfindlichkeitsmessung 190
Lichter 39
Lichtmenge 189
Lichtpause
  monochrome 234
Lichtquelle 8, 18
Lichtstärke 189
Lichttemperatur 10
Licht und Schatten 18
Lifetime Value 296
Ligatur 88
LightWave 3D 132
Likes 322
linearen Variante 293
Linearperspektive 21
Lines per inch 226
Linie 27
  gekrümmte 28
Linien pro Zentimeter 226
Linienraster 226, 228
Linienstärke
  Präsentation 409
Linkaufbau 290
Linkbuilding 290
LinkedIn 151
Links 148, 170, 372
linksbündig 98
  Flattersatz 98
  Rausatz 98
Linkstruktur 289
Link-Text 290
Linsensystem 184
lipophil 244
lipophob 245
Lippmann
  Walter 308

Liste 411
Lithographie 84, 245
lizenzfrei 360
Lizenzgewährung 355
Lizenznehmer 355
Local Area Network 146
Lochen 261
Logo 51, 52, 59
    Gestaltungselemente 52
    Gestaltungskriterien 51
    Grundgerüst 54
    Konstruktion 54
lokales Netzwerk 146
LOM 252
Long-Tail-Strategie 290
Lose-Blatt-Bindesysteme 260
Lösungsmittel 47
LPCM 157
lpi 226
Luftperspektive 22
Lumbecken 260
Lumpen 209
LWC-Papiere 218
LZW-Kompression 134

# M

Macro-Conversion 321
Macromedia Freehand 132
Madrider Markenabkommen 367
Maeda
    John 161
Magazinpapiere 217
Magenta 9, 13
Magentarot 11
Mahlgrad
    hoher 209
    niedriger 209
Mahlung
    rösche 209
    schmierige 209
Mahnung 341
Mailing 304

Mail-Programm
    Planung 388
Mail Submission Agent 299
Mail User Agent 297
Majuskelziffern 88
Makroobjektive 186, 187
Makrotypografie 72
Makulatur 254
Malerei 39
Malgrund 41
Malmittel 47
Malpinsel 45
Manöverkritik 315
manuelle Analyse 322
Many-to-Many 300
Marginalien 77, 103
Marke 51, 59, 362, 363, 364, 366
    deutsche 365
    internationale 367
    nationale 365
Markenanmeldung 365
Markenarchitektur 325
Markenarten 364
Markenbekanntheit 300
Markennamen 364
Markenrecht 342
    US-amerikanisch 365
Markenschutz 364
Markenschutzsysteme 365
Markenstrategie
    gestützte 325
    monolithische 325
Markenzeichen 364
Marketing-Kommunikation 276
Marketingkosten 403
Marketing-Mix 276
Marketingstrategien 276
Markierungen
    Bogenrand 230
    Druckanlage 231
Marktdurchdringung 276
Marktentwicklung 276
Marktfeldstrategien 276

## Index / M

Marktforschung 314
Marktsegmentierung 276
Marktstimulierungsstrategien 276
Marktwachstum-Marktanteil-Portfolio 278
Maschinengrauppappen 215
Mashups 149
Maslow'sche Bedürfnispyramide 279
Massachusetts Institute
  of Technology 161, 218
Maßbezugslinien 38
Maßbogen 213
Maßeinheiten 74
  amerikanische 75
  typografische 74
Massenkommunikation 281
Maßhilfslinien 38
Maßlinien 38
Maßpfeile 38
Maßsysteme 74, 83
Maßzahlen 38
Mastererstellung
  DVD 157
Materialproben 61
mathematische Mitte 28
Maus 142
Mediadaten 281
Media Environments 160
Mediaplaner 285
Media Relations 305
Media Value 319
Mediävalziffern 88, 101
Medien
  interaktive 303
  soziale 150
Medienforschung 314
Medienresonanzanalyse 318, 319
Medium Rectangle 294
Medium Schrift 84
Megabyte 141
Megapixel 192
Mehrwortmarken 367
Meilensteine 395, 400
Meinungsforschung 314

Mengensatz 77
Mengentext 79
Mengenzeichen 88
Menüleisten 168
Merchant 296
Meta-Daten 193
Metafileformate 140
Metriken 321
Microblogging 150
Micro-Conversion 321
Microsoft Word 130
mid 134
Miedinger
  Max 84
Mikrostereolithografie 252
Mikrotypografie 72
Militärperspektive 24
Millimeter 75
Mimik 49, 405, 407
Mind-Mapping 62, 63
mini-DV 153
Minuskelziffern 88
Mischsystem 240
MIT 218
Mitarbeiterzeitschriften 305
Mitte
  mathematische 28
  optische 28
Mittelachsensatz 98
Mittel, Härtegrad 43
Mittellängenhöhe 97
Mittelraster 227
MLP 157
MMA 367
MM-Font 115
MOBI 134
Mobile Application Design 160
Mobile-Tagging 145
Mobile Websites 179
Mobiltelefon 143
Modellierung 159
Moderator 61

Modul
  Logo 54
Moiré 227, 228
Molette-Wasserzeichen 210
Monitor 142
monochrome Lichtpause 234
Monospace-Schriften 92
Morris
  Charles W. 49
Motion Design 159
Motion Graphics 165
Motion Tracking 163
Motive
  archaische 85
MP4 156
MPEG 157
MPEG2 157
MPEG Layer3 134
MSA 299
MUA 297
Multimedia-Dateiformat 130
Multiple-Master 115
Multiplexing 157
Multiplikatoren 305
Munsell
  Albert Henry 11
Munsell Book of Color 11
Music Sharing 359
Musikvideos 159
Muster 213
MySpace 151

# N

Nabe-Speiche 398
Nachbreite 96
Nachricht 48, 309, 310
Nachrichtenwert 308
Nachweis 339
Namensnennung 356
Nanometer 8
Näpfchen 248
Nass-in-Nass-Technik 39
nationale Marke 365

nationale Rechtssystemen 343
Native Apps 180
Naturpapiere 214, 217
  holzfreie 217
  holzhaltige 217
Navigable Structure 165
Navigation 289
Navigationselemente 169
Navigationssystem GPS 144
nc 358
nd 358
NDA 361
Necker-Würfel 36
Netzhaut 8
Netzpläne 396
Netzplantechnik 396
Netzstruktur 183
Netzwerk 146
  soziales 151, 300
News value 308
Newton
  Isaac 10
nicht-lineare Variante 293
No Derivative Work 358
Non Commercial 358
Non Commercial Sampling Plus 359
Non-Disclosure and Confidentiality
  Agreement 361
Non-Impact-Druckverfahren 244
Non-Impact-Systeme 244
no rights reserved 357
Norm
  internationale 220
Normal 91
Normalbrennweiten 186
Normalziffern 101
Norm BS-5261 2 220
Norm DIN 16 511 220
Norm DIN 476 204
Norm DIN EN ISO 216 204
Normformate 56
Norm ISO 5776 220
Norm ISO/DIN (Papierformate) 204

NTSC 153, 157
Null 29
Nut 258
Nutzerfreundlichkeit 178
Nutzerszenarien 159
Nutzungsrechte 337, 344, 352, 353, 354, 355, 360
  ausschließliche 352
  einfache 352
  eingeschränkte 352
  uneingeschränkte 352
Nutzungsrechtseinräumung 352
Nutzungs- und Verwertungsrechte USA 354
Nutzungsvertrag 354, 355

## O

Oberflächenleimung 209
Oberflächenveredelung 255
Oberlängen 107
Objective-And-Task-Method 402
Objecttracking 164
Objekt 18
  null-dimensionales 27
Objektive 186
Oblique 100
offene Befragung 316
Öffentlichkeitsarbeit 277, 305
Öffnungsrate 298
Off-Page-Optimierung 289, 290
Offsetdruck 211, 214, 216, 217, 222, 228, 235, 237, 238, 241, 244
  Rupffestigkeit 211
Offsetpapiere 217
Ogilvy
  David 385
Ökonometrischen Wirkungskontrolle 318
Okular 185
Omnibusbefragung 316
One-to-Many-Kommunikation 300
Online-Marketing 288
Online-PR 307
Online-Redakteure, 151

Online-Reputation 300
Online-Vermarkter 293
On-Page-Optimierung 289
On-Site-Format 294
Opazität 209
Open-Content-Lizenzsystem 357
Open-Source-Initiative 359
Open-Source-Modell 149
Open-Source-Software 359
OpenType 113
Optiken 186
optische Abtastung 242
optische Fette 100
optische Mitte 28
optische Täuschung 26
optomechanisches Schriftsatzsystem 85
Orange 8, 12
Orangerot 11
Ordnungskontraste 32
Ordnungszeichen 88
O'Reilly
  Tim 148
Organic Search 321
Organigramm 411
Organisation 391
Ortsbezeichnungen 27
Osborn
  Alex F. 61
OSI 359
Outlines 117
Overlay Ad 293
Owned Media 301

## P

Page-Rank-System 291
Pagina 57, 104
Paginierung 233
paid listings 288
Paid Media 301
PAL 152, 153, 157
Pantone
  Farben 240
  System 240

Paperback 260
Paperprototyping 159
Papier 208, 261
    Aschegehalt 211
    Aufschlagverhalten 211
    Biegeprobe 212
    Breitenmaß 212
    elektronisches 218
    Feuchtprobe 212
    Fingernagelprobe 212
    Flächengewicht 213
    Füllstoffgehalt 209
    geleimtes 209
    gestrichenes 214
    glätten 210
    glattes 209
    Grammatur 213
    Höhenmaß 212
    Laufrichtung 211
    Lichtundurchlässigkeit 209
    maschinenglattes 216
    Opazität 209
    reißfestes 209
    Reißprobe 212
    Rupffestigkeit 211
    Streichprobe 212
    ungestrichenes 214
    Weißgrad 209
Papierbrei 209
Papiere
    auftragende 217
    feine 216
    gestrichene 228
    gussgestrichene 216
    hadernhaltige 209
    handgeschöpfte 216
    Hochdruck 211
    holzfreie 208, 216
    holzhaltige 208, 216
    laugenfeste 217
    maschinenglatte 210
    mittelfeine 216
    nach Verwendung 217

Papiere
    nassfeste 217
    Offsetdruck 216, 217
    Rollendruck 211
    Tiefdruck 217
    ungestrichene 217
    Wasserzeichen 216
    witterungsbeständige 217
Papiereigenschaften 208
Papierfasern 209
Papierform 208
Papierformate 204
    ISO/DIN 204
    kanadische 206
    unbeschnittene 207
    US-amerikanische 206
Papierfoto 194
Papiergewicht 213
Papierherstellung 208
Papiermaschine 209, 210, 211
Papieroberfläche 210
Papiersorten 214
    Plakate 217
Papierstärken 210
Papiertypen 219
Papierveredelung 210
Papierverschnitt 208
Papiervolumen 213
Papierwahl 219
Pappe 214, 261
Pappensorten 215
Papyrus 208
Parallelbruchfalz 257
Parallelfalz 257
Parallelperspektive 24
Parallelprojektionsverfahren 24
Parameter
    drucktechnische 229
Partnerprovision 296
Passerkreuze 230
Passermarken 230
Passgenauigkeit 230
Patent 342

Pay-per-Click 291
PDA 177, 389
PDF-Datei 134, 229
PDF/X 233
Peirce
    Charles 49
Percentage-Of-Profit-Method 402
Percentage-Of-Sales-Method 402
Perforieren 261
Pergamentpapiere 215
Pergamin 216
Periodika 103
Peripherie 142
Permalink 149
Permission-Marketing 298
Perpetuum Mobile 37
Personal Digital Assistants (PDA) 143
personalisierte E-Mail-Newsletter 297
Personalisierung 309
Personalplan 396
personelle Ressourcen 402
Persönlichkeitsrechte 373
Perspektive 17
    Bedeutungsperspektive 25
    Dimetrie 24
    Dreifluchtpunktperspektive 22
    Fluchtpunktperspektive 21
    Entwicklung der 19
    Farbperspektive 22
    Fischaugenprojektion 25
    Froschperspektive 21
    Geschichte der 19
    Größe 19
    Isometrie 24
    Kavaliersperspektive 24
    Linearperspektive 21
    Luftperspektive 22
    Militärperspektive 24
    Parallelperspektive 24
    Vogelperspektive 21
    Zentralperspektive 21
    Zweifluchtpunktperspektive 22

perspektivische Konstruktion 20
    Checkliste 25
Perspektivlinien 17
Perspektivverfahren 21
PERT-Methode 396
Phishing-Mails 299
Phönizier 81
phönizische Lautschrift 81
Photopolymere 251
PHP 134, 177
Pica-Punkt 75
Pict-Bild 134
Piezo-Technologie 253
Piktogramm 50
Pitch 361
Pixel 112, 117, 140, 226
    Buchstaben auf dem Bildschirm 117
    Pixeldateiformate 140
    quadratischer 153
Pixeldateiformate 140
pixelorientiert 130
Plain-Text-Format 297
Plakatpapiere 217
Plakatwerbung 303
Planarten 396
Planopapier 208
Planschemata 407
Planung 388
    Arbeitsmethode 388
    einer Präsentation 407
    Kriterien 388
    Layout 56
    Projektplanung 391
    Pufferzeit 390
    Termin 388
    Ziel 388
Planungsprozess 393
    Goldene Regel 392
Plasma 155
Plasma-Bildschirme 155
Plastikbindung 260
Plotter 142
Point of Sale (POS) 283

Polygon File Format 138
Polymerisationsprozess 241
Pop-under 294
Pop-up 294
Porträt 212
PostScript 112, 134
PostScript-Punkt 74
PostScript-Type-1-Format 112
Postwurfsendungen 303
Powerpoint 134
PPC 291
Prägefoliendruck 256
Prägen 210, 216, 247
Prägestempel 256
   Heißfolienprägung 237
Pragmatik 48
Prägnanz 36
Präsentation 404
   Gestaltung 408
   kommunikative Elemente 405
Präsentationscharts
   digitale 409
Präsentationsplanung 407
Präsenz 167
Preflight 233
Pre-Header 299
Preis-Mengen-Strategie 276
Preispolitik 276
Preisvergleiche 368
Premium Ads 323
Prepress 220
Pressearbeit 308
Pressebereich 307
Pressefreiheit 373
Presseinformation 311
Pressekodex 375
Pressemeldung 311
Pressespiegels 318
Primärfarben 9, 10, 11
Printing-on-Demand 254
Prioritäten 390
Product-Placement 277
Product Publicity 305

Produktioner 285
Produktionskosten 403
Produktionspraxis 262
Produktivität 390
Produktlebenszyklus 277
Produktpolitik 276
Profile 224
Program Evaluation and
   Review Technique 396
Programmiersprachen 161
Programmierung 146
progressiv 153
Projektabschlussbericht 400
Projektbeschreibung 393
Projektbudget 393, 395
Projektdauer 393
Projektdefinition 395
Projekte
   kleine bis mittelgroße 397
   kleinere 397
   mittlere bis große 396
Projektentwurf 393
Projektergebnisse 393
Projektgenehmigung 395
Projektionsfläche 18
Projektkontrolle 400
Projektleiter 391
Projektmanagement
   Kommunikation 399
Projektoren 142
Projektplan 394
Projektplanung 391
   Phasen 398
Projektskizze 384
Projektstrukturplan 394
Projekttagebuch 400
Projektteam 393
Projektvariablen 395
Promillezeichen 102
Proof 234
   digitaler 234
   Hard- 236
   Soft- 236

Proof correction marks 220
Proofverfahren
   analoges 234
   digitales 234
Proportion
   ideale 56
Prospekte 303
prospektiva 17
Protokoll 146, 338
Protokollant 62
Protokoll TCP/IP 146
Protokoll zum Madrider
   Markenabkommen 367
Prototypen 159
Provider 372
Prozentzeichen 102
Prozessfarben 240
Prozessor 142
PRSA Member Code of Ethics 375
Public Affairs 305
Public Relations (PR) 305
Publisher 295
publizistischen Grundsätze 375
Puffer 400
Pufferzeit 390
Pulldown-Menüs 293
Punktlicht 18
Punkt (Raster) 27, 226
Punkt (Typografie) 74, 88
Punkturen 88
Punze 87
PVC 247
px 143
Pythagoras 37

## Q

QR-Code 145, 322
Quadrat 29
Quadratnetzverfahren 20
qualifizierte elektronische Signatur 339
Qualität 190, 290
Qualitätskontrast 31
Qualitätsplan 396

Quality Score 292
Quantitätskontrast 31
Quark Xpress 136
Quellcode 170
Querbalken
   Höhe der 108
Question Marks 278
Quick Response 145
QuickTime Movie 134
Quoted-Printable-Codierung 297

## R

Radiernadel 249
Radierung 249
Rakel 248
Rakelmesser 248
Rakeltiefdruck 249
RAL-Farben 240
RAM 142
Rapid Manufacturing 251
Rapid Prototyping 251
RA-Reihe 207
Raster 54, 226
   amplitudenmodulierter 227
   autotypischer 227
   dynamischer 162
   frequenzmodulierter 228
   für digitale und dynamische Medien 162
   grundlegender 162
   konventioneller 227
   stochastischer 228
Rasterarten 226
Rasterätzungen 237
Rasterelement 226
Rasterfeinheit 247
Rasterfilme 245
Rasterformen 228
Rastergrafik 226
Raster Image Processor 237
Rasterkeil 243
Rasterpunkte 226, 227
Rasterverfahren 227
Rasterweite 226

Rasterweitenmesser 243
Rasterwinkel 227, 228
  Offsetdruck 228
Rasterwinkelmesser 243
Rasterzellen 226
räumliche Darstellung 18
räumliches Sehen 17
räumliche Tiefe 17
Raumlinien 17
Rausatz 98
Rauschen
  digitales 190
Raute-Zeichen 16, 176
RAW
  Bildbearbeitungsprogramm 191
  Datei 193, 194
RBÜ 343
Real Time Bidding 295
Rebriefing 385
Recall-Effekt 292
Recall-Test 317
Rechnung 337, 340
Recht am eigenen Bild
  Deutschland 356
Recht des eigenen Landes 338
Rechteck 29
Rechtsbedingungen 338
Rechtsbeistand 341
rechtsbündig 98
Rechtsgrundsatz 338
Rechtsverletzung 351
Recognitions-Test 317
Recordation 355
Recruiting 292
Rectangle 294
Recyclingpapiere 217
Redaktionsplan 302
Rede 405
Redekunst 405
Reeves
  Rosser 283, 385
Referenzformat 204

Referral 321
Regelmaß 20
Regeln
  Gestaltung 65
Regisseur 163
Register 242
Registered Trademarks 365
registerhaltig 58
Registerhaltigkeit 58, 263
Registration of Copyright 346, 349
Regletten 96
Regular 91
Reinlayout 55
Reinzeichnung 55, 103, 229
Reinzeichnungsdateien 229
Reißprobe 212
Reize
  elektrische 9
relative Marktanteil 278
relative Werte 321
Remarketing 292
Remittenden 254
Renaissance 17, 19, 82, 405
Renaissance-Antiqua 83
Renner
  Paul 10
Reproduktion 220, 226
Reproduktionskontrolle 233
Reproduzierbarkeit
  Logo 51
Responseelement 303
Responsequote 304
Responsive Design 179
Responsive Webdesign 179
Retargeting 292
Retina 8
Return on Investment 278
Revidierte Berner Übereinkunft 343, 346
Rezeptionsgrad 80
Rezeptorzellen 9
Rezipienten 72
RFC1591 370

RGB 9
   Arbeitsfarbräume 222
   Farben 16
   Farbmodus 16
   Farbwert 16
Rhetorik 404, 405
   Goldene Regel 405
Rhythmus 20, 33
Richmedia-Formate 293
Rich Snippets 291
Richtlinie über den
   elektronischen Geschäftsverkehr 369
Ries 208
rights managed 360
Rillen 258
RIP 237
Risikoanalyse 396
Riss 37
Ritzen 258
RM 360
Robots 289
Rohformate 207
Rohlayout 55
Röhrenbildschirm 143
Rohstoffe
   pflanzliche 208
ROI 278
Rollenpapier 208
Rot 8, 9, 10, 11, 13, 176
royalty free 360
R (Registered) 364
RSS-Feeds 149
RTB 295
Rubrikzeilen 104
Rückeneinlage 261
Rückenheftung 259
Rückgang 277
Ruge 308
Rund gegen Rund 247
Rundungen 107
Rupffestigkeit 211

# S

Sakkaden 78
Sampling Plus 359
Satinage 210
Satinieren 210
Satz 96
   durchschossener 97
   kompresser 96
   symmetrischer 98
Satzarten 98
Satzausrichtung 97
Satzbild 106
Satzbreite 97
Satzschrift 82
Satzspiegel 32, 56, 57, 58, 103, 231, 242
Satzzeichen 88, 102
Säulendiagramm 411
Scanner 78, 142
Schablonendruck 250
Schatten 18
Schattenarten 18
Schattenlackierungen 255
Schaugrößen 77
Schlagschatten 18
Schlagzeile 80, 310
Schlüsselpunkte 165
Schlüsselworte 63
Schmal 91
Schmalbahn 211
Schmieren 265
Schmuckbuchstabe 100
Schmuckfarben 240
Schneidefehler 259
Schnittmarken 230
Schnittstellendesign 159
Schöndruck 242
Schraffuren 28
Schrägen 108
Schrägstrich 102
Schreibmaschinenschriften 92
Schreibregeln 100
Schreibschriften 95
Schreibwerkzeuge 81

Schriftkegel 74
Schrift 78
  Eigenschaften 117
  geschriebene 82
Schriftachse 83
Schriftart 90
Schriftarten 175
Schriftauswahl 80
Schriftbild 80
Schriftbreiten 91
Schriftdesign 106
Schriften
  fremdländische 93
  nichtlateinische 93
  nichtproportionale 92
Schriften-Klassifikation 93
Schriftenverwaltung 116
Schriftfamilie 90
Schriftformat
  systemübergreifend 113
Schriftgarnitur 90
Schriftgestalter 80
Schriftgestaltung 106, 107
  Differenzierung 107
  Gleichmaß 107
  Zielsetzung 107
Schriftgrad 74
Schriftgröße 74, 77
  Präsentation 409
Schriftgröße messen 75
Schriftkegel 74
Schriftlagen 91
Schriftschnitt 81, 90
Schriftsippe 92
Schriftstärken 91
Schriftsysteme 82, 85, 92
Schrifttechnologie 85
Schriftzeichengesetz 363
Schulterblick 385
Schulz von Thun
  Friedemann 399
Schusterjunge 105

Schutz
  der Funktion 342
  der Kennzeichnung 342
  der schöpferischen Ausdruckskraft 342
  von Schriftnamen 363
  von Schriftzeichen 363
Schutz
  von Design 342
  von Ideen 361
Schutzdauer
  deutsche Marke 365
  Gemeinschaftsmarke 366
  internationale Marke 367
  urheberschutzfähiger Werke 345
Schutzfähigkeit 342
Schutzrechte 343
  gewerbliche 362
Schutzzone
  Logo 54
Schwarz 11, 14
Schwarz-Weiß-Ausdrucke 234
Schweizer Broschur 261
Screen 142
Screen Fonts 118
Scribble 55
Scrollbalken 168
SD 152
SDTV 153
SD-Video-DVD 157
SEA 291
Search Engine Advertising 291
Search Engine Optimization 288
Search Engine Results Page 288
SECAM 152
Secure Socket Layer 298
Segmentierung 321
Sehen 8
  Dämmerung 9
  Farbwahrnehmung 9
  Tageslicht 9
Sehgewohnheiten 85
Sehstrahlen 23

Seitenformate 56
   harmonische 56
   Norm 56
Seitengestaltung 55
Seitengröße (Website) 168
Seitenplatzierung 233
Seitenverhältnis 194
Seitenzahlen 103, 104, 233
Sekundärfarben 9, 11
Sekundärforschung 315
Selbstdisziplin 389
Selective Binding 261
Selektiven Lasersintering 252
SEM 288
Semantik 48, 78
Semikolon 102
Semiotik 48
Sender 48, 282
Senderecht 343
Sender-Empfänger-Modell
   Lasswell, Harold D. 282
Senefelder
   Alois 245
Sentiment 322
SEO 288
Separation 232
Sepia 44
Sequenzen 162
Serifen 83, 84, 92, 110
serifenbetonte Drucktypen 84
serifenbetonte Linear-Antiqua 95
serifenlose Linear-Antiqua 95
Serifenschriften 117
Serigraphie 250
SERP 288
Setup-Gebühr 296
SGML 174
Share Alike 358
Shareware 359
Shitstorms 302
Shockwave 293
Sicherheitsfaden 249
sichtbares Licht 8

Siebdruck 248, 250
Siebenfarbendruck 240
Siebpartie 209
sIFR 168
Signet 51
Signifiant 49
Signifié 49
Signifikant 49
Signifikat 49
Silber 240
Simultankontrast 31
Single-Frame-Struktur 183
Single-Opt-In-Verfahren 298
Single-Source-Publishing 267
Sinnbild 50
Sinnesempfindung 8
Sinneszellen 9
Sinterns 252
Sinus-Milieus 280
SiteCatalyst 320
Sitemap 179
Skizze 55
Skizzenbuch 60
Skyscraper
   Standard 294
SLA 251
Slab Serif 84, 117
Slide Share 301
Slogans 367
SLS 252
Small Caps 100
Small-Caps-Ziffern 102
Smart-Phone 143
SMM 300
Social Bookmarking 301
Social Bookmarks 151
Social Marketing 52
Social Media 150
   Guidelines 302
   Marketing 300
   Monitoring 322
   Plattformen 319
Social Sharing 301

Social Software 150
Social Spamming 301
Soft Bounce 298
Softproof 195, 236
Soft shadows 18
Soft- und Hardware 141
Software 85, 116, 143
   2D 158
   3D 158
   Compositing 158
   DVD Authoring 158
   Encoding 158
   Motion Design 158
   Schnitt 158
some rights reserved 357
Sonderfarben 240
Sonderzeichen 88
sonstige Kosten 336
Sorgfaltspflicht 374
Soziale Medien 300
Sozialen Netzwerken 300
Spacing 108
Spalten 58
Spaltenabstand 57, 58
Spam-Mails 299
Spam-Praktiken 290
Spationieren 96
Speichermedien 142
Spektralfarben 8
Spektrum
   elektromagnetisches 8
Sperren 96
Spezialpapiere 215
Spickzettelmethoden 408
Spider 289
Spiegelreflexkamera 185
Spielfilme 159
Spiralbindung 260
Spirale 28
Spitzmarke 104
Sponsored Links 288
Sponsoring 277

Spotlackierung 255
Sprache 48, 405
Sprachlaute 86
Sprecheigenschaften 407
sRGB 222
SSL (Secure Socket Layer)-Verschlüsselung 298
Stäbchen 9
Stahlgusswalzen 210
Stand 229
Standard Definition 152
Standardfarben 240
Standardpalette
   216 Farben 16
Standard Skyscraper 294
Standard TV 153
Standpunkt 23
Stanford Triangle Format 138
Stanzen 261
Stärke 92
Stärkenkontraste 32
starkes Copyleft 360
Statische Banner 293
Steckplätze 142
Stege 96
Steifbroschur 261
Steindruck 245
Stempel 74
Stereolithografie 136, 251
Steuereinheit 142
Steuernummer 340
Stichtiefdruck 249
Stichwort 63, 408
Stichwortmanuskript 408
Stimme 406
Stimmlage 49, 407
STL (Standard Triangulation Language) 136
Stockholm Charta 375
Story Boards 286

Strahlung
  elektromagnetische 8
  Infrarot 8
  ultraviolette 8
  Wärme 8
Straßburger Manuskript 39
Strategie-Szenario 384
Streichen 210
Streichfarbe 210
Streichmaschine 210
Streichprobe 212
Streifenformate 206
Strich 28, 210, 215, 216, 238, 245
Strichätzungen 237
Strichfilme 245
Strichstärke 107
Strichvorlagen 237
Strukturen 27, 28, 33
  Baumstruktur 182
  dynamische 165
  interaktive 165
  jumplineare 182
  lineare 182
  Netzstruktur 183
  Single-Frame-Struktur 183
Strukturfarben 241
Strukturprägung 210
Stundensatz 336
Subheadline 312
Subtraktionsfarben 10
subtraktive Farbmischung 9
subtraktives Farbsystem 9
Suchbegriff 315
Suchmaschinen 288
Suchmaschinenmarketing 288
Suchmaschinenoptimierung 288
Suchmaschinenwerbung 288
Suffix 128
Sumerer 81
Surface Tesselation Language 136
SWOT-Analyse 386
Symbol 49, 50

Symmetrie 20, 33, 35
Syntaktik 48
Systemschriften 175

# T

Tabelle 411
Tabellenziffern 88, 101
Tablet 144
Tabloid 207
Tag 171, 173, 174
Tageslicht 10, 191
Talkum 44
Tampondruck 237, 249
Tastatur 142
Täuschung 8
  optische 26
Tausender-Kontakt-Preis 291
TCP/IP 146
Teammitglieder 391
Technische Entwürfe 21
Technischen Zeichnen 37
technische Skizze 38, 43
Technische Zeichen 37
Teilnehmerunterlagen 412
Teilvorgänge 391
Teleobjektive 186, 187
Temperafarben 46
Terminplan 396, 411
Termin-Reminder 389
Terrabyte 141
Territorialitätsprinzip 343
Tertiärfarben 11
Testimonial-Werbung 284
Testverfahren 317
Tex-Bild-Quotient 319
Textdateiformat 130
Texteditoren 170
Texter 285
Textilflachs 42
Textschrift 80, 108
Texturen 27
Textverarbeitungsprogramme 143
Themenquotient 319

Thermotechnologie 253
Tiefdruckformen 237
Tiefdruckverfahren 248
Tiefenabstände 23
Tinte 253
Tintenstrahldruck 253
Titel 80, 159
Titelschrift 80
Titelschutz 367
Titelzeilen 104
Title-Tag 289
TKP 283
TM 364
Ton 43
Tonalität 322
Tonlage 406
Tonwert 243
Tonwertzunahme 243
Tortendiagramm 411
Touchscreen 144
Trackbacks 149
Tracking 163, 296
Tracking Codes 320
Trademarkzeichen 364
Trafficer 286
Traffic-Manager 286
Trailer 159
Transparenz 167
Trapping 229, 230, 233
Treppenstufen 193
Trigger-E-Mails 299
Trockenoffsetdruck 245
TrueType-Format 113
Tüpfel-Technik 40
TV-Standards 152
Tweet 150
Twitter 150
Twitter-Accounts 151
Typografie 59
typografischer Punkt 74
typografisches Maßsystem 74
Typometer 75

# U

UAP 294
Überbelichtung 191
Überdrucken 230
Überformate 207
Überfüllen 230
Übergrößen (Papier) 205
Überlagerungseffekte 228
Überlagerungstechnik 44
Überschneidung 19
Überschriften 77, 79, 104, 289
Übersetzungsrecht 343
Übertragen von Nutzungsrechten 337
Übertragung
   parametrische 163
ultraviolette Strahlung 8
Umbruch 55, 56
UML 159
Umrechnungswerte 74
Umsatzsteuer-Identifikationsnummer 340
Unbuntgrad 31
Unicode 114
Uniform Resource Identifier 149
Uniform Resource Locator 291
Unique Selling Proposition 283
United States Patent and
   Trademark Office 365
Univers 84
Universal Ad Package 294
Universal Search 290
unlauterer Wettbewerb 367
Unpersonalisierte E-Mail-Newsletter 297
unscharf maskieren 193
Unterbelichtung 191
Unterlängen 107
Unternehmensblog 302
Unternehmensphilosophie 325
Unterschneidung 109, 111
Unterschneidungstabelle 111
Unterschneidungswerte 111
Untersicht 21
Untertitel 310

Urfarben 11
Urheberpersönlichkeitsrechte 356
Urheberrecht 61, 342, 343, 344, 345, 346, 347, 348, 349, 350, 351, 352, 354, 356, 362
  britisches (England, Wales, Schottland, Nordirland) 351
  deutsches 344
  französisches 345
  Schutzdauer 345, 349
  US-amerikanisches 346
Urheberrechtlicher Schutz 343
  Europa 345
Urheberrechtssystem 343
  kontinentales 344
URI 149
URI-Parameter 322
URL 291
Usability 178
US-amerikanischem Recht 370
US-amerikanisches Copyright 343
US-amerikanisches Markenrecht 365
US-amerikanisches Urheberrecht 346
  Schutzdauer (US) 349
US-ANSI-Formate 207
USB-Stick 142
US Code for Financial PR 375
US Copyright Act von 1976 346
US Copyright Office 349
Usecases 159
User Generated Content 322
USP 283
USPTO 365
UV-Druck 245
UV-Farben 241
UV-Lacke 256
UV-Strahlung 8
UWG 361

# V

van Eyck,
  Jan 40
Variable Projektkosten 403
Vektorbasiertes Grafikdateiformat 130
Vektorgrafik 226
Verarbeitung
  Inline 255
verbindliche Druckvorlage 229
Verdickungsmittel 45
Veredelung (Papier) 210
Veredelungsverfahren 256
  Lackieren 255
  Laminieren 256
Vereinte Nationen 373
Verfremdung 345
vergleichende Werbung 368
Vergütung 336
Verkauf
  persönlicher 277
Verkaufsargument 283
Verkaufsförderung 277
Verkaufs- und Absatzförderung 281
Verkehrsgeltung 365
Verkehrsschrift 82
Verkehrszeichen 49
Verkleinerung
  von Bilddateien 192
Verlinkungen 290
Veröffentlichungsrecht 356
Versalien 82, 86, 100, 107
Versalsatz 97
Versalziffern 88
Verschlusszeit 188
Versteigerung von Werbeplätzen 295
Vertical Network 296
Vertrag 334
Vertragsbestandteil
  AGB 334
vertragsgemäße Leistung 339
Vertragshilfen 341
Vervielfältigungsrecht 343

Verwaltungskosten 403
Verwertungsgesellschaften 355
Verwertungsrechte 352
Verwertungs- und Nutzungsrechte 337
Verzug 341
Vexierbilder 36
Video 158
Video Interstitial Ads 293
Video Optimization 290
Vierbruchfalzung 257
Viereck 29
Vierfarbendruck 240
Viertelgeviertstrich 101
Viewports 180
Violett 8, 13
Violettblau 11
virale Mund-zu-Mund-Propaganda 301
Viral-Marketing 301
Virtual Private Network 147
Virtual Reality Modeling Language 136, 138
V.i.S.d.P. 374
Visitenkarte 59
Visits 321
Viskosität 45
Visual Jockey 160
Visuelle Signale 79
visuelle Wahrnehmung
   Schrift 79
VJ-ing 160
Vogelperspektive 21
Vollbild 153
Volltonfarben 240
Volumen 213
Vorbreite 96
Vorderdeckel 261
Vorplanung 412
Vorratsbütte 209
Vorsatzblätter 261
Vorspann 310
Vorstufe 234
Vortragsrecht 343
Vor- und Nachbreite 96

vorwissenschaftliche Analysemethode 315
Vorzugsreihen 204
VPN 147

# W

W3C 173, 174, 177, 178
W3Perl 320
Wachstumsstrategien 278
Wahlbaum
   Erich 83
Wahrnehmung
   Farbe 8
   Psychologie 26
   Schrift 78
Wahrnehmungsphänomene 106
WAN 146
Warenklassen 364
warme Farben 22, 31
Wärmestrahlung 8
Warm-Kalt-Kontrast 31
wasserabweisend 244
Wasserfarben 46
Wasserlacke 256
Wasserzeichen 210
   echte 210
   halbechte 210
   Licht 210
   Schatten 210
   unechte 210
Web 2.0 148
Webanalyse 319
Web-Anwendungen 194
Web-App 181
Webbrowser 147, 158, 170, 177
Webdesign 162, 167, 179
Webfont-Dateiformat 130, 136
Webfonts 119, 175, 176
Weblog 150
Webseiten 132, 147, 162, 167, 177, 179
   barrierefreie 177
websichere Farbpalette 16
Webspace 170
Webstandards 16

Webtrekk 320
Web-TV 151
Webversion 299
weiche Haarpinsel 45
Weich, Härtegrad 43
Weiß 9, 12, 16
Weißabgleich 191
   manueller 191
Weißabgleichsfehler 191
Weißlicht 191
Weißräume 87, 96, 109
Weite 107
Weiterverarbeitung 255
Weitwinkelobjektive 186, 187
Wellen
   elektromagnetische 8
Wellenlänge 8
Wellenlängen 190
Welturheberabkommen 343
Werbeanzeigen 79, 322
Werbe-Banner 281
Werbekampagne 284
Werbemittel 282
Werben im Web 369
Werbeplan 285
Werbe-Pop-ups 281
Werbesendungen
   adressierte 303
   teiladressierte 303
Werbeträger 283
Werbewirksamkeit 281, 286
Werbeziele
   nicht ökonomische 282
   ökonomische 282
Werbung 277, 281
   vergleichende 368
Werk 343, 344
Werkleistung 339
Werktitel 367
Werkverträge 337
Werkzeuge
   Computational Design 161
Wertpapiere 249

Wertzeichen 88
Wettbewerb
   unlauterer 368
Wettbewerbspräsentation 361
Wettbewerbsrecht 367
wettbewerbswidrige Handlung 361
W-Fragen 310, 312
White-Hat-SEO 291
whois 371
Wickelfalz 258
Wide Area Network 146
Widerdruck 242
Wide Skyscraper 294
Wiedergabetechniken 84
Wiederholung 27
Wikis 150
Windows Bitmap 130
Windows Phone 143, 180
Winkel
   Raster 228
   1,5 Grad 25
   30 Grad 24
   45 Grad 24
   90 Grad 29
   120 Grad 25
WIPO 343, 367
Wireless LAN 146
Wire-O-Bindung 260
Wirkung 314
WLAN 146
Word-of-Mouth 301
Workflow 159
Work Made for Hire 347, 354
World Wide Web 85, 147, 167
World Wide Web Consortium 174
Wortabstand 34, 96, 109
Wortassoziationstest 317
Wortbild 78, 80, 106
Wort-Bild-Marke 51, 364
Wort-Marke 51, 364
Worttrennungen 101
Wortzwischenräume 98, 102
WUA 343

## X

x-Höhe 117
XHTML 170, 171, 178
XING 151
XML 138, 174, 267
   basierte Dateien 149

## Y

Yahoo 288
Yandex 288
Yellow 9
YouTube 150, 301

## Z

Zahlenkolonne 100
Zahlensystem
   duales 141
Zahlungsfrist 337, 341
Zahlungsmodalitäten 337
Zahlungsverzug 341
Zahlungsziel 341
Zahlzeichen 88
Zanox 296
Zapfen 9
Zeichen 48, 49, 78, 86
   auditive 49
   Begriffszeichen 50
   Hieroglyphen 50
   Logo 51
   Marke 51
   mathematische 50, 101
   physikalische 50
   Signet 51
   Symbol 50
   visuelle 49
   Wort-Bild-Marke 51
   Wort-Marke 51
Zeichenabstand 96, 109
Zeichenarten 49
Zeichenbreite 96, 108
Zeichenkodierung 114
Zeichenpaare 109
Zeichenprozesse 48
Zeichenrepertoire 78
Zeichensatz 108, 115
Zeichenumfang 88
Zeichen und Symbole 48
Zeichenvorrat 88, 108
Zeichenweite 96
Zeichnung 37
Zeichnungen 60
Zeilenabstand 96
   Bildschirm 118
Zeilensprungverfahren 152, 153, 156
Zeilenzähler 75
Zeitmanagement 390
Zeitplan 394
Zeitplanung
   Präsentation 407
Zeitungsdruck 247
Zellstoff 208
Zellulose 208
   Fasern 208
Zentraleinheit 142
Zentralperspektive 21
   Regeln 21
Zentralpunktperspektive 20
Zickzack-Falz 258
Ziele 388
   Konzeption 387
Zielgruppe 404, 407
Zielgruppen-Segmentierungsmodell 280
Ziermajuskel 100
Ziffer 83, 88, 101
Ziffern
   arabische 83
Zoll 75
Zollzeichen 101, 118
Zoomoptiken 187
Zurückbehaltungsrecht 341
Zweibruchfalzung 257
Zweifluchtpunktperspektive 22
Zwischenschlag 58
zwölfteiliger Farbkreis 10
Zylinder gegen Fläche 246
Zylinder gegen Zylinder 246

# Index/**Notizen**

## Index/**Notizen**

# Index/**Notizen**

## Index/**Notizen**

# Index/**Notizen**

# Index/**Notizen**

# Index/**Notizen**

## Impressum

**Der kleine Besserwisser**
Grundwissen für Gestalter

Herausgegeben von Robert Klanten, Mika Mischler und Silja Bilz
Texte von Silja Bilz und Sonja Knecht
Umschlag Illustrationen von Mika Mischler für Gestalten
Layout und Illustrationen von Mika Mischler und Sabrina Grill
Zusätzliche Illustrationen von Michael Luther
Kapitel-Einführungstexte von Sonja Knecht
Abschnitt „Colormanagement" von Jan-Peter Homann, www.colormanagement.de

Gesetzt mit dem Schriftsystem Compatil (Compatil Letter),
mit freundlicher Unterstützung der Linotype GmbH.

**Erweiterte und aktualisierte Neuauflage, 2015**
ISBN: 978-3-89955-542-4

Korrektorat: Michael Ammann
Druck: Offsetdruckerei Grammlich, Pliezhausen
Made in Germany

© Die Gestalten Verlag GmbH & Co. KG, Berlin 2015
Das Werk ist einschließlich aller seiner Teile urheberrechtlich geschützt.
Jede Verwendung ist ohne schriftliche Genehmigung des Verlags unzulässig. Dies gilt
insbesondere für Vervielfältigung, Mikroverfilmung und Einspeicherung und Verarbeitung in elektronischen Systemen. Mehr Informationen finden sie auf S. 416.

Bibliografische Information der Deutschen Bibliothek: Die Deutsche Bibliothek verzeichnet diese Publikation in der Deutschen Nationalbibliographie; detaillierte bibliografische Daten sind im Internet über http://dnb.ddb.de abrufbar.

Mehr Informationen finden sie unter: www.gestalten.com.
Respect copyrights, encourage creativity!

Der Titel ist ebenfalls in Englisch erhältlich: *The Little Know-It-All*.
ISBN: 978-3-89955-543-1

Wir danken für die fachliche Beratung und Unterstützung:

**Kapitel Gestaltung**
Text zur Sinneswahrnehmung des Menschen: Dietrich Bilz

**Kapitel Typografie**
Thomas Maier, Bruno Steinert

**Kapitel Digitale Medien**
Daniel Wiegand, Kirsten Bilz, Kora Kimpel, Franziska Schwarz, Tanja Diezmann, Joachim Sauter, Sven Haeusler, Max Winde, Martin Steinröder, Lars Borgfeld, Sven Züge, Mario Scheliga

**Kapitel Produktion**
Daniel Grammlich, Axel Raidt, Ralf Fischer, Jan-Peter Homann,
Mark Webster, Karin Augustat, Martin Bretschneider, Vinzenz Geppert

**Kapitel Marketing**
Daniel Wiegand, Monika Schalwat

**Kapitel Recht**
Evelyn Lüchter, Jens Fischer, Jean-Jacques Petrucci/Rechtsanwälte Zimmermann und Decker, Hamburg; Dominic Free/Forbes Anderson Free, London

**Kapitel Organisation**
Stefan Trummer

**Manuskript und Indexierung**
Bettina Fortak

Diese Buch wurde gedruckt auf Papier zertifiziert vom FSC®.